CARTAS PAULINAS

Dados Internacionais de Catalogação na Publicação (CIP)
(Câmara Brasileira do Livro, SP, Brasil)

Pitta, Antonio
  Cartas paulinas / Antonio Pitta ; tradução de
Leonardo A.R.T. dos Santos – Petrópolis, RJ : Vozes, 2019. –
(Introdução aos Estudos Bíblicos)

  Título original: L'evangelo di Paolo : introduzione alle lettere autoriali
  ISBN 978-85-326-6190-6

  1. Bíblia. N.T. Epístolas – Crítica e interpretação 2. Bíblia. N.T. Epístolas de Paulo – Comentários 3. Bíblia. N.T. Epístolas de Paulo – Teologia
I. Título. II. Série.

19-27018   CDD-227

Índices para catálogo sistemático:
1. Epístolas de Paulo : Novo Testamento : Bíblia   227

Cibele Maria Dias – Bibliotecária – CRB-8/9427

CARTAS PAULINAS
ANTONIO PITTA

■■■■■ INTRODUÇÃO AOS ESTUDOS BÍBLICOS ■■■■■

Tradução de Leonardo A.R.T. dos Santos

EDITORA VOZES

Petrópolis

© 2013 Editrice ELLEDICI

Título do original em italiano: *L'evangelo de Paolo – Introduzione alle lettere autoriali*

Direitos de publicação em língua portuguesa – Brasil:
2019, Editora Vozes Ltda.
Rua Frei Luís, 100
25689-900 Petrópolis, RJ
www.vozes.com.br
Brasil

Todos os direitos reservados. Nenhuma parte desta obra poderá ser reproduzida ou transmitida por qualquer forma e/ou quaisquer meios (eletrônico ou mecânico, incluindo fotocópia e gravação) ou arquivada em qualquer sistema ou banco de dados sem permissão escrita da editora.

CONSELHO EDITORIAL

Diretor
Gilberto Gonçalves Garcia

Editores
Aline dos Santos Carneiro
Edrian Josué Pasini
Marilac Loraine Oleniki
Welder Lancieri Marchini

Conselheiros
Francisco Morás
Ludovico Garmus
Teobaldo Heidemann
Volney J. Berkenbrock

Secretário executivo
João Batista Kreuch

Editoração: Fernando Sérgio Olivetti da Rocha
Diagramação: Sheilandre Desenv. Gráfico
Revisão gráfica: Alessandra Karl
Capa: Editora Vozes

ISBN 978-85-326-6190-6 (Brasil)
ISBN 978-88-01-04709-7 (Itália)

Editado conforme o novo acordo ortográfico.

Este livro foi composto e impresso pela Editora Vozes Ltda.

Sumário

Apresentação da coleção original italiana – Manuais de introdução à Escritura, 7

Prefácio, 11

1 Paulo, as cartas e os destinatários, 13

2 1Tessalonicenses – O Evangelho e o encontro final com Cristo, 64

3 1Coríntios – O Evangelho nas várias situações eclesiais, 86

4 2Coríntios – A serviço do Evangelho da reconciliação, 125

5 Carta aos Gálatas – O Evangelho da liberdade, 159

6 Carta aos Romanos – Jesus Cristo, o Evangelho de Deus, 193

7 Carta a Filêmon – Gerar para o Evangelho no cativeiro, 249

8 Carta aos Filipenses – O progresso do Evangelho nas adversidades, 262

Índice geral, 297

Apresentação da coleção original italiana
Manuais de introdução à Escritura

Em continuação ideal com *Il Messaggio della Salvezza* [A mensagem da salvação] e *Logos* [Logos], coleções que marcaram a divulgação e a formação bíblica nos estudos teológicos italianos depois do Concílio Vaticano II, em 2010 um grupo de biblistas decidiu, de comum acordo com a Editora Elledici, proceder à elaboração de um novo projeto. Nasce assim esta série de volumes, intitulada *Graphé – Manuais de Introdução à Escritura*. O vocábulo grego *"graphé"* indica, como termo técnico, aquilo que chamamos a "Escritura": com efeito, no Novo Testamento é comumente empregado, junto com o plural *"graphái"* [Escrituras], para indicar a coleção dos livros sagrados da tradição hebraica, aceitos também pela comunidade cristã e integrados com as novas obras dos apóstolos, centradas sobre Jesus Cristo. Além do título, evocativo do ambiente das origens cristãs, o subtítulo esclarece de que se trata.

O objetivo visado pelo projeto é o de propor um curso completo de estudos bíblicos básicos, fornecendo manuais úteis para os cursos bíblicos nas faculdades de teologia, nos seminários e demais institutos. Não se trata, portanto, de pesquisas novas sobre assuntos particulares, mas do enquadramento global da matéria, proposto de maneira séria e acadêmica aos estudantes que iniciam o estudo da Sagrada Escritura. Faltam também ensaios de exegese específica, porque estes são deixados à iniciativa particular dos docentes, que, assim, dentro da lição frontal, podem inserir os aprofundamentos sobre a base introdutória oferecida por esses volumes.

Os autores dos vários volumes são biblistas italianos, comprometidos há anos no ensino da específica disciplina que apresentam; por isso, podem mais facilmente dirigir-se de modo realista aos efetivos destinatários da obra e propor assim, de maneira orgânica, cursos já realizados e, portanto, efetivamente realizáveis nos atuais planos de estudo.

O plano da obra prevê dez volumes com a divisão da matéria segundo os habituais módulos acadêmicos. Determinam a moldura do conjunto o primeiro volume, dedicado à introdução geral, e o décimo, que oferecerá algumas linhas de teologia bíblica. Dos outros volumes, quatro tratam dos livros do Antigo Testamento (Pentateuco, Livros Históricos, Livros Sapienciais e Poéticos, Livros Proféticos) e quatro introduzem o Novo Testamento (Evangelhos sinóticos e Atos dos Apóstolos, cartas de Paulo, literatura paulina e cartas católicas, literatura joanina).

Cada volume procura apresentar de maneira clara o quadro global de referência para as várias seções bíblicas, propondo o estado atual da pesquisa. De maneira geral, as componentes constantes de cada tomo são: a introdução geral aos problemas da seção, depois a introdução a cada livro segundo a sucessão considerada escolasticamente mais útil e, por fim, o tratado dos temas teológicos importantes, mais ou menos transversais às várias obras do setor.

A articulação das introduções aos diversos livros varia necessariamente segundo o tipo de volume; mas um elemento é constante e constitui a parte mais original desta coleção: trata-se de um *guia à leitura*, no qual o autor acompanha o leitor através de todo o texto, mostrando suas articulações, seus problemas e seus desenvolvimentos. Longe de ser um simples resumo, constitui uma concreta introdução ao conteúdo e aos problemas de todo o livro, com a possibilidade de apresentar o conjunto do texto literário para fazer que o estudante capte a maneira em que o texto se desenvolve.

O estilo dos textos é intencionalmente simples e claro na exposição, sem períodos demasiadamente longos e complexos, com um uso moderado de termos técnicos e raros, explicados e motivados caso por caso. As palavras em língua original, hebraica e grega, são propostas sempre em transliteração e o recurso a elas é limitado ao estritamente indispensável: a transliteração e a acentuação dos termos gregos e hebraicos respondem unicamente à exigência de legibilidade para aqueles que não conhecem adequadamente tais línguas, sem contudo comprometer o reconhecimento dos termos para os competentes. Onde, por necessidade, se usarem termos estrangeiros, sobretudo alemães, oferece-se a tradução; da mesma forma, as notas de rodapé são muitíssimo limitadas e usadas só para oferecer o indispensável documento daquilo que é afirmado no texto. Para facilitar a leitura, o conteúdo é organizado em parágrafos não excessivamente longos e é marcado por numerosos pequenos títulos que ajudam a seguir a argumentação.

Em cada volume estão presentes algumas seções de bibliografia comentada, onde se apresenta – sem as indevidas exigências de exaustividade – o que é disponível no mercado atual sobre o tema tratado. Durante o tratado, porém, as referências bibliográficas são o mais possível limitadas a algum envio significativo ou circunscrito, não presente na bibliografia posterior.

Há milênios, a Escritura é testemunha do encontro entre a Palavra de Deus viva e gerações de crentes que nesses livros encontraram motivos e alimento para sua caminhada. Esta coleção quer pôr-se hoje a serviço desse encontro sempre renovado e renovável. Aos que hoje, no século XXI, pretendem pôr-se à escuta daquele que, através desses testemunhos escritos, continua a se manifestar, estes volumes querem oferecer os conhecimentos (históricos, literários, teológicos) adequados para fazê-lo. E, ao mesmo tempo, são dirigidos também a quem não considera a inspiração mais alta, para que possam experimentar o valor dos testemunhos fiéis que a Bíblia contém e confrontá-los com as perguntas e as opções de seu pessoal itinerário de vida.

Claudio Doglio
Germano Galvagno
Michelangelo Priotto

Prefácio

As sete cartas cuja autoria é atribuída a Paulo resistiram às intempéries da Escola de Tübingen (séc. XIX) que reconheceu sua autenticidade. Algumas dessas, como 2Coríntios e Filipenses, foram divididas em mais cartas, mas nunca colocadas em discussão, uma vez que compartilham o estilo epistolar e os sistemas argumentativos típicos de Paulo. Sem querer diminuir a inspiração de todo o epistolário paulino, nas cartas autorais pulsa o seu coração de apóstolo, servo e prisioneiro por Cristo. O Evangelho de Paulo que é de Deus e se identifica com Jesus Cristo perpassa suas cartas, e em cada uma assume as diferentes nuanças que vamos especificar.

A história e interpretação da teologia de Paulo é bimilenar e, um caso único, começa já no Novo Testamento com as duas tradições que desenvolvem seu pensamento, os Atos dos Apóstolos e 2Pedro. Uma galeria de arte ideal recolhe retratos que o representam. O primeiro (F. Nietzsche) ou o segundo inventor do cristianismo (W. Wrede), que deturpou o pensamento de Jesus (J. Klausner) ou que o seguiu mais do que outros (A. von Harnack), o teólogo da justificação sem qualquer jactância humana (R. Bultmann) ou da participação vital na morte e ressurreição de Cristo (K. Stendhal), o apóstata (D. Boyarin) ou o apóstolo de Israel, até mesmo o primeiro místico (A. Schweitzer) ou cientista político cristão (J. Taubes). Teólogos e filósofos de suma importância foram inspirados por ele: Marcião, Orígenes, Caio Mário Vitorino, João Crisóstomo, Agostinho, Pelágio, Tomás de Aquino, Erasmo de Roterdã, Martinho Lutero, João Calvino, Filipe Melâncton, Karl Barth, Jacques Maritain, A. Schweitzer, R. Bultmann, R. Guardini e H.U. von Balthasar. O pensamento do Apóstolo não nos deixa indiferentes: a Paulo, ou se ama ou se odeia visceralmente!

Em nossa introdução, seguiremos a ordem cronológica e não canônica das cartas paulinas, pois isso permite observar melhor as evoluções e correções dos temas principais. O pensamento de Paulo não é um pensamento fraco, mas um pensamento forte e de ruptura com o que antes e depois dele foi dito e escrito sobre Jesus Cristo, Deus, o homem, o Espírito e a Igreja. Jesus Cristo e o homem são o duplo ponto focal de suas cartas. O amor de Cristo e por Cristo e a sua paixão pelas pessoas levaram-no a evangelizar as grandes cidades do Império. Seu Jesus Cristo não pertence ao passado, mas está vivo e continua a apoiá-lo com sua graça. Não o Jesus pela metade dos evangelhos gnósticos, que tendem a rebaixar a humanidade, mas o rico que se fez pobre para nos enriquecer com a sua pobreza, o crucificado por sua fraqueza e ressuscitado pelo poder de Deus, aquele que se fez pecado para que nele nos tornássemos justiça de Deus. E o homem não ideal ou perfeito, mas na carne que passa pelas dificuldades diárias de conformar sua vida à de Cristo. Um homem que poderia ter todas as riquezas e conhecimentos do mundo, mas que não é ninguém sem amor. Não uma Igreja abstrata, mas composta de homens e mulheres que entram em desespero diante de mortes prematuras em suas comunidades, que cometem o pecado do egoísmo e confundem o batismo e a Eucaristia com um simples culto de mistério, sem esperar uns pelos outros. Com todas as coordenadas históricas, que é importante conhecer para não as instrumentalizar, suas cartas são de uma realidade desconcertante porque revelam o poder explosivo de seu Evangelho.

Uma nota sobre a enorme bibliografia sobre Paulo: no final de cada capítulo, são mencionadas apenas as contribuições que parecem mais úteis para examinar a carta em discussão. Trata-se de uma bibliografia não exaustiva, mas essencial e fundamentada; caso contrário, um volume separado seria necessário!

A introdução às cartas paulinas, que tenho o prazer de entregar ao prelo, não pretende substituir conteúdos magmáticos de Paulo, mas é um guia para ler ou analisar o arranjo argumentativo. Será esse mesmo arranjo que oferecerá as coordenadas dos principais conteúdos das cartas paulinas. O leitor terá o privilégio de se debruçar sobre as cartas de Paulo, estabelecendo as sintonias mais pessoais.

1

Paulo, as cartas e os destinatários

Introdução

Se se prescinde de Jesus de Nazaré, o maior espaço do Novo Testamento é ocupado por Paulo de Tarso, a tal ponto que, na esteira de F. Nietzsche, ele foi chamado de o primeiro ou o segundo inventor do cristianismo. Voltaremos a esse lugar-comum que vez ou outra reaparece com ares de novidade, não obstante os desenvolvimentos da pesquisa sobre a história do cristianismo das origens. Em todo caso, deve-se a Paulo a primeira pregação cristã aos gentios sem outras condições, exceto a fé em Jesus Cristo. Com ele, a *sequela* de Jesus é repensada na ótica da participação vital na morte e ressurreição de Cristo. E o querigma ou a pregação da morte e ressurreição de Cristo se encontra no centro do seu Evangelho. Graças a seu impulso missionário, as comunidades cristãs se multiplicam em diversos centros urbanos do Ocidente: em Corinto e na Cencreia, na Acaia; em Tessalônica e Filipos, na Macedônia; em Éfeso, na Ásia, perto de Ancira (atual Ancara); na Galácia Setentrional (atual Anatólia da Turquia) e em Colossos, na Frígia.

Enquanto na sua vida pública de Jesus de Nazaré agiu nos vilarejos da Baixa Galileia, com Paulo o movimento cristão assume dimensões urbanas dominantes, caracterizado por um impulso missionário sem par. Talvez sem Paulo, o movimento religioso, iniciado sob a condução de pessoas escolhidas por Jesus durante a vida pública, não teria cruzado o limiar da Palestina, já que é com ele que se coloca a alternativa entre a justificação pela fé em Cristo ou mediante a Lei e suas obras, como a circuncisão, as regras de pureza alimentar e a observância do calendário judaico, com clara escolha pela primeira alternativa.

Nos Atos dos Apóstolos, Paulo desempenha o papel principal na missão e na difusão do Evangelho: de Antioquia da Síria (cf. At 13,1) a Roma (cf. At 28,31). A sua *theologia crucis* reverbera no Evangelho de Marcos, que é o mais antigo (entre 65 e 70 d.C.), e sua visão de salvação ou soteriologia influencia substancialmente a do Evangelho de Lucas. A Primeira Epístola de Pedro retoma, em termos gerais, o pano de fundo e vários temas do epistolário paulino, como a salvação em Cristo, a concepção do Espírito e a geração dos crentes através da Palavra. E a Segunda Epístola de Pedro, escrita no final do século I d.C., sai em defesa de Paulo contra aqueles que instrumentalizam sua mensagem (cf. 2Pd 3,15-16).

Sem dúvida, o cristianismo das origens não pode ser reduzido a Paulo, já que inclui linhas posteriores condensadas no Evangelho de Mateus, na teologia do Quarto Evangelho e da tradição joanina (que inclui as três cartas de João e o Apocalipse), na Carta de Tiago e na Carta aos Hebreus. No entanto, esse "vaso de eleição", conforme definido em At 9,15, é escolhido pelo Ressuscitado para propagar o Evangelho às fronteiras do Ocidente. Infelizmente, nem todas as suas cartas foram preservadas: algumas foram perdidas devido ao crescente antipaulinismo, que explode no século II d.C. com as cartas *Pseudoclementinas*. Todavia, grande parte da história de dois mil anos da teologia cristã ganha consistência graças às cartas que chegaram a nós.

Do cânon à formação histórica das epístolas

O cânon do Novo Testamento situa as Epístolas Paulinas depois dos evangelhos e os Atos dos Apóstolos. A escolha se deve à evolução dos eventos, vale dizer: de Jesus à Igreja e às cartas apostólicas. Todavia, do ponto de vista redacional, os escritos neotestamentários seguem uma cronologia diferente, porque o epistolário paulino foi redigido entre os anos 50 e 60 d.C., enquanto os evangelhos sinóticos vão da segunda parte dos anos 60 até o final dos anos 80. Naturalmente, nós nos referimos ao nível editorial ou sincrônico e não ao estratificado ou diacrônico das fontes do Novo Testamento, já que nos evangelhos são vertidas tradições anteriores às cartas paulinas, como a fonte Q (a coleção de ditos e eventos dedutíveis de paralelos entre Mateus e Lucas, mas ausente em Marcos), boa parte das parábolas de Jesus e o chamado "Relato da Paixão", dedicado à exploração dos últimos dias da vida de Jesus.

Por sua vez, a disposição canônica das cartas paulinas segue um critério de resumo quantitativo: do mais substancial (Romanos) ao mais curto (Filêmon). Na verdade, a carta mais antiga é a Primeira aos Tessalonicenses (50-52 d.C.), e a crítica literária contemporânea distingue, com consenso geral, as cartas autorais ou *prolegoumena* (1Tessalonicenses, 1–2Coríntios, Gálatas, Romanos, Filipenses e Filêmon), da primeira (2Tessalonicenses, Colossenses e Efésios) e segunda tradição ou *antilegómena* das Cartas Pastorais (1Timóteo, Tito, 2Timóteo). Mais do que falar em cartas autênticas e pseudoepistolográficas ou de escola paulina, preferimos falar em autógrafas ou autorais e de cartas de tradição paulina, porque por trás destas não há "escolas" propriamente ditas, mas tradições de vida das Igrejas que tentaram preservar e adaptar o pensamento de Paulo aos contextos eclesiais subsequentes. A distinção não afeta a questão da inspiração bíblica, já que as epístolas da tradição paulina devem ser consideradas tão inspiradas quanto as autorais. Por outro lado, as questões sobre o cânon e sobre a inspiração das fontes do Novo Testamento vêm no final do século I e o início do século II d.C.; e não se devem a nenhuma política central da Igreja da época, mas ao consenso crescente nas e entre as Igrejas particulares. Na prática, a formação do cânon do Novo Testamento deriva do uso litúrgico e catequético dos escritos e não de imposições externas. No entanto, do lado histórico, a distinção entre as cartas autorais e as da tradição paulina é necessária devido às diferenças de estilo, linguagem e conteúdo que as caracterizam.

No que se refere à Carta aos Hebreus, o discurso muda. Ela "não é para os judeus (mas para os judeus cristãos da diáspora), não é de Paulo (mas de um autor anônimo) e não é uma carta (mas um discurso homilético sobre o sacerdócio de Cristo)"[1]. Esse belo tratado ou "discurso sobre o sacerdócio de Cristo" foi provavelmente composto pouco antes da destruição do segundo Templo em um ambiente itálico (65-70 d.C.). Portanto, em nossa introdução, seguiremos um escaneamento cronológico e não canônico do epistolário paulino, para podermos detectar os desenvolvimentos e variações de conteúdo entre uma e outra carta.

---

1. VANHOYE, A. *Structure and Message of the Epistle to the Hebrew*. Roma: PIB, 1989, p. 5 [Subsidia Biblica 12].

O *curriculum vitae* de Paulo

Infelizmente, Paulo não menciona as coordenadas cronológicas de sua existência: quando e onde ele nasceu, em que data o Ressuscitado lhe apareceu nem empreendeu as três viagens missionárias, até a prisão que o levou a Roma. Para reconstruir seu *curriculum vitae* é mister recorrer aos Atos dos Apóstolos que são também incompletos, uma vez que não é intenção de Lucas elaborar uma biografia exaustiva de Paulo, mas apresentá-lo por meio de eventos exemplares, como a principal testemunha de evangelização no Ocidente. Contudo, a cronologia imperial sobre os principados de Cláudio e Nero e sobre os procônsules das províncias romanas oferece pontos de referência bastante documentados.

A cronologia imperial

Rei Aretas IV Filopator reinou sobre os nabateus de 8-9 até 39-40 d.C.: mais para o final do seu reinado pode-se colocar a fuga de Damasco, quando Paulo foi procurado pelo governador do rei para ser capturado. O episódio é contado, com poucas discrepâncias, em 2Cor 11,32-33 e em At 9,23-25. Como a primeira menção da fuga ocorre por volta dos anos 53-54, por ocasião da redação de 2Coríntios, podemos remontá-la ao final do reinado de Areta IV. No mesmo período, Paulo se lembra da visão e da revelação do arrebatamento até o terceiro céu (cf. 2Cor 12,1-3), que ocorreu quatorze anos antes da composição de 2Coríntios. Assim, em retrospecto, o encontro com o Ressuscitado pode ser datado entre 35 e 36 (cf. 1Cor 15,8, Gl 1,15-16) e entre 36 e 39 sua permanência em Damasco (cf. Gl 1,21).

O Imperador Cláudio emanou um decreto para expulsar os judeus, inclusive os cristãos, de Roma. O édito é mencionado em At 18,2, quando Paulo, chegando em Corinto, encontra o judeu Áquila e sua esposa Priscila, "seguindo a ordem de Cláudio, que distanciava de Roma todos os judeus". Alguns estudiosos propõem datar o decreto em 41 d.C., mas a hipótese não é muito sustentável, porque Cláudio, no início de seu governo, concedeu aos judeus os privilégios que Calígula, seu antecessor, revogara. Assim Flávio Josefo recorda nas *Antiguidades judaicas* o édito favorável de Cláudio enviado a Alexandria do Egito:

> Cláudio César Augusto Germânico Pontífice Máximo com o poder do tribunal, eleito cônsul pela segunda vez, diz: os reis Agripa e Herodes, meus queridos amigos, pedindo que os mesmos privilé-

gios desfrutados por Alexandria sejam concedidos e mantidos para todos os judeus sob o Império Romano, eu, de bom grado, não simplesmente para agradar os que o solicitam, mas também porque, na minha opinião, os judeus merecem que sua aplicação seja aceita por causa de sua lealdade e amizade para com os romanos. [...] Por isso, é bom que os judeus, em todo o mundo sujeitos a nós, mantenham os costumes de seus pais, sem qualquer oposição. No entanto, eles devem fazer uso de minha concessão benevolente com um espírito razoável e não ridicularizar crenças sobre os deuses seguidos por outros povos, mas observar suas próprias leis (19,287-290).

Quando as relações com os judeus se deterioraram, Cláudio decidiu promulgar o decreto de expulsão de Roma, embora muito provavelmente esta não tenha sido uma decisão de grandes proporções, capaz de causar um êxodo geral dos judeus romanos. O edital é confirmado na *Vida dos doze césares* por Caio Suetônio Tranquilo, na primeira década do século II d.C.: "Porque os judeus constantemente perturbavam, por incitamento de Cresto, ele os expulsou de Roma" (*Vida de Cláudio* 25,4: "*Iudaeos instigador Chresto tumultuantis assídua expulit Roma*"). Portanto, é mais provável datar o decreto de expulsão em 49 d.C. do que em 41. O dado é confirmado pelas saudações finais de 1Coríntios e Romanos. Em 1Cor 16,19 são enviadas de Éfeso as saudações a Áquila e Priscila: estamos em 53-54. E se em Rm 16,3-5 Paulo envia saudações de Corinto a Priscila e Áquila, isso significa que a sua estada em Corinto foi transitória e voltou a Roma no início dos anos de paz sob Nero (54-57 d.C.). No entanto, considere-se o impacto do decreto. É essencial observar que a menção a *Chresto* faz alusão aos judeus que aderiram a Cristo e as incitações se referem a situações internas de turbulência e não externas à comunidade judaica e judaico-cristã de Roma.

Finalmente, a inscrição grega de Delfos refere-se ao décimo segundo ano sob Cláudio, imperador de 40 a 54 d.C., e ao proconsulado de Lúcio Júnio Gálio Aniano na Acaia. O procônsul, irmão do filósofo Sêneca, é mencionado em At 18,12, quando, durante a primeira evangelização de Corinto, Paulo foi levado ao seu tribunal pelos judeus da cidade, entre 51 e 52. Situa-se nesse período da pregação de Paulo em Corinto o envio de 1Tessalonicenses. Desdobra-se, entre essas datas do século I d.C., a fascinante vida de Paulo.

A cronologia paulina

De acordo com a narração dos Atos, Paulo nasceu em Tarso da Cilícia (cf. At 22,3) de uma família da comunidade da diáspora judaica. De seus pais, cujos nomes não sabemos, é circuncidado ao oitavo dia de nascimento, como todos os filhos dos judeus (cf. Fl 3,5), e recebe o duplo nome Saulo Paulo, análogo ao de Silas Silvano (cf. 1Ts 1,1, At 16,29; 17,4) e de João Marcos (cf. At 12,25; 15,37). O primeiro nome refere-se ao Rei Saul, o mais ilustre descendente da tribo de Benjamim, da qual Paulo provém (cf. Fl 3,5). O segundo nome é de origem latina e difundido na era imperial. Portanto, é oportuno especificar que o nome duplo não é devido à passagem do Saulo judeu ao Paulo cristão, mas lhe é conferido desde o nascimento. No entanto, nas suas cartas ele prefere apresentar-se apenas com o nome de origem latina: *Paulos*. A cidade de Tarso nunca é citada no epistolário paulino, mas é mencionada em At 22,3 como seu lugar de origem. No entanto, uma referência indireta pode ser extraída de Gl 21, na qual se especifica que, após o encontro de Damasco, Paulo foi para a Cilícia.

Além de pertencer à tribo de Benjamim, Saulo Paulo herdou de sua família a cidadania romana mencionada nos Atos (cf. At 22,28), mas silenciada em seu epistolário. O privilégio previa que os cidadãos romanos não eram açoitados, nem sofriam qualquer condenação sem julgamento prévio e regular. Assim, Tito Lívio narra a promulgação da Lei Pórcia, proposta por Marco Pórcio Catão, em 198 a.C. "No entanto, apenas a lei de Pórcia parece ter sido apresentada na defesa das costas dos cidadãos, porque sancionou severas penalidades contra aqueles que açoitassem e matassem um cidadão romano" (*História de Roma* 10.9.4-5).

Não obstante a lei ainda estivesse em vigor, no século I d.C., verificaram-se vários abusos acerca da *verberatio* ou fustigação dos cidadãos romanos, como lembra Flávio Josefo na *Guerra judaica*:

> Florio, na verdade, teve a audácia de fazer o que ninguém antes ousara, ordenar que fossem chicoteados diante de sua corte, e então crucificadas pessoas pertencentes à ordem equestre, que mesmo que fossem judeus de nascimento, por sua posição social eram romanos (2,308).

Por isso, não é de surpreender que Paulo afirme ter sido espancado três vezes (cf. 2Cor 11,25) e em At 22,26-29 diz-se que ele conseguiu evitar mais abusos recorrendo à sua cidadania romana. Em nome do mesmo privilégio, ele foi escoltado de Jerusalém a Roma para ser julgado pelas autoridades imperiais.

Durante a adolescência, Paulo é enviado para Jerusalém, onde recebe formação farisaica (Fl 3,5) de Gamaliel I ou o Velho (At 23,6; 26,5) e participa do apedrejamento de Estêvão (cf. At 7,58), um judeu de língua grega. Como a maioria dos judeus do século I, ele fala hebraico e grego: suas cartas são escritas em grego, mas sua maneira de argumentar é predominantemente hebraica. É fabricante de tendas por profissão, um artesanato bastante lucrativo, já que Áquila e Priscila, que exerciam o mesmo ofício, podiam comprar uma casa para abrigar uma das Igrejas romanas (cf. Rm 16,3-4).

Não sabemos se Paulo era casado; a opinião que o considera casado, antes do encontro de Damasco, é pura conjectura devida à importância que o casamento tem no judaísmo antigo. Aliás, os indícios de 1Cor 7, em que pede a todos que permaneçam no estado antes do chamado em Cristo (v. 20) e exalta a virgindade para dedicar-se ao Senhor (v. 32), corroboram a ideia de que ele era celibatário. Não há notícia de alguma mulher que o tenha seguido na missão, como no caso de Pedro (cf. 1Cor 9,5), ou que esperasse em casa no retorno de suas viagens, pois nenhuma notícia foi passada. Não há pistas nem mesmo sobre algum filho, enquanto em At 23,16 menciona-se sobrinho de Paulo.

Durante o período no judaísmo farisaico, Paulo tenta neutralizar os desenvolvimentos do movimento cristão inicial, referido como "a Igreja de Deus" (1Cor 15,9; Gl 1,13.22-23; 6). Além de o autor dos Atos enfatizar a ação persecutória de Paulo contra as comunidades cristãs da Judeia (cf. At 9,1-2, cf. tb. Gl 1,22), as notícias não devem ser subestimadas porque, uma vez Cristão, o próprio Paulo sofre cinco vezes o açoitamento dos "quarenta golpes menos um" (cf. 2Cor 11,24), de acordo com a legislação judaica.

Quando já passou dos trinta anos, encontrou o Ressuscitado no caminho de Damasco, e durante o período de silêncio, transcorrido em sua terra natal, foi procurado por Barnabé para ser acolhido na comunidade cristã de Antioquia, na Síria (At 11,25-26). Depois, passados quatorze anos após o encontro de Damasco (35-36 d.C.), vai a Jerusalém para exigir, entre 46 e 49 d.C., diante de Pedro, Tiago e João, a prerrogativa de pregar entre os gentios (cf. Gl 2,1-10). Na ocasião, participa da assembleia (mais do que do "concílio") de Jerusalém, que vê a implantação de três partidos fundamentais: o de Tiago e Pedro, o de Paulo e Barnabé que traz consigo Tito (cf. Gl 2,1), um gentio convertido, e o partido de alguns "falsos irmãos" (cf. Gl 2,4) que exigem submissão à Lei e circuncisão dos gentios convertidos ao movimento cristão. A carta enviada por Tiago aos cristãos de Antioquia, reportada em At 15,23-29, refere-se às quatro condições para os gentios convertidos: abster-se de carne sacrificada aos ídolos, do sangue, de animais sufocados no sangue e da fornicação (At 15,29). Essas condições nunca são mencionadas nas cartas paulinas porque talvez reflitam o contexto dos anos 70-80 d.C. em que escreve o autor dos Atos. Aliás, em At 15 Tito não é citado e é silenciado o pedido dos apóstolos sobre a coleta para os pobres de Jerusalém, mencionado em Gl 2,10.

No início da *pax neroniana* (54 a.C.), Paulo embarca em sua última viagem missionária até 56-57, durante a qual dita as duas cartas aos Gálatas e aos Romanos: esta foi ditada antes de concluir a viagem de volta a Jerusalém (cf. Rm 15,25), onde ele é preso pelas autoridades imperiais. Em Cesareia, Paulo permanece na prisão por dois anos (At 24,27). Aí sofre o processo sob o Governador Félix e o Comandante Lísias (At 24,24-27), sob Pórcio Festo, o seu sucessor (cf. At 24,27), e diante do Rei Agripa (cf. At 25,13–26,32). No final dos anos 50, Paulo é levado a Roma de navio, onde chega no início dos anos 60. Durante dois anos, é forçado à prisão domiciliar (At 28,30-31). Muito provavelmente, durante o cativeiro romano, ele escreveu as duas últimas cartas autorais que nos foram enviadas: a Filêmon e aos Filipenses.

Neste ponto, a cronologia do Novo Testamento sobre Paulo é interrompida para dar lugar à dupla tradição que o vê martirizado, por volta de 62-63 d.C., ou pregador na Espanha, para ser levado de volta a Roma e decapitado sob Nero, em meados dos anos 60. Entre os vários dados sobre a vida de Paulo que repassamos, concentramos nossa atenção em quatro eventos de importância capital para o conteúdo de suas cartas autógrafas: sua formação farisaica, o primeiro encontro com o Ressuscitado, as relações com a vida de Jesus e da pregação do Evangelho até a Ilíria.

A formação farisaica

É estranho dizer, mas diante das abundantes citações nos evangelhos, Paulo é o único fariseu cujos escritos foram preservados, porque não foram legadas fontes de primeira mão, mas apenas escritos influenciados pelo farisaísmo: 2Macabeus, Salmos de Salomão, *Liber Antiquitatum Biblicarum* do Pseudo-Fílon, 2 Baruc, o *targum Neofiti* e o tratado *Aboth* da *Mishná*. Infelizmente, sobre o movimento farisaico pesam de modo deletério os preconceitos que consideram os fariseus como intransigentes, hipócritas e legalistas. Após a descoberta dos rolos de Qumran, a pesquisa sobre o movimento farisaico assumiu direções diversas e mais confiáveis sob o aspecto histórico. Inicialmente convém assinalar o que é reportado no *Pesher de Naum*, descoberto na quarta gruta: "A sua interpretação se refere a Demétrio, rei de Yavan, que quis entrar em Jerusalém a conselho daqueles que buscam interpretações fáceis" (4QpNah frag. 3-4 col. I).

O mesmo *pesher* menciona Alexandre Janeu que, sob seu reinado (103-76 a.C.), crucificou oitocentos fariseus (4QpNah fr. 7-8 col. I). Assim, enquanto os fariseus nos evangelhos canônicos são conhecidos por sua intransigência, por causa do crescente conflito entre a primeira comunidade cristã e o judaísmo em torno da destruição do segundo Templo, em Qumran são rotulados como aqueles que "procuram interpretações fáceis".

Outra questão importante é relatada por Flávio Josefo que, em sua autobiografia, recorda que ele se juntou ao movimento farisaico: "Aos dezenove anos comecei a apoiar a vida pública, aderindo à escola dos fariseus, que é próxima ao que os gregos chamam estoica" (3,12). No entanto, ao contrário de Flávio Josefo, Paulo aderiu ao movimento farisaico não pelo breve período de sua formação, mas participou ativamente dele e preservou algumas características do farisaísmo, mesmo após o encontro com o Senhor ressuscitado. As declarações de At 26,5, onde Paulo pede aos judeus para testemunhar sobre sua adesão ao movimento dos fariseus, e At 23,6, onde se professa "fariseu, filho de fariseus", não são inventadas por Lucas, mas são confirmadas na anotação de Fl 3,5: "de acordo com a Lei, fariseu".

Entre as peculiaridades do movimento farisaico assumidas e preservadas por Paulo durante todo o período de sua existência, destaca-se a fé na ressurreição, a necessidade de adaptar a Lei mosaica às diferentes situações da vida religiosa e política, a tendência a interpretar as Escrituras para além do literalismo e a vida humana compreendida como culto (cf. Rm 12,1-2; Fl 3,3). Após o evento de Damasco, a fé farisaica na ressurreição é transformada em uma relação de participação vital na morte e ressurreição de Cristo. A Lei é considerada indiferente, no sentido de que pode ser observada ou não, dado que não afeta de forma alguma a justificação alcançada somente pela fé em Cristo (cf. o conflito entre o forte e o fraco em Rm 14,1–15,13 para as comunidades domésticas romanas). Caso contrário, como na Galácia, a Lei não deve ser observada, pois torna vão o alcance salvífico da morte de Cristo: "Se a justificação é realizada pela Lei, então Cristo morreu em vão" (Gl 2,21; cf. tb. Gl 5,2). A Escritura que no passado foi interpretada em harmonia com as tradições orais dos pais, é depois reescrita no horizonte cristológico, em um modo profético ou segundo o Espírito, e eclesial. O recurso à tipologia (1Cor 10,6: "Estas coisas tornaram-se nossos modelos") e/ou à alegoria bíblica (Gl 4,24: "Estas coisas são alegóricas") permite que Paulo considere útil para o ensino e para a admoestação de tudo o que se realizou na história da salvação (cf. Rm 15,4). Finalmente, há a influência da corrente farisaica no fato de o culto cristão não se limitar a frequentar o Templo e à oferta de sacrifícios de animais, mas toda a vida cristã é vista como um culto santo e agradável a Deus (cf. Rm 12,1-2). Portanto, não somente Paulo é o único fariseu cujos escritos são preservados, mas algumas peculiaridades do movimento farisaico continuam no novo paradigma de sua adesão a Cristo.

O evento de Damasco

Tentar explicar o encontro, ou mais especificamente o confronto, com o Ressuscitado no caminho para Damasco sob a perspectiva histórica é uma tarefa difícil, senão impossível, já que não há sinal premonitório do evento que causou a mudança radical na existência de Saulo Paulo. Por essa razão, tentamos relacioná-lo com alguns modelos religiosos, morais, psicológicos e místicos de conversão. Um sentimento de insatisfação e frustração por frequentar o farisaísmo ou o judaísmo teria precedido o êxtase de Damasco (BOYARIN, 1997: 122). Para outros estudiosos, uma experiência mística o levaria a ver o Ressuscitado, na esteira do misticismo judaico com a contemplação do *merkabáh* ou a carruagem de fogo que remonta à visão de Ez 1,4-28 (NEWMAN, 1992). Alternativamente, a incapacidade moral ou psicológica de observar a Lei mosaica em sua totalidade estaria na origem da reviravolta de Paulo.

Na realidade, Paulo, não como Agostinho de Hipona ou Martinho Lutero antes de suas conversões. Ele não tinha nada para censurar em si mesmo durante sua ativa relação com o judaísmo farisaico. Confessa com todas as letras em Gl 1,13-14 e Fl 3,5-6 ter sido zeloso observante da Lei, mais do que seus contemporâneos, e ter alimentado um grande respeito da Lei. Paulo não era um pecador impenitente, precisando de uma conversão que o redimisse da culpa; e ele bem sabia que, juntamente com os mandamentos, a Lei oferecia vários caminhos para expiar os pecados. Interpretando o famoso trecho de Rm 7,7-25 sobre o bem desejado, mas não praticado, e sobre o mal praticado em termos autobiográficos, significa não compreender sua natureza, porque nele não há nada do homem justo e o pecador (o *simul et iustus peccator* da tradição luterana). De fato, as características do eu em Rm 7,7-25 são adaptadas a todos, exceto Paulo, pelo simples fato de que ele não viveu um tempo sem a Lei (como aliás defende o eu em Rm 7,9), tendo sido circuncidado no oitavo dia do seu nascimento (cf. Fl 3,5). Por isso, a sua não é uma conversão, nem uma revelação divina que implica uma conversão: a prova é que, para descrever o evento de Damasco, Paulo nunca usa o vocabulário da conversão (*metánoia* e termos semelhantes), termo que, aliás, usa em relação aos gentios que aderem ao seu Evangelho (cf. 1Ts 1,9). Pelo contrário, a sua é uma vocação envolvendo revelação profética e uma missão aos gentios. Como Jeremias e Isaías não devem ser incluídos na lista de grandes convertidos, nem mesmo Paulo deve ser considerado como tal, uma vez que ele usa sua linguagem para recordar sua vocação ou revelação (cf. Jr 1,5-10; Is 49,1 evocados em Gl 1,15-16). Portanto, Paulo de Tarso é mais chamado do que convertido. O uso generalizado do substantivo *apóstolos* em suas cartas (cf. 1Cor 1,1; 9,1; Gl 1,1; Rm 1,1) confirma a natureza profética de seu ministério, atribuída à intervenção de Deus ou do Ressuscitado em sua existência[2].

Depois de várias biografias históricas de Paulo é indicativo que o modelo de conversão, colocado em discussão nos círculos cristãos, tenha repercutido em ambientes judaicos, por autores como D. Boyarin e A. Segal, porque tende a torná-lo um apóstata e não um apóstolo. Na realidade ele se considera um apóstolo dos gentios em nome de Israel (cf. Rm 11,13-14) e não um apóstata de Israel para se tornar um apóstolo dos gentios! No entanto, deve-se notar que a ideia da conversão de Paulo não é uma invenção da

---

2. SANDNES, K.O. *Paul, One of the Prophets?* – A Contribution to the Apostle's self-understanding. Tubingen: Mohr & Siebeck, 1991 [Wissenschaftliche Untersuchungen zum Neuen Testament 2.43].

Igreja Católica, que fixou a celebração desse evento aos 25 de janeiro, para forçar os judeus a se converterem, e muito menos uma criação judaica, a fim de mostrar a *Birkat Haminim* (a chamada bênção dos infiéis) pronunciada contra os apóstatas. O modelo de conversão, ao contrário, começa a surgir na segunda tradição paulina de 1Timóteo que o torna "um blasfemo, perseguidor e violento". Nessa época, a Lei é considerada válida "para os transgressores, os rebeldes, os irreverentes e pecadores, mas não para os justos" (1Tm 1,9,13). Também o triplo relato dos Atos sobre o encontro de Damasco (em At 9,1-19, isso ocorre de forma biográfica; em At 22,4-16; 26,12-28, de forma autobiográfica) segue mais o paradigma da conversão do que o de vocação, como mostrado pela comparação com a conversão de Heliodoro (cf. 2Mc 3,26-28) e de Asenet, esposa de José, na história de José e Asenet. No entanto, as fontes neotestamentárias citadas pertencem ao período da vida de Paulo (datáveis depois de 70 d.C.), quando já estava consumada a "separação dos caminhos"[3] entre judaísmo e cristianismo e nas comunidades cristãs se ramificam, de um lado, paulinismo ao extremo e, de outro, o antipaulinismo das correntes que sustentavam a coexistência entre a observância da Lei e a fé em Cristo. Sobre essa última tendência, veem-se os reflexos no Evangelho de Mateus, na Carta de Tiago e no movimento judaico dos ebionitas. Na realidade, o Paulo autor nunca teria assinado as proposições de 1Tm 1,9.13 porque, mesmo que não justifique, a Lei aplica-se não só para os ímpios e pecadores, mas continua dom divino para Israel (cf. Rm 9,4 e é "santa, justa, e santo, justo e bom é o mandamento" (Rm 7,12).

Portanto, o evento de Damasco não é explicado por nenhum remorso ético ou de consciência, nem pelos problemas psicológicos de um esquizofrênico, mas apenas pela irrupção do Ressuscitado em sua existência, que exige que os historiadores do cristianismo suspendam qualquer hipótese infundada. Infelizmente, às vezes a investigação histórica necessária e oportuna corre o risco de cair em formas de historicismo quando tenta explicar eventos que são indecifráveis em um nível empírico, mas que conservam dimensões reais na vida humana. De fato, pertence aos dados históricos se o perseguidor Paulo se tornou objeto de perseguição no judaísmo de seu tempo e, como zeloso defensor da observância da Lei, chegou a negar qualquer implicação

---

3. DUNN, J.D.G. *The Parting the Ways*: Between Christianity and Judaism and Their Significance for the Character of Christianity. Londres: SCM, 1991.

salvífica. Se ele não tivesse sido "conquistado" por Cristo (cf. Fl 3,12), poderia nunca ter acreditado no Evangelho, apesar de todo o seu conhecimento das Escrituras, nem teria pregado o Cristo crucificado sem a Lei.

Jesus e os primeiros fragmentos cristológicos

Embora contemporâneos, Jesus e Paulo nunca se encontraram em vida, nem mesmo durante o processo judaico e governamental consumado contra o profeta de Nazaré em Jerusalém em meados dos anos 30. Por outro lado, Jesus trabalhou na Galileia, enquanto Paulo na Judeia, onde o movimento farisaico encontrou mais adeptos e autoridade político-religiosa. Quando Paulo começa a se opor ao movimento cristão, ele ainda permanece desconhecido para as comunidades cristãs da Judeia: "Eu era desconhecido para as Igrejas da Judeia, que estão em Cristo. Eles só tinham ouvido: "Aquele que uma vez nos perseguiu agora evangeliza a fé que uma vez tentou destruir" (Gl 1,22-23).

Depois de três anos do ponto de virada de Damasco, Paulo subiu a Jerusalém para consultar Cefas, permanecendo com ele por quinze dias (cf. Gl 1,18); nessa ocasião ele conheceu Tiago, "irmão do Senhor" (Gl 1,19). Seguem-se os anos sombrios de sua estada na Síria (Antioquia e Damasco) e na Cilícia (Tarso?), durante os quais ele tem a oportunidade de repensar radicalmente seu relacionamento com o Senhor ressuscitado e, retrospectivamente, com o evento humilhante da crucifixão, da vida pública e das origens davídicas de Jesus. Assim, o relacionamento de Paulo com Jesus não é direto, nem se limita à ressurreição, mas é mediado pelos testemunhos dos primeiros discípulos, os parentes de Jesus e as comunidades que começa a frequentar.

Devem-se a esses contatos principalmente dois fragmentos tradicionais que ele relata em suas cartas: o de 1Cor 11,23-25, dedicado às palavras de Jesus durante a última ceia, e o de 1Cor 15,3-5, centrado no *kérygma* da morte e ressurreição, até as aparições do Senhor ressuscitado a Cefas (Pedro) e os Doze. A fórmula da tradição que introduz os dois fragmentos com que Paulo transmite o que ele mesmo recebeu (cf. 1Cor 11,23; 15,3) assinala a comunicação daquilo que não pertence à sua experiência direta do Cristo ressuscitado, mas às primeiras comunidades cristãs que começa a frequentar. É por isso que a expressão "recebi do Senhor o que vos dei" (1Cor 11,23) não alude a uma revelação privada de Jesus a Paulo, mas à tradição eclesial viva que se refere às mesmas palavras de Jesus (*ipsissima verba Jesu*) pronunciadas durante a última ceia.

Em comparação com os *logia* ou ditos de Jesus, as maiores contiguidades referem-se mais precisamente às palavras de Jesus durante a ceia, presentes em Lucas (Lc 22,14-20), se comparadas com aquelas presentes em Mc 14,22-25 e Mt 26,26-29, mesmo que não seja oportuno distinguir com clareza a tradição "hiesolimita", à qual remontam Marcos e Mateus, da tradição "antioquena" mencionada em 1Coríntios, e no Evangelho de Lucas. A comparação das passagens citadas mostra que Lucas também precisou conhecer a tradição de Marcos e confirmou a dívida de Paulo para com a comunidade de Antioquia da Síria. A esses ditos de Jesus devem ser adicionados os de indubitável derivação aramaica: a invocação *abba*, presente apenas em Mc 14,36, por ocasião da agonia no Getsêmani, e em Gl 4,6; Rm 8,15; e *marána thá* (vem, Senhor) colocado no final de 1Coríntios (cf. 1Cor 16,22). O primeiro dito, transliterado e traduzido para o grego com *ho patér*, está entre os *ipsissima verba Jesu*, mas não corresponde ao nosso "papai" (que seria *páppas* em grego). Além disso, o tema da paternidade de Deus é atestado por Qumran, na oração sinagogal e em Fílon de Alexandria. O segundo aramaísmo enfatiza que a fé no senhorio de Cristo não faz parte do processo de inculturação do cristianismo no helenismo do século II d.C., mas pertence às primeiras comunidades palestinas ou à diáspora mais próxima (HURTADO, 2006).

Entre os ditos de Jesus mais verificáveis para comparação sinótica entre os evangelhos canônicos e as cartas paulinas, contam-se as passagens de 1Ts 5,2, sobre o dia do Senhor, comparado ao ladrão que chega de repente no meio da noite (cf. Mt 24,43-44 || Lc 12,39-40), de 1Cor 7,10-11, dedicado à questão de divórcio (Mc 10,11-12 || Mt 19,9 || Lc 16,18) e 1Cor 9,14 sobre o direito de sustento para o trabalhador que merece seu salário (cf. Mt 10,10 || Lc 10,7; 1Tm 5,18). Alguns estudiosos tendem a aumentar o número de ditos de Jesus nas cartas paulinas, mas é preciso reconhecer que são poucos, embora de importância considerável. Na realidade, Paulo não se importa muito com a pregação de Jesus, nem com os milagres realizados durante sua vida pública, mas sim com o evento central de sua morte e ressurreição, com implicações para a vida pessoal e comunitária.

Os fragmentos sobre a vida de Jesus – contidos em 1Ts 1,9-10; 1Cor 8,6; 15,3-5; Gl 1,4; Rm 1,3-4; Rm 3,25 e Fl 2,6-11 (o último é o maior) sobre os quais nos concentraremos ao tratarmos das cartas individualmente – remontam à pregação anterior às cartas paulinas. À exceção de Rm 1,3-4, em que é mencionado o nascimento do Filho de Deus a partir da semente de Davi, os outros fragmentos concentram a atenção na morte e ressurreição (ou exaltação) de Jesus. Gozando atualmente de ampla aceitação, a crítica literária demonstrou que esses fragmentos não são de Paulo, mas precedem suas cartas por causa da originalidade estilística, da linguagem e dos sistemas cristológicos que transmitem.

Portanto, pertence a uma das mais notórias distorções históricas considerar Paulo como inventor do cristianismo. Sua contribuição para o desenvolvimento do movimento cristão na diáspora judaica e nos contextos gentios é inegável e decisiva, pois durante as viagens missionárias ele fundou várias comunidades e desvinculou a justificação da Lei mosaica. No entanto, sua contribuição é enxertada no que já estava sendo desenvolvido na Palestina e na Síria, tanto em relação aos ditos de Jesus quanto aos primeiros fragmentos cristológicos. Caso contrário, a sua oposição no passado contra a "Igreja de Deus" (cf. 1Cor 15,9; Gl 1,13-14) reduzir-se-ia a uma batalha quixotesca contra moinhos de vento e se correria o risco de perder o patrimônio das profissões de fé que precedem suas cartas.

A missão rumo ao Ocidente

De acordo com a narração dos Atos, Paulo faz três viagens missionárias principais, entre o final dos anos 40 e os anos 50; a essas se soma a viagem da prisão que o leva a Roma. A primeira viagem é bastante circunscrita: parte de Antioquia, na Síria, passando pela Ilha de Chipre, Salamina, Perge, Antioquia da Pisídia, Listra e Derbe em Licaônia e Atália para retornar a Antioquia (cf. At 13,4–14,28). A segunda viagem, em companhia de Silas ou Silvano, é maior: parte de Antioquia, chega à Síria e à Cilícia, Derbe, Licaônia, Frígia, à Galácia Setentrional, Trôade, Samotrácia, Neápolis, Filipos, Tessalônica, Bereia, Atenas, Corinto, Jerusalém e novamente em Antioquia da Síria (cf. At 15,40–18,22). A terceira viagem refaz a segunda, com algumas novas regiões: de Antioquia na Síria para a Galácia Meridional, Frígia, Éfeso, Macedônia, Acaia, Trôade, Mileto, Cesareia e Jerusalém, onde é preso (cf. At 18,23–21,15). Finalmente a viagem de prisão de Cesareia Marítima passa por Sídon e Mira, na Lícia, Creta, Malta, Siracusa, Reggio Calabria,

Pozzuoli e, atravessando a Via Ápia, chega a Roma, onde é submetido por dois anos à prisão domiciliar (cf. At 27,1–28,31). Embora o autor dos Atos escreva depois da execução de Paulo, ele prefere não contar seu martírio, mas interrompe a narrativa com a pregação romana. Deve-se reconhecer que nem todos os dados reportados nos Atos correspondem àqueles que podem ser deduzidos das cartas autógrafas e também o contrário. Por exemplo, enquanto as cartas paulinas mencionam as viagens curtas entre Macedônia e Acaia (2Cor 1,15-16), nos Atos as viagens menores são ignoradas.

Da comparação entre as seções biográficas dos Atos e as autobiográficas de Paulo destacam-se duas questões debatidas. Primeiramente, como podem concordar a estratégia missionária constante dos Atos que prevê a cada vez a chegada de Paulo em uma sinagoga nas cidades da diáspora (cf. At 13,15-16 em Antioquia da Pisídia; 19,8 em Éfeso), com sua pregação exclusiva para os gentios, sublinhada em Gl 2,1-10? E por que a pregação e permanência de Paulo em Éfeso recebe atenção considerável nos Atos (cf. At 19,8–20,23-40), enquanto são apenas insinuadas em suas cartas? (cf. 1Cor 15,32; 16,8). Nessas e em outras questões menores consideramos apropriado distinguir os propósitos narrativos dos Atos dos persuasivos do epistolário paulino.

Primeiramente, o autor dos Atos quer apresentar Paulo como a testemunha mais exemplar, que levou o Evangelho até os confins do mundo (cf. proposta programática em At 1,8), embora a narrativa termine em Roma e não na Espanha (cf. At 28,30-31). Por outro lado, notas autobiográficas sobre a viagem e sobre a sua estratégia missionária não está isenta de traços de idealização, uma vez que é difícil argumentar que sua evangelização se limitasse aos gentios (cf. Gl 2,9), sem envolver os judeus da diáspora. No entanto, as pregações de Barnabé, Filipe, Apolo e Pedro também foram dirigidas aos gentios. Por isso é temerário sustentar que a autobiografia seja mais credível do que a antiga biografia, porque os dois gêneros estão sujeitos a tendências de cada autor e são muitas vezes utilizados na mesma obra "histórica", como evidenciado pelo uso das "seções nós" na segunda parte dos Atos (cf. esp. o diário de viagem relatado em At 27,1–28,16).

Na análise histórica, parece prioritário aprofundar o fenômeno missionário do cristianismo primitivo, que difere do judaísmo, pouco ou nem um pouco interessado em uma missão para os gentios ou a um proselitismo ativo. Assim, embora seja provável que Paulo não tenha sido o único missionário do movimento cristão inicial, sua missão é exemplar porque vê a propagação do Evangelho, seja para as comunidades mistas, onde convivem os cristãos de origem judaica e pagã, como em Tessalônica e Corinto, seja para comunidades de gentios que nunca ouviram falar do judaísmo, como na Galácia e em Filipos. O fenômeno dos "tementes a Deus" e prosélitos mostra que as demarcações e condições exigidas para os gentios aderirem ao judaísmo não eram tão claras quanto pareciam. E porque antes de 70 d.C. o movimento cristão constitui uma corrente dentro do judaísmo e não uma religião já madura e monolítica, explicam-se as diferentes posições de Tiago, Paulo, Pedro e Barnabé sobre as condições para entrar em uma comunidade cristã.

O que é certo é que, enquanto Paulo não pede nenhuma condição para os gentios aderirem ao Evangelho, Tiago exige a observância da Lei mosaica e de algumas regras sobre a pureza alimentar. Eloquente a este respeito é o incidente em Antioquia (Gl 2,11-14), em que ocorre o conflito entre Paulo, de um lado, e Pedro, os emissários de Tiago, parente do Senhor, e Barnabé, de outro. Na verdade, a liberdade da Lei e das tradições judaicas permite que Paulo difunda o Evangelho de Jerusalém até as fronteiras da Ilíria (atualmente, os Bálcãs), sem exigir qualquer condição prévia, exceto a fé, para estar em Cristo e permanecer na Igreja.

As Igrejas paulinas

Já que as cartas de Paulo não são fictícias, mas reais, é mister se debruçar sobre as comunidades a que se dirigem, para ver se elas têm características específicas que as distinguem de outras comunidades judaicas na diáspora cristã. Em primeiro lugar, as cartas autógrafas são endereçadas às comunidades de Tessalônica e Filipos na Macedônia, Corinto e Cencreia na Acaia, região norte da Galácia, e Roma. As notícias sobre a comunidade de Éfeso são indiretas e escassas (cf. 1Cor 15,32; 16,8), à qual a primeira tradição paulina atribui a carta homônima. A comparação dos nomes mencionados na Carta a Filêmon e na sucessiva aos Colossenses deixa muitas perguntas, porque, enquanto por um lado parece ser a mesma Igreja doméstica de Filêmon, por outro não nos chegaram testemunhos sobre a presença de Paulo em Colossos.

Com exceção da Carta aos Romanos, todas as cartas são enviadas para as Igrejas fundadas por Paulo e seus colaboradores (Timóteo, Tito e Silvano). As comunidades sobre as quais há mais informações sobre os nomes mencionados e a vida interna são as de Corinto e da Macedônia, enquanto poucos são os dados sobre as Igrejas da Galácia. Original é o caso dos romanos, enviados para as comunidades de origem da capital do Império: embora não seja de fundação Paulina, Paulo conhece vários membros das Igrejas domésticas romanas que saúda no pós-escrito de Rm 16,3-16. Talvez entre os nomes dos casais e escravos mencionados em Rm 16 seja necessário procurar aqueles que levaram o Evangelho pela primeira vez à comunidade judaica da diáspora romana.

Em relação à natureza das Igrejas paulinas, especificamos que estas são comunidades domésticas localizadas nas cidades imperiais e não são reguladas por nenhuma Igreja central na mesma cidade, nem pelas Igrejas de Jerusalém ou Roma. Por isso, seria mais apropriado falar de duas ou mais Igrejas no lugar de uma única Igreja doméstica. Uma vez que os nomes das pessoas mencionadas nas Igrejas individualmente vêm em grande parte das camadas mais baixas da sociedade imperial, os lares dos crentes mais abastados foram usados durante as assembleias: artesãos e comerciantes. Até hoje, não há testemunhos sobre as adesões às comunidades paulinas de senadores e nobres procedentes da ordem equestre. Por isso é simplesmente fantasioso equiparar o *domus* das primeiras Igrejas cristãs às moradias nobres de Pompeia, Herculano e Oplontis (em Torre Annunziata, na Campânia). Por causa da natureza doméstica das Igrejas paulinas, nenhuma evidência arqueológica foi recebida, como foi o caso de todas as primeiras Igrejas cristãs e da maioria das sinagogas da diáspora. As casas dos mais ricos, usadas para abrigar escravos e libertos, podem chegar a uma capacidade máxima de vinte pessoas, incluindo crianças. Por ocasião da fração do pão e da partilha da mesa, usavam-se ao mesmo tempo o *triclinium* ou a sala de jantar e o *atrium* ou o espaço de entrada. Naturalmente, as *tabernae*, onde escravos e libertos viviam, que também serviam como oficinas, foram excluídas[4].

A conformação doméstica das comunidades paulinas levanta questões sobre as relações com assembleias similares organizadas para o culto e para a formação intelectual na época imperial. Nesse sentido, acreditamos que os três paradigmas propostos pela W.A. Meeks em 1983 permanecem ainda válidos: as primeiras *domus ecclesiae* são comparáveis às sinagogas da diáspora, às associações cultuais gentias e às escolas filosóficas, como o *Stoà*, a

---

4. Algumas *tabernae* da época imperial podem ser visitadas na Acrópole (no Rione Terra) de Pozzuoli, na Campânia [perto de Nápoles].

Academia e as escolas dos pitagóricos. No último modelo, os papiros herculanenses de Filodemus de Gadara (séc. I a.C.), preservados da lava do Vesúvio, estão suscitando um crescente interesse, mesmo entre os estudiosos do Novo Testamento.

Não é necessário nem desejável escolher um paradigma em detrimento de outro, porque o fenômeno do cristianismo urbano de origem paulina apresenta traços híbridos ou intersticiais que, na dependência da cidade em que está enraizado, se desenvolve, assume diferentes conformações. Assim, o modelo sinagogal é afirmado para as Igrejas domésticas de Corinto, Tessalônica e Roma, onde os cristãos de origem judaica coexistem com os de origem gentia. Mais próxima das associações cultuais e filosóficas está a comunidade de Filipos, o centro urbano mais romanizado da Macedônia, onde faltam comprovações diretas e indiretas sobre núcleos provenientes da diáspora judaica. O caso dos vilarejos, mais do que cidades do norte da Galácia ou da região da Anatólia, é diferente, onde predominam os cultos autóctones e faltam referências sinagogais.

É impossível elaborar um programa geral sobre a análise das iniciativas internas das comunidades paulinas. A carta que oferece mais pistas a esse respeito é 1Coríntios, mas essa é uma comunidade cristã inserida no ambiente de uma das cidades mais desenvolvidas e importantes do Mediterrâneo. Entre as principais atividades eclesiais transversais podemos incluir a oração com suas diferentes formas (bênçãos, agradecimentos e hinos), o uso da Escritura, a fração do pão, o batismo, a partilha da mesa, o aprimoramento dos carismas e ministérios, ajuda para os mais pobres e a coleta para os pobres em Jerusalém. Focamos nossa atenção na iniciativa da coleta que envolve a maioria das comunidades paulinas e é a mais atestada em seu epistolário (cf. 1Cor 16,1-2; 2Cor 8,1–9,15; Gl 2,10; Rm 15,25-27).

A coleta para os pobres de Jerusalém

Provavelmente a iniciativa da coleta não foi proposta, em primeira instância por Paulo, mas surgiu espontaneamente durante uma carestia que, sob o Imperador Cláudio (entre 48 e 50 d.C.), atingiu o grande Império, incluindo a Palestina (cf. At 11,29). A notícia dos Atos é confirmada por Paulo, que lembra como, por ocasião da assembleia em Jerusalém, Tiago, Cefas e João não lhe cobraram nada, mas pediram a ele e a Barnabé que se lembrassem dos pobres (Gl 2,10). Assim, a coleta é apoiada por Paulo e é considerada como uma expressão de gratidão de suas comunidades para com a Igreja de Jerusalém. De fato, não recebemos nenhuma notícia sobre iniciativas semelhantes entre as Igrejas não paulinas, no judaísmo da diáspora e entre as associações de cultos gentios.

No que tange ao judaísmo, tentou-se assimilar a coleta ao imposto do Templo, mas com pouco consenso, pois enquanto a primeira é espontânea, não se limitando à comunidade judaica e sem taxa fixa, a segunda é necessária, válida para os judeus da pátria e da diáspora e com o mínimo de desembolso de uma didracma (cf. Mt 17,2). A exortação dirigida aos cristãos de Corinto para deixar de lado o que cada um tem, no primeiro dia da semana (cf. 1Cor 16,1-2), não comportava fixação alguma nem ponto de vista quantitativo nem cronológico. Por outro lado, na época de 1Coríntios (em torno de meados da década de 50 d.C.) o domingo ainda não era considerado "o dia do Senhor", distinto do sábado judaico, mas respondia à necessidade de separar livremente, no início do semana, algo para os pobres de Jerusalém.

Não faltaram tensões acerca da participação das Igrejas paulinas na iniciativa: após o conflito com as comunidades da Galácia, a sua participação na coleta deixou de ser mencionada. Talvez tenha sido abortada ou administrada por conta própria, se os gálatas aderissem aos evangelizadores de origem judaica e se opusessem à visão paulina de justificação. Contudo, nem sequer se toca no assunto quando, na fase final das viagens missionárias, Paulo está prestes a subir a Jerusalém. Também em Corinto surgiram alguns atritos: por ocasião da 2Coríntios canônica, Paulo exorta os destinatários a retomarem a iniciativa interrompida há um ano (cf. 2Cor 8,10).

As relações parecem se acalmar, mas com a segunda parte da carta (cf. 2Cor 10,1–13,13) algumas polêmicas emergem entre Paulo e os coríntios, que o induzem a reprová-los precisamente sobre a iniciativa da coleta (cf. 2Cor 12,18). As tensões relatadas mostram que alguns mal-entendidos ocorreram na gestão da coleta e, consequentemente, no sustento econômico de Paulo no ministério. Como pode pedir com uma mão que os coríntios participem generosamente da coleta pelos pobres e com a outra recusar qualquer apoio financeiro para si de Acaia? E por que aceitar apenas a ajuda econômica dos filipenses para o seu ministério (cf. 2Cor 11,9; Fl 4,10-18), enquanto ele os recusa sem hesitação dos coríntios? (cf. 2Cor 11,9-10).

Infelizmente, quando os interesses financeiros entram em jogo, há sempre o risco de exploração! É por isso que Paulo exorta suas comunidades a coletar, separando claramente o âmbito eclesial da iniciativa do que lhe foi dado durante os períodos de navegação e prisão que o impediram de sustentar-se com seu trabalho. Sua maneira de administrar a ajuda econômica é caracterizada pela gratuidade em garantir a liberdade do Evangelho e evitar formas impróprias de patrocínio e patronato que teriam arriscado amordaçar sua pregação. Enquanto Paulo não vê esse risco em Filipos, por causa da fidelidade dos filipenses a seu Evangelho, ele o denuncia em Corinto contra os poucos membros de posse da comunidade, que procuram tirar algum benefício na gestão eclesial. Aliás, durante a partilha da mesa e a fração do pão os mais ricos ou os chamados "arcontes" de Corinto não se preocupam com os irmãos e irmãs mais necessitados, criando situações de escândalo durante a Ceia do Senhor (cf. 1Cor 11,26-34).

Do ponto de vista eclesial, é grande o significado que Paulo atribui à coleta: é definida como a liturgia, amor, bênção e graça (cf. 2Cor 8,1–9,15), enquanto raramente é chamada pelo seu nome coleta (cf. o uso de *logheia* em 1Cor 16,1-2). Em sua visão, a coleta expressa a comunhão entre as Igrejas e a dívida de suas comunidades à Igreja-mãe de Jerusalém, da qual partiram os missionários. Esses dados também diferenciam a iniciativa da partilha de bens que ocorre em associações de culto voluntário ou nos movimentos judaicos da diáspora, onde a petição se referia apenas a membros do mesmo grupo religioso. Já no caso das comunidades paulinas, trata-se de uma iniciativa que consolida os laços de comunhão entre as suas Igrejas e a de Jerusalém.

Contingências das cartas e adversários

Muito provavelmente, Paulo não nasceu para ser um missionário, muito menos evangelizador ou escritor profissional! Quando começa a praticar esses novos modos de ser, ele já conta quarenta anos; e tudo é devido às consequências do encontro com o Senhor Ressuscitado no caminho para Damasco. Assim, suas cartas não são nascidas no gabinete ou de reflexões teóricas sobre Deus e a vida humana, mas são contingentes, ditadas nos intervalos entre as viagens missionárias e durante sua prisão sofrida pelo Evangelho ou por Cristo.

Um denominador comum de suas cartas é a urgência ou a necessidade que o leva a enviá-las. Para consolar os tessalonicenses na participação na ressurreição de Cristo, apesar da recente mortalidade, Paulo escreveu sua primeira carta. Há também as motivações que o levam a ditar 1Coríntios, enviada para enfrentar as diferentes facções, algumas questões éticas e a fé na morte e ressurreição de Cristo. São urgentes as correspondências de 2Coríntios e da Carta aos Gálatas, quando os destinatários se deixam encantar pelos adversários de Paulo. Muito provavelmente, os adversários das duas cartas são diferentes: os primeiros acusam Paulo de ser "forte por carta e desprezível pessoalmente" (cf. 2Cor 10,10), consideram que seu Evangelho não seja crível nem convincente o seu modo de gerir a iniciativa da coleta; os últimos argumentam que a fé em Cristo não é suficiente para a justificação, mas a submissão à Lei e a circuncisão (cf. Gl 5,12). Em nossa modesta opinião, da difamação sobre um presumido mal feito para o bem (cf. Rm 3,8), surge uma das principais razões para a Carta aos Romanos, que novamente envolve a visão da Lei. No entanto, sem conseguir alcançar as comunidades romanas, Paulo decide confiar seu Evangelho à carta que, por essa razão, assume uma forma epistolar. Em condições de encarceramento, ele envia a Carta aos Filipenses, porque o Evangelho se espalha, apesar das perseguições que encontra no contexto civil de Filipos. E a breve Carta a Filêmon decorre da necessidade (cf. uso de *anékon* em Fm 8) de defender a causa do escravo Onésimo para que o patrão não o acolha como escravo, mas como irmão em Cristo. Portanto, é impossível abordar o epistolário paulino sem levar em conta as situações reais que o geraram.

Na elaboração das cartas paulinas, desempenham um papel importante os adversários de Paulo. Sobre eles a pesquisa histórica passou por três fases que resumimos brevemente. Até a década de 1970, pensávamos em um partido compacto e monolítico que se opunha à pregação de Paulo, principalmente identificado com pessoas enviadas por Pedro ou Tiago: a corrente carismática de Paulo se opunha à corrente institucional dos Doze[5]. Na realidade, as delimitações de campo entre as duas partes são menos claras do que se poderia pensar, especialmente quando se tentou atribuir a seus adversários uma forma de gnose que, na primeira parte do século I, é difícil

---

5. GEORGI, D. *Die Gegner des Paulus in 2. Korintherbrief:* Studien zur religiösen Propaganda in der Spätantike. Neukirchen: Neukirchener Verlag, 1964. • SCHMITHALS, W. *Die Gnosis in Korinth* – Eine Untersuchung zu dem Korintherbrief. Göttingen: Vandenhoeck & Ruprecht, 1956 [Forschungen zur Religion und Literatur des Alten und Neuen Testaments 66].

de verificar. Muito provavelmente, o modelo refletiu, com uma boa dose de anacronismo, os sucessivos contrastes entre o protestantismo e o catolicismo do século XVII ao século XX.

Uma segunda fase, que começou há cerca de vinte anos, tem procurado esclarecer as posições dos adversários com a leitura especular ou *mirror reading*: uma afirmação de Paulo foi vista em oposição a uma negação dos adversários e o oposto. Em nossa opinião, o método tem alguns méritos, mas não é verificável devido à tendência de Paulo em enfatizar os contrastes com os oponentes para demarcar o relacionamento com suas comunidades. Por outro lado, nas cartas autógrafas, os adversários nunca são mencionados pelo nome e nenhum espaço é oferecido à sua visão teológica.

A terceira fase, causada pelas contribuições da sociologia do cristianismo primitivo, procura investigar os oponentes distinguindo uma carta da outra. Assim, os adversários de 1Tessalonicenses parecem judeus incrédulos, enquanto os de Gálatas são crentes de origem judaica. Se esses são apenas mencionados em 1Cor 9,1-3, os de 2Coríntios são diferentes e desempenham um papel decisivo no envio da carta ou das duas cartas que se confluem. Pelo menos até a de 2Coríntios canônica, não parece que a questão da circuncisão e observância da Lei desempenhava um papel decisivo sobre os contrastes entre Paulo e seus oponentes, algo mais acalorado em Gálatas, Romanos e Filipenses.

Por causa das diferentes identidades dos adversários, alguns historiadores levantaram a hipótese da presença de diferentes cristianismos e judaísmos que mais tarde seriam unificados. Além da ausência do termo "cristianismo" no Novo Testamento, vale a pena ressaltar que o termo "judaísmo" é encontrado apenas duas vezes em Gl 1,13.14 (cf. tb. 2Mc 8,1; 4Mc 4,26) e no singular. Além disso, o movimento cristão de origens orbita no judaísmo pelo menos até a destruição do segundo Templo (70 d.C.). Acima de tudo, uma variação na pregação de um dos outros apóstolos não é suficiente para apoiar o surgimento de cristianismos diferentes. A fé na morte e ressurreição de Cristo, o uso das Escrituras de Israel, o impulso missionário, a fração do pão e o batismo constituem a plataforma comum que impede que o movimento cristão das origens se pulverize em diferentes regatos. Assim, passamos de um partido monolítico de adversários, contrário à pregação de Paulo, a uma fragmentação que arrisca relativizar a identidade e a fé compartilhada dos primeiros cristãos. Consideramos, portanto, mais fundamentado falar do judaísmo pluralista do que do judaísmo, em que o movimento cristão se apresenta igualmente variado, mas não de cristianismos diferentes. Contudo, se não houvesse adversários, muito provavelmente Paulo não teria enviado algumas de suas cartas, como 2Coríntios e Gálatas, ou algumas partes de Tessalonicenses e Filipenses.

Cartas ou epístolas, escritos ou discursos?

No começo do século XX, A. Deissmann propôs uma boa distinção que foi compartilhada até a década de 1970, quando as contribuições na epistolografia antiga e paulina se multiplicaram[6]. Segundo o estudioso alemão, o gênero epistolar divide-se em duas ramificações fundamentais: as cartas produzidas extemporaneamente e as epístolas sujeitas a um complexo processo literário e estilístico. No primeiro grupo, estariam as cartas pessoais e privadas, no segundo as públicas e diplomáticas. Assim, enquanto os textos de Paulo poderiam ser catalogados entre as cartas, os de Platão e Sêneca estariam entre as epístolas.

Uma outra distinção, sustentada a partir da década de 1970 e ainda em voga, diz respeito às diferenças entre os gêneros epistolar e retórico: enquanto as cartas são escritas, as comunicações retóricas são orais. Como resultado, as cartas paulinas teriam pouco ou nada em comum com os discursos dos oradores de Demóstenes e Cícero. Vamos abordar as duas questões altamente debatidas entre os estudiosos do epistolário paulino.

A epistolografia paulina e antiga

Em relação à distinção entre cartas e epístolas, é decisivo deter-se em primeiro lugar nas indicações veiculadas na correspondência paulina, ou seja, nas modalidades com as quais foram produzidas e enviadas às suas comunidades, que são muito diferentes das nossas. Estritamente falando, Paulo não escreveu nenhuma carta de próprio punho, mas as ditou contando com a ajuda de um secretário que as escrevia. Infelizmente só conhecemos o secretário da Carta aos Romanos: um certo Tércio, que em Rm 16,22 envia saudações de Corinto aos cristãos de Roma, especificando que ele escreveu a carta. No entanto, a pista é preciosa e pode ser estendida a todo o epistolário

---

6. DEISSMANN, A. *Licht vom Osten*: das Neuen Testament und die neuentdeckten Texte der hellenistisch-römischen Welt. Tubingen: Mohr & Siebeck, 1909.

paulino. A colaboração de um secretário profissional para a elaboração de uma carta no mundo antigo é tão difundida que em 2Cor 3,1-3 Paulo usa, de maneira metafórica, as relações epistolares entre o remetente, o secretário e a carta. Com a tenacidade que o distingue, ele transfere as relações mencionadas às pessoais entre Cristo, ele mesmo e os destinatários. Assim, o remetente ou o autor original é Cristo. Paulo age como um secretário imaginário e os coríntios são a carta de Cristo. A última parte da perícope se refere às tábuas de pedra porque a metáfora introduz a comparação entre as tábuas de pedra (v. 3), dadas a Moisés, e as dos corações de Paulo e dos destinatários. Na realidade, as cartas paulinas foram escritas em papiro, por causa de suas condições econômicas, que certamente não eram as de Cícero ou Sêneca. A alusão aos pergaminhos ou às peles de animais em 2Tm 4,13, sobre os quais suas cartas foram transcritas, reflete o ambiente subsequente à última tradição paulina e não o original. O uso de uma espécie de caneta feita de ossos de animais, para os menos abastados, ou de ouro e prata para os mais ricos era o instrumento em voga no século I. Finalmente, a tinta preta era geralmente usada para escrever, enquanto a tinta roxa era mais cara. Retornaremos à indicação das "cartas de recomendação", uma vez que se refere a um dos gêneros epistolares mais comuns no período antigo (e não somente), quanto às relações entre cartas e discursos.

Qualquer carta, incluindo as paulinas, era autografada pelo remetente que a assinava e, se necessário, acrescentava algumas frases finais. Infelizmente, desconhecemos a assinatura de Paulo, mas em Gl 6,11 ele acrescenta: "Vede com que grandes letras vos escrevi por minha mão". Na mesma trajetória há a saudação autógrafa de 1Cor 16,21: "A saudação (é) de meu próprio punho, de Paulo: este é o sinal em cada letra; então eu escrevo" (para a tradição paulina cf. 2Ts 3,17). E na Carta a Filêmon sua assinatura se tornou garantia da dívida por danos causados pelo escravo Onésimo contra o mestre. "Eu, Paulo, escrevo de próprio punho, retribuirei" (v. 19).

Além do secretário, as cartas paulinas são acompanhadas por outros remetentes ou pelos colaboradores de Paulo: Timóteo (cf. 1Ts 1,1; 2Cor 1,1; Fm 1; Fl 1,1), Silvano (cf. 1Ts 1,1) e Sóstenes (cf. 1Cor 1,1). Em Gl 1,2, "todos os irmãos" são mencionados com ele em Corinto ou Éfeso, de onde é enviada a carta. Os mesmos remetentes ou outros crentes escolhidos por Paulo desempenham as funções de *latori* (nossos carteiros) e leitores de suas cartas em assembleia. A Carta aos Romanos foi levada ao destino por Febe, a diaconisa da Cencreia, um dos dois portos de Corinto, recomendada em Rm 16,12; e a Carta aos Filipenses é levada por Epafrodito (cf. Fl 2,25-30). O ambiente comunitário do qual partiram as cartas tende para o horizonte eclesial das cartas paulinas. Assim, Paulo recomenda aos tessalonicenses: "Eu vos imploro pelo Senhor que a carta seja lida para todos os irmãos" (1Ts 5,27).

Portanto, é importante considerar que, sem ignorar o papel prioritário de Paulo, enquanto remetente, as suas cartas são ao mesmo tempo pessoais e comunitárias, por isso a distinção entre carta e epístola demonstra-se irrelevante diante de uma verificação dos temas epistolares retratados nas suas cartas. O contexto de assembleia vale tanto para as cartas enviadas às comunidades domésticas, surgidas na mesma cidade, quanto para aquelas endereçadas a um indivíduo, como Filêmon (cf. Fm 2-3).

Epistolário e retórica paulina

A relação entre as cartas e a retórica paulina é mais complexa do que a dos antigos modelos epistolares, pois à primeira vista os gêneros são diferentes: enquanto uma carta é escrita, a retórica diz respeito ao discurso. No entanto, há cerca de quarenta anos tem havido uma abundante bibliografia sobre a *dispositio* ou disposição (ao invés de estrutura) e o gênero retórico de cada carta paulina. Primeiramente, vamos comparar a correspondência sinótica entre o quadro epistolar e o quadro retórico.

Modelo epistolar	Modelo retórico
Pré-escrito	Exórdio
Agradecimentos	Narração
Corpo epistolar	Tese ou *propositio*
Exortações finais	Provas ou *probatio*
Pós-escrito	Peroração final

As maiores correspondências ocorrem entre os agradecimentos epistolares e os exórdios retóricos, porque aqueles não exprimem apenas agradecimento ou a bênção divina para os destinatários, mas introduzem as temáticas principais que serão desenvolvidas no corpo epistolar. A intenção de tornar os destinatários "atentos, benevolentes e dóceis", própria de um discurso retórico, aparece também nos agradecimentos epistolares paulinos. É original o caso de Gálatas, onde o exórdio de repreensão (cf. Gl 1,6-10) substitui os costumeiros agradecimentos (cf. 1Ts 1,2-10; 1Cor 1,4-9; Rm 1,8-15; Fm 1,3-9; Fl 1,3-11) e a bênção de 2Cor 1,3-14. Todavia o pré-escrito comum a todas as cartas paulinas não deve ser confundido com o exórdio porque, mesmo onde é mais longo (cf. Gl 1,1-5; Rm 1,1-8) e introduz alguns temas que serão desenvolvidos na sequência, deve ser considerado preponderantemente como epistolar. As partes internas da *titulatio* (apresentação do remetente), da *adscriptio* (endereçamento aos destinatários) e da *salutatio* (saudações introdutórias) são próprias da epistolografia antiga e certamente não da retórica.

Em alguns casos ocorrem correspondências entre *post-scriptum* e a *peroratio* retórica, como em Gl 6,11-18, onde Paulo omite o último adeus que traz em outras cartas e resume o conteúdo principal de Gálatas. No entanto, em outros lugares ele prefere distinguir o discurso final (cf. Rm 15,7-13; Fm 19-20; Fl 4,10-20) do pós-escrito (cf. Rm 15,14–16,27; Fm 21-25; Fl 4,21-23). Em 1Tessalonicenses e 1–2Coríntios, passa-se diretamente do corpo epistolar ao *post-scriptum* (cf. 1Ts 5,23-28; 1Cor 16,19-23; 2Cor 12,19–13,13), sem qualquer peroração final.

Uma outra contribuição do discurso retórico em relação ao epistolar paulino é constituída pela *propositio* principal, isto é, a tese geral, colocada antes ou depois da *narratio* ou exposição dos acontecimentos. Como tese principal das cartas paulinas, são amplamente compartilhadas as proposições de 1Cor 1,18-19; 2Cor 1,11-14; Rm 1,16-17; Gl 1,11-12 e Fm 10. As passagens citadas correspondem ao que os tratados de retórica pediam para uma tese geral: são breves, claros, circunscritos e antecipam as finalidades principais do que se seguirá. Todavia, mesmo nesse âmbito, surgem algumas exceções, já que em 1Tessalonicenses e Filipenses faltam as teses principais que deveriam guiar as partes sucessivas das cartas.

A discrepância maior entre os dois quadros diz respeito à presença das exortações finais atestadas em boa parte das cartas paulinas (cf. 1Ts 5,12-22; 1Cor 16,1-18; Gl 5,13–6,10; Rm 12,1–15,13; Fl 4,1-9) e estranhas ao discurso retórico. De fato, é próprio de uma carta reportar breves recomendações finais, enquanto não se encontra nada parecido em um discurso retórico. Por isso, embora para isso seja necessário estressar o modelo epistolar, há que se reconhecer que as exortações finais não se encontram de forma alguma no modelo retórico.

A comparação delineada demonstra que, embora muitas vezes se tenha tentado impor às cartas paulinas os contornos propostos nos tratados retóricos de Aristóteles, Cícero e Quintiliano, esse modelo não é adotado de forma pedante em nenhuma carta, demonstrando a liberdade com que Paulo imprimiu disposição própria em cada carta. Por essa razão, é a retórica literária, *i. e.*, aquela que parte das cartas paulinas como foram escritas e não aquela imposta de fora, que deveria guiar o intérprete. As objeções surgidas da comparação dos dois modelos não afetam a relação entre cartas e discursos, mas exigem que as relações sejam evidenciadas com menos mecanicismo e mais atenção para a declinação entre o gênero epistolar e o retórico.

Uma vez que as correspondências e divergências tenham sido esclarecidas, é proveitoso analisar as cartas paulinas como discursos retóricos, por várias razões. Primeiro, a oralidade é o primeiro e o último nível das cartas paulinas, porque, como observamos sobre sua epistolografia, são ditadas para serem escritas, e escritas para serem lidas não privadamente, mas na comunidade eclesial. Além disso, o próprio Paulo tenta superar a distância natural entre comunicação escrita e discurso, como mostrado pelas declarações de 2Cor 10,10 ("Porque as suas cartas, dizem, são graves e fortes, mas a presença do corpo é fraca, e a palavra desprezível") e Gl 4,20 ("Eu bem quisera agora estar presente convosco, e mudar a minha voz; porque estou perplexo a vosso respeito"). E como as cartas representam partes de um diálogo a distância no espaço e no tempo, em sua forma original, o Evangelho não é uma história, mas uma comunicação verbal curta e positiva. Assim, as cartas paulinas são todas relacionadas ao seu Evangelho transmitido por carta, que era a única forma de comunicação disponível na era imperial entre pessoas incapazes de se relacionar de maneira imediata. É certamente importante que o Evangelho epistolar de Paulo seja tudo, menos breve, mas é precisamente nesta confluência entre Evangelho e a carta que ele encontra sua maior originalidade. Pela primeira vez em suas cartas o Evangelho é demonstrado pelos episódios de sua vida, e não pelos da vida de Jesus, e é apoiado por evidências a partir das Escrituras que direta ou indiretamente é posta em causa, especialmente nas quatro grandes cartas (1–2Coríntios, Gálatas e Romanos).

Portanto, a questão não deveria ser colocada na escolha entre cartas e epístolas, como as de Paulo são cartas pessoais e públicas ou acionistas, ou entre cartas e discursos, enquanto a retórica é colocada a serviço da epistolografia paulina e vice-versa. Suas cartas são reais e não fictícias, com uma tensão constante em direção à oralidade do momento em que, uma vez em seu destino, serão lidas em assembleia.

A contribuição da retórica literária suscita a questão da formação retórica de Paulo: Teria sido o Apóstolo educado em uma escola de retórica? Teria sido capaz de consultar um dos tratados de retórica produzidos até o século I d.C.? E como adapta a retórica às suas cartas? Quanto à sua formação, observamos que Paulo recebeu uma educação farisaica, enquanto não há atestados diretos ou indiretos sobre sua educação retórica, recebida, se isso ocorreu, em Tarso ou Jerusalém. Em 2Cor 11,6, reconhece que é "ignorante na palavra, mas não no conhecimento (de Jesus Cristo)"; e em 1Cor 2,1-4 ele lembra que evangelizou os coríntios não com "excelência de palavra e sabedoria", mas com a manifestação do Espírito. Portanto, acreditamos que a hipótese de seu duplo currículo de formação farisaica e retórica não seja muito sustentável. Por outro lado, o grego de Paulo não é dos melhores, nem dos mais claros, se comparado a seus contemporâneos e outros autores do Novo Testamento. Paulo não escreve com a elegância de Lucas no terceiro Evangelho e nos Atos dos Apóstolos, para não falar do grego da Carta aos Hebreus. Ele não menciona diretamente nenhum autor profano, e a única citação indireta de 1Cor 15,33 ("as más companhias corrompem os bons costumes"), identificada com um fragmento de Eurípides ou Menandro, toma as características de um provérbio que se tornou popular e não demonstra qualquer nível de formação retórica, decorrente do contato com os autores gregos.

Pelo contrário, embora não seja elegante no estilo, a retórica paulina é tecida no nível de conhecimento de Cristo, da Escritura e na credibilidade do Evangelho que comunica por carta e não numa indemonstrável formação retórica. Portanto, a retórica paulina apresenta traços pontuais de originalidade e não segue qualquer tratado teórico, mas brota do conhecimento de Cristo e é focada no paradoxo, pois carece de argumentos claros e lógicos exigidos pela antiga retórica. Por outro lado, o estudo dos antigos tratados sobre a retórica é fundamental não para localizar o receituário proposto por Aristóteles, Cícero e Quintiliano no epistolário paulino, mas sim porque se refere à maneira em que qualquer discurso se impostava nos tempos antigos. Desnecessários para os autores, os tratados são fundamentais para os intérpretes modernos da retórica antiga. Vamos, portanto, tentar identificar os principais modelos argumentativos que perpassam as sete cartas autorais de Paulo.

O inventário das provas

Qualquer comunicação, escrita ou oral, expressa para persuadir ou convencer os destinatários está entrelaçada com provas técnicas (*i. e.*, registros argumentativos resultantes da capacidade do orador em se adaptar ao seu público-alvo) e com provas artificiais (testemunhos, documentos escritos, provérbios e crenças populares), que derivam do ambiente em que vive. Portanto, vamos nos concentrar nessas duas áreas fundamentais da persuasão nas cartas paulinas.

Provas internas

Entre as provas técnicas ou internas, usadas por Paulo, impõe-se, em primeiro plano, o uso do *paradoxo*: dos paradoxos cristológicos aos propriamente teológicos, até paradoxos autobiográficos e antropológicos. Para cada paradoxo paulino, propomos alguns exemplos. Em 1Cor 1,23, o paradoxo cristológico é o seguinte: "Nós pregamos Cristo crucificado, escândalo para os judeus, loucura para os gentios" (cf. tb. as proposições de 2Cor 4,11; 8,9; Gl 3,13-14; Rm 15,8-9; Fl 2,6-8). O paradoxo cristológico está centrado na cruz de Cristo que, com o seu escândalo, produz aceitação ou rejeição nos destinatários, sem qualquer meio-termo. No paradoxo da cruz de Cristo delineia-se o paradoxo de Deus: "Aquele que não conheceu pecado, Deus o fez pecado por nós, para que nele nos tornássemos justiça de Deus" (2Cor 5,21; cf. tb. Rm 8,3-4). Consequentemente, a vida de Paulo em Cristo é paradoxal: "Por isso estou satisfeito com fraquezas, ultrajes, necessidades, perseguições e angústias por Cristo; quando na verdade eu sou fraco, é então que sou forte" (2Cor 12,10; cf. tb. 2Cor 13,7-9; Gl 2,19-20). E, paradoxalmente, revela a vida dos crentes: "Ninguém se engane a si mesmo. Se alguém dentre vós se tem por sábio neste mundo, faça-se louco para ser sábio" (1Cor 3,18; cf. tb. 1Cor 7,22; 2Cor 4,16-18; 8,1). É claro que no início da teologia paulina não há nenhum argumento lógico e consequente, ou silogismo, mas o paradoxo da cruz de Cristo, que revela o paradoxo de Deus e conforma a existência de Paulo e dos crentes.

Em continuidade com os paradoxos pessoais, há as seções autobiográficas nas quais Paulo se gloria ou defende seu ministério. Ao *autoelogio* ou *periautologia* dedicam-se as seções de 1Cor 9,1-27; 2Cor 11,1–12,18; Gl 1,13–2,21 e Fl 3,2–4,1 onde, forçado a se vangloriar em defesa de seu apostolado ou de se apresentar como um modelo a seguir, Paulo conta a sua existência antes e depois do encontro com o ressuscitado. Os tratados da antiga retórica afirmavam que o autoelogio é difícil de ser feito porque tende a despertar a repulsa dos destinatários. Por isso, não devemos perder formas de antídotos que, reconhecendo os limites ou falhas humanas, equilibram os autoelogios e os tornam aceitáveis. Não é fortuito que, em cada seção mencionada, Paulo se glorie reconhecendo ainda não ter alcançado a meta de sua corrida para o Evangelho (cf. 1Cor 9,24-27; Fl 3,12-14), que fugiu quando foi procurado em Damasco pelo governador do Rei Areta (2Cor 11,30-33), que foi atingido por um enviado de satanás e por um espinho na carne (2Cor 12,7) de modo a não se inflar em orgulho, e de não ser mais ele a viver, mas Cristo que nele vive (cf. Gl 2,20). À defesa de seu ministério se devem as duas apologias de 2Cor 2,14–7,4 e 2Cor 10,1–13,13, onde é forçado a se defender contra as acusações feitas pelos coríntios e por oponentes externos à comunidade da Acaia. Portanto, os autoelogios de Paulo não são ditados por formas de jactância ou soberba, mas pela necessidade de defender-se e gerar imitação nos destinatários.

Um terceiro âmbito das provas técnicas mais frequentes diz respeito ao *critério da diferença* (ou *diaforaloghía*), caracterizado pelo terceiro nível (ou *tertium comparationis*) que relativiza o primeiro e o segundo níveis: "Não há judeu ou grego, não há escravo ou livre, não há homem e mulher; porque todos vós sois um em Cristo Jesus" (Gl 3,28, para mais ex., cf. 1Ts 5,10; 1Cor 3,6-7; 7,19.29-31; 10,31; 2Cor 5,9; Gl 3,28; 5,6; 6,15; Rm 14,1-3.7-8; Fl 1,18). Quão importante é para Paulo ser um em Cristo, o que relativiza qualquer condição social, civil e sexual... Da mesma forma, a circuncisão e a incircuncisão, e até mesmo a vida e a morte físicas, fenecem diante de Cristo, a vida de Paulo (cf. Fl 1,21).

Finalmente, para animar o diálogo com seu interlocutor fictício, Paulo recorre frequentemente ao estilo da diatribe, amplamente difundido entre os filósofos cínico-estoicos. O estilo da diatribe é caracterizado pela brevidade de perguntas retóricas, por respostas imediatas e pelo uso da fórmula "nunca será (*me ghénoito*)!" Então ele pergunta aos coríntios: "Tomarei, pois, os membros de Cristo, e os farei membros de uma meretriz? Não, por certo"

(1Cor 6,15). Outros exemplos do estilo da diatribe ocorrem em Gl 2,17; 3,21; Rm 3,3-6; 3,21; 6,1.15-16; 7,7.13; 9,14; 11,1.11. Esse estilo se concentra sobretudo nas cartas aos Gálatas e aos Romanos, *i. e.*, onde são necessários argumentos rigorosos para demonstrar o conteúdo do Evangelho paulino.

As provas externas

No que diz respeito às provas artificiais ou externas, o papel principal é desempenhado pelas Escrituras, consideradas como uma autoridade indiscutível. Uma investigação aprofundada nos permite calcular cerca de duzentas referências a passagens, personagens e lugares do Antigo Testamento no epistolário paulino. Sobre a fonte usada, na maioria das citações, Paulo usa a Septuaginta mais do que o hebraico do que se tornará o Texto Massorético.

Nesse vasto campo de provas externas, podemos distinguir quatro formas de apelos à *auctoritas* bíblica: citações diretas, ou seja, aquelas introduzidas, por exemplo, pela fórmula "como está escrito" e semelhantes; citações indiretas, *i. e.*, sem fórmulas introdutórias; as alusões; e os ecos ou reverberações da linguagem bíblica nas cartas paulinas. Para o primeiro modo vale como exemplo o texto de Is 52,7 em Rm 10,15: "Como está escrito: 'Quão formosos são os pés dos que anunciam o bem'" (cf. tb. 1Cor 10,7; 2Cor 8,15; Rm 1,18; 4,17). Entre as citações indiretas, destacamos o caso de uma carta em que a autoridade bíblica não é invocada por Paulo. A expressão de Fl 1,19, "Eu sei que isso vai servir para a minha salvação", retoma uma passagem do Livro de Jó: "Isso servirá para minha salvação" (Jó 13,16). Entre as alusões, é possível se deter em Rm 5,12-21, onde a comparação entre Adão e Cristo assume a narrativa de Gn 1–3, sem relatar qualquer passagem da fonte bíblica. Finalmente, a linguagem bíblica ecoa em passagens como Rm 1,23 ("E mudaram a glória do Deus incorruptível em semelhança da imagem de homem corruptível, e de aves, e de quadrúpedes, e de répteis"), que ecoa o Sl 105,20 (LXX, 106,20): "E eles trocaram sua glória pela imagem de um novilho comendo capim". É claro que, enquanto as citações diretas, e alusões indiretas são mais verificáveis, já que se devem à intenção do autor, menos reconhecíveis são as reverberações ou ecos, porque surgem a partir da influência do grego bíblico na forma com que Paulo dita suas cartas. Portanto, com exceção da Carta a Filêmon, não existe carta paulina em que a Escritura não ocupe um espaço mais ou menos relevante: é central em 1–2 Coríntios, Gálatas e Romanos, enquanto secundária em 1Tessalonicenses e Filipenses.

Acerca da relação entre Jesus e Paulo, consideramos as referências aos ditos e eventos da vida terrena de Jesus nas cartas paulinas. Deve-se reconhecer que esse campo de evidência externa não ocupa o espaço da autoridade bíblica, mas algumas palavras de Jesus, tais como as pronunciadas durante a ceia (cf. 1Cor 11,23-25), desempenham um papel decisivo nos argumentos paulinos. Uma observação semelhante aplica-se às profissões de fé que Paulo transmite às suas comunidades, depois de tê-las recebido das Igrejas primitivas (cf. 1Cor 8,6; 15,3-5; Fl 2,6-9; Rm 1,3-4).

Portanto, podemos muito bem argumentar que as cartas paulinas viajam sobre provas internas e externas que transmitem o conteúdo magmático de sua teologia, com uma retórica toda peculiar que não separa forma e conteúdo e usa diferentes registros argumentativos para expressar a essência do seu Evangelho.

Qual é o centro da teologia paulina?

A partir do período das reformas (mais do que apenas a reforma luterana), no século XVI considerou-se que o ponto principal da teologia paulina fosse o tema da justificação pela fé sem as obras. Com a primeira fase da exegese no século XX, o axioma indiscutível da justificação *sola gratia* ou *sola fide* foi colocado progressivamente em crise nos próprios ambientes luteranos, em benefício do chamado "participacionismo" ou do estar "em Cristo". Entre os primeiros propugnadores do participacionismo estão A. Schweitzer (1930), K. Stendhal (1963), seguidos de contribuições de E.P. Sanders (1977) e N.T. Wright[7]. Além disso, por trinta anos ou mais, o tema do participacionismo se tem desenvolvido em favor das marcas identitárias que distinguem os judeus de gentios, dando origem à chamada nova perspectiva, proposta por J.D.G. Dunn em 1982 durante a *Manson Memorial Lecture*[8]. Segundo este último desenvolvimento, Paulo não questionaria a fé e as obras em geral, mas a fé em Cristo e as "obras da Lei", vistas como

---

7. WRIGHT, N.T. *The Climax of the Covenant*: Christ and the Law in Pauline Theology. Edimburgo: T&T Clark, 1991.

8. Para uma visão geral, cf. DUNN, J.D.G. "The New Perspective on Paul: whence, what, whither?" In: *The New Perspective on Paul* – Collected Essays. Tubingen: Mohr & Siebeck, 2005, p. 1-98 [Wissenschaftliche Untersuchungen zum Neuen Testament 185].

identity markers ou "marcas identitárias" que separam o judeu dos gentios. Nesse caso, estariam em jogo a circuncisão, o calendário judaico (em particular o sábado) e as regras de pureza alimentar sobre alimentos puros e impuros.

Entre os estudiosos do epistolário paulino, várias críticas a essa restrição foram suscitadas, correndo o risco de reduzir a teologia de Paulo às questões sociológicas sobre as relações entre judeus e gentios. Assim, alguns estudiosos tentaram recuperar o tema da justificação como sendo o principal (LOHSE, 2008), subestimando o do participacionismo. Para inflamar ainda mais o debate, H. Räisänen (1987) que, em relação à lei, acusou Paulo de contradição não apenas entre uma carta e outra, mas dentro da mesma carta. Na Itália, foi muito positiva a contribuição de G. Barbaglio (2001b), que considera o conteúdo das cartas paulinas como situacional e, portanto, fragmentário, para o qual só se pode pensar em esboços e não em uma teologia orgânica ou sistemática. Na questão, consideramos apropriado observar o seguinte.

No que se refere às coordenadas e ao tema epistolar, destacamos que cada carta paulina, incluindo Romanos, reflete as situações circunscritas e concretas da comunidade a que é dirigida. No entanto, se a história da interpretação distinguiu adequadamente as cartas autorais daqueles de primeira e segunda tradição paulina, é porque as principais motivações incluem não apenas estilos diferentes, mas, sobretudo, mudanças nos sistemas e no conteúdo. Enquanto na primeira vertente a eclesiologia procede de baixo, nos outros dois caminhos ela é vista de cima. O paradoxo cristológico e autobiográfico é difundido nas cartas autorais, enquanto desaparece quase inteiramente naquelas das tradições. Uma observação semelhante aplica-se ao uso do estilo da diatribe que caracteriza 1–2 Coríntios, Gálatas e Romanos, enquanto é praticamente abandonado nas cartas subsequentes. A centralidade do Espírito é difusa nas cartas autógrafas, mas reduzida ao mínimo nas cartas de tradição paulina, com exceção da Carta aos Efésios. E, se a lei é considerada indiferente para a justificação em Cristo, mas nas cartas autógrafas nunca é considerada anulada, nas cartas subsequentes é abandonada.

Esses dados não implicam necessariamente que as duas tradições paulinas tenham distorcido a mensagem original de Paulo: na verdade tentaram preservá-lo e desenvolvê-lo nos seguintes contextos da separação das maneiras entre o judaísmo e o cristianismo. Por isso, a alternativa entre o tema da justificação e a do participacionismo é mais teórica do que real, já que os dois âmbitos se comunicam mais do que pensamos.

Além disso, em nossa modesta opinião, um centro de conteúdo do epistolário autógrafo de Paulo existe e é constituído por seu Evangelho, mas não assume características sistemáticas e requer ser especificado por causa de sua generalidade. O Evangelho, declinado de várias maneiras em todas as cartas, não é identificado com um livro, mas com Jesus Cristo, o Senhor. É por isso que o Evangelho de Paulo é como um caleidoscópio, que assume diferentes tons e ênfases, dependendo das situações que enfrenta. Com uma síntese extrema, que vamos desenvolver para cada carta autógrafa, em 1Tessalonicenses o Evangelho relaciona a fé na ressurreição de Cristo com a dos crentes nele, enquanto não há a menor referência à justificação pela fé ou pela Lei. Entre os problemas contingentes que perpassam 1Coríntios, o principal critério de orientação é a "palavra da cruz" (1Cor 1,18) e a participação na ressurreição de Cristo (1Cor 15,1-9). A 2Coríntios canônica é uma defesa total do apostolado de Paulo, que no Evangelho encontra seu conteúdo essencial e sua razão última (cf. 2Cor 2,16-17). Com Gálatas, o Evangelho da filiação em Cristo (cf. Gl 1,11-12; 3,6-7) predomina na problemática da justificação (cf. Gl 2,16), assumindo-a como funcional. Por outro lado, em Romanos, a justificação em Cristo (cf. Rm 1,16-17; 3,21-22) condiciona o participacionismo de estar nele. A geração de Onésimo para a fé através do Evangelho (cf. Fm 10-13) representa o ponto gravitacional da Carta a Filêmon. Finalmente, a propagação do Evangelho através da mimese, ou imitação no ato de Cristo e Paulo (cf. Fl 1,28-30), passa por Filipenses.

Portanto, mesmo que a mensagem de Paulo não seja sistemática, nem mesmo evolutiva, ela sempre parte da centralidade da morte e ressurreição de Cristo para buscar, com suas comunidades, as soluções mais adequadas para situações concretas e, diríamos, "pastorais".

O querigma e a ética

Se as cartas são uma forma de mediação escrita da pregação de Paulo, qual seria o relacionamento com as questões? Em termos mais gerais, como a fé e a ética se relacionam? A questão é de suma importância nas relações entre exegese ou teologia bíblica e teologia moral contemporânea. A esse respeito, devemos reconhecer que, embora durante grande parte do século XX, especialmente durante a *Formgeschichte* ("história das formas"), os temas éticos foram pouco analisados, nas últimas décadas cresceram os estudos destinados a concentrar a atenção sobre as relações das seções éticas com as partes doutrinárias. Assim, as seções éticas não são mais consideradas apenas como adquiridas, nem simplesmente emprestadas da ética da filosofia helenística popular, mas são consideradas funcionalmente diferentes das seções querigmáticas. Então tentamos identificar os paradigmas subjacentes às relações entre querigma e ética paulina.

Em 1Tessalonicenses o conteúdo querigmático sobre a participação dos crentes na parusia ou segunda vinda de Cristo (cf. 1Ts 4,13–5,11) é inserido na seção exortativa de 1Ts 4,1–5,11, expressando uma ética de antecipação capaz de ir ao encontro da parusia de Cristo com vigilância diligente.

É diferente a relação entre querigma e ética encontrada em 1Coríntios, porque o primeiro horizonte é proposto nas partes limítrofes da carta com a "palavra da cruz" de 1Cor 1,18–4,21, e com a pregação da ressurreição em 1Cor 15,1-58. Nas seções internas, Paulo lida com vários assuntos contingentes da comunidade, avaliando-os no horizonte da morte e ressurreição de Cristo, de acordo com uma ética consequente. Já no que se refere à 2Coríntios canônica, esta apresenta uma seção exortativa própria centrada nas duas defesas do ministério de Paulo em 2Cor 2,14–7,4 e 2Cor 10,1–13,13.

Com Gálatas, a parte exortativa retorna em Gl 5,13–6,10 e é apresentada com a lista de vícios e virtudes, ou seja, com a alternativa entre as "obras da carne" e "o fruto do Espírito". E porque os crentes vivem segundo o Espírito, eles são exortados a continuar na mesma direção (cf. Gl 5,25). Por essa razão, o paradigma subjacente não é simplesmente consequencial, mas sim natural ou fenomênico de uma ética vista como defesa e fruto do Espírito.

O modelo consequencial de ética, encontrado em 1Corintíos, presente também em Romanos, em que a razão para a misericórdia ou compaixão divina (cf. Rm 11,32; 12,1) conecta a seção exortativa de Rm 12,1–15,13 à seção querigmática de Rm 1,18–11,36. No entanto, o que está em questão não é uma ética opcional, mas necessária. Trata-se de uma ética que, enraizada no Evangelho da justiça/justificação de Deus em Cristo, se distancia do mal e decididamente se orienta para o bem de amor ao próximo, especialmente em relação aos fracos da comunidade. Por isso, enquanto as seções éticas anteriores são caracterizadas por frases curtas, é original o modo como Paulo aborda o conflito entre os fortes e os fracos da comunidade de Roma (Rm 14,1–15,13), onde sua manifestação se torna unificada e fecha com o exemplo de Cristo que motiva a aceitação mútua entre as duas partes em conflito (cf. Rm 15,1-6).

Sobre a geração de Onésimo na prisão (cf. Fm 10), a recomendação de Paulo a Filêmon é inervada. O pedido urgente que Filêmon acolha novamente em sua casa o escravo fugitivo não é motivado por sentimentos humanos de compaixão, nem por simples comunhão da própria condição humana, mas encontra suas razões fundadoras na partilha da fé e do amor; pois, para além das distinções sociais entre escravos e senhores, é a fraternidade em Cristo que revoluciona as relações humanas.

Que a ética paulina assuma funções várias, de acordo com as relações com o Evangelho, confirma-se pela Carta aos Filipenses, onde a mimese ou imitação de Cristo e de Paulo se torna a razão fundamental pela qual o Evangelho se espalha. A mimeses humana que perpassa a carta já está em andamento em Filipos, onde os crentes são louvados por sua adesão fiel ao Evangelho (cf. Fl 1,30); e não se trata de uma simples imitação de uma cópia inferior se comparada ao original, mas de uma modalidade original de assumir a mesma maneira de avaliar de ou em Cristo (cf. Fl 2,5) e de Paulo (cf. Fl 3,17). Por um lado, Jesus Cristo é arquétipo inatingível de humildade e obediência até à morte de cruz (cf. Fl 2,6-8); por outro, precisamente como um arquétipo produz um exemplar que conforma a maneira de pensar e agir dos crentes.

Portanto, as seções éticas ou "paracléticas" finais se relacionam de maneira diferente com as seções doutrinárias que as precedem e regulam. Dependendo das realidades querigmáticas, as exigências éticas assumem diferentes funções, porque é o Evangelho que conforma a ética e não o contrário, salvaguardando o princípio fundamental da justificação gratuita pela fé.

A história da salvação

Nas cartas, Paulo expressa um forte senso da história da salvação operada por Deus em favor de Israel e de toda a humanidade. A Escritura é o código fundamental que permite que ele se debruce sobre a história de Israel, sobre o evento da morte e ressurreição de Cristo, sobre o presente da vida eclesial e sobre o futuro do dia do Senhor. A primeira fase se refere à economia das promessas e começa com a fé de Abraão: "Assim como Abraão creu em Deus, e isso lhe foi imputado como justiça" (Gn 15,6 citado em Gl 3,6, e comentado extensivamente em Rm 4,1-25). A essa primeira fase pertence à Lei mosaica, promulgada quatrocentos anos depois da promessa feita a Abraão, sobre a incontável descendência (cf. Gl 3,17) que, por isso, não nega a promessa abraâmica. Para o cristão Paulo, a Lei não foi promulgada no início da criação do mundo, como teria sido para diferentes correntes do judaísmo, mas veio durante o êxodo de Israel do Egito. Também não é eterna a circuncisão que, como um selo de justiça (cf. Rm 4,11), sucede e não precede a fé de Abraão.

A segunda fase é a apocalíptica da plenitude do tempo em que Deus enviou seu Filho, "nascido de uma mulher, nascido sob a Lei" (Gl 4,4). Com o tempo que chega à plenitude, todas as promessas de Deus se cumprem no "sim" de Cristo (cf. 2Cor 1,20): nele o mistério de Deus, envolto em silêncio por longos séculos, finalmente se revelou por meio das Escrituras proféticas (cf. Rm 16,25-26). No centro do evento apocalíptico está a morte e ressurreição de Cristo, com quem a "nova criação" é inaugurada (cf. Gl 6,15) e o homem se torna "uma nova criatura" (2Cor 5,17).

Portanto, chega-se ao tempo presente nutrido pela ação do Espírito. O presente da vida cristã está continuamente voltado para o passado da morte e ressurreição de Cristo; e esse passado alcança e transforma o presente através da ação vivificante do Espírito. É por isso que a filiação divina é inaugurada pelo envio do Filho de Deus e do seu Espírito. No dinamismo entre o evento da cruz de Cristo e o presente da vida cristã, a apocalíptica paulina assume novas perspectivas diante da apocalíptica judaica da época. Enquanto para esta última a intervenção apocalíptica definitiva de Deus é colocada no futuro, para Paulo é no passado da morte e ressurreição de Cristo e no presente dos crentes. Somente nessa perspectiva tornam-se compreensíveis: a libertação do presente século mau (cf. Gl 1,4); o estabelecimento da Jerusalém celeste, que é livre e nossa mãe (Gl 4,26); e a cidadania celestial dos crentes (cf. Fl 3,20).

No entanto a escatologia de Paulo não é realizada. Isso implica uma espécie de *fuga mundi*, mas sim uma apocalíptica em tensão para o *éschaton* do dia final de Cristo (cf. 1Ts 1,9-10; 4,13-18). É por isso que a filiação divina, doada pelo estar em Cristo e pelo batismo, não é realizada, mas é aguardada com a redenção definitiva do corpo (cf. Rm 8,23). Sobre a última fase da história da salvação parece que a princípio Paulo estivesse convencido de que "nós, que vivemos e ainda estaremos vivos, seremos apanhados junto com eles (os defuntos) nas nuvens para encontrar o Senhor no alto, e assim estaremos para sempre com o Senhor" (1Ts 4,17). No entanto, contra o entusiasmo fácil e as previsões arriscadas, Paulo exorta os tessalonicenses a vigiarem pelo dia do Senhor que virá como um ladrão na noite (cf. 1Ts 5,1-6). Por isso, a tensão escatológica não é progressivamente relativizada por Paulo, mas permanece ancorada no apocalíptico estar em Cristo no passado e no presente. As categorias do "Reino de Deus" e "dia do Senhor" permeiam suas cartas e expressam as tensões rumo ao futuro da história da salvação.

A propósito do reino – que para Paulo é apenas "de Deus" – por um lado, é inaugurado com a ressurreição de Cristo, por isso "é necessário que Ele reine, até que Ele coloque todos os inimigos debaixo de seus pés" (1Cor 15,25); por outro lado, o Senhor ressuscitado "entregará o reino a Deus Pai, quando anulará todo principado, autoridade e poder" (1Cor 15,24). Enquanto isso, no presente "o Reino de Deus não é [questão de] comida e bebida, mas justiça, paz e alegria no Espírito" (Rm 14,17). É por isso que os crentes são exortados a "comportar-se de maneira digna de Deus, que os chama para o seu reino e sua glória" (cf. 1Ts 2,12). Portanto, herdar o Reino de Deus significa antecipá-lo com escolhas éticas alimentadas pela ação do Espírito, sem cair nos vícios denunciados em 1Cor 6,9-10 e em Gl 5,19-21.

Na perspectiva apocalíptico-escatológica do Reino de Deus inserem-se as referências ao "dia de Cristo" (Fl 1,6.10; 2,16) ou ao "dia do Senhor" (1Ts 5,2; 1Cor 5,5) e "de nosso Senhor Jesus Cristo" (1Cor 1,8; 2Cor 1,14). A expressão é profética e apocalíptica (cf. Am 5,18; Gl 2,1.11) e alude ao dia final de Deus. Em alguns casos, "o dia" é mencionado sem especificação (cf. Rm 13,12), mas ele alude ao evento final em que "Deus julgará os segredos dos homens segundo o meu Evangelho por meio de Cristo Jesus" (Rm 2,16). A categoria cronológica é usada por Paulo para expressar a tensão entre o evento apocalíptico da morte e ressurreição de Cristo e o acontecimento escatológico do dia de Cristo. É por isso que o dia derradeiro não é temido, mas aguardado pelos crentes com vigilância constante. A tensão entre a apocalíptica e a escatologia paulina é fundamental para compreender a relação entre a justificação pela fé, que pertence ao passado e continua no presente, e o juízo final para as obras humanas. Sem o primeiro horizonte, que é prioritário e constitui o conteúdo central do Evangelho de Paulo, o segundo não apresenta novidades substanciais em relação à escatologia judaica; sem o segundo, o evento apocalíptico corre o risco de produzir uma ética contrária à nova vida em Cristo.

Nas fases da história da salvação, são traçadas as relações entre o começo (ou a protologia) e o fim (escatologia) da vida humana. Mas mesmo nessa dialética, Paulo não parte da protologia para se debruçar sobre as origens do homem e do pecado, mas sim do centro salvífico realizado por Deus em Cristo, que precede o discurso sobre Adão (1Cor 15,22-45; 5,12-21). Por isso, como um dos fragmentos pré-paulinos recita, "Todavia para nós há um só Deus, o Pai, de quem é tudo e para quem nós vivemos; e um só Senhor, Jesus Cristo, pelo qual são todas as coisas, e nós por Ele" (1Cor 8,6). Portanto, o evento escatológico do Reino de Deus e do dia de Cristo não é delineado de acordo com a perspectiva palingenética ou de retorno ao passado, mas no horizonte da "nova criação" que não restaura a primeira criação, nem recompõe a condição humana de Adão antes do pecado, mas constitui o dom sem precedentes da filiação e justificação divinas em Cristo, através de uma transformação progressiva "de dia a dia" (2Cor 4,16) e "de glória em glória" (2Cor 3,18).

A estética do paradoxo

Quais são as mais belas páginas de Paulo? Em quais parágrafos alcança o que o Pseudo-Longino (séc. I d.C.) chama *o sublime*? É claro que a beleza das páginas paulinas não está na forma nem no estilo, já que, como especificamos, seu grego não é elegante e, em muitos casos, é obscuro e difícil de entender. Não há proposição em que não repita a conjunção *gar* (de fato); as coordenadas sintáticas são irregulares e as sentenças condicionais criam dificuldades interpretativas. Em questão, não está apenas o grego do *koiné* ou o clássico, mas o tipo de formação recebida e a capacidade progressiva de se adaptar à maneira de pensar e falar dos destinatários. Então, no caso de Paulo, não é o estilo que faz a vida, mas o oposto; e quanto mais a vida real se derrama na escrita tanto mais ela será capaz de produzir o sublime.

A estética paulina é expressa em três vieses principais: o arranjo ou a trama argumentativa, os parágrafos em que o conteúdo rompe com as formas adquiridas para produzir novas e algumas sentenças fulgurantes. Com essas modalidades poéticas, no sentido próprio do verbo *poiéo* (fazer), as cartas paulinas transmitem conteúdos de beleza incomparável.

Entre gratidão e conforto 1Tessalonicenses expressa a beleza das relações humanas entre irmãos na fé e com o Senhor Jesus Cristo. A estética do além-morte que, ao invés de separar definitivamente aqueles que se amam, assegura-lhes que estaremos para sempre com Cristo. Na beleza da urdidura da primeira carta de São Paulo estão dois belos ícones: o autorretrato de alguém que está disposto, como um pai, a dar a sua vida pelos tessalonicenses que se tornaram queridos (cf. 1Ts 2,1-12); e os crentes que em procissão vão ao encontro do Senhor que vem (cf. 1Ts 4,13-18).

Uma tapeçaria gigante é 1Coríntios, em que as partes limítrofes são ocupadas pela "palavra da cruz" (cf. 1Cor 1,18–4,21) e pelo Evangelho da ressurreição de Cristo (cf. 1Cor 15,1-58). Entre essas delimitações está o árduo caminho de uma Igreja concreta em se tornar um templo, um campo e sobretudo o corpo de Cristo. O paradoxo da cruz (cf. 1Cor 1,18-31), que rompe seja com um sistema da sabedoria ou da *sofia* humana, seja com a exigência do prodigioso ou milagroso, impõe-se no caminho intermediário. No topo da carta está o elogio do ágape (cf. 1Cor 12,31–13,13), em que o sublime transpõe qualquer limite, mesmo o da morte, e considera o amor superior à fé e à esperança. Pelo seu conteúdo, esse elogio merece ser colocado ao lado de qualquer tratado passado ou presente sobre o amor. Isso é avaliado não em termos de seus interlocutores humanos, mas de acordo com seu trabalho; o amor não é um impulso ético do ego, mas é como uma pessoa que, em sua alteridade, interpela o "eu" de qualquer um.

O paradoxo do apostolado pelo Evangelho ou por Cristo perpassa a 2Coríntios canônica: o da reconciliação divina que rompe com as tentativas humanas de se reconciliar com Deus e brota do amor de Cristo provoca em vista de que não se viva mais para si mesmo, mas para aquele que morreu e ressuscitou por nós (2Cor 5,14-21). Como é possível conceber que Jesus Cristo, que não conheceu o pecado, tenha se tornado pecado para que nele pudéssemos nos tornar justiça de Deus? Na última parte da carta, o paradoxo do ministério assume as peculiaridades da força na fraqueza e alcança o sublime com o arrebatamento ao terceiro céu e o inominável espinho na carne (cf. 2Cor 12,1-10). Não é a fraqueza como álibi que está em questão, mas ela como condição transformada pela graça de Cristo, que atravessou a fraqueza da cruz para alcançar a força da ressurreição. O corpo dos crentes está em transformação, mas se trata de uma transformação diária que, para ser reconhecida, precisa voltar o seu olhar não para a exterioridade e o que já está caduco, mas para dentro da superabundante glória do Evangelho, como um tesouro em vasos de barro (cf. 2Cor 4,7-18).

O sublime do Evangelho da graça, da filiação divina e da liberdade é a Carta aos Gálatas. O crucificado ali representado (cf. Gl 3,1) como aquele "que me amou e se entregou por mim" (cf. Gl 2,20) é o paradoxo vivido por Cristo para que a filiação, a graça e a liberdade cheguem a todos os que nele creem. Paradoxalmente, Jesus Cristo se tornou uma maldição para que os crentes recebessem a bênção de Abraão (Gl 3,13-14). Igualmente paradoxal é que o Filho de Deus tenha nascido de uma mulher e sob a Lei para que todos recebam a filiação divina pelo Espírito (cf. Gl 4,4-7). A estética do paradoxo da cruz é a estética do espírito que alimenta, como a seiva ao fruto da videira, ao único fruto: amor, alegria, paz... até o domínio de si (Gl 5,22-23).

A Carta aos Romanos é como a *Capela Sistina* de Paulo [em outras palavras, sua obra-prima], onde o Evangelho da justificação em Cristo perpassa as tensões entre a teodiceia ou justiça divina e o homem em luta constante entre o bem e o mal. O único itinerário de justificação para a fé em Cristo percorre as duplas verdades de Deus e do homem: entre o julgamento imparcial de Deus e a responsabilidade humana; entre o universalismo da salvação para todos e a prioridade do judeu em relação ao grego; e entre a prioridade absoluta da eleição divina que distingue Israel de Israel e a salvação final de todo o Israel, apesar da descrença da maioria dos judeus no Evangelho. A beleza da trama é o que faz de Romanos uma obra-prima: mas o urdume cruza o labirinto da vida humana com as notas do sentido trágico e dramático do ego que não faz o bem que quer, mas o mal que não quer. Páginas como as dedicadas ao conflito entre o eu e a Lei, diante do poder dominante do pecado (cf. Rm 7,7-25) e o cântico do Espírito que, com seus gemidos inefáveis, assume os gemidos de cada pessoa humana e dos crentes (cf. Rm 8,1-30) para ajudá-los na fraqueza, são imortais e atingem o sublime com a *delectatio victrix* ou com o amor vitorioso de Deus e de Cristo (cf. Rm 8,31-39).

Em uma sociedade como a imperial, fundada sobre as barreiras intransponíveis entre escravos e livres, senhores e servos, a breve Carta a Filêmon testemunha a fraternidade por causa da partilha da fé em Jesus Cristo. O amor fraternal entre Filêmon, os crentes que se reúnem em sua casa, Paulo e Onésimo é "visceral" (cf. o uso de *splánchna*, em Fm 7.12.20): íntimo e familiar. Por isso é um amor capaz de criar vínculos de dívida e de crédito superiores a qualquer contrato econômico.

Finalmente, o paradoxal *curriculum vitae* de Cristo Jesus, que, da forma divina, chegou à forma de um escravo, assumindo em tudo, exceto no pecado, a condição humana (cf. Fl 2,5-11) é a esmeralda radiante da Carta aos Filipenses. Sobre o paradoxo da morte da cruz, que passa pelo beco obrigatório da obediência e humildade de Cristo, se conformam a vida de Paulo, de Timóteo, de Epafrodito e dos filipenses. Como um grande esteta, Agostinho de Hipona ecoa assim o louvor de Fl 2,6-11 em seu *Comentário sobre a Primeira Carta de João*:

> Pedimos ao Apóstolo Paulo para ouvir como explica a perfeita harmonia das duas flautas. Soe a primeira: "Mais bonitos do que os filhos dos homens": "embora fosse da forma de Deus, não acreditou que fosse igual a Deus" (Fl 2,6). Aqui está o que Ele supera os filhos dos homens em beleza. A segunda flauta também toca: "Nós o vimos e tinha aparência ou beleza": é porque "Ele se aniquilou, assumindo a forma de servo, tornando-se como homens, reconhecido por sua maneira de ser, como homem" (Fl 2,7). "Ele não tinha aparência ou beleza" para dar-lhe aparência ou beleza. Que beleza? Qual aparência? O amor da caridade; para que tu possas amar e amar correndo. Já és belo; mas não olhes para ti mesmo, para não perder o que tomaste; olha para Ele por quem foste feito belo (IX, 9).

Portanto, a estética do paradoxo perpassa a vida de Cristo, o agir de Deus e a vida humana, obrigando a escolha, porque o paradoxo é aceito ou rejeitado, sem qualquer meio-termo. O paradoxo que gera a estética paulina se aproxima vagamente dos paradoxos dos estoicos, pois é relacional e não individualista; e é real, embora não seja lógico, pois sempre se afasta da cruz de Cristo para interpelar quem quer que seja. Aqui está toda a perene atualidade de Paulo: ele soube como cruzar o paradoxo da cruz, trazendo-o ao chão das situações humanas mais discrepantes, sem tentar adoçá-lo.

Conclusão

Demos os principais elementos para uma introdução a Paulo, suas cartas e suas comunidades. Nos desenvolvimentos do movimento cristão das origens, Paulo é um homem proeminente que, com sua pregação de Cristo aos gentios, espalhou o Evangelho nas cidades mais importantes do Império. Sua contribuição é decisiva, mas ele não é o inventor de nenhum cristianismo, porque o movimento que surgiu em torno de Jesus de Nazaré já estava se desenvolvendo na Palestina e na Síria. Como fariseu, convencido da importância da Lei e das tradições orais, passou para o movimento cristão, sem considerar a passagem como apostasia, nem como mudança de religião. O evento em Damasco produziu a virada decisiva em sua existência, mas não é antecipado por qualquer insatisfação ética, psicológica e religiosa. Sua visão de justificação difere daquela de outros missionários, mas sua fé na morte e ressurreição de Cristo o une a todos os crentes. As comunidades que nasceram de sua pregação são domésticas e não dependem de nenhuma Igreja central interna ou externa às cidades em que surgiram. Suas cartas autógrafas refletem situações reais e contingentes a serem abordadas, mas não são tratados de teologia. No centro de cada carta está o Evangelho que é Jesus Cristo, seu Senhor, através do qual tudo o que diz respeito a Deus, à Igreja, à pessoa humana e à ética está incluído. Uma dinâmica de reciprocidade atravessa as cartas paulinas: a inculturação do Evangelho e a evangelização da cultura que encontra, com uma tensão missionária que não assume conotações de proselitismo, mas de um Evangelho que pode se adaptar, com as suas novidades, a todas as situações humanas, transformando-as a partir de dentro. É por isso que Paulo se fez tudo para todos:"para salvar alguém a qualquer custo" (1Cor 9,22). De seu *curriculum vitae* propomos a seguinte varredura cronológica das cartas que vamos aprofundar:

- 1Tessalonicenses, 50-51 d.C., enviada de Corinto;
- 1Coríntios, 52-53 d.C., enviada de Éfeso;
- 2Coríntios, 54-55 d.C., enviada de Filipos;
- Gálatas, 55-56 d.C., enviada de Corinto ou Éfeso;
- Romanos, 56-57 d.C., enviada de Corinto;
- Filêmon, 59-61 d.C., enviada de Roma;
- Filipenses, 61-62 d.C., enviada de Roma.

A cronologia proposta não é universalmente aceita, uma vez que as datas das "cartas da prisão" (Filêmon e Filipenses) permanecem controversas, alternativamente, são colocadas em meados dos anos 50 e enviadas de Éfeso. Alguns estudiosos propõem considerar Gálatas como a primeira carta de Paulo, mas porque em 1Cor 16,1-2 as comunidades da Galácia são mencionadas, por ocasião da coleta para os pobres de Jerusalém, enquanto não são mencionadas em Rm 15,14-33, é preferível datá-la após a correspondência com os coríntios e antes de Romanos.

Bibliografia fundamentada

A história da interpretação de Paulo, de suas comunidades e de suas cartas já conta dois mil anos. Por isso, com algumas exceções, dedicaremos atenção ao século XX e a primeira década do século XXI, distinguindo dicionários e obras de referência, as biografias, os estudos sobre as comunidades paulinas, sobre a epistolografia, sobre a retórica e sobre a mensagem paulina.

Dicionários e obras de referência

O *Dicionário de Paulo e suas cartas*, de G.F. Hawthorne, R.P. Martin e D.G. Reid, apresenta em ordem alfabética os verbetes sobre o ambiente, a vida, as cartas e a teologia de Paulo. A edição italiana, editada por R. Penna e colaboradores, não se limitou a traduzir o dicionário, mas tentou preencher os conteúdos e lacunas bibliográficas, acrescentando as contribuições de autores italianos, francófonos e alemães. [A edição brasileira foi publicada em 2008, em coedição Paulus/Loyola.]

Sobre o ambiente greco-romano de Paulo é muito útil o dicionário, publicado pela J.P. Sampley, *Paul in the Greco-Roman World*, de 2003. Estudiosos evangélicos e católicos redigiram suas contribuições sobre o ambiente greco-romano (familiar, civil, social e retórico) de Paulo.

Há cerca de vinte anos, foi desenvolvido o instrumento da sinopse paulina, colocando em paralelo termos, gêneros literários e conteúdo das cartas paulinas. Em 1994 publiquei a primeira sinopse propriamente dita que nos permite uma visão panorâmica das treze cartas de Paulo e de sua tradição. Em 2013, essa ferramenta foi redesenhada na mesma linha da primeira edição, mas com novos critérios metodológicos. Para a seção de fontes bíblicas nas cartas paulinas, reportam-se os originais gregos da Septuaginta e os hebraicos do Texto Massorético, bem como a tradução para o italiano.

Muito útil para os comentários patrísticos às cartas paulinas são os três volumes traduzidos do inglês para o italiano e editados por A. di Berardino e colaboradores. Até hoje [*i. e.*, a data da publicação da versão italiana desta obra] foram publicados os volumes sobre Colossenses, 1–2Tessalonicenses, 1-2Timóteo, Tito e Filêmon, o de Gálatas, Efésios e Filipenses e o de Romanos. Cada passagem das cartas paulinas é comparada com os comentários em tradução dos Padres da Igreja, do século II ao VI. Preciosos são alguns comentários de textos patrísticos traduzidos do siríaco, do copta e do armênio.

DI BERARDINO, A. & DELL'OSSO, C. (orgs.). *Galati, Efesini, Filippesi*. Roma: Città Nuova, Roma 2005 [La Bibbia Commentata dai Padri – Nuovo Testamento, 8] [orig. inglês: EDWARDS, M.J. 1999).

DI BERARDINO, A. & ZUPI, M. (orgs.). *Colossesi, 1-2Tessalonicesi, 1-2 Timoteo, Tito, Filemone*. Roma: Città Nuova, 2004 [La Bibbia Commentata dai Padri – Nuovo Testamento, 9] [orig. inglês org. por P. Gorday, 1999].

HAWTHORNE, G.F.; MARTIN, R.P. & REID, D.G. (orgs.). *Dizionario di Paolo e delle sue lettere*. Cinisello Balsamo: San Paolo, 1999 (orig. inglês, 1993).

PITTA, A. *Sinossi paolina bilingue*. Cinisello Balsamo: San Paolo, 2013.

RIZZI, M. & PIZZI, P.M. (orgs.). *Romani*. Roma: Città Nuova, 2006 [La Bibbia Commentata dai Padri – Nuovo Testamento, 6] [orig. inglês org. por ODEN, T.C. & BRAY, G.L., 1998).

SAMPLEY, J.P. *Paul in the Greco-Roman World* – A Handbook. Harrisburg/Londres/Nova York: Trinity Press International, 2003.

Biografias

São bastante conhecidas as biografias científicas e populares sobre Paulo. Ao delinear sua vida, os estudiosos distinguem fontes autobiográficas de fontes das tradições paulinas e dos Atos dos Apóstolos. Os eventos mais discutidos e debatidos são a fase pré-cristã de Paulo, sua formação farisaica, o encontro com o Ressuscitado no caminho de Damasco, as viagens missionárias e o encarceramento, até Roma.

ASHTON, J. *La religione dell'apostolo Paolo*. Bréscia: Paideia, 2002 [Studi biblici, 136] [orig. inglês, 2000].

BOYARIN, D. *A Radical Jew*: Paul and Politics of Identity. Berkeley: University of California, 1997.

FABRIS, R. *Paolo l'apostolo delle genti*. Milão: Paoline, 1997.

FABRIS, R. & ROMANELLO, S. *Introduzione alla lettura di Paolo*. Roma: Borla, 2006.

GNILKA, J. *Paolo di Tarso* – Apostolo e testimone. Bréscia: Paideia, 1998 [orig. alemão: 1996].

HENGEL, M. *Il Paolo precristiano*. Bréscia: Paideia, 1992 [Studi biblici 100] [orig. alemão: 1991).

LIETAERT PEERBOLTE, L.J. *Paolo il missionario* – Alle origini della missione cristiana. Cinisello Balsamo: San Paolo, 2006 [orig. inglês, 2003].

MURPHY-O'CONNOR, J. *Vita di Paolo*. Bréscia: Paideia, 2003 [Introduzione allo studio della Bibbia. Supplementi 13] [orig. inglês, 1996].

PASTOR-RAMOS, F. *Para mí, vivir es Cristo* – Teología de San Pablo: Persona, experiencia, piensamiento, anuncio. Estella: Verbo Divino, 2010.

SCHÜTZ, J.H. *Paolo e l'anatomia dell'autorità apostolica*. Bréscia: Paideia, 2011 [Introduzione allo studio della Bibbia. Supplementi 46] [orig. inglês, 2007].

SEGAL, A.F. *Paul the Convert*: The Apostolate and Apostasy of Saul the Pharisee. New Haven: Yale University Press, 1990.

As comunidades paulinas

Com a contribuição da sociologia do Novo Testamento, desenvolveu-se a bibliografia sobre as primeiras comunidades cristãs e, em particular, sobre as comunidades paulinas. Algumas contribuições tendem a projetar algumas metodologias contemporâneas sobre as comunidades paulinas; mas, em geral, busca-se destacar o nível social dos primeiros cristãos com base nas novas e paralelas fontes recebidas. São discutidas as relações entre as primeiras comunidades cristãs e as sinagogas da diáspora, as associações de culto reconhecidas pelas autoridades imperiais e pelas escolas filosóficas. No período das cartas paulinas (50-60 d.C.), a *domus* é o único lugar de culto e formação para os primeiros cristãos.

FUSCO, V. *Le prime Comunità Cristiane* – Tradizioni e tendenze nel cristianesimo delle origini. Bolonha: EDB, 1995.

MEEKS, W.A. *I cristiani dei primi secoli* – Il mondo sociale dell'apostolo Paolo. Bolonha: Il Mulino, 1992 [orig. inglês, 1983].

PENNA, R. *Le prime comunità cristiane* – Persone, tempi, luoghi, forme, credenze. Roma: Carocci, 2011.

PESCE, M. *Le due fasi della predicazione di Paolo* – Dall'evangelizzazione alla guida delle comunità. Bolonha: EDB, 1994 [Studi biblici 22].

STEGEMANN, E.W. & STEGEMANN, W. *Storia sociale del cristianesimo primitivo* – Gli inizi nel giudaismo e le comunità cristiane nel mondo mediterraneo. Bolonha: EDB, 1998 [orig. alemão: 1997].

THEISSEN, G. *La religione dei primi cristiani* – Una teoria sul cristianesimo delle origini. Turim: Claudiana [orig. alemão: 2000].

As cartas

O estudo das cartas de Paulo é dividido em duas áreas: a forma epistolar (prescrita, corpo e pós-escrito) e os temas epistolares (presença-ausência entre remetente e destinatário, notícias interpessoais). Na primeira área, incluem-se as contribuições de E.R. Richards e J. Murphy-O'Connor. Na segunda, são comuns os ensaios sobre as cartas de Paulo, distinguindo, atualmente com grande consenso, as cartas autógrafas daquelas da primeira (2Tessalonicenses, Colossenses-Efésios) e da segunda tradição paulina (1–2Timóteo, Tito). A maioria dos autores não relata a Carta aos Hebreus, considerada estranha ao epistolário paulino.

BRODEUR, S.N. *Il cuore di Paolo è il cuore di Cristo* – Studio introduttivo esegetico-teologico delle lettere paoline, I. Roma: G&B, 2010.

CIPRIANI, S. *Le lettere di Paolo*. 8. ed. Assis: Cittadella, 2005.

MAGGIONI, B. & MANZI, F. *Le lettere di Paolo*. Assis: Cittadella, 2005.

MURPHY-O'CONNOR, J. *Paul et l'art épistolaire* – Contexte et structure littéraires. Paris: Cerf, 1994 [Lectio Divina].

RICHARDS, E.R. *Paul and First-Century Letter Writing*. Downers Grove: InterVarsity, 2004.

SACCHI, A. (org.). *Lettere Paoline e altre lettere*. Leumann: Elledici, 1996 [Logos – Corso di Studi Biblici 6].

SÁNCHEZ BOSCH, J. *Scritti paolini*. Bréscia: Paideia, 2001 [(Introduzione allo studio della Bibbia 7] [orig. espanhol: 1998].

Paulo e a retórica

Depois da contribuição pioneira de H. Betz sobre o *dispositivo* de Gálatas, os estudos sobre a retórica paulina se multiplicaram por cerca de quarenta anos. A esse respeito, é apropriado distinguir entre os ensaios sobre estilística e aqueles sobre a *dispositio* e sobre os sistemas argumentativos.

A primeira linha remonta à era patrística e visa a identificar as figuras retóricas ou estilísticas das cartas paulinas: quiasmas, composições circulares, paralelismos, hipérboles, anacolutos, aliterações. A segunda, mais recente, tomou duas trajetórias: crítica retórica e retórica literária. A crítica retórica parte dos tratados (Aristóteles, Cícero, Quintiliano) para tentar encontrar correspondências nas cartas paulinas. A retórica literária segue o caminho inverso: do enredo ou arranjo das cartas paulinas à relativa disposição. Entre os sistemas argumentativos mais utilizados por Paulo estão o paradoxo e o critério do que faz a diferença ou a *diaforalogia*.

ALETTI, J.-N. *New Approaches for Interpreting the Letters of Saint Paul*. Roma: G&B, 2012 [Subsidia Biblica 43].

_____. La disposition rhétorique dans les épîtres pauliniennes: proposition de méthode. *New Testament Studies* 8, 1992, p. 385-401.

BASTA, P. *Gezerah Shawah* – Storia, forme e metodi dell'analogia biblica. Roma: G&B, 2006 [Subsidia Biblica 26].

KENNEDY, G.A. Nuovo Testamento e critica retorica. Bréscia: Paideia, 2006 [Studi biblici 151] [orig. inglês, 1984].

PITTA, A. "'Così inesperto nell'arte retorica?' (cf. 2Cor 11,6) – Retorica e messaggio paolino". In: *Il paradosso della croce* – Saggi di teologia paolina. Casale Monferrato: Piemme, 1998, p. 17-53.

A teologia de Paulo

Até meados do século XX tendia-se a considerar a teologia paulina unitária e evolucionária; hoje busca-se evidenciar seu caráter contingente com base no pano de fundo de cada carta. Entre as áreas mais discutidas estão as relações entre a justificação pela graça e o participacionismo para estar em Cristo, a concepção da Lei, a relação entre Jesus e Paulo e entre a escatologia apocalíptica e escatologia paulina. A chamada "teologia de Paulo" catalisa a atenção de vários filósofos e teólogos contemporâneos, ainda que em alguns casos com perspectivas forçadas (especialmente sobre sua política anti-imperial).

BARBAGLIO, G. *Gesù di Nazaret e Paolo di Tarso* – Confronto storico. Bolonha: EDB, 2006.

_____. *La teologia di Paolo* – Abbozzi in forma epistolare. 2. ed. Bolonha: EDB, 2001.

BARTOLOMÉ, J.J. *Paolo di Tarso* – Un'introduzione alla vita dell'apostolo di Cristo. Roma: LAS, 2009.

BECKER, J. *Paolo l'apostolo dei popoli*. Bréscia: Queriniana, 1996 [2. ed. em alemão, 1992].

DUNN, J.D.G. *Gli albori del cristianesimo* – 2. Gli inizi a Gerusalemme. 2. Paolo, apostolo dei gentili. Bréscia: Paideia, 2012 [orig. inglês, 2009].

_____. *La teologia dell'apostolo Paolo*. Bréscia: Paideia, 1999 [Introduzione allo studio della Bibbia. Supplementi 5] [orig. inglês, 1998].

HÜBNER, H. *La legge in Paolo*. Bréscia: Paideia, 1995 [Studi biblici 109].

HURTADO, L.W. *Signore Gesù Cristo* – La venerazione di Gesù nel cristianesimo più antico. Bréscia: Paideia, 2006.

KÄSEMANN, E. *Prospettive paoline*. Bréscia: Paideia, 1972 [Studi biblici 18] [orig. alemão, 1969].

LOHSE, E. Christus das Gesetz Ende? Die Theologie des Apostels Paulus in kritische Perspektive. *Zeitschrift für die Neutestamentliche Wissenschaft* 99, 2008, p. 18-32.

NEWMAN, C.C. *Paul's Glory-Christology* – Tradition and Rhetoric. Leiden: Brill, 1992 [Supplements to Novum Testamentum 69].

PENNA, R. *L'apostolo Paolo* – Studi di esegesi e teologia. Milão: Paoline, 1991.

_____. *Paolo di Tarso* – Un cristianesimo possibile. 5. ed. Cinisello Balsamo: San Paolo, 2009 [Universo di Teologia].

_____. *Paolo scriba di Gesù*. Bolonha: EDB, 2009.

PITTA, A. *Paolo, la Scrittura e la Legge* – Antiche e nuove prospettive. Bolonha: EDB, 2009 [Studi biblici 57].

_____. *Il paradosso della croce* – Saggi di teologia paolina. Casale Monferrato: Piemme, 1998.

RÄISÄNEN, H. *Paul and the Law*. 2. ed. Tübingen: Mohr Siebeck, 1987 [Wissenschaftliche Untersuchungen zum Neuen Testament 29].

ROMANELLO, S. *L'identità dei credenti in Cristo secondo Paolo*. Bolonha: EDB, 2011.

SANDERS, E.P. *Paolo e il giudaismo palestinese* – Studio comparativo su modelli di religione (Biblioteca teologica 21). Bréscia: Paideia, 1986 (orig. inglês, 1977).

_____. *Paolo, la Legge e il popolo giudaico*. Bréscia: Paideia, 1989 [orig. inglês, 1983] [Studi biblici, 86].

SCHWEITZER, A. *La mistica dell'Apostolo Paolo*. Milão: Ariele, 2011 [orig. alemão, 1930].

STENDHAL, K. *Paolo, tra ebrei e pagani, e altri saggi*. Turim: Claudiana, 1995 [orig. inglês, 1963].

TAUBES, J. *La teologia politica di San Paolo*. Milão: Adelphi, 1997 [orig. alemão, 1993].

TAYLOR JR., W.F. *Paul Apostle to the Nations* – An Introduction. Mineápolis: Fortress, 2012.

ŽIŽEK, S. & MILBANK, J. *San Paolo Reloaded* – Sul futuro del cristianesimo. Massa: Transeuropa, 2012 [orig. inglês, 2010].

2

1Tessalonicenses
O Evangelho e o encontro final com Cristo

Entre as antigas fontes cristãs, atribuem-se diversos primados a 1Tessalonicenses: é a primeira carta enviada por Paulo às suas comunidades e, consequentemente, é o mais vetusto escrito do Novo Testamento (50-51 d.C.). Pela primeira vez há um esboço sobre a escatologia ou sobre o encontro final com o Senhor Jesus Cristo, que será explorado nas cartas seguintes. E o relacionamento com Jesus Cristo é delineado segundo o processo de mimese (mais do que como uma mera imitação) que é adicionado ao modelo de discipulado ou da *sequela*, próprio da vida pública de Jesus de Nazaré. Mas prosseguimos com ordem focando a atenção no remetente e seus colaboradores, nos destinatários e em seu contexto social, a fim de aprofundar o enredo argumentativo e os principais conteúdos da carta.

A evangelização em Tessalônica

De acordo com a narrativa dos Atos dos Apóstolos, durante a segunda viagem missionária e depois da tempestiva primeira evangelização em Filipos, Paulo e Silas, "ao longo da estrada que passa por Anfípolis e Apolônia, chegaram a Tessalônica, onde havia uma sinagoga" (At 17,1). Estamos no final dos anos 40 d.C. quando, depois da assembleia de Jerusalém (46-49 d.C.), Paulo retoma sua missão ao Ocidente. Sua pregação por três semanas seguidas na sinagoga não produziu bons frutos; e à noite os poucos irmãos convertidos enviaram Paulo e Silas para Bereia, ao longo da Via Egnácia. Mas os judeus de Tessalônica foram informados sobre sua pregação na Bereia e intervieram, forçando-os a partir novamente para Atenas (cf. At 17,10-15).

Como até hoje não foram encontrados restos de uma sinagoga, alguns estudiosos são céticos quanto à narração de Atos, atribuindo à exclusiva intenção "teológica" do autor as referências à sinagoga e aos conflitos com os judeus da cidade. Acreditamos que o ceticismo é infundado por várias razões. Enquanto o registro na pregação de Paulo na sinagoga pode ser atribuído aos clichês narrativos de Atos, não se explica por que o autor teria de inventar a aversão dos judeus de Tessalônica a Paulo e dos seus colaboradores em face das autoridades civis. Pelo contrário, a referência aos judeus "que perseguiram" Paulo e seus colaboradores em 1Ts 2,15 parece confirmar a veracidade da narrativa lucana. Por outro lado, em várias cidades da diáspora, as sinagogas, como também as primeiras Igrejas domésticas em outras partes, foram instaladas em casas que não se diferenciavam de outros lugares escolhidos para culto e formação filosófica. Finalmente, não convence o argumento extraído da ausência de citações da Escritura em 1Tessalonicenses para apoiar a ausência de judeus em Tessalônica. Sobre o material linguístico usado na carta, note-se que existem diferentes ecos de origem judaica: as categorias de ira divina, o dia do Senhor e do Reino de Deus, as metáforas do som da trombeta e das nuvens provêm da apocalíptica do Antigo Testamento e judaica, enquanto certamente não são de origem grega. Se Paulo não para a fim de explicar o alcance da linguagem apocalíptica, isso significa que os destinatários poderiam entender seu conteúdo, caso contrário ele teria falado como "uma voz que clama no deserto".

Portanto, mesmo que se trate de uma minoria, acreditamos que não há razões válidas para duvidar da presença de uma comunidade judaica em Tessalônica e de alguns cristãos de origem judaica entre os primeiros crentes em Cristo. Se, com a maioria dos estudiosos, se concorda que a primeira evangelização de Paulo e seus colaboradores se situe entre o fim dos anos 40 e o começo dos anos 50, 1Tessalonicenses provavelmente foi enviada por volta de 50-51 d.C. de Corinto.

Entre as razões que levaram Paulo a escrever a carta, em primeiro lugar, recorde-se a viagem de ida e volta de Timóteo entre Atenas e Tessalônica (cf. 1Ts 3,1-2.6) e as notícias encorajadoras dele sobre o desejo dos tessalonicenses de tornar a ver Paulo. Além disso, embora as notícias sobre a adesão da comunidade ao seu Evangelho sejam reconfortantes, algumas dificuldades emergem em relação ao encontro final com Cristo. Como aqueles que morreram nesse meio-tempo se juntarão àqueles que ainda estão vivos na ocasião da segunda vinda ou parusia de Cristo? Como devemos entender a participação de todos os crentes na ressurreição de Cristo? E aqueles que permanecerem vivos serão privilegiados em relação àqueles que "dormem"?

À primeira vista, as duas finalidades parecem distintas: por um lado, o agradecimento pela adesão dos destinatários à pregação de Paulo e de seus colaboradores, por outro, as questões sobre o fim da vida humana. No entanto, a urdidura da carta se desdobra em torno desses dois horizontes: insistir na adesão dos tessalonicenses ao seu Evangelho para consolá-los e encorajá--los a colocar sua esperança no Senhor. Portanto, a urgência de rever a comunidade e a necessidade de corrigir alguns mal-entendidos por ocasião de sua primeira evangelização levaram Paulo a enviar a carta com a esperança de preencher parcialmente a distância que o separa da comunidade.

O contexto urbano dos destinatários

Fundada sobre a antiga *Thérme* por volta de 315 a.C. por Cassandro, um dos generais de Alexandre o Grande, em Tessalônica foi dado o nome da irmã de Alexandre e esposa do General Cassandro. Em 146 a.C. a cidade se tornou a capital da província romana da Macedônia e uma sede proconsular. Em 42 a.C. Tessalônica desfrutava do *status* de *civitas libera* porque, durante a Batalha de Filipos, havia apoiado Antônio e Otaviano, tornando-se um dos mais importantes centros urbanos da era imperial. O desenvolvimento da cidade (hoje Thessaloniki) foi favorecido por sua localização no Golfo Termaico e na Via Egnácia, que ligava o Mar Adriático à Ásia Menor. De acordo com os Atos dos Apóstolos, em meados do século I d.C., Tessalônica era governada por cinco ou seis politarcas (cf. At 17,6.8), que exerciam a responsabilidade pelo governo civil. Uma inscrição, descoberta no século XIX, perto da Porta de Vardar e que remonta ao século I-II d.C., relata o mesmo termo (*politárches*) usado em Atos: atualmente esse exemplar é exibido no Museu Britânico em Londres.

O ambiente urbano da cidade portuária apresenta uma população de cerca de 45-50 mil habitantes, principalmente de origem local, mas – como em todas as cidades portuárias do Mediterrâneo – com minorias étnicas da Acaia, da Ásia Menor, do Egito, da Síria e da Trácia. A ocupação romana não causou alterações substanciais na estrutura política e administrativa da cidade, que continuou a ser governada por um grupo de magistrados, pelo centro deliberativo da *bulé* (o conselho representativo) e pelo *démos* (o conselho do povo) que envolvia a assembleia dos cidadãos. De cerca de 150 inscrições que remontam ao século I d.C., apenas sete estão em latim e uma é bilíngue (latim e grego); as demais estão em grego. Na prática, Thessaloniki não sofreu as mudanças radicais de Filipos, o centro mais romanizado da Macedônia, devido ao assentamento de soldados e veteranos itálicos.

No aspecto religioso, na cidade portuária floresceram vários cultos de origem autóctone, grega, romana e oriental, incluindo a judaica, embora as inscrições judaicas encontradas sejam posteriores (séc. III-IV d.C.). Um culto que deve ser destacado para o pano de fundo da carta paulina é o culto aos Cabiros, atestado principalmente pela numismática da era imperial: uma religião de mistério originária da Ilha de Samotrácia, que celebrava a reanimação anual dos Cabiros. Entre as religiões de mistério, inclui-se o culto de Dionísio, difundido nas cidades mais importantes do Império.

A carta não oferece muita informação sobre os nomes de alguns membros da comunidade cristã primitiva. A partir dos Atos, sabemos que, em primeiro lugar, um certo Jasão aderiu ao Evangelho de Paulo, que o tinha hospedado juntamente com Silas (ou Silvano) por ocasião de sua primeira pregação (cf. At 17,7). Como Jasão conseguiu pagar a fiança para ser libertado junto com outros crentes, pode-se pensar em um cristão bastante abastado, de boa índole. Além disso, em At 27,2 é mencionado Aristarco, um macedônio de Tessalônica. Se é o mesmo Aristarco mencionado em Fm 24; Cl 4,10; At 19,29; 20,4, trata-se de um dos colaboradores de Paulo que o acompanha durante sua terceira viagem missionária (cf. At 20,4) e por ocasião do cativeiro romano. De resto, infelizmente são desconhecidos os irmãos e irmãs que, com entusiasmo, acolheram a pregação de Paulo.

Até mesmo o *status* social dos primeiros crentes de Tessalônica é difícil de verificar. Desde as referências ao trabalho artesanal de Paulo, exercido na cidade (cf. 1Ts 2,9), e a exortação a "trabalhar com as próprias mãos" (1Ts 4,11; cf. tb. 2Ts 3,6-12) pode-se deduzir que, como em outras comunidades paulinas, trata-se de artesãos e comerciantes, enquanto em toda a correspondência não há menção de nenhum escravo ou do instituto da escravidão. O silêncio pode dar a entender que ali não havia escravos; mas o argumento é fraco, porque o trabalho manual ainda era feito em grande parte por escravos domésticos e rurais. O que é certo é que em Tessalônica, como em todas as cidades evangelizadas por Paulo, não há evidências de conversos vindos das classes nobres da cidade: os senadores e os equestres.

São escassos os dados sobre a organização interna da comunidade. Em 1Ts 5,12-13 mencionam-se aqueles que "trabalham entre vós e são vossos protetores": os dois termos aludem aos crentes envolvidos na "labuta" (*kopióntas*) de pregar e desempenhar funções de proteção (*proistaménus*) para a comunidade diante das autoridades civis, com as quais já se tinham verificado vários atritos (cf. a menção de "compatriotas" em 1Ts 2,14). A exortação a não extinguir o Espírito e não desprezar as profecias (cf. 1Ts 5,20) mostra que, como em todas as comunidades paulinas, na Igreja de Tessalônica floresciam vários carismas e ministérios.

Portanto, uma vez que não existem razões imperiosas para considerar inverossímil a adesão de alguns crentes de origem judaica (cf. At 17,4), podemos supor a presença de uma comunidade mista em Tessalônica, com uma prevalência dos gentios, e uma minoria de judeus da diáspora. A linguagem e as categorias linguísticas usadas no decorrer da carta confirmam esse caráter misto dos crentes tessalonicenses. Por um lado, as linhas iniciais sobre a conversão dos ídolos para servir ao Deus vivo e verdadeiro (cf. 1Ts 1,9) apontam para a maioria dos crentes de origem pagã; por outro, o recurso frequente a categorias apocalípticas de matriz judaica se sintoniza com crentes de origem judaica.

Disposição e gênero

Para traçar a urdidura e a mensagem de 1Tessalonicenses, como de qualquer carta paulina, é importante primeiro tentar identificar a estrutura ou a disposição, caso contrário corre-se o risco de enfatizar certos temas em detrimento de outros que parecem prioritários ao leitor contemporâneo, mas que não o são para Paulo. Embora tenham sido formuladas algumas suposições sobre a natureza fragmentária de 1Tessalonicenses em que as duas cartas confluiriam, a maioria dos estudiosos tende a considerá-la íntegra, já que não há indícios que levem à direção oposta, como aliás ocorrerá no caso de 2Coríntios.

Sobre a composição da carta desenvolveram-se várias hipóteses: desde as baseadas na semiótica estrutural, com as quais se evidenciam as retomadas terminológicas entre uma seção e outra, até aquelas hipóteses emprestadas da disposição retórica dos tratados de Aristóteles, Cícero e Quintiliano. O consenso exegético limitado demonstra a precariedade de tais propostas.

Na realidade, 1Tessalonicenses escapa a qualquer disposição preconcebida porque foi ditada, escrita rapidamente, impulsionada pelo intenso desejo de Paulo de alcançar os destinatários o mais rápido possível. É por isso que a disposição que propomos procura evitar forçações estruturais e respeitar os desenvolvimentos argumentativos da carta tal como foi ditada e enviada.

Introdução epistolar (1Ts 1,1-10):

pré-escrito (1,1);

agradecimento epistolar (1,2-10).

Corpo epistolar (1Ts 2,1–5,11):

recordação da primeira evangelização (2,1-20);

o envio e o retorno de Timóteo (3,1-13);

paráclese ou exortação (4,1-12);

a parusia do Senhor Jesus Cristo (4,13–5,11): os mortos e os vivos na parusia de Cristo (4,13-18); os tempos e os momentos da parusia (5,1-11).

Conclusão epistolar (1Ts 5,12-28):

exortações finais (5,12-22);

pós-escrito (5,23-28).

O primeiro dado que emerge da disposição da carta diz respeito à sua natureza propriamente epistolar, uma vez que ela é introduzida pelo curto pré-escrito (1,1) e pelo agradecimento protocolar (1,2-10), encerrando-se com as recomendações (5,12-22) e o pós-escrito final (5,23-28). A natureza epistolar também inclui notícias sobre o envio de Timóteo de Atenas a Tessalônica e seu retorno a Corinto (3,1-13).

Por esta razão, não se trata de um discurso retórico, emoldurando por elementos epistolares, mas sim de uma verdadeira carta que, devido a distância espaçotemporal entre o emissor e os destinatários, desempenha um papel persuasivo. De fato, a oralidade está na origem da carta, como é ditada por Paulo e seus colaboradores (Silvano e Timóteo, citados em 1,1), e sua chegada quando é lida em assembleia para todos os irmãos e irmãs da comunidade (5,27).

Quanto ao gênero literário, uma vez que a carta é perpassada pela linguagem da paráclese ou da exortação e do conforto recebidos por Paulo e dados aos destinatários, acreditamos que 1Tessalonicenses pertença ao gênero epistolar da consolação, que é difundido na literatura antiga. Assim, em um dos poucos tratados sobre epistolografia antiga que chegaram a nós sobre os *Tipos epistolares* (séc. II a.C.-III d.C.), o Pseudo-Demétrio define o gênero *paramythetikos* ou consolatório:

> O tipo consolatório é aquele escrito para alguém que está entristecido porque algo infeliz lhe aconteceu. Ele é o seguinte: Quando escutei as coisas terríveis que encontraste pelas mãos do ingrato destino, senti a mais profunda tristeza, considerando que o que aconteceu não aconteceu contigo mais do que comigo. Mas então eu considerei que essas coisas são comuns a todos, com a natureza que estabelece não um tempo particular, nem a idade em que se deve sofrer alguma coisa, mas muitas vezes nos encontramos assim de modo secreto, constrangido e imerecido. Dado que não estou presente para consolar-te, decidi fazê-lo por carta. Portanto, tem em conta o que aconteceu da maneira mais leve possível e exorta-te como se fosses exortar outra pessoa. De fato, estejas convencido de que essa razão facilitará a mitigação do teu sofrimento com o tempo (5,8-19).

A comparação com cartas análogas evidencia tanto a situação de tristeza em que se encontravam os tessalonicenses, instados a não se entristecerem como os que não têm esperança (4,13), e as notícias da consolação enviadas por Paulo por carta. No entanto, seu consolo não intenta fazê-los "suportar" passivamente os sofrimentos e o destino final que todos os mortais têm em comum, mas sim encorajar os destinatários a colocar sua esperança firmemente no Senhor, porque na ocasião da morte estarão para sempre com Ele.

Avancemos agora, no intrincado caminho da carta.

O arranjo argumentativo

Peculiar de 1Tessalonicenses é o entrelaçamento entre agradecimentos e exortações ou paráclese. Aos agradecimentos gerais de 1Ts 1,2-10 se amarram os de 2,3 e 3,9. O último agradecimento é expresso na forma de uma pergunta retórica e expressa a alegria de Paulo pelas notícias tranquilizadoras que lhe foram comunicadas por Timóteo sobre a fé dos destinatários.

Sobre os agradecimentos da primeira parte ganham consistência as exortações da segunda em 1Ts 4,1–5,11, dedicadas ao progresso na esperança, na santidade e no amor fraterno (4,1-12), à vinda ou parusia de Cristo (4,13-18) e às previsões no dia do Senhor (5,1-11). O tema da fórmula ("Sobre...") introduz os temas do amor fraterno (4,9) e·dos tempos sobre a segunda vinda de Cristo (5,1). Assim, a fórmula do conhecimento ("Nós não queremos, irmãos, que sejais ignorantes...") introduz a seção sobre o panorama da participação por parte dos crentes na parusia de Cristo (4,13). As duas últimas passagens terminam praticamente da mesma forma porque é sobre a futura participação na ressurreição de Cristo e sobre a vigilância operosa que se baseia o conforto de Paulo aos destinatários (4,18; 5,11).

A interação entre agradecimentos e exortações/consolações impede de distinguir uma parte querigmática de uma exortativa. É, aliás, na seção exortação de 1Ts 4,1–5,11 que são abordadas as questões sobre a participação final na ressurreição de Cristo. É claro que 1Tessalonicenses é a primeira carta de Paulo; nela ainda não aparece a distinção entre parte querigmática e parte exortativa ou ética que ocorrerá em cartas subsequentes.

A expectativa do Filho que virá (1Ts 1,1-10)

A introdução da carta consiste em duas partes: o *praescriptum* (1,1) e o agradecimento geral (1,2-10). O pré-escrito é reduzido ao essencial: inclui *titulatio* sobre o remetente (Paulo) e comitentes (Silvano e Timóteo), a *adscriptio* aos destinatários (a Igreja dos Tessalonicenses) e a *salutatio* (graça e paz). A Igreja é definida em Deus Pai e do Senhor Jesus Cristo, mas para além dessas alusões teológicas, o *praescriptum* não é tão desenvolvido como nas cartas posteriores de Paulo.

Por outro lado, é particularmente grande o agradecimento geral de 1,2-10 que cumpre duas funções: a de trazer o tema epistolar de ser lembrado na oração (ou *Mneiamotiv*) dos destinatários (v. 3) e introduzir os principais temas que serão desenvolvidos no corpo epistolar de 2,1–5,11. Por isso, trata-se de um *exordium* que serve para tornar os destinatários conscientes, dóceis e benevolentes: os três requisitos relatados pelos antigos tratados de retórica para um *proemium* ou exórdio retórico. Particularmente, no agradecimento geral, destaca-se a *captatio benevolentiæ* de Paulo para capturar a atenção e a docilidade dos tessalonicenses. Por isso, pelo uso da hipérbole (figura de amplificação) enfatiza que sua fé se espalhou não só na Macedônia e Acaia, mas em todos os lugares (v. 8).

Quatro são os temas introduzidos no agradecimento geral, posteriormente retomados no corpo epistolar: a tríade de fé, esperança e caridade; (v. 3) a identificação entre o Evangelho e a Palavra do Senhor (v. 4.8); a mimese ou imitação de Paulo e do Senhor (v. 6); e o conteúdo do Evangelho (v. 9-10). A tríade de virtudes teologais será retomada no epílogo do corpo epistolar com a metáfora da armadura ou da panóplia que os crentes devem usar para a batalha espiritual: à couraça da fé e do amor deve corresponder o elmo da esperança (cf. 5,8). O Evangelho de Paulo será identificado com a Palavra de Deus, acolhida não como palavra humana, mas como uma palavra divina que opera nos crentes (cf. 2,13). Embora inicialmente apenas mencione o tema da imitação ou mimese humana, a questão será explicada mais tarde em três horizontes: a imitação de Paulo, do Senhor Jesus Cristo e da Igreja entre as comunidades da Judeia, Macedônia e da Acaia. Retornaremos a esse importante vetor que perpassa a carta.

O agradecimento geral culmina no fragmento pré-paulino de 1Ts 1,9-10 que, embora represente uma tese geral, orientará a questão capital sobre a participação dos crentes na ressurreição de Cristo. O fragmento se compõe de duas partes: na primeira utiliza-se a linguagem tradicional para a conversão dos gentios da idolatria ao serviço do Deus vivo e verdadeiro, portanto, ao monoteísmo judaico (v. 9); na segunda, aparece o anúncio da liberação da ira divina vindoura (v. 10), fundado na fé na ressurreição de Cristo dos mortos. De maneira que os destinatários são assegurados, desde o início da carta, sobre a sua participação no encontro final com Cristo, sem cair nas desesperançadas frustrações humanas.

Portanto, os dois vetores próprios de uma comunicação retórica perpassam o agradecimento geral: o *ethos* de Paulo com o seu exemplo na pregação, o *pathos* dos destinatários com sua acolhida à Palavra e o *logos* do Evangelho que se identifica com a ressurreição de Jesus e a libertação da ira vindoura. O acento é colocado no terceiro vetor, inserido ao final do exórdio, já que, por causa do Evangelho, estabeleceu-se uma relação profunda entre Paulo e os destinatários, interpelados como "irmãos". Não por acaso, o termo *adelfós* é utilizado 19 vezes na carta e inclui os irmãos e irmãs da comunidade.

Gratidão pela acolhida da Palavra de Deus (1Ts 2,1-20)

O segundo agradecimento de 1Ts 2,1-20 ecoa o tema da generosa acolhida da Palavra de Deus em Tessalônica (cf. 1,6) e o desenvolve em dois vetores: na memória da primeira visita de Paulo entre os tessalonicenses, caracterizada pela pregação gratuita e por total dedicação (2,1-12); e na confiança dos destinatários em ter correspondido à sua pregação, reconhecendo-a não como uma mera palavra humana, mas como um veículo da Palavra de Deus operante neles (2,13-16). A segunda seção do agradecimento também se encerra, como a primeira (cf. 1,9-10), com o horizonte escatológico da segunda vinda de Cristo (2,17-20).

Enquanto no agradecimento geral de 1Ts 1,2-10 a atenção foi colocada sobretudo no *logos* do Evangelho, no novo agradecimento de 2,1-20 o maior espaço é ocupado pela memória da primeira pregação de Paulo em Tessalônica (o *ethos*) e pela acolhida do Evangelho entre os destinatários (o *páthos*).

Na primeira perícope de 1Ts 2,1-12 Paulo se distancia da propaganda filosófica popular e apresenta-se como um exemplo, com os traços dominantes de sua pregação. Contra uma visão populista dos filósofos itinerantes, que por sua pregação obtêm os proventos para o próprio sustento, Paulo trabalhou dia e noite para não cair em qualquer lógica humana que visasse o dar para receber ou *do ut des*. Diferente é também a maneira em que a pregação paulina contrasta com a de outros pregadores: a uma retórica vazia ou lisonjeira, se opõe a uma baseada na autoridade do Evangelho que lhe foi confiado por Deus. É por isso que o Evangelho gerou entre ele e os destinatários um relacionamento mais profundo do que aquele entre o mestre e os alunos ou entre o pedagogo e os discípulos: o que está em jogo é a relação entre o genitor (a mãe e o pai) e os filhos gerados para a fé, que se lhe tornaram amados.

Na lembrança da primeira evangelização ainda persiste o conflito com os judeus de Tessalônica, ocorrido há pouco mais de um ano: forçaram-no a deixar a comunidade nascente de Tessalônica e seguir para outros centros urbanos (Bereia, Atenas e Corinto). Os tons de 1Ts 2,13-16 são muito duros porque eles se fecham com a cominação da ira divina contra os inimigos do Evangelho. Por isso, alguns estudiosos consideram como sucessivas glosas as referências à acusação contra os judeus que mataram Jesus e continuam a perseguir as primeiras comunidades cristãs. No entanto, acreditamos que a perícope seja original, mas deva ser colocada no contexto intrajudaico ao qual pertencem as primeiras comunidades cristãs da Judeia e não em um antissemitismo anacrônico. Também o tema da ira iminente contra os judeus que se opõem à pregação de Paulo é explicado no contexto do anúncio da libertação da ira (cf. 1,10). O tema é bem conhecido nos círculos da sinagoga do século I d.C., especialmente com as *Dezoito bênçãos* que, *inter alia*, infligem a bênção (por assim dizer) ou, melhor, a maldição por apostasia contra os *miním* ou infiéis. Não é por acaso que a mesma invectiva de 2,16 é encontrada no apócrifo *Testamento dos doze patriarcas*: "Mas a ira do Senhor chegou ao fim" (3,6,11). Sobre as perspectivas da categoria teológica da ira voltaremos na análise de Rm 1,18–3,20. Enquanto isso, vale a pena notar que, no centro da polêmica perícope de 2,13-16, está a imitação eclesial entre a comunidade de Tessalônica e as Igrejas da Judeia: a partilha da perseguição pelo acolhimento do Evangelho une as comunidades cristãs e apoia sua recíproca imitação.

O segundo agradecimento termina com o intenso desejo de Paulo de encontrar novamente os destinatários, definidos como sua esperança, alegria, glória e coroa (2,17-20). A metáfora da coroa de glória deixa clara a ideia sobre a esperança de Paulo. Ele espera alcançar o objetivo do encontro final com Cristo como os atletas num estádio. Mas a coroa com a qual ele espera se apresentar é diferente: não é de aipo, nem de louro, mas humana. Os tessalonicenses são sua coroa e sua alegria; retribuem qualquer esforço para alcançar o objetivo. A metáfora da competição desportiva, mencionada em 1Ts 2,20, será retomada e desenvolvida em 1Cor 9,24-27 e em Fl 3,14–4,1.

Gratidão pelas notícias sobre os tessalonicenses (1Ts 3,1-13)

A terceira ação de graças provém da notícia reconfortante que Timóteo trouxe a Paulo na ocasião de seu retorno de Tessalônica a Corinto (3,1-13). Por trás da ação de graças a Deus, há o desejo de receber notícias sobre os destinatários. Por essa razão, ele preferiu ficar sozinho em Atenas e mandar Timóteo a Tessalônica para receber notícias sobre os destinatários. A visita de Timóteo foi frutífera e atenuou a distância entre Paulo e a comunidade: apesar dos sofrimentos e perseguições, os tessalonicenses são firmes na fé e nutrem o amor mútuo. Assim, a nova seção nasce da volta de Timóteo de Tessalônica e prossegue com a mesma sequência encontrada nos agradecimentos anteriores: *ethos* de Paulo, privado de Timóteo, o fiel colaborador (v. 1-5.), o *páthos* dos destinatários (v. 6-10) e o *logos* do encontro final com o Senhor (v. 11-13). No entanto, o terceiro agradecimento também funciona como uma ponte para a parte exortativa da carta, uma vez que antecipa a razão para a consolação que será desenvolvida em 1Ts 4,1–5,11. Nesse sentido, é significativa a introdução de vocabulário paraclético ou exortativo proposto de modo inverso: antes de Paulo começar a consolar os destinatários, ele mesmo é consolado por notícias tranquilizadoras sobre a perseverança dos tessalonicenses na fé (3,7).

Portanto, as três seções de agradecimentos sempre partem da fé, são nutridas pelo amor mútuo e chegam à próxima e futura esperança. No entanto, os reiterados agradecimentos não são de natureza celebrativa, mas antecipam, fornecendo uma plataforma compartilhada, as exortações sobre o horizonte do encontro definitivo com Cristo (cf. 1Ts 1,10; 2,19-20; 3,13).

A exortação geral (1Ts 4,1–5,11)

O corpo epistolar de 1Ts 2,10–5,11 continua com a segunda parte (4,1–5,11), dedicada ao conforto e encorajamento de Paulo aos destinatários. Também essa seção da carta consiste em três partes: a exortação sobre o progresso da vida cristã (4,1-12), a participação na ressurreição de Cristo (4,13-18) e a segunda vinda de Cristo (5,1-11).

Antes de delinear as dinâmicas da segunda parte, concentramo-nos no vocabulário exortativo/consolatório que a perpassa. Em 1Tessalonicenses há uma concentração particular dessa linguagem: o substantivo *paráklesis*, em 2,3; o verbo *parakaló* em 2,12; 3,2.7; 4,1.10.18; 5,11.14 (em proporção é a maior frequência no epistolário paulino); e o sinônimo *paramythéomai* em 2,12; 5,14 (no resto do Novo Testamento aparece somente em Jo 11,19.31). Portanto, a linguagem da "consolação" perpassa a carta e precisa ser esclarecida. Por via negativa, Paulo nunca usa em suas cartas o verbo *parainéo* ("exortar"), do qual derivam as palavras "parênese" e "parenético". Por isso, seria mais apropriado falar de paráclese e de paraclético do que de parênesis e parenético. A questão não é apenas formal, mas toca a substância da ética paulina, entendida como exortação, consolação, encorajamento e conforto. O último significado caracteriza o verbo *paramythéomai*, que corresponde a "confortar" e "consolar".

Assim, na segunda parte de 1Tessalonicenses a linguagem da exortação/consolação introduz ou fecha as passagens de um parágrafo ao outro (cf. 4,1.10; 5,14 na 1ª pessoa do plural; e 4,18; 5,11 na 2ª pessoa do plural). O conteúdo dos parágrafos introduzidos e concluídos com o verbo *parakaló* conformam que não se trata de uma mera exortação ou um encorajamento de Paulo, mas também de um conforto para continuar na esperança, enraizado na parusia ou segunda vinda de Cristo.

Em particular, a primeira parte exortativa de 1Ts 4,1-12 toca as várias esferas da vida eclesial focadas na santidade da própria conduta, que agora se distancia do passado idolátrico do qual a maioria dos destinatários proveio, de modo a progredirem em sua fé e no amor fraterno. O exemplo de Paulo, mencionado no agradecimento geral de 1,2-10 (v. 6), é agora retomado para encorajar os destinatários a trabalharem com suas próprias mãos. Assim, a ética não nasce da vontade, embora requeira sua contribuição, mas do modelo concreto de Paulo, que não se fez sustentar por outros para viver modestamente (cf. 4,12). O progresso ético requer modelos humanos que o alimentem, caso contrário, ele perde suas razões fundadoras e corre o risco de se enredar nos deveres sociais que tornam raso o Evangelho. Portanto, a intimidade com Paulo está na origem das regras da vida que ele dita aos destinatários nas exortações pontuais.

O conforto para aqueles que dormem (1Ts 4,13-18)

Uma típica fórmula de conhecimento introduz a parte da carta dedicada à segunda vinda de Cristo. Para preencher o que falta à fé dos destinatários sobre a participação na ressurreição, Paulo menciona o contraste entre a tristeza que une todos aqueles que não têm esperança e a fé na morte e ressurreição de Cristo. Especificamos que em 1Ts 4,13-18 a questão central não diz respeito à fé na ressurreição, mas sim às modalidades com as quais se participa, com aqueles que "dormem", da segunda vinda ou parusia de Cristo. É por isso que a retomada do fragmento de 1,9-10 em 4,16-17 é significativa:

1Ts 1,9-10	1Ts 4,16-17
pois eles mesmos, no tocante a nós, proclamam que repercussão teve o nosso ingresso no vosso meio, e como, deixando os ídolos, vos convertestes a Deus, para servirdes o Deus vivo e verdadeiro e para aguardardes dos céus o seu Filho, a quem Ele ressuscitou dentre os mortos, Jesus, que nos livra da ira vindoura.	Porquanto o Senhor mesmo, dada a sua palavra de ordem, ouvida a voz do arcanjo, e ressoada a trombeta de Deus, descerá dos céus, e os mortos em Cristo ressuscitarão primeiro; depois, nós, os vivos, os que ficarmos, seremos arrebatados juntamente com eles, entre nuvens, para o encontro do Senhor nos ares, e, assim, estaremos para sempre com o Senhor.

Encontramos, em 1,9-10, o primeiro fragmento pré-paulino sobre a conversão dos gentios ao Deus de Israel. Nessa linguagem tradicional é inserida a novidade da ressurreição de Jesus, realizada por Deus, e a redenção dos crentes nele da ira futura. O foco está na tensão entre o evento apocalíptico da ressurreição de Jesus e o evento escatológico de sua expectativa futura dos céus. Com a perícope de 4,16-17 surge o domínio de Cristo – já que não se fala mais do Filho de Deus, nem de Jesus, mas do Senhor (*kyrios*, por três vezes) e de Cristo. Alguns estudiosos acreditam que o parágrafo de 4,16-17 não seja de Paulo, mas um fragmento anterior das comunidades cristãs de origem palestina. Na realidade, o vocabulário é tradicional, pois menciona a voz do arcanjo, o som da trombeta e as nuvens nas quais os crentes serão arrebatados, mas a cristologia é tipicamente paulina na linguagem e no conteúdo. De fato, entre os nomes de Jesus, a atenção de Paulo está concentrada não tanto em "Cristo", como um messias, nem em "Jesus", que se tornam como o nome e o sobrenome de uma pessoa, mas sim em *kyrios*, o Senhor. O título, conferido por Deus a Jesus Cristo, contém a característica mais original da cristologia paulina, pois envolve a profissão de fé no Cristo ressuscitado. O horizonte participativo é enxertado no senhorio de Cristo: do estar "em Cristo" para o estar "com o Senhor", que constitui a principal novidade de 4,16-17 em comparação com 1,9-10. Estar em Cristo pela fé reúne tanto aqueles que morreram como aqueles que estão vivos e tendem a estar definitivamente com o Senhor.

Dentre os temas apocalípticos com os quais o evento final é descrito, uma atenção especial deve ser dada à *apántesis*, possibilitada com o simples "encontro", enquanto se trata um termo técnico, difundido no Antigo Testamento (cf. 1Sm 4,1; 6,13; 2Sm 19,26) e na literatura profana (cf. FLÁVIO JOSEFO. *Antiguidades judaicas* 7,276). O substantivo alude à procissão dos cidadãos e à recepção do imperador nas regiões que foram submetidas a ele. É significativo que, entre as raras ocorrências do termo no Novo Testamento, ele seja usado em Mt 25,6, a respeito do anúncio escatológico na Parábola das Virgens Sábias e Tolas: "Eis o noivo! Ide em seu encontro". O encontro com o Senhor é, portanto, caracterizado, por um lado, por sua vinda e, por outro, pela procissão de crentes que vão ao seu encontro com vigilância.

O dia do Senhor (1Ts 5,1-11)

A terceira exortação ou conforto se concentra no advento do dia do Senhor, que evoca a linguagem profética no dia escatológico de Yhwh (cf. Am 5,18; Gl 2,1.11). Com Paulo, o dia definitivo de Deus é identificado com o de Cristo e assume um valor positivo, porque já não é o dia da vingança, mas o encontro final com Cristo, nosso Senhor (cf. 1Cor 1,8; 5,5; Rm 2,5.16; 13,2; Fl 1,6-10). Para descrever o dia do Senhor, Paulo se demora em dois registros fundamentais: a pregação de Jesus e o critério da diferença. No primeiro registro em 1Ts 5,2 é evocada a parábola da vinda repentina do Filho do Homem à noite como o ladrão (cf. Mt 24,43-44 || Lc 12,39-40). Como a breve parábola jesuana é atribuível à fonte Q, seu eco pode ser atribuído à tradição oral sobre a pregação de Jesus e chegou a Paulo. Além disso, a metáfora da gestante, para descrever o advento escatológico, une as passagens de 1Ts 5,3; Mc 13,17; Mt 24,19 e Lc 21,23.34. Em geral, há poucos provérbios e parábolas de Jesus evocados nas cartas paulinas e verificáveis nos evangelhos sinóticos. Por outro lado, o apelo à "Palavra do Senhor" em 1Ts 4,14 não se reflete nos evangelhos canônicos e apócrifos. No entanto, mesmo que poucas, as declarações de Jesus assumem uma importância significativa porque permitem que Paulo não prossiga para predições imprudentes sobre o dia do Senhor.

O anúncio do repentino dia do Senhor não é suficiente para que os destinatários não caiam na frustração. Por isso, a pregação de Jesus se cruza com a de Paulo, que introduz, pela primeira vez em suas cartas, o critério da diferença. Diante da ansiedade dos destinatários sobre a participação dos vivos e dos mortos na segunda vinda de Cristo, o que está em jogo aumenta: o que conta não é, nessa ocasião, ser encontrado vivo ou adormecido, mas que, liberto da ira vindoura, se viva definitivamente com Cristo (5,10). Assim, o Cristo vivo tranquiliza os tessalonicenses diante de qualquer forma de medo e tristeza sobre a condição de alguns que morreram entre eles, uma vez que a garantia é a ressurreição de Cristo e sua morte por nós.

Sem desconsiderar o desejo de permanecer vivo durante o alegre encontro com o Senhor, a mensagem sobre a escatologia de 1Tessalonicenses é de suma relevância. Em primeiro lugar, a participação na ressurreição de Cristo é motivada por sua morte e ressurreição por nós. A fé na ressurreição que pertencia tanto a Paulo, em seu período pré-cristão, quanto aos tessalonicenses que celebravam o mistério anual da ressuscitação de Cabiro[9], é transformada no encontro final com o Ressuscitado. Ressurgir não significa, para Paulo, entrar em um lugar, mas permanecer para sempre com o Senhor. Por essa razão, ele não se detém, nem na carta nem alhures, a tratar de uma escatologia intermediária – aquela que ocorre entre a morte individual e o juízo final –, mas sublinha o encontro de todos os crentes com Cristo. Em última análise, o dia da ira anunciando o julgamento final não é para os crentes que já foram libertados por Cristo da ira vindoura.

Sobre essa tensão entre o evento apocalíptico da morte e ressurreição de Cristo e o encontro definitivo com o Senhor se fundamenta o conforto de Paulo aos tessalonicenses: um conforto que se transforma em exortação a vigiar na espera do dia sem ocaso.

Últimas recomendações e post scriptum (1Ts 5,12-28)

Como a maioria das cartas paulinas, 1Tessalonicenses termina com as exortações epistolares finais que se caracterizam pela brevidade e variedade das recomendações (5,12-22). Procede-se do respeito para com os líderes do conselho à admoestação aos indisciplinados, a dedicação aos débeis, a exortação a não ceder à lei do talião, retribuindo o mal com o mal e a não extinguir o Espírito e os carismas na comunidade (v. 15). A exortação a não cair na lei do talião, mas de responder ao mal com o bem, mais uma vez faz ecoar um dito de Jesus relatado em Mt 5,38-39 e Lc 6,27. O dito também remonta à fonte Q.

O *post scriptum* de 1Ts 5,23-28 contém a bênção (v. 23) e o desejo final (v. 28). A bênção resume em uma proposição todo o percurso da carta. Na forma de um epifonema ou uma sentença final, pede-se a Deus que continue a santificar os destinatários, mantendo-os irrepreensíveis em vista da vinda do Senhor Jesus Cristo. Em correspondência com os augúrios iniciais de graça e paz, expressos no pré-escrito (1,1), a carta se encerra em sentido inverso: do Deus da paz à graça de Jesus Cristo (5,28).

A mensagem

O Evangelho é o conteúdo central de 1Tessalonicenses, porque devido à sua difusão Paulo chegou de Filipos a Tessalônica (2,2) e agradece ao

---

9. Sobre isso, cf. a introdução, p. 66-67.

Senhor por sua acolhida sobretudo entre os gentios. A propagação do Evangelho é atribuída à poderosa ação do Espírito Santo e, portanto, à profunda convicção que acompanha a palavra dos evangelizadores (1,5). Já que o Evangelho é de origem divina e não humana, ele é confiado a Paulo e seus colaboradores. A expressão "Evangelho de Deus" (cf. 2,2.8.9) não alude tanto ao conteúdo, que é identificado com a pregação de Jesus Cristo, mas à origem do Evangelho. É por isso que a origem transcendente do Evangelho paulino desafia as maneiras pelas quais ele é transmitido. Observamos que, na transmissão do Evangelho, Paulo não tem o papel de pedagogo, nem o de simples pregador itinerante, mas o de um pai com seus próprios filhos (cf. 2,11).

Eleição e Reino de Deus

Enquanto Jesus fez do Reino de Deus, ou do céu, o centro de sua pregação (cf. Mc 1,14-15), Paulo não se detém muito nessa categoria tipicamente judaica, mas quando dela trata, como em 1Ts 2,12, ele apresenta vários elementos de novidade (cf. tb. 1Cor 4,20; 6,9.10; 15,24.50; Gl 5,21; Rm 14,17). Se para Jesus é mister "entrar no Reino dos Céus", para Paulo se trata de herdá-lo. Para Jesus, entra-se no Reino de Deus com a fé/confiança em sua pregação; para Paulo, o reino é herdado pela eleição divina. E enquanto Jesus ilustra o conteúdo do reino com parábolas, Paulo tenta explicá-lo por via argumentativa.

No entanto, para ambos o Reino de Deus pertence somente ao futuro, mas já atua no presente da eleição divina: "Exortamos, consolamos e admoestamos, para viverdes por modo digno de Deus, que vos chama para o seu reino e glória" (2,12). O comunicado recorda a primeira pregação de Paulo em Tessalônica, sem a qual a categoria do "Reino de Deus" seria incompreensível para a maioria dos destinatários provenientes do ambiente gentio. Por ocasião da carta, Paulo foca a eleição presente dos destinatários, como o demonstra o uso do verbo *kalúntos* ("que vos chama", particípio presente). Podemos argumentar que os tessalonicenses não só foram chamados para a fé em Cristo, mas continuam no presente a serem chamados em vista da herança definitiva do Reino de Deus.

O modo de os crentes agirem em suas escolhas éticas atesta que a herança do Reino de Deus não é adquirida, mas está em contínua tensão para o futuro. É por isso que o comportamento "digno de Deus" é equilibrado pela eleição para o "reino". Antes de se exprimir na ética, a santidade é uma condição que nasce da eleição ou vocação divina (cf. 3,13) e é capaz de motivar a ética cristã.

A mimese de Cristo, de Paulo e entre as Igrejas

Infelizmente, em muitos estudos sobre 1Tessalonicenses não é dada suficiente atenção à mimese humana, retomada várias vezes no decorrer da carta; a lacuna demonstra o embaraço dos estudiosos em entender suas perspectivas. Uma vez que o termo não é reduzido a simples imitação para uma cópia de menor ou parco valor em relação ao original, é possível apreciar suas coordenadas. A mimese humana, introduzida pela primeira vez por Paulo, envolve vários relacionamentos interpessoais.

Em primeiro lugar, os destinatários fizeram a mimese de Paulo (1,6; 4,1) e do Senhor (1,6), de modo a tornarem-se, por sua vez, "um modelo para todos os crentes que estão na Macedônia e na Acaia" (1,7). Se comparada às Igrejas de Deus em Jesus Cristo que estão na Judeia, é bastante original a mimese implementada pelos tessalonicenses (cf. 2,14), porque, como aqueles, eles sofreram nas mãos de seus compatriotas. O que é significativo é que Paulo não precisa pedir para imitar o Senhor e a si mesmo, pois os destinatários são elogiados por um processo de mimese já em progresso. A mimese humana não ocorre pela vontade de imitar um modelo preconcebido, nem pela autoridade que tem, mas porque de um modo natural o que pertence a uma pessoa é realizado na outra, por um processo de simpatia ou conaturalidade.

Ao mesmo tempo, quando o risco de sobrevivência da própria identidade cultural ou religiosa se torna concreto, são as perseguições ou as provações que geram a mimese humana. Os tessalonicenses tornaram-se imitadores do Senhor por que por causa do Evangelho sofrem as provações que consolidam sua adesão a Ele pela fé. Não há dúvida de que o Senhor Jesus Cristo é o arquétipo e não apenas um modelo estático; mas precisamente porque isso gera uma imitação progressiva que conforma a existência dos crentes, cujo objetivo só se realizará em estar com Ele, além da morte.

Em continuidade com a mimese de Cristo, delineia-se a de Paulo, ditada pela intimidade alcançada entre ele e os destinatários. Também nessa relação ele não pede aos tessalonicenses que o imitem porque a relação de paternidade estabelecida com eles (cf. 2,8-12) já realiza um processo de imitação. É por isso que o relacionamento deles vai além dos de um pedagogo ou mestre com os alunos para se caracterizar como parentesco íntimo. As tribulações e os trabalhos experimentados por Paulo na Macedônia produzem atitudes semelhantes nos destinatários a fim de enfrentar as dificuldades que encontram em seu testemunho do Evangelho. A mimese de Cristo e de Paulo torna-se mimese eclesiástica, numa extensão de fronteiras geográficas. Os tessalonicenses encontram-se experimentando as mesmas perseguições sofridas pelas Igrejas da Judeia; e, por sua vez, seu exemplo se espalha como fogo, atingindo as outras comunidades da Macedônia (Filipos) e Acaia (Corinto e Cencreia).

Portanto, a mimese humana, que salvaguarda as diferenças na assimilação ao modo de vida de Cristo, de Paulo e das Igrejas, é um dos traços peculiares de 1Tessalonicenses e permite considerá-la no mesmo patamar das outras cartas paulinas. A prioridade muitas vezes dada ao grande tema da justificação pela fé infelizmente colocou em segundo plano esse aspecto que, porém, para ser recuperado, requer repensar a mimese humana nos horizontes de um relacionamento original e íntimo com Cristo e com aqueles que gera para a fé nele.

Uma perseverante esperança

Uma inclusão natural envolve 1Tessalonicenses: a carta começa e termina com o tema da esperança. No exórdio, Paulo agradece a Deus, lembrando-se da fé ativa, do amor fadigoso e da esperança perseverante que os destinatários depositaram no Senhor Jesus Cristo (1,3). No final da carta a tríade retorna com a metáfora da armadura ou da *panoplía*: os crentes enfrentam sua batalha espiritual com a armadura da fé e do amor e com o elmo da esperança (5,8). Entre esses limites, coloca-se a esperança como dimensão fundamental da expectativa escatológica, que caracteriza a vida dos crentes em comparação com aqueles que "não têm esperança" (4,13). É por isso que os destinatários são chamados "nossa esperança, ou alegria, ou coroa em que exultamos, na presença de nosso Senhor Jesus em sua vinda" (2,19). Vamos, portanto, tentar apreender as peculiaridades da esperança no horizonte escatológico da carta.

Em primeiro lugar, não é por acaso que a tríade das virtudes cardeais é ligeiramente diferente em comparação com a sequência de "fé, esperança, caridade", mas a esperança é colocada após a fé e a caridade. Isso ocorre porque na sintaxe grega o termo que se deseja enfatizar é colocado no final de uma proposição. Além disso, a tríade de virtudes não deve ser considerada por compartimentos estanques, no sentido de ser possível nutrir a fé sem amor e esperança, mas em relação mútua. É por isso que em Gl 5,6 Paulo sustenta que o mais importante não é a circuncisão, nem a incircuncisão, mas a fé que opera no amor; e em 1Cor 12,7 o amor é louvado porque, entre outras coisas, tudo crê e espera tudo. Assim, embora em contextos de ascensão social e de importância excessiva dada ao conhecimento, Paulo elogia o ágape, argumentando que é o único dom capaz de cruzar a morte; enquanto a fé e a esperança pertencem às realidades temporais, na vida cotidiana o trinômio é inseparável.

Quanto à origem, a esperança dos crentes é antes de tudo um dom baseado na fidelidade de Deus e no que Ele realizou em Cristo. É por isso que o Deus de Paulo é "Deus da esperança": uma esperança que o Espírito nutre na vida cristã (cf. Rm 15,13). E é por causa dessa esperança que os crentes não têm medo de enfrentar o sofrimento e a morte. No entanto, a esperança precisa ser nutrida com perseverança, na convicção de fé que Cristo libertou os crentes da ira e os libertará de qualquer forma de escravidão, incluindo a morte.

É significativo que a esperança, enraizada na salvação operada por Deus em Cristo, induza Paulo não apenas falar dos "defuntos" ou dos "mortos", mas também dos "que dormem (*koimethéntas*)" (1Ts 4,14-15) esperando para ser despertados, como e com Cristo, do sono da morte. Nessa novidade, é centrada a visão cristã dos cemitérios, entendidos como "dormitórios" [como indica o próprio significado originário da palavra] e não de projeção da vida terrena, ou de corrupção definida. Frequentemente, sustenta-se erroneamente que o mundo greco-romano não atesta a sua própria escatologia ou visão do fim. Seria suficiente insistir nos *Disputationes Tuscolanae* de Cícero ou em algumas *Cartas a Lucílio* de Sêneca, para captar a alta espessura da escatologia extrabíblica. Antes, a novidade cristã consiste em alcançar não um lugar indefinido, mas Jesus Cristo, a esperança dos crentes, para permanecer sempre com Ele.

Assim, enquanto cotidianamente os crentes alimentam sua esperança com paciência, a espera do Senhor, que veio, vem e virá, liberta a expectativa cristã do desconhecido ou do terror de que tudo esvaneça no nada; e a oriente, através do êxodo do cortejo dos crentes, rumo ao advento de seu Senhor, pois "[...] na esperança, fomos salvos. Ora, esperança que se vê não é esperança [...], mas, se esperamos o que não vemos, com paciência o aguardamos" (Rm 8,24-25).

Conclusão

Frequentemente, 1Tessalonicenses é considerada, dentre os escritos paulinos, uma carta menor, pois Paulo não trata da justificação pela fé, que é considerada um dos principais temas de sua teologia. Contribui para esse rebaixamento a esperança de Paulo de ainda estar vivo, por ocasião da segunda vinda de Cristo. Na realidade, a carta expressa o coração do Evangelho de Paulo que, ao ser salvo da ira vindoura, encontra sua essencial novidade. A mimese humana de Cristo, de Paulo e entre as Igrejas se sobrepõe ao seguimento de Jesus, porque assim se espalha o Evangelho não obstante e nos sofrimentos sofridos por causa de Cristo. É por isso que os crentes não esperam por um Deus que nunca vem; mas, com sua perseverante esperança, eles vão ao encontro de seu Senhor que vem. Essa carta de conforto para as primeiras situações de morte ocorridas após a pregação de Paulo assegurou aos destinatários que sua fé diligente e sua caridade extenuante não seriam ilusórias, mas gerariam sua esperança em Cristo.

Bibliografia comentada

Comentários exegéticos e teológicos

Os comentários que tratam, em profundidade, de 1Tessalonicenses são de P. Iovino e A.J. Malherbe: o primeiro é do tipo exegético-lexical, o segundo parte do ambiente para aprofundar a exegese do texto. Os outros comentários são mais introdutórios e teológicos. Entre os últimos, são densos os comentários teológico-espirituais de W. Marxen, H.U. von Balthasar e H. Schlier.

IOVINO, P. *La Prima Lettera ai Tessalonicesi* – Introduzione, versione, commento. Bolonha: EDB, 1992 [Scritti delle origini cristiane 13].

MALHERBE, A.J. *The Letters to the Thessalonians*. Londres/Nova York: Doubleday, 2000 [Anchor Bible 32B].

MANINI, F. *Lettere ai Tessalonicesi* – Introduzione, traduzione e commento. Cinisello Balsamo: San Paolo, 2012 [Nuova Versione della Bibbia dai testi antichi].

MARXEN, W. *Prima lettera ai Tessalonicesi* – Guida alla lettura del primo scritto del Nuovo Testamento. Turim: Claudiana, 1988 [Parola per l'uomo d'oggi 6].

SCHLIER, H. *L'apostolo e la sua comunità* – Esegesi della Prima Lettera ai Tessalonicesi. Bréscia: Paideia, 1976 [Studi biblici, 34].

SCHÜRMANN, H. *Prima lettera ai Tessalonicesi.* Roma: Città Nuova, 1968 [Commenti Spirituali al Nuovo Testamento].

VON BALTHASAR, H.U. *Le lettere ai Tessalonicesi di San Paolo* – Dischiuse alla preghiera contemplativa. Milão: Jaca Book, 1994.

Contribuições

Internacionalmente, a pesquisa sobre 1 Tessalonicenses se concentra no ambiente da cidade, na primeira comunidade cristã e na composição da carta. O debate atual diz respeito, em particular, às relações entre o ambiente de Tessalônica e o conteúdo da carta: Como o contexto cultural-religioso de Tessalônica influenciou a redação da carta? E quais são a composição e o gênero retórico-literário da carta? Em relação ao ambiente, merecem destaque as contribuições de M. Adinolfi, K.P. Donfried e R. Pesch; na composição da carta é bastante profunda a contribuição de A. Vanhoye.

ADINOLFI, M. *La prima lettera ai Tessalonicesi nel mondo greco-romano.* Roma: Antonianum, 1990 [Bibliotheca Pontificii Athenaei Antoniani 31].

COLLINS, R.F. (org.). *The Thessalonian Correspondence.* Lovaina: University Press, 1990 [Bibliotheca Ephemeridum Theologicarum Lovaniensium 87].

DONFRIED, K.P. *Paul, Thessalonians and Early Christianity.* Londres/Nova York: T&T Clark, 2002.

DONFRIED, K.P. & BEUTLER, J. (orgs.). *The Thessalonians Debate:* Methodological Discord or Methodological Synthesis? Grand Rapids: Eerdmans, 2000.

JOHANSON, B.C. *To All the Brethren* – A Text-Linguistic and Rhetorical Approach to I Thessalonians. Estocolmo: Almqvist & Wiksell, 1987.

PESCH, R. *La scoperta della più antica lettera di Paolo: Paolo rivisitato* – Le lettere alla comunità dei Tessalonicesi. Bréscia: Paideia, 1987 [Studi biblici 80].

VANHOYE, A. "La composition de 1 Thessaloniciens". In: COLLINS, R.F. (org.). *The Thessalonian Correspondence.* Lovaina, 1990, p. 73-86.

3

1Coríntios
O Evangelho nas várias situações eclesiais

Com razão, 1Coríntios pode ser definida como manifesto da Igreja: de uma Igreja que não é preconcebida ou ideal, mas sim real, composta de homens e mulheres que experimentam múltiplas dificuldades em se reconhecerem e se tornarem "o corpo de Cristo". Diante das dificuldades que essa Igreja encontra, Paulo não tem medo de trazer à tona o seu Evangelho, movendo-se do seu conteúdo central da morte e ressurreição de Cristo. É surpreendente que as divisões que ocorreram na comunidade não o desencorajem, mas o levem a avaliar cada situação na dependência do relacionamento com Jesus Cristo, o Senhor. No horizonte da "palavra da cruz" (1Cor 1,18) e da fé na ressurreição (1Cor 15,3-8), que formam uma inclusão geral e natural, ele aborda as situações mais difíceis e sérias, como as divisões partidárias entre aqueles que apelam à autoridade de um apóstolo em detrimento de outro, entre ricos e pobres, entre espirituais e principiantes no caminho da fé, e ainda as divisões secundárias, tais como aquelas relacionadas aos trajes femininos na assembleia e as modalidades sobre como gerenciar as reuniões da comunidade. Assim, em 1Coríntios não se reflete uma Igreja pré-constituída, mas em construção, que liberta da ilusão de uma Igreja ideal e induz a pensá-la nas relações que a cada dia se entrelaçam pela força do estar em Cristo pela fé.

Entre a primeira evangelização e 1Coríntios

Na introdução geral, descobrimos que Paulo chegou a Corinto no início do ano 50 d.C. e lá permaneceu até a primavera de 53. A inscrição de

Galeão, procônsul da Acaia, confirma este ponto de referência da biografia paulina. De acordo com a narrativa de Atos, na ocasião de sua chegada a Corinto, Paulo estava hospedado na casa de Áquila e Priscila (At 18,1-4) que, após o decreto de Cláudio contra os judeus em Roma (talvez em 49 d.C.), se mudaram para Corinto. Com o casal cristão ele exercia sua profissão de fabricante de tendas e todos os sábados frequentava a sinagoga. Infelizmente, sua pregação não foi muito bem-sucedida entre os judeus da cidade: os Atos referem-se apenas à adesão de Crispo, chefe da sinagoga, e sua família (At 18,8). Mas ele experimentou uma frutuosa recepção dos tementes a Deus, isto é, os gentios atraídos por alguns aspectos do judaísmo, como o monoteísmo, a Torá e as regras de pureza alimentar. Assim, um certo Tício Justo aderiu à pregação de Paulo, cuja morada ficava perto da sinagoga (At 18,7).

Durante a sua estada na cidade, Paulo chegou a Cencreia, um dos dois portos de Corinto (o outro é o de Lequeu), onde fundou uma pequena comunidade de onde provinha Febe, "diaconisa e protetora" de Paulo e de outros crentes diante das autoridades civis da capital da Acaia (cf. Rm 16,1-2). Após cerca de dois anos de permanência, Paulo partiu para Éfeso, a capital da província romana, e chegou a Jerusalém, passando de Cesareia Marítima, pousando por alguns meses em Antioquia da Síria, na comunidade cristã (At 18,19-22).

A atual 1Coríntios não é a primeira carta de Paulo enviada aos cristãos da cidade. Em 1Cor 5,9-11, ele menciona o envio de sua missiva anterior e, em 1Cor 7,1, a carta que os coríntios lhe enviaram. Infelizmente, ambas as cartas foram perdidas. Provavelmente 1Coríntios foi ditada e enviada por volta de 53 d.C. de Éfeso para ser levada ao destino por Timóteo, fiel colaborador de Paulo (cf. 1Cor 4,17; 16,5-10).

O ambiente civil de Corinto

Na ocasião da pregação de Paulo em Corinto, a posição geográfica da cidade, que se estendia a oeste do istmo entre o Peloponeso e o continente, desempenhou um papel de primordial importância. De fato, apenas a artéria que ligava os dois portos de Lequeu e Cencreia permitia a passagem entre o Mar Jônico e o Mar Egeu até a cidade dos dois mares, como fora chamada por Horácio (*Odes* 1,7,2-3: *bimarisve Corinthi Moenia*). A cidade era dominada pelo Acrocorinto (575m de altura) e se estendia por uma altura de cerca de 60m (cf. ESTRABÃO. *Geografia* 8,6,21).

Desde o século VIII a.C. Corinto tinha se tornado o centro comercial e de trânsito mais importante do Peloponeso, chamada por isso de "opulenta" (HOMERO. *Ilíada*, 2,570). Por ocasião da expansão romana, a cidade foi conquistada e destruída pelo Cônsul Lúcio Múmio Acaico. Em 44 a.C. Júlio César reconstruiu a cidade, chamando-a de *Colonia Laus Iulia Corinthientis* e enviando muitos colonos e homens livres (cf. ESTRABÃO. *Geografia*, 8,6,23). A restauração definitiva de Corinto foi realizada pelo Imperador Cláudio em 44 d.C. e a Acaia se tornou uma província senatorial até 137-138 d.C., sob Adriano. Apesar das distinções urbanas e civis entre a Corinto grega (até 146 a.C.) e a romana (a partir de 44 a.C.), traços fundamentais de continuidade permanecem entre as duas fases históricas da cidade. No entanto, em meados do século I d.C., a cidade foi governada pelo conselho de colonos, pelos magistrados romanos, por dois superintendentes para a urbanística (*aediles*), por um tesoureiro ou *quaestor*, por um *pontifex* responsável pelo culto e por um delegado para a organização dos jogos ístmicos. A língua corrente entre as pessoas era o grego, embora o latim fosse usado em atos administrativos e forenses. Por essa razão, as cartas paulinas e a de Clemente Romano aos coríntios (final do séc. I) são escritas em grego.

Durante o século I d.C. o centro administrativo tornou-se o fórum, no lugar da *agorá*, e o *cardo maximum*, correspondente à Via do Lequeu, cruzava a cidade até o porto. Em seu caminho foi construído o *macellum* [matadouro] e uma fileira de estabelecimentos: Paulo refere-se a esse matadouro em 1Cor 10,25-30, ao falar da carne sacrificada a ídolos ou idolotites. Pertence ao período de Augusto o *béma* ou a cátedra da corte, colocada no centro do foro, mencionada em At 18,12 e, por metáfora, em 2Cor 5,10 e em Rm 14,10. No período imperial continuavam frequentados alguns templos de origem grega, como o de Asclépio/Esculápio (o deus da saúde), ao norte da cidade; o magnífico templo de Afrodite, no Acrocorinto, por sua vez, já estava reduzido a um templozinho pouco visitado.

Embora não seja possível estabelecer com certeza o tamanho da população, em meados do século I d.C. Corinto era uma cidade cosmopolita que podia contar entre 700 mil e 800 mil habitantes, com populações autóctones, romanas, sírias, egípcias e judaicas. Aos cultos religiosos autóctones, como também aos filhos de Medeia e Melicertes-Palemon (divindades marinhas), acrescentavam-se aqueles de Apolo, Afrodite, Asclépio, Deméter e Core. São de origem romana os cultos aos imperadores, suas famílias e o nome latino de cultos supracitados: Júpiter, Asclépio, Vênus, Mercúrio, Ceres, Proserpina e Fortuna. Em Corinto não faltaram cultos menores como a Ísis e Osíris, de origem egípcia, e o da divindade monoteística da diáspora judaica. Dado que, como relatamos, durante o século I d.C. o templo de Afrodite/ Vênus havia sido bastante reduzido, é apropriado não enfatizar a presença das mil éteres, mencionada por Estrabão, na *Geografia*, 8,6,20, que, ademais, parece confundir a presença de cortesãs com a de prostitutas sagradas.

Naturalmente, esse fato histórico não invalida a licenciosidade sexual generalizada que tornara Corinto famosa no Mediterrâneo. O verbo *korinthiázomai*, talvez cunhado por Aristófanes no V-IV século a.C. (Fragmento 133), o equivalente a "prostituir-se" ou um "comportar-se com a licenciosidade sexual" e o provérbio "a viagem a Corinto não é para todos" (ESTRABÃO. *Geografia*, 8,6,20) era bem conhecido na era imperial. Por outro lado, se Paulo irá abordar diferentes questões de ética sexual (cf. 1Cor 5,1-13; 6,12-20), isso significa que a licenciosidade sexual era comum em Corinto, embora não seja apropriado compará-la às cidades ocidentais modernas, como Amsterdã ou Bangkok, ainda mais se se considera a diversa concepção de sexualidade nos tempos antigos em comparação com os atuais.

Para o pano de fundo da correspondência de Paulo com os coríntios, é importante destacar a presença da comunidade judaica em Corinto. Já Fílon de Alexandria mencionava Corinto entre as colônias judaicas da diáspora em seu *De legatione ad Gaium* 281. Embora a inscrição de mármore em que se alude a uma "sinagoga dos judeus" e um lintel decorado com três candelabros judaicos apareçam mais tarde (entre os séc. II e IV d.C.), a presença judaica antes de 70 d.C. em Corinto é indiscutível. Na capital da Acaia os jogos ístmicos eram celebrados a cada dois anos, e em 30 a.C. introduziram-se jogos quadrienais em homenagem a César. Ignoramos se Paulo testemunhou os jogos de 51 d.C., mas o uso de metáforas desportivas (cf. 1Cor 9,24-27; 15,31-32; tb. Fl 3,12-14) é explicado no contexto desportivo-político dos jogos em Corinto. O *stadium* foi restaurado no início do século I d.C. e o hipódromo ainda estava em voga. Tal ambiente plurirreligioso e pluriétnico permitiu a Paulo estabelecer uma das comunidades mais vibrantes da diáspora judaico-cristã.

As Igrejas domésticas

Quanto aos membros das comunidades domésticas de Corinto e Cencreia, fontes do Novo Testamento nos transmitem nomes diferentes, listados em 1Coríntios, em Rm 16,1-23 e nos Atos dos Apóstolos. Entre esses, incluem-se Sóstenes (1Cor 1,1; At 18,17), o arquissinagogo da comunidade judaica, derrotado pelos judeus diante do tribunal de Galeão, "aqueles de Cloé" (1Cor 1,11), o arquissinagogo Crispo (1Cor 1,14; At 18,8), Gaio (1Cor 1,14; Rm 16,23), Estéfanas com a sua família (1Cor 1,16; 16,15-18), Fortunato (1Cor 16,17), Acaico (1Cor 16,17), Lúcio (Rm 16,21), Jasom (Rm 16,21), Sosípatro (Rm 16,21), terceiro secretário que escreveu o ditado de Romanos (Rm 16,22), Erasto (Rm 16,23, cf. tb. 2Tm 4,20), Quarto (Rm 16,23) e Febe (Rm 16,1-2). Duas inscrições em mármore, uma em grego e outra em latim, levaram alguns estudiosos a identificar o Erasto de Rm 16,23 com o que, por sua conta própria, pavimentou parte da cidade. Na realidade, o nome é difundido na era imperial e uma das duas inscrições é incompleta, por isso também pode aludir a um certo (Ep)erasto. Somam-se a esses Áquila e Prisca (1Cor 16,19), que se estabeleceram em Corinto, e Tício Justo, mencionado apenas em At 18,7. Vários dos nomes listados são de origem judaica e dois deles desempenham a função de arquissinagogos, o que dá a entender a presença de duas ou mais comunidades judaicas em Corinto. Não há nomes de gentios e tementes a Deus e, entre as comunidades domésticas, incluem-se as de Crispo, Gaio e Estéfanas.

Portanto, em Corinto não há uma Igreja centralizada, com uma composição hierárquica, mas existem diferentes Igrejas domésticas, onde os crentes de origem judaica (uma minoria) e gentios (a maioria) se reúnem. A fórmula *he kat'óikon ekklesia* (Igreja doméstica) usada em 1Cor 16,19 (cf. tb. Rm 16,5; Fm 2; Cl 4,15), indica não só a presença da Igreja em uma casa, mas também as relações entre as comunidades domésticas que formam a Igreja, respeitando o valor distributivo da preposição *katá*.

Sobre as conformações dessas primeiras comunidades domésticas são interessantes as comparações com o tipo de associação de culto ou com os *collegia*, em honra de Dionísio, Apolo e Asclépio. Tal como acontece com algumas associações pagãs, nas comunidades cristãs primitivas testemunhamos a partilha da refeição e a presença de homens e mulheres de diferentes camadas sociais. No entanto, não faltam diferenças substanciais porque o jantar do Senhor não deve ser visto como uma celebração em honra de uma divindade, mas sim como uma convocação feita pelo próprio Senhor. Além disso, os abusos relatados em 1Cor 11 exigem uma partilha entre os necessitados e os ricos inexistente nas associações pagãs. Mesmo que em situação controversa, o batismo cristão (cf. 1Cor 1,13-17) faz fronteira com o caráter de uma ablução ritual simples e é visto, sim, como incorporação na morte e ressurreição de Cristo (cf. Gl 3,26-28; Rm 6,2-4). São originais o uso da Escritura e a ajuda aos mais necessitados nas assembleias domésticas: duas características que aproximam as comunidades cristãs mais das assembleias da sinagoga do que das associações de culto. Portanto, mesmo se as *domus ecclesiae* têm várias semelhanças com o *thíasoi*, trata-se ainda de um fenômeno híbrido ou intersticial, que utiliza elementos de associações religiosas, das sinagogas e das escolas filosóficas como a *Stoá*, dependendo do contexto civil no qual surgem.

Quanto à gestão das assembleias cristãs, não está claro se aqueles que disponibilizaram suas casas maiores exerceram, em consequência, papéis de patrocínio e orientação ministerial das comunidades anfitriãs. E se em outros lugares a religião do *pater familias* era compartilhada por todos os membros de sua casa (os descendentes de escravos), em Corinto ocorriam situações heterogêneas: de esposa crente com marido não crente, de escravos que não parecem muito forçados a compartilhar a nova forma de agregação religiosa dos seus senhores (cf. 1Cor 7, e o caso de Onésimo, no qual iremos nos deter a propósito da Carta a Filêmon). Por outro lado, para que o *pater familias* condicionasse a fé de seus escravos domésticos, era necessário que sua profissão religiosa fosse reconhecida pelas autoridades civis. E, antes de 70 d.C., o movimento cristão ainda era considerado como uma religião ilícita, não reconhecida na *polis*, ou como uma simples corrente intrajudaica.

Do ponto de vista étnico, os "irmãos" (e as irmãs) de Corinto provinham em sua minoria da diáspora judaica e, majoritariamente, do contexto gentio, como demonstram os casos dos idolotites ou a comida sacrificada aos ídolos, à venda no matadouro da cidade (cf. 1Cor 8,4-13), e de glossolalia, por conta da qual Paulo recorda a origem pagã da maioria dos destinatários (cf. 1Cor 12,2). Bem mais difícil é identificar o estrato social dos cristãos de Corinto: se a maioria dos nomes que elencamos é de escravos ou de libertos (cf. o que se pode inferir de 1Cor 1,26-29), seu nível econômico parece diversificado. Os crentes dos estratos mais pobres (*humiliores*) encontram-se com os mais abastados e capazes de sustentar as necessidades da família, como artesãos e comerciantes. Dois dados parecem encontrar consenso entre os estudiosos da sociologia cristã primitiva: a ausência de membros das classes mais ricas (senadores e equestres); e a necessidade de não retroprojetar alguns modelos modernos de burguesia e classe média, inconcebíveis na era imperial. Talvez deva ser lembrado que a escravidão era uma instituição civil e não uma condição moral e não estava sujeita a formas de autolibertação.

Disposição e gênero

Apesar de algumas hipóteses na direção oposta, 1Coríntios foi considerada paulina também pela Escola de Tübingen (séc. XIX) e não há razões substanciais para supor a confluência de duas ou mais cartas unificadas em um período subsequente por um redator final. Então tentamos delinear a disposição e o material que Paulo utiliza para tecer a primeira das chamadas "quatro grandes cartas" (junto com 2Coríntios, Gálatas e Romanos).

Introdução epistolar (1Cor 1,1-9):
pré-escrito (1,1-3);
agradecimento epistolar (1,4-9).

O corpo epistolar (1Cor 1,10–15,58):
as divisões políticas (1,10–4,21);
a imoralidade sexual e recurso aos tribunais civis (5,1–6,20);
casamento e virgindade (7,1-40);
a carne sacrificada aos ídolos (8,1–11,1);
a administração das assembleias e a Ceia do Senhor (11,2-34);
carismas e ministérios (12,1–14,40);
participação e modalidades da ressurreição (15,1-58).

Conclusão epistolar (16,1-23):
exortações finais (16,1-18);
post-scriptum (16,19-23).

Como acontece com as outras cartas de Paulo, 1Coríntios se compõe de uma parte introdutiva e de uma conclusiva, que compreendem o *praes-*

criptum e o agradecimento epistolar (1,1-9) e o *post-scriptum* com as mais últimas recomendações e informações do remetente (16,1-23). Entre esses limites naturais está o grande corpo epistolar de 1Cor 1,10–15,58, onde são tratadas as mais variadas e contingentes questões da comunidade.

Com relação ao gênero, a carta pode ser classificada entre os gêneros mistos, já que não são encontradas seções demonstrativas ou epidíticas, tais como 1,10–4,21 (a palavra da cruz) e 15,1-58 (o anúncio da ressurreição), e partes deliberativas, como 5,1–6,20 (sobre casos de imoralidade sexual e recursos para os tribunais), 7,1-40 (sobre casamento e virgindade) e 12,1–14,40 (sobre gestão de carismas e ministérios). São funcionais para os dois gêneros principais os elogios do ágape em 12,31–13,13 e o autoexame ou a periautologia em 9,1-27. Portanto, convém não reduzir a carta a um único gênero retórico-literário, mas respeitar a variedade de gêneros, causada pela diversidade das questões abordadas por Paulo.

O arranjo argumentativo

Não deve escapar de uma primeira visão geral a polaridade entre a primeira seção do corpo epistolar, dedicado à palavra da cruz em 1,10–4,21 e destinada a resolver as tensões na comunidade, e a última seção 15,1-58, sobre o anúncio da ressurreição, que aborda a questão das modalidades de participação dos crentes. Entre essas duas polaridades que distinguem, sem divisão, o querigma cristão da morte e ressurreição de Cristo e as diferentes situações particulares da comunidade. A fórmula de argumento com a preposição *perí* (quanto a) e o genitivo introduz os interrogativos pontuais: "Quanto às coisas que me escrevestes" (7,1, onde são tratadas as relações entre maridos e esposas); "Quanto às virgens" (7,25); "Quanto às carnes sacrificadas aos ídolos" (8,1); "Quanto aos dons espirituais" (12,1); "Quanto à coleta" (16,1). São introdutórias também as fórmulas de 1Cor 5,1 ("Geralmente, se ouve que há entre vós imoralidade"), de 11,2 (" eu vos louvo porque, em tudo, vos lembrais de mim e retendes as tradições assim como vo-las entreguei") e de 15,1 ("Irmãos, venho lembrar-vos o Evangelho que vos anunciei, o qual recebestes e no qual ainda perseverais").

Portanto, apesar das respostas contingentes para as questões abordadas por Paulo, não é por acaso que o corpo epistolar comece com a "palavra da cruz" (1,18-19) e se feche com o querigma da ressurreição (15,3-8). Na prática, não só as tensões partidárias e perguntas sobre a ressurreição, mas até mesmo as questões secundárias, como os casos das carnes sacrificadas aos ídolos e as roupas de mulheres na assembleia, são abordadas por Paulo, partindo sempre de novo da relação que os destinatários mantêm com a morte e a ressurreição de Cristo. Podemos argumentar que 1Coríntios é uma hermenêutica do Evangelho para as situações eclesiais: por isso não se enreda pelas contingências, pois Paulo relê cada situação com o filtro originário e atual do relacionamento com o Senhor Jesus Cristo.

O chamado e os dons da comunidade (1Cor 1,1-9)

A introdução epistolar de 1Cor 1,1-9 inclui, como de costume, o *praescriptum* (v. 1-3) e os agradecimentos gerais (v. 4-9). O pré-escrito contém a *titulatio* (Paulo, chamado a ser apóstolo de Jesus Cristo), o comitente (o irmão Sóstenes), a *adscriptio* (a Igreja de Deus que está em Corinto..., v. 2), e a saudação (graça a vós outros e paz..., v. 3). A comparação com o pré-escrito mais curto de 1Ts 1,1 destaca o maior espaço que em 1Cor 1,1-3 se dá à titulação do remetente e à *adscriptio* o destinatário. O elemento de conjunção entre o remetente e os destinatários é constituído pelo vocabulário do chamado eletivo de Deus: são chamados Paulo ao apostolado e os coríntios à santidade. Assim, antecipa-se o assunto do chamado (ou *klesis*), que desempenhará um papel-chave no corpo epistolar, especialmente quando se trata de chamar a atenção dos destinatários para o dom gratuito de seu chamado em Cristo (cf. 1,26-28).

A seguir, há os agradecimentos protocolares de 1,4-9, introduzidos pela fórmula de ação de graças a Deus pela graça concedida aos destinatários em Cristo Jesus (v. 4). Com uma *captatio benevolentiae*, Paulo procura tornar amistosos os coríntios, para que sejam atenciosos e dóceis em relação aos diversos problemas que ele terá de abordar. Por isso os destinatários são elogiados porque enriquecidos com todos os dons espirituais e carismas que se desenvolveram na comunidade, de modo que não parecem precisar de mais nada (v. 5-7). Na verdade, a *captatio benevolentiae* induz Paulo a omitir qualquer menção aos problemas da comunidade, enquanto prefere criar uma inclusão significativa na parte introdutória da carta sobre o chamado: ao seu chamado para o apostolado e o da comunidade para a santidade em Cristo (v. 1-2) corresponde o chamado da comunhão com Jesus Cristo, Nosso Senhor (v. 9). A primeira eleição deveria motivar e fundamentar a segunda. No entanto, foi precisamente a falta de consequencialidade entre eleição e comunhão que criou tantas dificuldades entre os destinatários. Por isso trata-se de um agradecimento geral tão positivo a ponto de silenciar, ao menos por ora, as situações de conflito que se destacarão no corpo epistolar.

As facções e a palavra da cruz (1Cor 1,10–4,21)

Após a seção introdutória de 1,1-9, Paulo imediatamente aborda a questão mais complexa, constituída pelas divisões partidárias criadas na comunidade coríntia. A seção de 1,10–4,21 assume as características de um discurso retórico dedicado à loucura da cruz de Cristo. O discurso consiste nas seguintes partes:

o exórdio (1,10-17);
a tese (1,18-19);
a *probatio* (1,20–3,17):
   a narração (1,20–2,5);
   a confirmação (2,6-16);
   a refutação (3,1-17);
a peroração (3,18-23);
o exemplo dos apóstolos (4,1-13);
recurso final (4,14-21).

O exórdio de 1,10-17 apresenta o quadro da situação sobre a qual Paulo foi informado pela família de Cloé (cf. v. 11). Em Corinto, grupos de partidos diferentes foram formados: os de Paulo, os de Cefas e os de Apolo. Como é próprio de um exórdio, são antecipados os assuntos que guiarão o oferecimento das provas que apoiarão a palavra da cruz. Assim, destaca-se desde o início o Cristo crucificado (v. 13 e 17), que deveria acabar com as divisões de Corinto e com qualquer sabedoria humana que se arrisque a comprometer o que todos os crentes devem compartilhar. A cruz de Cristo é tão central que Paulo relativiza o batismo cristão, agradecendo ao Senhor por ter batizado somente a família de Estéfanas, porque foi enviado para evangelizar e não para batizar. Não há melhor maneira de catalisar a atenção dos coríntios: a pregação da cruz de Cristo precede o batismo que, sem evangelização, corre o risco de ser considerado um simples rito de mistério com o qual o indivíduo entra em relação com a divindade, impedindo-o de reconhecer o que o une a outros crentes. Contudo, esse "rebaixamento" do batismo é situacional, porque em 12,13 o próprio Paulo dirá que todos os crentes foram batizados em um só Espírito. Agora, no contexto do discurso da loucura de 1,10–4,21 a menção da evangelização de Paulo serve para que a atenção dos destinatários se desloque das divisões causadas pela sabedoria humana para a unitária cruz de Cristo, porque nenhum dos apóstolos foi crucificado pelos coríntios, mas somente Cristo.

O exórdio desemboca na sua tese principal de 1,18-19 que proclama, enfaticamente, a palavra da cruz, definida como loucura e poder de Deus. Portanto, a citação direta de Is 29,14 motiva a tese paradoxal: Deus destrói a sabedoria dos sábios e apaga a inteligência dos inteligentes. A linguagem apocalíptica, que distingue salvos e perdidos e sabedoria humana do divino, não é usada para criar novas divisões, mas para que os crentes reconheçam o ponto gravitacional da sua unidade original: a palavra ou o Evangelho que tem como conteúdo essencial a cruz de Cristo. Do ponto de vista formal, a tese de 1,18-19 é semelhante à de Rm 1,16-17 porque a palavra da cruz corresponde ao Evangelho de que Paulo não se envergonha, e as duas teses são confirmadas por relevantes citações da Escritura: a de Is 29,14 em 1Cor 1,19 e a de Hab 2,4 em Rm 1,17.

O discurso sobre a loucura propriamente dito começa com a narração de 1,20–2,5, *i. e.*, com a referência a eventos passados, o que mostra que a palavra da cruz se distancia tanto de uma sabedoria meramente humana quanto de uma sabedoria fundada em eventos prodigiosos como milagres. Diante da busca humana, impõe-se a lógica paradoxal de Deus, que decidiu salvar os crentes com a cruz de Cristo. Para isso, usando o estilo da diatribe, caracterizado por perguntas retóricas e respostas curtas, Paulo chama e envolve os destinatários em sua demonstração. A narrativa prossegue com a vocação dos coríntios (1,20-31), escolhidos por Deus apesar de seu *status* social: Deus escolheu não os sábios, os fortes, os nobres, mas o que é tolo, fraco e ignóbil para que ninguém se glorie senão na cruz de Cristo.

A segunda parte da narrativa recorda o primeiro anúncio de Paulo em Corinto (2,1-5), baseado não em discursos convincentes, ou numa arte retórica reduzida à arte da palavra, mas na cruz de Cristo e na ação do Espírito. A inversão em relação à evolução dos eventos narrados é significativa. Em si mesma, a narração da evangelização de Paulo em Corinto deveria preceder à da vocação dos coríntios, porque sem a sua pregação não poderiam crer em Cristo. Mas, dessa maneira, Paulo inevitavelmente favoreceria seu partido às custas dos outros. A prioridade dada à vocação divina deveria, aliás, constituir a plataforma compartilhada por todos os partidos eclesiais e induzi-los a superar suas divisões.

A confirmação (*confirmatio*) da loucura da cruz é uma prova fundamental da ação do Espírito que, conhecendo as profundezas de Deus, estabelece uma sabedoria totalmente nova: a do mistério ou do plano de Deus revelada àqueles que aderiram à cruz de Cristo (2,6-16). A sabedoria revelada pelo Espírito tem uma origem muito diferente da humana porque, originada da cruz de Cristo, se mostra completamente incompreensível à lógica humana.

Como qualquer discurso persuasivo, a *probatio* dá lugar à refutação; e em 3,1-17 Paulo se recusa a aceitar a situação partidária em Corinto, retomando os temas introduzidos na introdução de 1,10-17. As facções eclesiais que apelam a Paulo e a Apolo, como a qualquer outro apóstolo, não são justificáveis, pois os apóstolos são meros obreiros a serviço da messe e do templo de Deus, que é a Igreja em sua integridade.

A primeira parte do discurso sobre a loucura da cruz termina com a peroração de 3,18-23 que recapitula, com ênfase, o que foi demonstrado anteriormente. Com a Escritura à mão, Paulo exorta os destinatários a se considerarem insensatos diante de Deus porque Ele captura os sábios com sua astúcia e sabe que as discussões dos sábios são vãs. Uma pilha de nomes e substantivos acaba com grande efeito a peroração: Paulo, Apolo, Cefas, o mundo, a vida, a morte, o presente e o futuro. Todas as pessoas e realidades mencionadas são dos coríntios, mas estas são de Cristo, e Cristo é de Deus.

Neste ponto, o discurso sobre a loucura deveria se encerrar, mas Paulo adverte a necessidade de apresentar, de forma exemplar, o *status* dos apóstolos para que a situação partidária de Corinto seja finalmente resolvida (4,1-13). Os apóstolos são servos de Cristo e administradores dos mistérios divinos, motivo pelo qual devem prestar contas a Deus por seu trabalho e não aos homens. Com sarcasmo, ele desafia os destinatários, considerando-os ricos, sábios e fortes, enquanto os apóstolos se tornaram até a escória do mundo. A ironia é mordaz porque ele inverte o argumento paradoxal de 1,20-31, e demonstra como os destinatários se afastaram da loucura da cruz para assumir o jeito humano de pensar. Finalmente, o discurso articulado termina com o anúncio da visita de Timóteo a Corinto e a visita pessoal de Paulo, com a esperança de que não deva intervir de maneira dura, mas com amor e delicadeza (4,14-18).

Portanto, podemos definir que o elogio da loucura ou o discurso do tolo – focado na cruz de Cristo, na vocação de Coríntios, na ação do Espírito e na vida cruciforme dos apóstolos – deve levar os destinatários a abandonar formas eclesiais partidárias que podem comprometer a unidade original da Igreja. Embora Paulo tenha declarado não se ter apresentado com discursos persuasivos ou pretender usar uma eloquência vazia, o discurso sobre a loucura que tece demonstra como a melhor arte retórica seja aquela capaz de esconder as suas modalidades de expressão.

Imoralidade sexual e recurso aos tribunais civis (1Cor 5,1–6,20)

Aparentemente, Paulo está bem-informado sobre as dificuldades encontradas pelos cristãos de Corinto e sobre a licenciosidade ética no campo sexual. Por outro lado, ele não podia imaginar que, com a primeira adesão ao seu Evangelho, os destinatários tivessem, de repente, se distanciado de seu passado. O caso de um crente que mora com a esposa de seu pai o desconcerta não apenas por causa da escolha, mas também porque os coríntios nem se escandalizam e ainda apoiam a situação. Com a autoridade de fundador da comunidade, Paulo aborda o caso familiar, ligando-o ao recurso aos tribunais civis porque estende a questão para as relações internas da comunidade e às externas. A composição da seção é intertravada ou circular do tipo a-b-a[1]:

a) o caso do incestuoso (5,1-12);

b) o recurso para os tribunais civis (6,1-11);

a[1]) licenciosidade sexual (6,12-20).

À primeira vista, parece que as duas questões não estão relacionadas entre si. O primeiro e o terceiro casos dizem respeito ao que poderíamos chamar de "moral sexual", o segundo à moral política. Na realidade, o ambiente civil e religioso de Corinto, que não considera suscetíveis de condenação casos como o incesto e licenciosidade sexual, explica bem por que Paulo, de forma unificada, aborda a ética sexual e a política.

A lógica que deve guiar a avaliação de casos de ética sexual não deve ser apenas civil, mas a de quem, comprado por Cristo a grande custo, é chamado a glorificar a Deus com seu corpo (6,20). Do ponto de vista do ambiente, alguns dos coríntios se enquadram nas categorias dos imorais constantes de 6,9-10, mas foram lavados, santificados, justificados em nome de Cristo e no Espírito de Deus. Portanto, se "Cristo, nossa Páscoa, foi imolado" (5,7), devemos celebrar a festa não com o fermento velho, mas com os ázimos novos. É fácil entender como as evidências apresentadas por Paulo em apoio à ética sexual e eclesial conduzam, sobretudo, ao evento da redenção e à ação do Espírito que o torna presente nas situações mais contingentes. Na prática, o discurso fundamental dedicado à loucura da cruz não se desvincula dos casos de ética sexual e civil, mas os conforma e deve levar os crentes a trazerem para a concretude situacional o evento de redenção em Cristo.

No entanto, é bom salientar que Paulo não propõe o estabelecimento de um tribunal eclesial contraposto ou alternativo ao civil, de modo que o que é um crime na primeira área pode não deixar de sê-lo na segunda. O que lhe interessa é que a condição de membros do corpo de Cristo, com o próprio corpo, impõe uma nova maneira de pensar e considerar relações sexuais e civis. Diante do "todas as coisas são lícitas" (6,12), independentemente de se tratar de um *slogan* em voga na comunidade ou na cidade licenciosa, o que está em questão é a relação com Cristo, que permite avaliar o que é nocivo ou útil para aqueles que formam seu corpo. Pela primeira vez, Paulo introduz na carta o tema do corpo (*sóma*) e dos membros que retomará em âmbito eclesial.

Casamento e virgindade (1Cor 7,1-40)

Em continuidade com a ética sexual da seção anterior, Paulo aborda a relação entre casamento e virgindade em 1Cor 7,1-40. A proposição introdutória de 7,1-2 esclarece imediatamente sua orientação sobre a questão: por um lado, promover a virgindade; por outro, não criar obstáculos ao casamento. A seguinte composição é desenredada da tese principal:

a) ética familiar entre marido e mulher (v. 3-16);

b) o critério do que faz a diferença (v. 17-24);

a¹) o valor da virgindade (v. 25-28);

b¹) o horizonte escatológico sobre casamento e virgindade (v. 29-40).

A seção procede de maneira paralela: do matrimônio ao critério do que faz a diferença e da virgindade ao horizonte escatológico que a valoriza em relação ao matrimônio. Por isso, no desenvolvimento da demonstração é importante identificar as motivações expressas em b-b¹ que permitem a Paulo avaliar a ética conjugal e a virgindade.

Em relação ao matrimônio, sua posição é baseada no dito de Jesus registrado na tríplice tradição sinótica de Mc 10,11-12; Mt 19,9 e Lc 16,18 sobre a carta de divórcio, previsto na Lei mosaica, mas relativizada por Jesus: a esposa não deve abandonar o marido, e este não deve se divorciar de sua esposa (7,10-11). O apelo à tradição jesuânica dos ditos é importante para compreender que o papel principal não é desempenhado pela Lei mosaica, mas pela relação com o Senhor. É por isso que a atenção de Paulo se estende aos chamados casamentos mistos contraídos entre um crente e uma não crente.

A segunda evidência aduzida diz respeito à vocação dos crentes: todos são convidados a permanecer na condição em que foram chamados. Retorna assim o tema do chamado introduzido na narrativa de 1,26-28, mas desta vez para preparar a última prova apresentada em favor da virgindade em relação ao casamento. Em um contexto marcado pela licenciosidade sexual, como o de Corinto, o casamento e a virgindade representam dois valores com diferentes funções. O primeiro impede que se caia na lista de vícios sexuais, o segundo antecipa a dedicação ao Senhor do fim dos tempos. Claro que a propensão para a virgindade não é absoluta, tampouco objetiva, mas reflete a importância do relacionamento com o Senhor e o ambiente de Corinto, que condicionam o conselho de Paulo aos destinatários. Na prática, a tensão escatológica induz Paulo a favorecer a virgindade, sem no entanto desvalorizar o casamento.

As carnes sacrificadas aos ídolos (1Cor 8,1–11,1)

A quarta emergência que Paulo não tarda a enfrentar diz respeito aos idolotites ou às carnes sacrificadas aos ídolos: uma pergunta que diz respeito aos crentes do ambiente gentio de Corinto. Na prática: É possível comprar carne vendida no matadouro, destinada às divindades ou é necessário abster-se delas para respeitar o passado idólatra da maioria dos crentes em Cristo? Como de costume, para resolver o problema, Paulo não se limita a responder à pergunta, mas amplia os horizontes para oferecer diretrizes éticas que evitem escandalizar o irmão ligado aos costumes idólatras. A seção de 8,1–11,1 prossegue segundo uma composição cística, da qual Paulo tira as consequências para evitar escandalizar quem é "fraco" porque se abstém de comprar carne destinada às divindades:

a) a situação (8,1-13);

b) o exemplo positivo de Paulo (9,1-27);

b[1]) os exemplos negativos da história de Israel (10,1-13);

a[1]) a solução (10,14-30);

a peroração final (10,31–11,1).

A disposição quiástica do tipo a-b-b[1]-a[1] (que corresponde a um ics ou a uma *criss-cross*) dá uma boa ideia de como Paulo aborda, de forma estruturada, a questão dos idolotites. Em 8,1-13 apresenta a situação que resolve em 10,14-30, oferecendo-se a si mesmo, no centro da composição, como um exemplo de alguém que se fez tudo por todos, a fim de salvar alguém (9,1-27) e o exemplo de Israel no deserto para alertar a todos os destinatários sobre as armadilhas da idolatria (10,1-13). Só depois de apresentar os exemplos positivos e negativos, descreve a solução do problema pedindo aos destinatários para ficar longe da idolatria e evitar, para não ofender a consciência dos fracos, comer alimentos oferecidos aos ídolos (10,14-30). O apelo final ou a peroração de 10,31–11,1 lembra o exemplo de Paulo, para que os coríntios o imitem não buscando seus próprios interesses, mas os dos outros.

Uma leitura superficial da seção poderia nos levar a considerar os exemplos autobiográficos (b) e de Israel no deserto (b[1]) como descontextualizados. O que o seu exemplo positivo e o negativo de Israel no deserto têm a ver com o problema dos idolotites? Na realidade, são justamente os exemplos que oferecem soluções para que, de um lado, não se caia em novas formas de idolatria e, de outro, não se ofendam aqueles que ainda estão ligados ao seu passado idólatra. Portanto, a composição quiástica encontra nas partes centrais (b-b[1]) as principais razões para escolher como lidar com os fracos da comunidade. Para apoiar suas demonstrações, Paulo recorre a várias evidências argumentativas.

Na leitura da situação, Paulo recorre ao fragmento dedicado à fé monoteísta de 8,6: "todavia, para nós há um só Deus, o Pai, de quem são todas as coisas e para quem existimos; e um só Senhor, Jesus Cristo, pelo qual são todas as coisas, e nós também, por Ele". O senhorio e mediação de Jesus Cristo não lesam o monoteísmo judaico como se derivassem do politeísmo disseminado na diáspora, pois o termo *theós* é atribuído por Paulo somente a Deus, enquanto Jesus Cristo desempenha a função de mediador. É claro que Cristo Jesus é "igual a Deus" e tem a "forma de Deus" (cf. Fl 2,6), mas para evitar a má compreensão do monoteísmo judaico-cristão, Paulo prefere não o chamar diretamente de *theós*.

Na periautologia ou no autoelogio de 9,1-27, Paulo traz à baila as Escrituras, uma frase de Jesus e a metáfora agonístico-desportiva. No v. 9 relaciona duas citações diretas do Antigo Testamento: a de Dt 25,4 ("Não atarás a boca ao boi, quando *debulha*") e de Is 28,24 ("pois o que lavra cumpre fazê-lo com esperança; o que *debulha* faça-o na esperança de receber a parte que lhe é devida"). Na verdade, a conexão léxica entre Dt 25,4 e Is 28,24 é forçada porque a segunda passagem não contém o verbo "debulhar", mas diz: "Porventura, lavra todo dia o lavrador, para semear? Ou todo dia sulca a sua terra e a esterroa?" (A fonte judaica não é substancialmente diferente da grega da LXX). Provavelmente é uma fonte desconhecida ou é o próprio Paulo que insere, com a própria mão, o verbo "debulhar" para ligar as duas citações para sustentar sua tese. O procedimento, conhecido no ambiente farisaico do século I e rabínico do século II d.C. como *gezeráh shawá* lhe permite afirmar que os apóstolos têm o direito de receber o salário de seu trabalho.

No mesmo contexto, recorda as palavras do Senhor sobre o sustento dos apóstolos: "Assim ordenou também o Senhor aos que pregam o Evangelho que vivam do Evangelho" (9,14). O dito remonta a Mt 10,10 e Lc 10,7, ou seja, a fonte Q, e ele precisa provar que prefere não fazer uso do direito conferido pelo Evangelho, mas sim continuar a servir o Evangelho ou Cristo com total gratuidade, sem cair na lógica do *dar para receber* ou *do ut des*.

Finalmente, a metáfora agonístico-desportiva em 9,24-27, algo comum no ambiente helenístico do século I, serve-lhe para diminuir o orgulho de si mesmo e lembrar que a corrida para a meta e a luta devem ser praticadas com grande empenho caso não se almeje a desqualificação. O mesmo ocorre na conduta de Paulo na corrida pelo prêmio que ele ainda não conquistou.

O exemplo positivo de Paulo é equilibrado pelo exemplo negativo da história de Israel no deserto, marcado pela idolatria. A Escritura é novamente trazida à baila em 10,1-13, de modo que os destinatários não caiam em novas formas de idolatria. À primeira vista, é surpreendente o uso arbitrário da Escritura no v. 4, onde Paulo afirma que a rocha que acompanhou Israel no deserto era Cristo. No entanto, o mesmo processo hermenêutico da Escritura é encontrado em *Legum allegoriae* 2,86 de Fílon, que escreve: "Na verdade, a pedra esculpida é a sabedoria de Deus, que colocou no topo e na cabeça dos seus poderes; com ela, Deus sacia as almas amantes". A exegese tipológica, com a qual um evento, como o êxodo, está relacionado com Cristo e/ou com a Igreja, e a exegese alegórica que brinca com novas formas de uma ou mais passagens bíblicas, consentem a Paulo explorar a escritura nesse contexto eclesial.

Finalmente, depois dos exemplos positivos e negativos, oferece-se a solução à pergunta sobre os idolotites em 10,14-30, em duas fases. Na primeira parte, ele recorda a comunhão com o corpo e o cálice do Senhor que torna incompatível a participação em outras formas de partilha da mesa (v. 14-22). Na segunda parte, a solução proposta se torna prática e recorre ao tema da consciência para exortar os destinatários a não comerem a carne imolada aos ídolos se isso comporta julgamentos entre os crentes.

A peroração final de 10,31–11,1 apresenta o critério da diferença ou *diaforalogia* que orienta na avaliação de cada situação alimentar: o fazer tudo pela glória de Deus relativiza qualquer tensão sobre questões alimentares e assim evita que se escandalize o judeu, o grego e a Igreja de Deus. Portanto, o exemplo positivo de Paulo, que se fez tudo por todos, torna-se chamado de mimese ou de imitação para os coríntios para que, imitando-o, estejam em condições de imitar Cristo em um altruísmo radical pelos irmãos que compartilham da mesma mesa.

A assembleia e a Ceia do Senhor (1Cor 11,2-34)

As primeiras comunidades cristãs, compostas de judeus e gentios, apresentavam características híbridas, por isso eram inevitáveis as tensões não apenas com os crentes vindos do passado idólatra, mas também entre homens e mulheres. Parece que em Corinto as mulheres participavam da assembleia eclesial com a cabeça descoberta e, como veremos em 1Cor 14,1-40, elas intervinham com grande liberdade. O espaço dado às mulheres nas comunidades paulinas permite rever acusações de misoginia ventiladas contra Paulo e reconhecer que seu Evangelho relativiza não só as relações entre judeus e gentios, mas também as relações entre homens e mulheres.

Na primeira parte da nova seção de 1Cor 11,2-34, Paulo se refere à liberalidade das mulheres, exigindo que elas usem o véu na assembleia, para se distinguirem dos homens. Está, portanto, preparando-se para evocar o relato da criação em Gn 2–3 para sustentar que a cabeça da mulher é o homem e a cabeça do homem é Cristo. Por isso é bom que a mulher participe da reunião com a cabeça coberta. Sobre essa prescrição, é oportuno relevar dois dados contextuais fundamentais. Já que Corinto é uma comunidade mista, com um componente judaico, é natural que Paulo se refira à autoridade das Escrituras para apoiar a ideia de que a mulher depende do homem. Por outro lado, nas cidades gregas, às mulheres reservava-se a economia doméstica, enquanto a política aos homens. No entanto, nem a Escritura nem a evidência direta baseada no cabelo natural das mulheres resolvem a questão. E no final Paulo é forçado a reconhecer que é mais uma questão de decoro do que uma norma vinculante, portanto o pedido deve ser interpretado no contexto do tempo em que é formulado e não de acordo com os parâmetros modernos da relação entre homem e mulher. Assim, a relação hierárquica (que procede dos anjos) entre homem e mulher, apoiada em 1Cor 10,10, reflete uma tradição judaica que busca criar uma ordem sobre a participação de homens e mulheres na assembleia.

Muito mais problemática é a gestão da assembleia, que vê a confluência de ricos e pobres: sobre essa questão, Paulo se detém em 11,17-34. Por ocasião da fração do pão ou da celebração da ceia do Senhor, há uma situação que o desconcerta: enquanto os mais ricos ficam satisfeitos, os pobres ficam em jejum. A sequência que procede da comunhão de mesa à partilha do corpo e do sangue de Cristo torna ainda mais visível a ruptura e a atitude egoísta dos mais abastados. Na verdade, o contexto da frequência aos santuários dedicados a Dioniso e aos cultos de mistério permite reconhecer que a escolha feita pelos coríntios não é incomum, mas reflete a relação individualista com os deuses, sem a necessidade de esperar uns pelos outros.

Para contrastar a situação, em 11,23-25 Paulo relata as palavras de Jesus durante a última ceia. A fórmula introdutória com a qual especificou mostra que pretende transmitir o que recebeu e demonstra que se apela à tradição mais antiga sobre a instituição da Eucaristia: uma tradição que se refere à *ipsissima verba Jesu*, como se o próprio Senhor a tivesse comunicado a Paulo. A tradição paulina encontra correspondência com a tradição sinótica tríplice de Mc 14,22-25; Mt 26,26-29 e Lc 22,15-20. Dado que, do ponto de vista redacional, a tradição paulina é mais antiga, deve-se à contribuição clássica de J. Jeremias (1973) a identificação das duas tradições sobre as palavras de Jesus durante a ceia: a hierosolimita, ou palestina, de Mc 14,22-25 || Mt 26,26-29 e a antioquena de 1Cor 11,23-25 || Lc 22,15-20. Mais tarde entendeu-se que as duas tradições são menos distintas do que pensamos: de fato, Lucas mostra que ele também conhece e usa a fonte de Marcos (cf. a predição sobre o fruto da videira que Jesus comerá de novo no Reino de Deus, que une os sinóticos). No entanto, vários resultados da análise realizada por J. Jeremias permanecem válidos. A última ceia, narrada nos sinóticos e lembrada em 1Cor 11,23-25, é a Páscoa; por trás das palavras de Jesus, transmitidas em grego, há uma tradição original em aramaico; e da comparação sinótica é possível voltar às *ipsissima verba Jesu*, que as primeiras comunidades cristãs guardaram e transmitiram.

O impacto das palavras de Jesus sobre a comunidade de Corinto deve ser decisivo, uma vez que Paulo não apenas se limita a repeti-las para lembrá-las, mas sim para que a fórmula "por vós", dita por Jesus sobre o dom do seu corpo (v. 24), crie um altruísmo generoso nos coríntios, capaz de quebrar toda forma de egoísmo eclesial. Por isso, a indignidade e a dignidade eucarística que sinaliza no partir do pão não é de caráter individual, mas eclesial: de uma comunidade que não reconhece o corpo do Senhor na partilha da mesa e da Eucaristia. Em suma, se e onde não há vontade de esperar um ao outro, compartilhando a mesa com os pobres da comunidade, seria mais apropriado abandonar a fração do pão, porque ali se chega para comer e beber a própria condenação. O pedido de Paulo é tão radical que ele interpreta na perspectiva da vingança divina as diferentes situações de enfermidade e morte que ocorreram em Corinto: um paradigma que abandonará em suas outras cartas porque não há consequencialidade entre a culpa humana e a condenação divina, mas que lhe é necessária para sustentar não a opção, mas a partilha obrigatória da mesa entre os crentes. No corpo eucarístico de Jesus, os fiéis são obrigados a reconhecer o corpo eclesial do qual fazem parte.

Carismas e ministérios (1Cor 12,1–14,40)

As emergências da comunidade coríntia são numerosas e a que é tratada na seção de 1Cor 12–14 desvia a atenção para os carismas, ministérios e atuações. Aparentemente, os cristãos de Corinto foram atraídos acima de tudo pelo carisma da glossolalia porque este evidenciava, mais do que outros carismas, a ação poderosa e visível do Espírito. A necessidade da glossolalia ou emitir palavras incompreensíveis na assembleia é bem explicada no ambiente gentio e idólatra de Corinto, lembrado no início da seção (12,2). Mais uma vez, Paulo volta para as razões fundamentais para contrariar as tensões entre glossolálicos e aqueles que não têm dons sensacionais para exibir.

A seção é articulada em forma circular, de acordo com o modelo a-b-a[1] que encontramos em 1Cor 5,1–6,20:

a) a situação (12,1-30);

b) o elogio do amor (12,31–13,13);

a[1]) a solução sobre a ordem das assembleias (14,1-40).

Em 12,1-30, o foco está no que está acontecendo em Corinto. A comunidade é descrita por Paulo como a relação entre o corpo e membros, em que os elencos de carismas e ministérios devem ser favorecidos não de acordo com as necessidades de ascensão social de alguns sobre os outros, mas para o bem pessoal e comunitário. Com o elogio do amor em 12,31–13,13 é indicada a maneira sublime pela qual os carismas e ministérios devem passar. Então, em 14,1-40 é proposta a solução que submete o falar em línguas à profecia, ou seja: o falar em línguas à sua relativa explicação, para promover os benefícios que todos os membros da comunidade devem receber das várias manifestações do Espírito. Portanto, na urdidura da seção, o elogio do amor não cai como um meteoro, mas é a razão última para intensificar o desdobramento dos carismas na assembleia. Vamos agora tentar identificar as evidências que Paulo apresenta em apoio às três partes que compõem a seção.

Na leitura da situação, o maior espaço é conferido ao chamado "apólogo do corpo e dos membros" (12,14-26). A metáfora do corpo e dos membros para explicar a relação entre os cidadãos e o Estado remonta a Platão (*República* 5, 462c-462e), Aristóteles (*Política* 5, 1.302b-1.303a) e Dionísio de Halicarnasso (*Antiguidades Romanas* 6,86,12). Para destacar as relações de continuidade e descontinuidade, vale a pena reportar as palavras de Platão na passagem citada:

> – Por conseguinte, a cidade onde a maioria dos cidadãos diz, no que se refere à mesma coisa: isto me diz respeito, isto não me diz respeito, esta cidade está excelentemente organizada?
>
> – Com certeza que sim.
>
> – E ela não se comporta como um único homem? Eu explico: quando um dos nossos dedos recebe um ferimento, a comunidade do corpo e da alma, que forma uma única organização, experimenta uma sensação; totalmente e ao mesmo tempo sofre com uma das suas partes: por isso dizemos que o homem tem dores no dedo. Acontece a mesma coisa com qualquer outra parte do homem, quer

se trate do mal-estar causado pela dor, quer do bem-estar que provoca o prazer?

– De fato, acontece a mesma coisa. E a imagem perfeita que buscavas do Estado bem governado.

– Então, se a um cidadão acontecer um bem ou um mal qualquer, será principalmente uma cidade assim que experimentará como sendo seus os sentimentos que ele experimentar e ela, como um todo, compartilhará a sua alegria ou a sua tristeza.

Quase certamente Paulo ignora a *República* de Platão e a *Política* de Aristóteles, mas no ambiente cultural greco-romano a metáfora do corpo e dos membros é generalizada. Entre outras coisas, a metáfora é retirada do apólogo de Menópio Agripa à plebe romana, relatada por Dião de Prusa no *I Discurso para os habitantes de Tarso* (1,16) e por Tito Lívio na *História de Roma* 2.32.7-12.

No entanto, Paulo reescreve o apólogo de uma maneira original, porque não parte do corpo para alcançar os membros, mas da união de cada crente com Cristo para formar um só corpo. Na prática, inverte as relações para salvaguardar a unidade na diversidade. Por isso, é mais do que uma simples metáfora: torna-se a categoria eclesial mais original e visível para falar da Igreja como corpo de Cristo.

Depois de reportar a lista de carismas e ministérios, em 12,31–13,13 Paulo eleva o que está em jogo e tece o elogio mais elevado de suas cartas: o de amor. Não é tanto um hino, pois carece de uma estrutura métrica grega, mas sim um elogio. O elogio exalta o amor como se fosse uma pessoa de carne e osso da qual se narram as virtudes. De modo geral, os discursos elogiosos das pessoas são compostos de cinco partes: o exórdio, a origem e a formação, as ações, a comparação e o epílogo. Em 13,1-13 encontramos o exórdio (v. 1-3), as ações (v. 4-7) e a comparação com a glossolalia, a profecia, a fé e a esperança (v. 8-13), enquanto faltam a origem do amor e o epílogo. De fato, Paulo não explica de que amor se trata – de Deus, do Espírito, de Cristo, dos cônjuges e amigos –, mas amplia os horizontes do amor para envolver qualquer relacionamento interpessoal. E o eu que confronta o amor não é apenas autobiográfico, mas geral ou típico e pode ser substituído por qualquer outro pronome pessoal. Finalmente, a ausência de um epílogo é explicada pela função que o elogio desempenha no arranjo da seção, à medida que é retomado no início de 14,1 com a exortação de buscar o amor antes de qualquer outra virtude.

Os efeitos do elogio ao amor são convincentes para resolver as tensões entre os carismas e ministérios em Corinto. Com a escolha do sublime caminho do amor, a glossolalia não é rejeitada por Paulo, mas assume um espaço limitado em relação ao amor e à profecia que permite que seja interpretada em assembleia. Original é a metáfora da sinfonia produzida por instrumentos musicais para descrever a vida da Igreja: uma sinfonia na qual a flauta, a harpa e a trombeta são colocadas a serviço da harmonia do concerto (14,7-11). À harmonia do corpo com os membros nos quais uma parte não pode dizer sem a outra corresponde a sinfonia da Igreja que vê a participação de todos os instrumentos musicais.

Na verdade, em Corinto as mulheres não apenas intervêm na assembleia sem um véu, mas sua voz parece exceder a dos homens; e por essa razão, Paulo tenta conter o abuso pedindo que as mulheres permaneçam em silêncio na assembleia (14,34-35). Mas os dados já estão traçados e o pedido de Paulo supre apenas o dever da concepção política das mulheres nos círculos gregos e judeus, o que não deslegitima o coro multifacetado da Igreja, onde mulheres e homens compõem a sinfonia de Cristo.

As modalidades da ressurreição (1Cor 15,1-58)

A última emergência abordada em uma carta tão variada em conteúdo diz respeito à participação dos crentes na ressurreição de Cristo: Qual será a amplitude da participação e como ressuscitaremos? Muito provavelmente entre os coríntios havia uma visão de palingenesia ou de retorno ao passado sobre a ressurreição; e isso foi referido apenas a uma parte do corpo e não à integridade da pessoa humana. Para abordar a última questão, Paulo teceu a seguinte prova:

narração:	o querigma da morte e ressurreição de Cristo (v. 1-11);
refutação:	fé na ressurreição de Cristo (v. 12-19);
probatio:	os exames sobre a participação na ressurreição de Cristo (v. 20-34); modalidades de participação na ressurreição (v. 35-53);
peroração:	a vitória da vida sobre a morte (v. 54-58).

Como de costume, Paulo não aborda a questão da ressurreição em Corinto, mas prefere partir das motivações mais importantes e originais. Por isso, em 15,1-11 ele se apresenta com o que recebeu dos crentes anteriores a ele e transmitiu aos destinatários por ocasião da primeira evangelização em Corinto. A mesma fórmula de 15,1-2 é encontrada em 11,23 para introduzir as palavras de Jesus durante a ceia. Assim, traz de volta o mais antigo fragmento querigmático nos eventos finais da vida de Jesus:

> Cristo morreu pelos nossos pecados, segundo as Escrituras, e foi sepultado e ressuscitou ao terceiro dia, segundo as Escrituras. E apareceu a Cefas e, depois, aos Doze (v. 3b-5).

Talvez o fragmento tenha sido composto nas primeiras décadas após a morte de Jesus e porque enfatiza duas vezes a relação com as Escrituras ou com o Antigo Testamento pode ter surgido no ambiente cristão de origem palestina. A breve profissão de fé é útil para Paulo, na medida em que ele enfatiza o verbo *eghéghertai*, no tempo perfeito, que indica um evento realizado no passado, mas com efeitos que duram até o presente: "Ele ressuscitou". Por sua vez, a menção da aparição a Cefas ou Pedro e aos Doze engaja uma série de testemunhos sobre as aparições do Ressuscitado a mais de quinhentos irmãos, a Tiago e a todos os apóstolos. A lista de aparições culmina com a pessoal a Paulo, que reconhece a indignidade de ser chamado de apóstolo porque ele perseguiu a Igreja de Deus (v. 8-9). Da fé compartilhada entre as pessoas mencionadas nos v. 5-9 Paulo desenha as primeiras consequências para os destinatários: negar a ressurreição de Cristo significa cair em uma fé ilusória, porque então não se estaria sequer liberto dos pecados pelos quais Cristo morreu (v. 12-19).

Uma vez lembrado o centro da fé cristã, Paulo é capaz de abordar as duas questões mais contingentes: o alcance (v. 20-34) e as modalidades de participação em sua ressurreição (v. 35-53). No primeiro aspecto, Cristo não é o único, mas primícias daqueles que morreram; e, como tal, inaugura uma série de eventos no final da história. Na ocasião de sua segunda vinda ou parusia, aqueles que crerem nele receberão a vida e o fim virá com o poder universal de Cristo sobre qualquer principado e poder, incluindo a morte. No segundo, surge a razão para a transformação do corpo: do corruptível torna-se incorruptível e é transformado como o grão de trigo no solo. Por essa razão, essa transformação não diz respeito apenas a uma parte, como a alma, mas à integridade da pessoa humana colocada em relação com Cristo. Tampouco a transformação é concebida como um retorno ao passado; é, na verdade, inteiramente direcionada ao futuro do encontro com Cristo.

O cântico da vitória sobre a morte (v. 54-58) encerra a demonstração paulina: a ressurreição de Cristo garante a ressurreição daqueles que nele creem e foram libertos do pecado, da Lei e da morte.

Recomendações conclusivas e pós-escrito (1Cor 16,1-23)

O corpo da carta dá lugar às últimas recomendações epistolares de 1Cor 16,1-18 e ao pós-escrito de 16,19-24. Entre as recomendações finais, destaca-se aquela em favor da coleção para os pobres de Jerusalém (v. 1-4), mencionada pela primeira vez nas cartas paulinas. Na época de 1Coríntios, a iniciativa não suscitou dificuldades particulares, como ocorrerá na ocasião de 2Coríntios. Por essa razão, menciona-se apenas a iniciativa: no primeiro dia da semana, todo crente é instado a reservar o que considera apropriado para os pobres, a fim de organizar a coleta e não esperar a chegada de Paulo. Assim, por ocasião de sua chegada a Corinto, alguns delegados serão escolhidos, os quais trarão a quantia em dinheiro ou sairão com ele para Jerusalém. Às recomendações para a coleta acrescentam-se aquelas para Timóteo (v. 10-11), no caso de ele decidir chegar a Corinto, e ainda aquelas para a família de Estéfanas (v. 15-18), que o visitou em Éfeso e está prestes a voltar para Corinto.

A despedida final das Igrejas da Ásia e de Áquila e Prisca que trabalham com Paulo em Éfeso, a autenticação da carta com o autógrafo e o augúrio da graça do Senhor Jesus encerram a carta. No posfácio, destaca-se a breve fórmula de fé *Marána thá* (16,22), que atesta a tensão escatológica das primeiras comunidades cristãs (cf. tb. Ap 22,3; e, diretamente em grego, a expressão "o Senhor vem" em Rm 13,12; Fl 4,5; Tg 5,6; 1Pd 4,7). A transliteração da expressão aramaica em grego orienta o ambiente palestino no qual ela pode ter surgido; e o fato de a breve profissão de fé não ser acompanhada por uma tradução, em oposição à fórmula *abbá ho patér*, demonstra que se espalhou em um curto espaço de tempo desde a morte e ressurreição de Jesus nas comunidades cristãs da diáspora.

A mensagem

Depois de dois mil anos, é surpreendente que 1Coríntios tenha sido enviada para resolver tantas emergências que surgiram na comunidade da Igreja da Acaia. Na realidade, o contexto social e a conformação das comunidades domésticas, que incluem crentes de origem judaica e gentia, explicam o surgimento de tantas dificuldades, por isso não deve surpreender a situação da divisão em vários níveis da Igreja de Corinto. Antes, apesar das situações de imoralidade daquele lugar, Paulo e seus colaboradores são capazes, com o poder do Evangelho, de estabelecer diferentes Igrejas domésticas. Por isso, tentamos captar os principais conteúdos que perpassam a carta.

O Cristo crucificado

Antes da nossa carta, a pregação do Cristo crucificado estava escondida nas primeiras comunidades cristãs. Nos fragmentos pré-paulinos encontrados até agora menciona-se a morte (15,3) e o sangue derramado pela nova aliança (11,23-25), mas não é explicitamente mencionada a cruz de Cristo. Deve-se a Paulo a pregação explícita da cruz de Cristo, que está no centro da sua evangelização em 1,18–4,21. As razões para o silêncio sobre a palavra da cruz serão esclarecidas em Gl 3,13-14: a passagem de Dt 21,3 afirma que "o que for pendurado no madeiro é maldito de Deus". Na era imperial, a mesma passagem é aplicada não apenas à exposição *post mortem*, como na intenção original, mas também à pena capital da crucificação. Seguindo a fé em Cristo, Paulo parte desse obstáculo intransponível, que envolve o valor da Lei mosaica, para superá-lo com o paradoxo da cruz.

Assim, para tentar resolver as divisões entre os partidos de Corinto, ele se interroga não sobre as razões de um e de outro grupo, mas parte *abi mis* ou dos fundamentos: da "palavra da cruz" (1,18). A expressão deve ser entendida não como um genitivo subjetivo (a cruz que fala) ou explicativo (a palavra que se identifica com a cruz), mas objetivo: a palavra, que é a pregação de Paulo, apresenta como o conteúdo essencial da cruz que, como parte do todo (cf. a figura retórica da sinédoque), é identificada com Jesus crucificado. Somente buscando a plataforma unitária e original da fé, que é a cruz de Cristo, Paulo pode tentar resolver a tensão entre as facções de Corinto.

Por isso, Paulo evita qualquer discussão sobre a autoridade dos apóstolos a quem os destinatários apelam: Cefas, Apolo e ele próprio. Mesmo o batismo, que terá um papel primordial em 1Cor 12,13; Gl 3,26-28 e Rm 6,2-4, é relativizado em 1Cor 1,17 para a evangelização do Crucificado. Na realidade, sem a centralidade da cruz, o batismo pode ser entendido como um simples rito de mistério para uma apropriação individual da divindade; e assim deve ter sido concebido em Corinto.

No entanto, alguns esclarecimentos são necessários sobre o "discurso da loucura" de 1Cor 1,18–4,21. À primeira vista, parece que a palavra da cruz nega qualquer contribuição da sabedoria humana e dos milagres, já que ela é colocada em um nível mais alto de equidistância destes e daquela. Na realidade, o discurso de Paulo é fundamental, pois não rejeita, mas relativiza e impõe uma revisão da fé centrada nos milagres e na sabedoria humana. A uma fé taumatúrgica que busca o milagroso para ser sustentada e a uma que se arroga o direito de capturar a Deus com a sabedoria humana, Paulo opõe uma fé que nasce do paradoxo da cruz, *i. e.*, da maneira ilógica com que Deus se revelou em Cristo com a loucura do Evangelho.

Na cruz "Jesus se nos tornou, da parte de Deus, sabedoria, justiça, santificação e redenção" (1,30). A proposição é um dos pontos mais altos do Novo Testamento, onde, com uma proposição lapidar, Paulo condensa o que poderia ser desenvolvido com um tratado de cristologia. Primeiramente, a escolha de substantivos para descrever o Crucificado é eficaz; ele não se limita a argumentar que Jesus se tornou sábio, justo, santo e redentor, mas que nele a sabedoria, a justiça enquanto justificação, a santidade e a redenção operada por Deus vêm para a sua revelação completa e definitiva. Não há nada mais absurdo porque o lugar da profanação mais aberrante, que é a crucificação, se torna o lugar da máxima santidade divina.

Nessa loucura de Deus há consequências igualmente paradoxais que os coríntios podem verificar em seu próprio caminho de fé. Sua vocação mostra que o paradoxo da cruz se torna eclesial: Deus escolheu os fracos, os tolos e os que são desprezados para confundir os fortes, os sábios e os nobres (cf. 1,26-28). O próprio Paulo não evangelizou os coríntios com estratégias retóricas persuasivas, mas somente com a pregação do Cristo crucificado (cf. 2,2). E é da paradoxal centralidade da cruz que o Espírito gera uma sabedoria que é bem diferente da sabedoria humana (cf. 2,10-16). A incidência da cruz se estende à vida dos apóstolos, considerada como "lixo do mundo, escória de todos" (4,13) por causa de sua pregação do Cristo crucificado.

Pode ser observado que, na seção de 1,18–4,21 não há menção da ressurreição de Cristo, sobre a qual Paulo se demora em 15,1-58. As duas polaridades do querigma cristão originário não devem ser separadas, mas distintas, pois, embora constituindo o coração da fé, é da adesão à cruz que se chega àquela da ressurreição e não o contrário. Sem a cruz de Cristo, a fé na ressurreição corre o risco de cair em formas de gnosticismo que depreciam a carne humana; e sem a ressurreição de Cristo, o paradoxo da cruz não é pessoal, mas permanece distante da transformação que a morte e a ressurreição de Cristo alcançam na existência dos crentes.

Por isso, para Paulo, os fiéis não devem carregar a cruz atrás de Jesus, segundo o paradigma evangélico do seguimento, mas são chamados a fazer resplandecer a cruz única de Cristo em sua existência, o que provoca uma transformação radical em seu modo de pensar e de viver. Portanto, a crucificação de Cristo não é considerada como um evento doloroso, nem como um convite à resignação humana, mas como um evento no qual a loucura de Deus impõe a superação de qualquer forma de pensamento humano. Com esse critério hermenêutico indispensável, Paulo aborda as dificuldades éticas na comunidade de Corinto, trazendo à situação a vantagem "para nós" da cruz de Cristo.

O crucificado ressurreto

Nos antípodas da "palavra da cruz" está o anúncio da ressurreição (15,1-58). Como apontamos sobre o arranjo argumentativo, por trás desta página não há tanto a interrogação sobre a fé na ressurreição, mas a questão da exploração e as modalidades de participação na ressurreição de Cristo. A propósito de 1Tessalonicenses, vimos que tanto Paulo como os destinatários já acreditavam na ressurreição, embora de maneiras diferentes. Em Tessalônica a questão era confortar os crentes sobre a participação dos vivos e dos mortos na ressurreição de Cristo. Agora a questão se torna mais espinhosa: na prática já estão ressuscitados, como ocorre todo ano com a celebração dos cultos dos mistérios, difundidos também em Corinto, ou se deve esperar por uma ressurreição diferente? E no segundo caso, ressurge somente a alma ou também o corpo dos crentes?

Para abordar a nova emergência, Paulo parte do evento da ressurreição de Cristo, citando o fragmento recebido e transmitido em 15,3-5, no qual nos detemos acima, e depois lidando com as duas questões que surgiram na comunidade de Corinto. O querigma primitivo é fundamental porque permite que ele sublinhe que aquele que ressuscitou ao terceiro dia é o mesmo que "morreu pelos nossos pecados". É por isso que as Escrituras servem para ilustrar a morte e ressurreição de Cristo. Portanto, sua ressurreição não abole o escândalo da cruz, mas o supera, carregando para sempre os sinais da crucificação. No entanto, a fé não se baseia apenas na cruz de Cristo, mas inclui sua ressurreição, caso contrário, tudo é anulado em uma visão ilusória de vida em Cristo (cf. 15,12-19). Ressurgir com Cristo não significa a reapropriação da condição humana passada, mas sim participar, através da morte, da vida definitiva de Cristo ressuscitado: primeiro Cristo, depois os que pertencem a Ele e finalmente a entrega do reino a Deus Pai.

Diante da questão sobre como ressuscitam os mortos (15,35), Paulo especifica que é um processo de transformação graças ao qual o que é corruptível não permanece como tal, mas se reveste de incorruptibilidade (v. 36-53). Assim, torna-se clara a distância que a visão paulina assume de uma forma de dualismo segundo a qual somente a alma se ressurgiria enquanto o corpo humano se corromperia. Aliás, o que ressurge não é uma parte do homem, mas todo o seu ser no processo de transformação: tanto para aqueles que morreram, como para aqueles que, por ocasião do fim, ainda estarão ainda vivos.

As consequências da visão paulina são de grandíssima novidade e atualidade. Enquanto uma concepção palingenética ou de retorno ao passado da ressurreição é suscetível de induzir os crentes a afirmar que tudo é permitido, pois em todo caso já ressuscitaram, o anúncio cristão da ressurreição significa uma nova vida para aqueles que pertencem a Cristo, o novo Adão, e ao Espírito vivificante (15,22.45). E se a metamorfose proposta pelos cultos de mistério é revelada apenas parcialmente e no aparente fim, aquela sublinhada por Paulo é integral, da pessoa humana inteira. Por isso a seção do capítulo 15 encerra com o cântico de vitória sobre a morte por meio de Nosso Senhor Jesus Cristo (v. 57). Um cântico proclamado com as palavras proféticas de Isaías e Oseias: "Tragada foi a morte pela vitória. Onde está, ó morte, a tua vitória? Onde está, ó morte, o teu aguilhão?" (cf. Is 25,8; Os 13,14 em 15,54-55). A vitória de Cristo sobre a morte garante a participação dos crentes em sua ressurreição.

A centralidade do corpo

A atenção que Paulo reserva ao corpo (*sóma*) em 1Cor 15 não é isolada, mas perpassa os diferentes temas da carta como um fio condutor. Assim, passa-se do "corpo" de crentes individuais, definido "templo do Espírito" (6,19), ao corpo eucarístico de Jesus (10,16; 11,24), à Igreja "corpo de

Cristo" (12,27) e ao corpo de Paulo tratado duramente para não ser desqualificado na corrida desportiva rumo à meta (9,27). Por trás dos diferentes significados do corpo está o papel que este desempenha no ambiente religioso de Corinto: os santuários dos deuses da saúde, como Asclépio e Dionísio, foram se multiplicando na Acaia e em todo o Mediterrâneo. Os ex-votos em terracota, com as partes do corpo curadas, comprovam a importância dos cultos voltados para a saúde física.

Com a evangelização de Paulo, divulga-se nas suas comunidades o *slogan* "Todas as coisas me são lícitas" (6,12; 10,23), na medida em que alguém foi justificado e redimido pela cruz de Cristo. Mas assim se cria a desvalorização e a exploração do corpo eucarístico, do corpo eclesial e do corpo pessoal. Em face de tais interpretações erradas, devido a formas de gnosticismo incipiente, Paulo leva os destinatários a uma visão holística e abrangente do corpo, que o valoriza de modo integral e não se limita à saúde física, mas visa à salvação da pessoa humana em sua inteireza.

Um tratado geral sobre somatologia [ou doutrina sobre o corpo] em 1Coríntios deve partir do corpo eucarístico, pois "o pão que partimos é comunhão com o corpo de Cristo" (10,16). A Eucaristia é o corpo e o sangue de Cristo, que penetra o paradoxo da cruz, dando-lhe o valor incomparável do "por vós" (11,24), de modo que o sacrifício de Cristo não é para Deus, mas para aqueles que se alimentam do seu corpo e seu sangue. Infelizmente, sucessivas disputas eucarísticas frequentemente travaram-se entre a negação do alcance sacrificial e o destino divino do sacrifício. Para Paulo, é inegável a dimensão sacrificial da Eucaristia e da morte na cruz, mas trata-se de um sacrifício inverso, pois Cristo é o cordeiro pascal que o próprio Deus imolou (*etýthe*, aoristo passivo, com Deus como sujeito implícito) por nós (5,7), a ponto de exigir que se celebre a festa não com fermento velho, mas com os ázimos da sinceridade e da verdade (5,8).

A Eucaristia instaura uma relação de intercâmbio entre o corpo de Cristo e o corpo eclesial, porque, por um lado, alimentando-a, faz a Igreja (10,16), e, por outro, seria melhor ficar em casa quando não se espera que o irmão venha para celebrar a refeição do Senhor (11,33-34). Essa dinâmica não havia sido entendida em Corinto, de modo que os fiéis mais ricos estavam satisfeitos com a *fração do pão*, enquanto os mais pobres permaneciam em jejum. Na prática, conceber o batismo como um simples rito de mistério pode reduzir a Eucaristia a um modo individualista de relacionamento com o Senhor. No contexto da assembleia, o escândalo eucarístico se torna mais clamoroso, já que no século I não se procedia da partilha eucarística para a da mesa, mas o contrário.

A centralidade do corpo e sangue de Cristo (desenvolvida nos cap. 10-11) está na origem do tema da Igreja como corpo de Cristo que Paulo desenvolve em 12,12-30. Alguns estudiosos têm relativizado a nova acepção do *soma*, colocando-a no mesmo patamar da igreja descrita como um templo, campo, edificação e povo de Deus. Além do total silêncio em 1Coríntios sobre a Igreja como povo ou *laós* de Deus, pode-se muito bem acreditar que as outras metáforas são apenas mencionadas, até que sejam assimiladas por aqueles da comunidade coríntia que vêm do judaísmo e estão acostumados a ler as Escrituras.

Pelo contrário, é a categoria do corpo que se impõe na eclesiologia de 1Coríntios (e não só isso), pois constitui mais do que uma simples metáfora, colocando-se em continuidade com o corpo eucarístico de Cristo. A novidade eclesiológica merece ser ainda mais desenvolvida em relação ao corpo da metáfora aplicada ao Estado por Platão e Aristóteles ou à República por Dionísio de Halicarnasso, até Tito Lívio. Enquanto nos paralelos mencionados acima partia-se do geral do corpo para alcançar o singular dos membros, as dinâmicas de 1Cor 12,12-30 são inversas, no sentido de que na origem da Igreja como o corpo de Cristo estão a unidade e a singularidade de cada um em Cristo, graças ao batismo mediante um só Espírito (v. 13). Por isso, a categoria do corpo eclesial vai além dos horizontes metafóricos e assume as mesmas características simbólicas e realistas da Eucaristia.

As consequências para a comunidade de Corinto são relevantes porque a singularidade do Espírito do Senhor (Jesus Cristo) e de Deus é expressa na diversidade de carismas, ministérios e suas atuações sem cair em formas de arrogância que uma parte do corpo possa dizer à outra: "Eu não preciso de ti" (v. 21). Nos carismas, destinados a se tornarem ministérios, está o lugar mais concreto e visível das ações trinitárias, onde não são as relações imanentes da Trindade a catalisar a atenção de Paulo, mas a obra do Espírito, do Filho e do Pai no tecido corporal da Igreja. As densas proposições de 12,4-6 ("Ora, os dons são diversos, mas o Espírito é o mesmo. E também há diversidade nos serviços, mas o Senhor é o mesmo. E há diversidade nas realizações, mas o mesmo Deus é quem opera tudo em todos") estão entre as asserções trinitárias mais importantes de Paulo, porque do Espírito se passa ao Senhor (Jesus Cristo) e se chega a Deus, e como nem todos os carismas se tornam ministérios, mesmo que não há ministério que não suponha um carisma, nem todos ministérios podem ser atuados senão em comunidades concretas. Contra aqueles que sustentam que a Trindade é uma invenção do cristianismo posterior, de origem gnóstica, é importante reconhecer que a ação trinitária precede qualquer formulação dogmática. Na prática, as primeiras comunidades cristãs experimentaram pela primeira vez a atividade trinitária e depois aprofundaram as diferenças entre as Pessoas na única natureza divina. O que é certo é que as proposições trinitárias das cartas paulinas não ferem nem um pouco o monoteísmo judaico-cristão e orientam para o mistério da Igreja, o corpo de Cristo, que remonta ao mistério trinitário.

Em continuidade com as duas primeiras acepções do "corpo" surge aquela que desloca a atenção para os crentes individuais que, com o seu corpo, são membros de Cristo: "Não sabeis que os vossos corpos são membros de Cristo?" (6,15). A instância é destacada no contexto da imoralidade sexual que Paulo tenta combater, enfatizando a incompatibilidade entre a união com uma prostituta e a união com Cristo. O recurso à citação direta de Gn 2,24 ("Os dois se tornarão uma só carne") e a pertença a Cristo, mediante o alto preço de seu sangue (6,16-20), motiva a exclusão de relações sexuais imorais.

Os diferentes significados do corpo que relatamos são decisivos para conter os abusos ocorridos em Corinto. Contra a participação eucarística de quem não percebe a necessidade de esperar pelo próximo, contra a busca de carismas sensacionais, como falar em línguas (glossolalia), e contra a presunção de que tudo se torna lícito, a visão holística ou global e positiva do corpo humano é uma mensagem de perene atualidade sobre a Eucaristia, sobre a Igreja, sobre a fé na ressurreição e sobre a ética cristã.

Nas fontes da ética

Persistindo a convicção de que o querigma da morte e ressurreição de Cristo constitui o nível superior e excedente da vida cristã, a incidência na ética pessoal e eclesial não é secundária. Ao contrário, em toda 1Coríntios há uma interação constante entre o querigma e a ética, de modo que esta não se enraíza na moral ou nos costumes compartilhados com o ambiente civil, mas nasce de motivações diferentes. Por isso, mais do que em moral ou moralidade, no caso de Paulo, deve-se falar em ética: do que pertence a todos para se tornar de todos aqueles que compartilham a fé em Cristo. Por isso, tentamos destacar os quatro pilares que motivam a ética no decorrer da carta, escolhendo os exemplos mais importantes.

A primazia do ágape

Talvez para muitos o assim chamado hino à caridade de 12,31–13,13 seja conhecido independentemente de ele se encontrar em 1Coríntios. Sua beleza é tamanha que extrapola o contexto epistolar para o qual foi ditado: o dos carismas e ministérios. A riqueza do elogio do amor, como é preferível defini-lo (em vez de "hino à caridade"), exige que o ágape seja considerado a fonte primária da ética cristã. Em 13,1-13 Paulo não louva o *ágape* que exclui a *filia* (amizade), nem o *eros*, mas o amor em sua forma mais elevada e mais exigente que inclui a *filia* e o *eros*. Por outro lado, em 1Cor 1,1 o Apóstolo já havia apontado a centralidade do *ágape* em relação ao conhecimento, para resolver a questão dos idolotites. E não é por acaso que a carta termina com a recomendação de afirmar o *ágape* sobre qualquer outra exortação eclesial: "Todos os vossos atos sejam feitos com amor" (16,14).

O que torna atemporal a página de 1Cor 13,1-13 é que o ágape não é elogiado, juntamente com as outras virtudes, como a fé e a esperança, mas as transcende quanto a necessidade (v. 1-3), utilidade (v. 4-7) e permanência (v. 8-13), como bem observou Tomás de Aquino em seu belo comentário sobre 1Coríntios. O ágape também não é uma virtude, mas é personificado (segundo a figura retórica da prosopopeia) como uma pessoa de carne e osso que realiza as virtudes. O ágape tampouco é um carisma entre muitos, para ser colocado ao lado de glossolalia, profecia e apostolado, mas é o "caminho sublime" (12,31) em que transitam todos os carismas e ministérios. E o que é mais original: no elogio não há referência explícita ao amor de Deus, de Cristo ou do Espírito, nem ao amor familiar, amigável e erótico, mas se estende a qualquer forma autêntica de amor que encontra nas qualidades produzidas a sua real consistência. Somente próximo à conclusão assinala-se a origem divina do ágape: "então, conhecereis como também sou conhecido" (13,12). A junção tem valor *kathós* causal (porque) e não da simples comparação (como), e o verbo *epeghnósthen* é um passivo divino que remete a Deus e envolve Jesus Cristo, no qual o amor de Deus se revelou plenamente, e o Espírito que o torna presente. Na prática, Deus conheceu ou amou os crentes por meio de Cristo e com o dom do Espírito. No entanto, em 13,1-13, Paulo prefere sugerir as origens do ágape para insistir em seu modo de agir e superar qualquer barreira, mesmo os limiares da morte, para permanecer para sempre.

As virtudes que o amor autêntico produz são tão elevadas que colocam em discussão as ilusões fáceis sobre o fato de amar natural ou simplesmente por conta de ser crentes. Para Paulo, o ágape não nasce da ética, nem mesmo se se tratasse da melhor, mas é o outro de si mesmo que interpela o próprio modo de ser e de se relacionar. É por isso que o eu, colocado diante do ágape, não é apenas autobiográfico, mas um eu exemplar, que pode ser substituído por qualquer pronome pessoal, numa interpelação sem confins. Assim entendido, o ágape constitui a primeira fonte da ética cristã, a ponto de se tornar o pleno cumprimento da Lei mosaica (cf. 5,13-15; Rm 13,8-10).

Justificados em Cristo

O segundo vetor da ética em 1Coríntios é a cristologia, particularmente o evento da morte e ressurreição de Cristo. Assim em 6,11, Paulo delineia a importância da relação com Cristo para motivar o agir ético: "Tais fostes alguns de vós; mas vós vos lavastes, mas fostes santificados, mas fostes justificados no nome do Senhor Jesus Cristo". O ter sido justificados e santificados em Cristo deveria ser expresso não com o refrão "tudo me é lícito", mas com uma ética consequencial que se distancia do passado idolátrico do qual provêm os destinatários em sua maioria.

O mesmo horizonte se repete a propósito das carnes imoladas aos ídolos: "E assim, por causa do teu saber, perece o irmão fraco, pelo qual Cristo morreu!" (8,11). A consciência ocupa um espaço privilegiado em 1Coríntios (cf. 10,25-29), tanto é que Paulo é o único a utilizar o termo *syneídesis* no Novo Testamento. Todavia, a consciência não é vista como um órgão neutro, muito menos subjetivo, que corre o risco de perder-se no arbítrio pessoal, mas é filtrada pela razão fundante da morte de Cristo pelo irmão. Nesse sentido, os crentes estão em condições de avaliar cada situação com a "mente de Cristo" (2,16) e não mais com o próprio modo de pensar humano.

De carnais a espirituais

O Espírito torna presente o evento passado da morte e ressurreição de Jesus Cristo. É por isso que a proposição de 1Cor 6,11 se encerra com a referência à justificação e santificação "no Espírito do nosso Deus". E como o corpo de todo crente é "templo do Espírito Santo" que neles habita (6,19), não há ética ditada pela arbitrariedade, mas regada pela constante ação do Espírito.

A ação vivificante do Espírito envolve um processo de maturação que se distancia, progressivamente, do homem "carnal" (ou "sárquico") e "psíquico" (ou vivente), para se tornar um homem "espiritual" (*pneumatikós*). Assim, a sabedoria ditada pelo Espírito é aquela que, paradoxalmente, deriva do evento da cruz: "Ora, nós não temos recebido o espírito do mundo, e sim o Espírito que vem de Deus, para que conheçamos o que por Deus nos foi dado gratuitamente" (2,12).

Compreende-se claramente que a ética, entendida desta maneira, não se reduz a um conjunto de ações ditadas de fora, mas provém do impulso vital e interior do Espírito. No entanto, esse caminho precisa de tempos de maturação para que o homem carnal ou psíquico se torne espiritual. Paulo tem consciência das dificuldades e dos retrocessos que a ação do Espírito encontra na vida dos crentes, dado que o ser justificado em Cristo não produz necessariamente uma ética correspondente. Não estamos na lógica de causa e efeito, mas na lógica da causa espiritual que sempre excede a resposta humana. Não obstante, a ação do Espírito merece todo o crédito necessário, porque é a única capaz de transformar o modo de pensar e agir dos crentes.

A ética da antecipação

Finalmente, a ética paulina é orientada para o horizonte escatológico ou final; e, nesse sentido, o modo como Paulo lida com a relação entre casamento e virgindade é significativo. À primeira vista, parece que em 1Cor 7,1-40 se considere o estado virginal como superior ao estado matrimonial. Na realidade, é o horizonte escatológico para o qual "a aparência deste mundo passa" (v. 31) que relativiza o casamento em favor da virgindade. Assim, a comparação entre as duas condições não é absoluta, mas condicionada pela prioridade do relacionamento com o Senhor (v. 34). As opções éticas atestam e antecipam o além do estar com Cristo, para além das escolhas contingentes a serem feitas. Na prática, se a virgindade é favorecida em 1Cor 7, é porque num contexto tão provado pela licenciosidade sexual, como o de Corinto, essa escolha se torna o sinal profético mais visível de união com Cristo, enquanto não há depreciação ou desvalorização do casamento. Na visão positiva do casamento, a tradição paulina voltará a considerá-lo como um novo sinal profético do amor de Cristo por sua Igreja (cf. Ef 5,21-33).

Os quatro vetores acima delineados demonstram que a ética paulina nunca é ditada pelo dever nem pela forma comum de pensar, mas sim pelo estar em Cristo por meio do Espírito, que é no ágape se encarna e pelo ágape é capaz de esperar além dos limites da morte natural (cf. 13,7.12). Encarnar o Evangelho em uma situação sem cair em éticas *da* situação é o grande desafio que 1Coríntios lança à comunidade cristã: não se trata de reduzir a ética a um código ou manual moral preconcebido, mas de procurar o quanto ela é capaz de motivar qualquer opção pessoal e eclesial.

Conclusão

Os destinatários de 1Coríntios são uma Igreja inacabada, ainda em construção. As facções surgidas depois da primeira evangelização de Paulo não o desencorajam, mas o levam a retomar o paradoxo da cruz de Cristo e a pregação de sua ressurreição como ponto de partida. Com esse critério de avaliação, as divisões entre ricos e pobres, fortes e fracos, espirituais e imaturos na fé são enfrentadas, a fim de que homens e mulheres carnais possam assumir o pensamento de Cristo. O corpo, entendido como a integridade da pessoa humana através das questões individuais: do corpo eucarístico do Senhor, ao corpo da Igreja com os seus diferentes membros, àquele de cada crente, feito templo do Espírito, e ao corpo destinado a se transformar com a participação na ressurreição de Cristo.

Contra as formas iniciais de gnose, que depreciam e instrumentalizam o corpo, a ética paulina está enraizada na primazia do ágape, em ser justificada em Cristo, na poderosa ação do Espírito e na antecipação escatológica. E contra os antigos legados dos cultos de mistério, o Batismo e a Eucaristia não são vistos como apropriações individualistas da esfera divina, mas são evangelizados por causa das implicações eclesiais que transmitem. A Paulo se credita o mérito de ter sido capaz de lidar com todas as emergências sem se enredar pelas situações, mas partindo a cada vez do nível superior do estar em Cristo pela fé em sua morte e ressurreição por nós.

Bibliografia comentada

O ambiente da cidade e da comunidade

O contexto urbano de Corinto e da comunidade é delineado em três percursos: arqueológico, literário e religioso. O local da cidade imperial está entre os mais preservados, com a ágora, o estádio, o matadouro e o cardo máximo. Do ponto de vista literário, as fontes antigas – de Horácio a Estrabão – oferecem informações preciosas sobre a cidade. O contexto religioso concentra-se nos cultos de mistério que refletem e explicam os problemas abordados por Paulo.

MURPHY-O'CONNOR, J. *St. Paul's Corinth* – Text and Archaeology. Collegeville: Liturgical, 1983.

PESCE, M. *Paolo e gli arconti di Corinto*. Bréscia: Paideia, 1977.

RANDÒ, A. *La prostituzione sacra nell'antichità* – Santuari di Afrodite in Grecia e Magna Grecia: Corinto, Erice, Locri Epizefirii. Roma: Universitalia, 2009.

Comentários exegéticos

Podem-se consultar os comentários patrísticos de João Crisóstomo, do Ambrosiáster [ou Pseudo-Ambrósio] e o comentário medieval de Tomás de Aquino. Entre os comentários exegéticos contemporâneos, são bastante profundos os de H. Conzelmann, G. Barbaglio, G. Fee e D. Zeller.

AMBROSIASTER. *Commento alla Prima Lettera ai Corinzi*. Roma: Città Nuova, 1989.

BARBAGLIO, G. *La prima lettera ai Corinzi* – Introduzione, versione e commento. Bolonha: EDB, 1995 [Scritti delle origini cristiane 16].

BARRETT, C.K. *La prima lettera ai Corinzi* – Testo e commento. Bolonha: EDB, 1979 [orig. inglês, 1968].

CONZELMANN, H. *Der erste Brief an die Korinther*. Göttingen: Vandenhoeck & Ruprecht, 1969 [Kritisch Exegetischer Kommentar].

FABRIS, R. *La prima lettera ai Corinzi* – Nuova versione, introduzione e commento. 2. ed. Milão, 2005 [Libri Biblici Nuovo Testamento 7].

FEE, G. *The First Epistle to the Corinthians*. 3. ed. Grand Rapids: Eerdmans, 1984 [The New International Commentary on the New Testament].

FITZMYER, J.A. *The First Corinthians*: A New Translation with Introduction and Commentary. New Haven: Yale University Press, 2008 [Anchor Bible 32].

GRASSO, S. *Prima Lettera ai Corinzi*. Roma: Città Nuova, 2002.

GARLAND, D.E. *1Corinthians*. Grand Rapids: Baker Academic, 2003 [Baker Exegetical Commentary on the New Testament].

JOÃO CRISÓSTOMO. *Commento alle lettere di San Paolo ai Corinzi, I-II*. Sena: Cantagalli, 1962.

TOMÁS DE AQUINO. *Commento al Corpus Paulinum/Expositio et lectura super epistolas Beati Pauli*. Vol. 2: Prima lettera ai Corinzi. Bolonha: Studio Domenicano, 2005 [trad.: B. Mondin].

ZELLER, D. *Der erste Brief an die Korinther*. Göttingen: Vandenhoeck & Ruprecht, 2010 [Kritisch-Exegetischer Kommentar].

Comentários teológico-espirituais

BARTOLOMÉ, J.J. *Guai a me se non predicassi il Vangelo* – Una rilettura della prima lettera di Paolo ai Corinzi. Roma: Vaticana, 2010.

BRUNINI, M. *Lettura pastorale della Prima Lettera ai Corinzi* – Vangelo e comunità. 2. ed. Bolonha: EDB, 2001.

MANZI, F. *Paolo, apostolo del Risorto* – Sfidando le crisi a Corinto. 2. ed. Cinisello Balsamo: San Paolo, 2008.

MARANGON, A. *Prima Lettera ai Corinzi*. Pádua: Messaggero, 2005 [Dabar-Logos-Parola].

Contribuições

Várias monografias se concentram em questões e seções específicas de 1Coríntios: do arranjo retórico-literário às questões individuais abordadas por Paulo. Entre os temas mais debatidos, destaca-se o uso da Escritura na carta: se essa prática tem apenas a função de suporte, no que diz respeito à pregação de Cristo, ou se também desempenha uma função ética ou *haláquica* para resolver quaisquer emergências.

BIGUZZI, G. *Velo e silenzio* – Paolo e la donna in 1Cor 11,2-16 e 14,33b-36. Bolonha: EDB, 2001 [Supplementi di Rivista Biblica 37].

HEIL, J.P. *The Rhetorical Role of Scripture in 1Corinthians*. Leiden: Brill, 2005 [Society in Biblical Literature – Studies in Biblical Literature 15].

JEREMIAS, J. *Le parole dell'ultima cena*. Bréscia: Paideia, 1973.

PELLEGRINO, C. *Paolo, servo di Cristo e padre dei Corinzi* – Analisi retorico--letteraria di 1Cor 4. Roma: PUG, 2006 [Tesi Gregoriana – Serie Teologia 139].

PEREIRA DELGADO, Á. *De apóstol a esclavo* – El exemplum de Pablo en 1Cor 9. Roma: G&B, 2010 [Analecta Biblica 182].

PRETE, B. *Matrimonio e continenza nel cristianesimo delle origini* – Studio su 1Cor 7,1-40. Bréscia: Paideia, 1979 [Studi biblici 49].

TEANI, M. *Corporeità e risurrezione* – L'interpretazione di 1Cor 15,35-49 nel Novecento. Bréscia/Roma: Morcelliana/PUG, 1994.

VANHOYE, A. *I carismi nel Nuovo Testamento*. Roma: G&B, 2011 [Analecta Biblica 191].

4

2Coríntios
A serviço do Evangelho da reconciliação

Por causa das relações conflituosas com os destinatários, 2Coríntios pode ser definido como o manifesto do apostolado paulino. Na verdade, o espaço principal da carta é ocupado pelas duas apologias ou defesas de Paulo (2,14–7,4; 10,1–13,10), forçado a enfrentar várias acusações movidas pelos adversários internos e externos da comunidade. Somente na seção de 8,1–9,15 aparece a questão da coleta para os pobres de Jerusalém, interposta entre as duas apologias. Não obstante a temática unitária do apostolado, a carta é tudo, menos monótona, uma vez que o ministério de Paulo é repensado em vários pontos: no que se refere ao relacionamento com Jesus Cristo, com Deus, com o Espírito e com as comunidades da Acaia e da Macedônia. Podemos falar da carta como das *Confissões* de Paulo, que procura recuperar as relações comprometidas com os destinatários, apelando para a sinceridade e honestidade de sua consciência e seu modo de agir.

Quais são os eventos que o obrigaram a enviar uma nova carta para a comunidade que está lhe causando maior preocupação, mas para a qual ele "abre" o coração? (6,11). Uma vez que já nos concentramos no contexto civil das comunidades domésticas de 1Coríntios na introdução, agora concentramos nossa atenção na natureza da 2Coríntios canônica. Trata-se de uma carta íntegra, ditada ao mesmo tempo e no mesmo lugar, ou duas ou mais cartas enviadas em momentos diferentes, mesmo que próximas umas das outras, e fundidas na carta transmitida pelos copistas posteriores?

Uma ou mais cartas?

Em geral, a integridade das cartas paulinas merece o benefício do inventário, já que os redatores as transmitiram sem interrupções internas. No entanto, sabe-se que os códices das cartas paulinas remontam ao século II-VI. d.C., quando já apresentavam uma forma textual bastante estável. No período intermediário, pode ter havido alguns agrupamentos de cartas perdidas ou recebidas apenas parcialmente. Em 2Coríntios, contudo, ocorrem algumas interrupções entre uma seção e outra que levaram os estudiosos a pensar na confluência de duas ou mais cartas.

A maior discrepância cronológica ocorre entre 8,17-18 e 12,17-18. No primeiro parágrafo, Paulo afirma: "[Tito] atendeu ao nosso apelo e, mostrando-se mais cuidadoso, partiu voluntariamente para vós outros. E, com ele, enviamos o irmão cujo louvor no Evangelho está espalhado por todas as Igrejas". Em 12,17-18, as afirmações de Paulo refletem contingências não apenas diferentes, mas contrárias às anteriores: "Porventura, vos explorei por intermédio de algum daqueles que vos enviei? Roguei a Tito e enviei com ele outro irmão; porventura, Tito vos explorou? Acaso, não temos andado no mesmo espírito? Não seguimos nas mesmas pegadas?"

Ademais, enquanto até 9,15 os delegados da Macedônia (Tessalônica e Filipos) estão prestes a deixar Corinto para organizar a coleta, em 12,17-18 já foram enviados e Paulo é contestado pelos destinatários precisamente sobre a gestão da coleção. Por isso, acreditamos que as duas partes principais da carta não podem pertencer ao mesmo tempo em que foram enviadas: algo inesperado aconteceu entre as seções de 2Cor 1–9 e 2Cor 10–13. Tentamos aprofundar eventos entre as duas partes da carta a partir dos desenvolvimentos que ocorreram em Corinto após o envio de 1Coríntios.

Da carta das lágrimas às duas cartas seguintes

Durante a terceira viagem missionária, Paulo teve a oportunidade de voltar à capital da Acaia: estamos por volta de 55 d.C. quando, vindo da Macedônia, ele decide chegar a Corinto. Infelizmente, a segunda visita não foi bem-sucedida porque um infrator, sem identificação mais precisa, o humilhou na assembleia e a comunidade lhe deu as costas. Para não deteriorar as relações, Paulo prefere abandonar Corinto e retornar a Éfeso, do qual ele envia, pela mão de Tito, a chamada "carta das lágrimas", mencionada em 2,4 e 7,8-16. Enquanto isso, tendo chegado a Trôade (2,12), ele espera encontrar Tito e receber notícias reconfortantes da Acaia. Infelizmente, o encontro não acontece e, embora uma porta se lhe abrisse ou uma oportunidade favorável rumo a novos confins para a sua evangelização, ele vai à Macedônia (talvez a Filipos), onde finalmente encontra Tito e recebe notícias reconfortantes sobre a comunidade coríntia (2,13; 7,6-7). Os destinatários se arrependeram de como eles o trataram e Paulo decide enviar a carta da reconciliação, que corresponde aos nove primeiros capítulos da 2Coríntios canônica. Chamaremos esses primeiros capítulos de "carta da reconciliação", uma vez que o pedido de desculpas que os caracteriza visa à recuperação definitiva da relação entre Paulo e os destinatários.

Quando as relações estão prestes a se acalmarem, alguns adversários que vieram de fora para Corinto (cf. 11,4) semeiam uma nova onda de joio contra Paulo e lançam descrédito em seu ministério (cf. 10,10). Incitado pelos adversários, os coríntios nutrem mais reservas sobre Paulo, que decide enviar uma nova carta que corresponde à seção 10,1–13,13. Por causa de conteúdo áspero, chamaremos esses capítulos de "carta polêmica". Então chegamos à primavera de 56 d.C. próximo à fase final da terceira viagem missionária. Finalmente, no verão daquele ano, o Apóstolo visita Corinto pela terceira vez e os relacionamentos se pacificam permanentemente: a coleta para os pobres, interrompida há um ano, foi concluída e Paulo pôde partir para Jerusalém com a contribuição das comunidades da Macedônia e da Acaia (cf. Rm 15,25-28).

A hipótese de duas cartas fundidas na 2Coríntios canônica é confirmada por outros dados. Sobre os adversários, nos capítulos 1-9 apenas se acena ao infrator da comunidade, enquanto nos capítulos 10-13 aparecem adversários externos não identificados (11,3-5). As acusações também são diferentes: em 2Cor 1–9 Paulo é acusado de ser inconstante e de mercantilizar a Palavra de Deus; em 2Cor 10–13 de ser agressivo por carta, e desprezível está presente em Corinto (10,10), de não estar à altura daqueles que ele chama de "superapóstolos" (11,5-6) e de instrumentalizar a coleta para vantagem própria (12,17-18). Uma análise aprofundada nos permite apontar que os gêneros retórico-literários também diversificam as duas cartas: enquanto nos capítulos 1-9 domina a apologia ou defesa de Paulo em vista da reconciliação definitiva, nos capítulos 10-13 surge uma mordaz "categoria" ou acusação com a qual ele discute com adversários externos à comunidade e com os coríntios.

Naturalmente, a ideia de se tratar de duas cartas compiladas não invalida a questão da inspiração: 2Coríntios pertence ao cânon do Novo Testamento na maneira como foi transmitida. No entanto, em nossa humilde opinião, do ponto de vista histórico, mesmo se usarmos as pausas normais entre uma seção e outra na mesma carta, é possível considerar 2Coríntios como unitária. Na realidade, se durante o ditado da carta da reconciliação (1–9) chegaram a Paulo as calúnias que se refletem na carta polêmica (10–13), Paulo não teria enviado mais a primeira carta, mas somente a segunda, que a retifica substancialmente.

Alguns comentadores sugeriram a presença de quatro cartas confluídas em 2Coríntios, distinguindo entre outras coisas os dois "bilhetes" diferentes de 2Cor 8 e 9, definidos como cartas administrativas (BETZ, 1985). Mas essa hipótese tende a exasperar as propostas compilativas das cartas paulinas. Nós, ao contrário, cremos ser suficiente reconhecer a ruptura intransponível entre os capítulos 1-9 e os capítulos 10-13, sem a necessidade de fragmentar ainda mais as duas cartas. Igualmente improvável é a hipótese que identifica a seção dos capítulos 10-13 com a "carta das lágrimas" perdida que, para uma verificação do conteúdo, é tudo menos consoladora, enquanto, como observamos, transmite traços fortemente polêmicos contra os adversários. Portanto, com os esclarecimentos históricos descritos acima, nos aprofundaremos em 2Coríntios, distinguindo a disposição e o conteúdo da carta da reconciliação e o da carta polêmica.

Disposição e gênero das duas cartas

Por conta dos problemas redacionais assinalados, alguns estudiosos definiram 2Coríntios como a carta mais difícil de Paulo. Na realidade, cada carta paulina apresenta diversas dificuldades, mas no que se refere à composição devemos reconhecer que 2Coríntios é a mais complexa. Por isso, é importante ter presente a disposição das partes que a compõem, distinguindo a carta da reconciliação e a carta polêmica.

A carta da reconciliação (2Cor 1,1–9,15)

Introdução epistolar (1,1-14):
o pré-escrito (1,1-2);
a bênção divina (1,3-11);
a tese geral (1,12-14).

O corpo epistolar (1,15–9,15):
a narração apologética (1,15–2,13);
a primeira apologia (2,14–7,4);
retomada da narração e confiança nos coríntios (7,5-16);
utilidade e qualidade da coleta pelos santos de Jerusalém (8,1–9,15).

A carta polêmica (2Cor 10,1–13,13):
exórdio geral (10,1-6);
a refutação das calúnias (10,7-18);
a *probatio* e o discurso imoderado (11,1–12,18).

Recomendações finais e pós-escrito (12,19–13,13).

Como para todas as cartas paulinas, 2Coríntios é articulada em três partes gerais: a introdução epistolar (1,1-14), o corpo epistolar que se distingue em macrosseções (1,15–9,15; 10,1–12,18) e a conclusão epistolar com as recomendações finais e o *post-scriptum* (12,19–13,13). Contudo, se a hipótese das duas cartas é una e compartilhada, é possível observar que a carta da reconciliação carece de um pré-escrito próprio. Muito provavelmente, essas duas partes faltantes foram retiradas posteriormente para tornar a carta unitária.

No que se refere ao gênero, grande parte da carta se inclui no gênero forense, com as duas formas: a da apologia em 1,11–7,16 e a da "categoria" ou polêmica em 10,1–13,13. Somente na seção de 8,1–9,15 aparece o gênero deliberativo sobre a utilidade e a quantidade da coleta pelos pobres de Jerusalém. Adiantamo-nos agora no percurso articulado das duas cartas dedicadas ao apostolado de Paulo.

O arranjo argumentativo da carta da reconciliação (2Cor 1,1–9,15)

Enviada em meados dos anos 50 d.C., a carta da reconciliação é dividida em duas partes: a apologia de Paulo nos capítulos 1-7 e a gestão da coleta na Acaia nos capítulos 8-9. Provavelmente, a carta foi enviada de Filipos, pela mão de Tito, que acabava de voltar de Corinto com a notícia reconfortante sobre o arrependimento dos coríntios (7,5-16) e está disposto a voltar para a cidade do istmo para organizar a coleta.

Introdução epistolar (2Cor 1,1-14)

A parte introdutória de 1,1-14 consiste em um pré-escrito (v. 1-2) e um exórdio (v. 3-11). Mas, ao contrário da maioria das cartas paulinas, o início da ação de graças é substituído em 1,3-11 pela bendição a Deus pelo conforto recebido por ocasião do perigo de morte na Ásia, talvez em Éfeso. Finalmente, a parte introdutória da carta da reconciliação termina com a tese geral sobre o que Paulo pretende demonstrar com sua própria apologia (v. 12-14).

O pré-escrito apresenta os principais interlocutores: Paulo, apóstolo por vontade de Deus (a *titulatio* epistolar), o comitente (Timóteo) e os destinatários (a Igreja de Deus que está em Corinto e os santos de toda a Acaia). Portanto, além da comunidade de Corinto, a carta é endereçada à de Cencreia, um dos portos do istmo, e talvez à comunidade de Atenas, mesmo que nenhum dado histórico tenha sido recebido sobre esta.

A bendição de 1,3-11 é o maior exórdio das cartas paulinas em que domina a demora (ou *commoratio*) na *paráklesis* ou a consolação e o conforto de Deus. Já tratamos da linguagem paraclética na introdução da seção de 1Ts 4,1–5,11. Agora detemo-nos na *euloghía* ou bendição da carta da reconciliação que será retomada, quanto ao gênero, na Carta aos Efésios (cf. Ef 1,3-14) e em 1Pd (cf. 1Pd 1,3-12). Do ponto de vista do gênero, a bendição de 2Cor 1,3-11 não é diferente dos agradecimentos das outras cartas, como sempre tem Deus como o destinatário, contém os temas da recordação na oração ou *Mneiamotiv* (v. 11) e do vértice escatológico (movido para o v. 14). No entanto, o tom da bendição é mais solene do que o agradecimento e coloca a ênfase não tanto no caminho que de Paulo chega a Deus, mas sim no reverso, isto é, na obra de Deus em sua existência. Além disso, a bendição traz um contexto mais assembleiano e litúrgico do que o agradecimento epistolar. Trata-se, contudo, mais de acentuações do que de gêneros diferentes, pois também a bendição de 1,3-11 desempenha a função de exórdio retórico dos agradecimentos paulinos.

A alta espessura da bendição é expressa pelo cântico do conforto divino e pelo contraponto das tribulações e sofrimentos enfrentados por Paulo por causa de Cristo. Mas o peso da bendição se desequilibra no conforto de Deus, que se torna conforto e encorajamento para todos aqueles que são forçados a enfrentar situações análogas de aflição.

A última parte da introdução contém a tese principal da carta (v. 12-14) em que Paulo anuncia a própria apologia. Comportou-se com todos, particularmente com os coríntios, com simplicidade e sinceridade; agiu não conforme à sabedoria humana, mas sim conforme a graça divina (v. 12); e, enquanto reconhece já ter sido compreendido por parte dos destinatários, espera sê-lo até o fim com a carta que está por enviar (v. 13). A perspectiva escatológica do dia do Senhor encerra a parte introdutória da carta da reconciliação (v. 14): Paulo espera expressar o orgulho mútuo entre ele e os destinatários até o encontro final com o Senhor.

A narração apologética (2Cor 1,15–2,13)

Qualquer apologia que se preze requer, antes de tudo, que o acusado tenha a oportunidade de relatar os eventos sobre os quais ele é acusado. Assim, em 1,15–2,13 Paulo narra acontecimentos mais recentes de suas viagens missionárias: desde aqueles entre Macedônia e Acaia (1,15-22), passando pelo cancelamento da visita a Corinto (1,23–2,4), pelo repentino abandono da estada anterior em Corinto que causou a carta das lágrimas (2,5-11), até a viagem de Trôade a Filipos para rever Timóteo e receber notícias sobre os coríntios (2,12-14).

Infelizmente, Paulo não conta as mudanças contínuas em seus próprios planos de viagem, mas se deixa envolver em excessos que intensificam as relações entre ele e os destinatários. Por outro lado, versa precisamente sobre o seu oscilante modo de agir a primeira preocupação dos coríntios: ele seria capaz de dizer sim e não ao mesmo tempo, provando não confiável (1,17). Por isso não basta se limitar a dizer os *bruta facta*, como requer uma narração apologética, que deveria ser clara, breve e pertinente, mas a cada vez eleva a narração ao nível mais alto da relação com os coríntios, com Deus, o

Espírito e Jesus Cristo. Não obstante, o excessivo envolvimento lhe consente transmitir afirmações de notável densidade de conteúdo.

A narração parte da acusação de ser inconstante nas relações e nos projetos de viagem em direção a Corinto para chegar a ponto de trazer à baila Deus com o seu sim fiel em Cristo, o penhor do Espírito e o amém de gratidão dos crentes (1,20-22). Ao contrário de simplesmente tomar nota da punição imposta pela comunidade contra o ofensor anônimo, ele pede que o amor prevaleça (2,6-11). E ao posto de continuar em sua pregação a Trôade, não tendo encontrado Tito em regresso da Acaia, ele se dirige à Macedônia em busca do colaborador (2,12-13). De fato, em um contexto forense real, qualquer juiz teria interrompido Paulo, pedindo-lhe que continuasse contando os fatos como eles ocorreram, sem enrolações.

Portanto, embora se trate de uma narrativa apologética, a de 1,15–2,13 já introduz algumas das provas que serão desenvolvidas na parte probatória da carta. A mistura de diferentes questões (projetos de viagem, sentimentos de Paulo e o modo como os destinatários agem) faz com que a sequência de eventos não seja clara. Paulo está tão envolvido nos eventos que interrompe a narrativa para retomar o assunto em 7,5 e fornecer as provas em sua defesa. Naturalmente, existem estudiosos que, por conta da ruptura entre o relato de Trôade em 2,12-13 e o da Macedônia em 7,5-16, formularam a hipótese da presença de uma carta adicional inserida na 2Coríntios canônica, mas é preferível sustentar que o próprio Paulo interrompa a narrativa para dar mais espaço à parte probatória da apologia.

A probatio *apologética (2Cor 2,14–7,4)*

Deve-se reconhecer que Paulo é mais hábil em demonstrar do que em narrar! É por isso que o maior espaço na carta da reconciliação se reserva à *probatio* apologética que se estende por quatro capítulos. A *probatio* se vincula inicialmente à bendição introdutória de 1,3-11, transformando-se em agradecimento a Deus (2,14-16a), para depois prosseguir com a tese secundária de 2,16b-17, que orienta as manifestações posteriores. A tese secundária da carta é apresentada com uma pergunta retórica, em que se interroga sobre quem seria capaz de um ministério tão exigente. O tema da sinceridade no modo de se comportar liga as proposições de 1,12-14 e 2,16b-17. Paulo pretende mostrar que, embora não seja digno do apostolado, ele é apóstolo por graça divina.

A primeira parte da *probatio* (3,1–4,6) é tecida de maneira a demonstrar que a dignidade no ministério é conferida por Deus e não nasce das capacidades humanas. Algumas fórmulas de custódia marcam a progressão da subseção:

- "É por intermédio de Cristo que temos tal confiança" (3,4);
- "Tendo, pois, tal esperança" (3,12);
- "Pelo que, tendo este ministério" (4,1).

Conteúdos da convicção, da esperança e do ministério são respectivamente a dignidade no ministério, a franqueza ou liberdade para exercê-lo e a verdade contra dissimulações vergonhosas. A fim de enfatizar a dignidade no ministério, Paulo estabelece em 3,4-17 uma comparação ou *sýnkrisis* com o ministério de Moisés, por ocasião da entrega da Lei (cf. Ex 34,29-35). Enquanto Moisés foi forçado a usar um véu no rosto quando a Lei foi dada a Israel, o ministério paulino é exercido sem véu. E, com um argumento *a fortiori* (ou "do menor para o maior"), ele argumenta que, se o ministério da condenação estava envolto na glória ou na presença de Deus, tanto mais o ministério do Espírito. Consequentemente, a letra e o Espírito distinguem a antiga da nova aliança: a primeira ainda está envolta no véu destinado a ser destruído; a segunda, a ser sem véus, com liberdade e franqueza. O divisor de águas que distingue as duas alianças não é a revogação da primeira pela segunda, mas Cristo, pois, com Ele, removeu-se o véu colocado sobre os filhos de Israel e a glória ou a permanência definitiva de Deus resplandece no rosto de Cristo. Por isso, acusar Paulo de falta de sinceridade ou malícia significa velar ou desconhecer seu serviço pelo Evangelho ou por Cristo.

A segunda parte comprobatória desloca a atenção para o âmbito contrário da indignidade ou incapacidade no ministério, de modo a equilibrá-la na dignidade. Também a nova subseção de 4,7–5,10 é cadenciada por três fórmulas de custódia:

- Temos, porém, este tesouro em vasos de barro (4,7).
- Mas, tendo o mesmo espírito da fé, conforme está escrito: Cri, por isso falei. Também nós cremos; por isso, também falamos (4,13).
- Temos de Deus um edifício, casa não feita por mãos, eterna, nos céus (5,1).

Conteúdo das três fórmulas de confiança são o tesouro do Evangelho ou de Cristo colocado por Deus no corpo dos apóstolos, a convicção de fé que aquele que ressuscitou Jesus Cristo ressuscitará até mesmo os crentes e a morada divina que gradualmente toma o lugar da terrena, ou física e corruptível. Para dar consistência à segunda *probatio*, Paulo se detém numa antropologia "teológica" que transforma cotidianamente a necrose do corpo humano na vida de Jesus, o leve fardo da tribulação na quantidade desmedida de glória e a morada terrena na habitação celestial e eterna. É por isso que os sofrimentos e tribulações enfrentados por Cristo não enfraquecem o corpo dos crentes, mas o fortalecem contra toda a adversidade.

A terceira parte probatória de 6,1–7,4 se detém no amor de Cristo que está na origem do ministério da reconciliação. A subseção tem como finalidade demonstrar que Paulo não precisa ser recomendado pelos coríntios diante de seus detratores, mas o amor de Cristo por ele o sustenta e estimula a ponto de atormentá-lo. A entrega do ministério "da e para a" reconciliação representa o conteúdo mais novo e original do seu apostolado (cf. 5,14-21) que sintetiza qualquer outra entrega da graça divina. Consequentemente, essa abundância de graça deveria ser bem-acolhida pelos coríntios e pelos apóstolos para que seu ministério não seja repreendido (6,1-10).

A perícope final de 6,11–7,4 constitui o apelo final de Paulo para que os destinatários retribuam sua dedicação gratuita ao ministério. A passagem foi particularmente debatida entre os estudiosos, porque em 6,14–7,1 uma cadeia de citações das Escrituras é usada para sustentar a incompatibilidade entre justiça e iniquidade, luz e trevas, Cristo e Belial[10], crentes e incrédulos. Não há como negar que a demonstração flua mais suavemente caso se passe de 6,13 (" Ora, como justa retribuição (falo-vos como a filhos), dilatai-vos também vós") a 7,2 ("Acolhei-nos em vosso coração!"). Contudo, em nossa opinião, o florilégio de citações dedicadas à reciprocidade entre Deus e seu povo não é uma glosa subsequente, mas motiva, com a autoridade da Escritura, a reciprocidade entre Paulo e os coríntios. Na prática, sem a parte mediana da autoridade de Deus que fala por meio da Escritura, as declarações de amor de Paulo correm o risco de serem reduzidas a formas de sentimentalismo que não direcionam os destinatários a uma reconciliação definitiva com ele. Antes, a sinceridade dos sentimentos de Paulo pelos coríntios é mo-

---

10. Belial é o nome de um dos demônios da tradição judaica que, ademais, é atestado na literatura da comunidade de Qumran.

tivada pela reciprocidade entre Cristo e os crentes que estimula sua resposta positiva ao amor de Cristo e de Paulo.

Retomada da narração (2Cor 7,5-16)

Após apresentar as provas em apoio da sinceridade de suas ações com os coríntios, em 7,5 Paulo retoma sua narrativa do ponto onde parou em 2,13. Deixando Trôade, voltou para a Macedônia em busca de Tito, que o alcança em Filipos, e finalmente seu ânimo é consolado pelas notícias sobre os coríntios. O anônimo delator que o forçou a deixar Corinto para se refugiar na comunidade de Filipos foi punido, os coríntios receberam Tito com grande hospitalidade e se arrependeram por seu comportamento com Paulo. Por outro lado, Paulo não se arrependia de abandonar bruscamente a comunidade, de modo que a preocupação desta por ele pudesse ser testada; e depois das reações à carta das lágrimas pode contar plenamente com os destinatários (7,16). Pode-se notar que a retomada da narrativa em 7,5-16 não é mais defensiva, como a de 1,15–2,13, mas é perpassada pelo conforto e o consolo por Paulo e Tito, porque as relações são permanentemente restauradas. Portanto, apesar de a narrativa se parecer com um círculo rompido pelas *probationes* apologéticas, apresenta duas finalidades diferentes que se devem ter em mente: a narração apologética de 1,15–2,13 acontece a da reconciliação, de 7,5-16, motivada pelas confortadoras notícias de Tito.

Utilidade e qualidade da coleta (2Cor 8,1–9,15)

Sobre o contexto histórico e a importância da coleta em favor dos pobres de Jerusalém, concentramo-nos na introdução geral a Paulo; aqui vamos explorar o arranjo argumentativo de 8,1–9,15. A fórmula usual de conhecimento ("Também, irmãos, vos fazemos conhecer a graça de Deus") introduz a parte da carta dedicada à coleta para os pobres ou os santos de Jerusalém (8,1). Sobre a natureza e função da seção de 8,1–9,15 desenvolveram-se várias hipóteses: que os dois capítulos constituem duas cartas administrativas autônomas ou que somente o capítulo 9 represente parte de uma carta anterior ou posterior. À primeira vista é estranho o início de 9,1, onde a fórmula de argumento ("quanto à assistência a favor dos santos, é desnecessário escrever-vos") parece introduzir um assunto não previamente tratado.

Na realidade, a posição dos capítulos 8-9 responde ao pano de fundo epistolar de Paulo, que prefere lidar com questões econômicas apenas no final de suas cartas (cf. 1Cor 16,1-4 e, mais tarde, Rm 15,25-33; Fl 4,10-20). Por isso, consideramos apropriado considerar a seção como parte integrante da carta da reconciliação, enquanto a mesma motivação que acabamos de mencionar cria dificuldades sobre a natureza e a função dos capítulos seguintes. A seção prossegue de acordo com o seguinte arranjo argumentativo:

a) exórdio particular (8,1-6, com a tese de 8,6);

b) *probatio* sobre a exortação à coleta (8,7-15);

c) recomendação dos delegados (8,16-24);

a^1) exórdio geral (9,1-5, com a tese em 9,5);

b^1) *probatio* sobre a natureza da coleta (9,6-10);

d) peroração final com agradecimento (9,11-15).

São importantes para identificar a tessitura da seção as duas teses colocadas no final do começo. Com 2Cor 8,6 e por todo o capítulo 8 Paulo pretende mostrar que é útil, para os próprios coríntios, tomar a iniciativa da coleta. Por outro lado, em 9,5, a intenção é mostrar que a participação na coleta deve ser uma bênção e não uma forma de *pleonexía* ou mesquinhez. Assim, os capítulos das duas funções são diferentes: passa-se da *quaestio finita* sobre a utilidade da coleta em 8,1-24 à *quaestio infinita* da sua natureza em 9,1-15. Na prática, o capítulo 8 não é desancorado do 9, caso contrário as referências aos irmãos escolhidos para a delegação em 9,3.5 seriam incompreensíveis, ao passo que se tornam claras após as recomendações para eles em 8,16-24. A estratégia empregada por Paulo já tinha sido intuída por João Crisóstomo na Homilia XVI, literalmente: "Não lhes diz imediatamente: 'Dai esmola', mas avança com prudência, preparando de longe o terreno..."

Se as principais teses orientam na tessitura da demonstração, os dois exórdios de 8,1-5 e 9,1-4 introduzem os principais termos das *probationes* subsequentes: a "graça" (*cháris*), o binômio "riqueza e pobreza" e o verbo "dar" para 8,7-15; a *diakonia* ou serviço e a "bênção" para 9,6-10. Para reforçar as *probatio*, Paulo se serve de algumas provas internas e externas. O espaço maior é dado aos exemplos humanos ou *paradéigmata* que devem induzir os coríntios a aderir generosamente à coleta. Mesmo passando por dificuldades financeiras, os macedônios são exemplares em sua generosidade (8,1-5), Tito por sua solicitude em querer ir para a Acaia, depois de ter acabado de chegar em Filipos (8,16-17) e os delegados elogiados em todas as Igrejas (8,18-23). O exemplo mais sublime é a graça do Senhor Jesus Cristo, que, sendo rico, se fez pobre por amor dos coríntios, para que, pela pobreza dele, estes se tornassem ricos (8,9). A exemplaridade das testemunhas em questão deve induzir os destinatários a participar, sem reticência, da coleta. É por isso que Paulo louva a riqueza ética dos coríntios: fé, palavra, conhecimento, zelo (8,7) e vontade (9,2). As virtudes elogiadas fazem parte de uma *captatio benevolentiae* capaz de estimular os coríntios a imitar os exemplos daqueles que se envolveram na coleta.

Às provas internas acrescentam-se as externas emprestadas da Escritura, com um *crescendo* do capítulo 8 ao 9. Assim, enquanto no capítulo 8 encontra-se apenas a citação de Ex 16,18 (LXX) sobre o maná no deserto (v. 15), no capítulo 9 aparecem várias alusões, citações indiretas e diretas do Antigo Testamento. A citação mais importante é a do Sl 111,9 (LXX) em 9,9 porque, referindo-se à distribuição aos pobres, é mais adequada à iniciativa da coleta. O enredo das escrituras confirma o que observamos nas relações entre os dois capítulos: o primeiro é funcional e prepara o segundo, e não o contrário.

A peroração final de 9,11-15 retoma os principais temas da seção e os reapresenta de forma abreviada, no contexto do agradecimento antecipado da parte de quem desfrutará dos benefícios da coleta. Uma inclusão natural engloba o discurso deliberativo em favor da coleta: à *cháris* ou graça de Deus em 8,1 corresponde a *cháris* ou a ação de graças a Deus pelo dom inenarrável.

Se Paulo dá tanta importância à coleta para os pobres de Jerusalém a ponto de lhe reservar dois capítulos, isso significa que ele não a considera meramente como uma simples esmola, mas como uma expressão concreta de gratidão e solidariedade pela Igreja da qual partiu o Evangelho. Por isso, a coleta não é mais chamada de *logheia*, como, aliás, o é em 1Cor 16,1-2, que é o nome próprio, mas com eufemismos que, em 8,1–9,15, a carregam de significado: é graça, amor, comunhão, serviço, generosidade, solicitude, bênção e dom. No entanto, apesar do alto valor que atribui à iniciativa e da necessidade de não a administrar pessoalmente, mas de envolver os delegados das Igrejas, o clima ficará tenso exatamente por conta da coleta, o que mais uma vez ofuscará suas relações com os coríntios.

O arranjo argumentativo da carta polêmica (2Cor 10,1–13,13)

Na introdução à 2Coríntios canônica explicamos as razões que nos forçaram, em certo sentido, a considerar os últimos quatro capítulos da carta ditados e enviados em um momento posterior em relação aos primeiros nove da carta da reconciliação. É certo que nos capítulos 10-13 muda-se não apenas radicalmente o tom em relação ao que veio antes, mas não há sinal algum que permita antever a segunda apologia. Infelizmente, Paulo não conta as razões que o levaram a ditar a seção mais violenta e mordaz de suas cartas, mas, a partir dos conteúdos dos capítulos 10-13, compreende-se que surgiram em Corinto novos adversários que semearam a cizânia por toda parte. E a comunidade, em vez de assumir a defesa de Paulo, novamente toma partido a favor dos adversários, nutrindo sérias dúvidas sobre as credenciais do seu apostolado, sobre a sinceridade dos seus sentimentos, sobre a sua arte retórica e, *last but non least*, sobre a delegação enviada a Corinto e liderada por Tito para gerenciar a coleta. Estamos milhares de quilômetros da confiança que Paulo disse depositar plenamente nos destinatários (cf. 7,16). Assim, decide ditar e enviar a carta polêmica dos capítulos 10-13 em que a apologia ou a defesa do seu ministério se enreda com as acusações contra os adversários, provenientes de fora, e os próprios coríntios. No fundo, vale a tese de que a melhor defesa é o ataque.

O exórdio: Paulo pronto para a batalha (2Cor 10,1-6)

Sem muito elogio, a carta polêmica começa com a linguagem militar daqueles que estão dispostos, com suas armas, a entrar em conflito contra qualquer fortaleza ou baluarte. Naturalmente, a peleja empreendida por Paulo não é uma batalha real, mas metafórica, com a qual ele pretende derrubar qualquer forma de arrogância para com Cristo, até que a obediência dos coríntios seja completa. A iniciativa da polêmica [ou controvérsia] não foi tomada por Paulo, mas por aqueles que o acusam de ser fraco pessoalmente, mas ousado e forte de longe. A princípio, a acusação não parece tão substancial a ponto de exigir um contra-ataque tão violento; mas por trás disso escondem-se outras acusações contra Paulo e seu ministério, que serão mencionadas na continuação da carta polêmica. Como de costume, o Apóstolo não define os contornos da controvérsia, mas concentra-se nas razões mais profundas que lhe permitem neutralizar a calúnia difundida no ambiente eclesial de Corinto. Assim, o exórdio de 10,1-6 introduz o teor polêmico dos capítulos 10-13, que agora não têm nada em comum com a carta anterior de reconciliação.

A refutação (2Cor 10,7-18)

Em geral, um discurso forense que se preze deve começar com a narração dos acontecimentos, de acordo com a versão do acusado e com a exposição das provas apresentadas em apoio às partes envolvidas. No entanto, a ordem da retórica judicial pode ser invertida quando não é trazida à discussão somente uma razão, mas são feitas várias acusações. É por isso que Paulo prefere enfrentar imediatamente seus adversários e se engajar em um confronto polêmico sobre sua maneira de trabalhar em Corinto.

A parte dedicada à refutação (10,7-18) é importante na evolução da carta polêmica porque retoma a acusação relatada no exórdio e a devolve, sem elogios, ao remetente. Alguns opositores, deixados no anonimato, acusam-no de ser duro e forte por carta, mas desprezível pessoalmente. A proposição de 10,10 é um dos raros casos em que Paulo deixa seus oponentes falarem; mas ele afirma imediatamente que a acusação não tem base porque ele é coerente tanto de longe como quando está em Corinto. Portanto, o Apóstolo é forçado a se gloriar de seu relacionamento com Cristo: deverá exibir as credenciais de seu ministério para o qual foi chamado não a destruir, mas a edificar.

Antes de passar para a parte probatória, em 10,12-18 Paulo entra em confronto com os adversários que o desacreditaram em Corinto. Não pretende lidar com aqueles que se gloriam em vão, que na vida não têm o senso de medida e exploram o trabalho alheio para causar uma boa impressão. Pelo contrário, ele conhece bem o campo de evangelização que lhe foi confiado por Deus, está bem ciente de suas limitações e sabe que, se ele tem de se gloriar, é oportuno fazê-lo no Senhor e não no lado humano. A partir da refutação, compreende-se bem que os adversários são externos à comunidade e são missionários como Paulo, mas tentam contrastar os amplos horizontes de sua pregação de Cristo e do Evangelho. O apelo dirigido aos coríntios é sincero: a partir deles Paulo veio com o Evangelho de Cristo e espera que sua fé alcance finalmente a maturidade para que possa evangelizar outras regiões para as quais o Senhor o destinou. Mas a má consideração de sua obra missionária o força "gastar-se" por eles, de modo que as calúnias espalhadas contra ele não tornem o seu trabalho vão.

O discurso imoderado (2Cor 11,1–12,18)

Quando uma pessoa se gloria, deve saber fazê-lo com arte, caso contrário, estará num caminho acidentado que a torna insuportável para aqueles que a ouvem. É por isso que em tempos antigos, dedicaram-se tratados ou seções de retórica à periautologia ou ao se autogloriar: do *De laude ipsius*, de Plutarco, ao *Excursus* de Hermógenes de Tarso (séc. II d.C.). Sem recorrer a qualquer tratado sobre o assunto, mas motivado pela urgência e pela necessidade, em 11,1–12,18 Paulo tece um de seus discursos retóricos mais bem-sucedidos. O discurso imoderado, mais do que do louco como foi definido no passado, tem as seguintes partes:

(A) exórdio (11,1-6, com a tese principal nos versos 5-6);

(B) *probatio* (11,7–12,10):

    (1) a gratuidade na evangelização (11,7-21a);

    (2) as credenciais e o catálogo das adversidades (11,21b-33);

    (3) as visões e as revelações (12,1-10);

(C) peroração (12,11-18).

Um novo exórdio introduz o discurso imoderado que retoma o exórdio inicial de 10,1-6 e prepara o terreno para o autoelogio. Finalmente, Paulo aceita o desafio de seus adversários, mas primeiro formula uma precaução (ou *prodiortósi*) que o proteja diante dos coríntios: ele pede para ser tolerado pela imodéstia com a qual será forçado a se defender. A figura retórica do *prodiortósi* já havia sido identificada por João Crisóstomo, que comenta: "Antes de começar a fazer seus próprios elogios, serviu-se de uma grande precaução" (*In secundam ad Corinthios* 23,1).

E com imodéstia ele estabelece imediatamente um confronto com seus adversários, chamando os coríntios à discussão. Infelizmente, ignoramos os dados históricos aos quais alude; pode-se apenas afirmar que os adversários vêm de fora da comunidade e pregam um Jesus Cristo, um Espírito e um Evangelho (de Deus) alternativo ao de Paulo. Mas não há nem mesmo uma sombra dessa pregação alternativa no discurso imoderado. Talvez encantados com a capacidade retórica dos forasteiros, os destinatários os receberam com entusiasmo, desencadeando o ciúme de Paulo. O exórdio termina com a tese de 11,5-6, que Paulo pretende demonstrar nos capítulos seguintes: Ele não é de modo algum inferior aos "superapóstolos"; e se o é na eloquência não o é de fato no conhecimento. Portanto, o exórdio introduz os trilhos sobre os quais o discurso imoderado passa: o autoelogio e o confronto (ou *sýnkrisis*) com os oponentes que Paulo é forçado a empreender.

A segunda perícope das três partes que compõem o discurso imoderado é dedicada à gratuidade da evangelização em Corinto (11,7-21a). Enquanto os adversários são sustentados pelos coríntios por seus esforços missionários, Paulo pode se gloriar de nunca ter recebido dinheiro algum. Pelo contrário, toda vez que ele visitava a cidade, agia de graça para não explorar a comunidade. O parágrafo exala sarcasmo e invectivas contra os adversários que, apresentados como apóstolos de Cristo e ministros da justiça, são enviados por satanás. Contra a lei do benefício, o que impõe ao benfeitor que se lembre de um benefício dado aos beneficiários e aos beneficiários que não esqueçam a esmola recebida, Paulo repreende veementemente os coríntios lembrando os benefícios oferecidos e acusando-os de ingratidão. A imodéstia se destaca com toda a sua veemência!

A segunda perícope de 11,21b-33 passa às credenciais a serem mostradas contra os que o acusam de ser um apóstolo inferior aos outros. Com uma ampliação progressiva ou *áuxesis*, Paulo parte de seu *curriculum vitae* (é judeu, israelita e filho de Abraão como seus opositores), para deslocar a atenção para o ministério de Cristo e as adversidades enfrentadas para Cristo. O extenso catálogo das adversidades (ou peristáltico) demonstra o novo excesso de imodéstia, como bem lembra Epicteto: "Nas conversas, desiste de lembrar, frequente e desmedidamente, as tuas ações e aventuras perigosas, pois não é prazeroso para os outros ouvir as coisas que te aconteceram quanto te é lembrá-las" (*Manual*, 14). Com a ampla lista de adversidades, Paulo parece bem consciente de passar do ponto, até parecer insensato. Assim, convém um antídoto para amortecer o impacto: ele não é um *miles gloriosus* ou um personagem quixotesco que luta contra moinhos de vento, mas reconhece algumas situações de fraqueza. Em Damasco, ele escapou da caçada empreendida contra ele pelo governador do Rei Aretas IV Filopátor (sobre o dado histórico ocorrido no final dos anos 40 d.C., já nos concentramos na introdução geral a Paulo). Certamente, ele ignora o que Plutarco prescreve que "para evitar a inveja deve-se reconhecer falhas, erros e pequenas falhas" (*Como se gloriar*, *Moralia* 13F, 543), mas tanto é que, depois de enumerar as adversidades enfrentadas por Cristo, reconhece ter fugido de Damasco. Assim, a imodéstia de sua *res gestae* é equilibrada por uma fraqueza menor que deve torná-lo aceitável para os coríntios.

O último parágrafo das provas usadas para defender seu ministério diz respeito às visões e revelações, relatadas em 12,1-10. Acusado de não estar à altura dos superapóstolos, Paulo decide contar o arrebatamento ao terceiro céu. Nesse caso, a imodéstia corre o risco de ser prejudicial ao próprio narrador, não tanto por não ser verificável, mas pela apropriação da esfera do divino. Depois, com considerável capacidade retórica, Paulo decide falar na terceira pessoa do singular, como se ele fosse outra pessoa, enquanto fala de si mesmo; e contrabalança a narração da visão no paraíso com o episódio do espinho na carne. De um lado, ele passou pelos três estágios dos céus e, de outro, orou ao Senhor três vezes para libertá-lo do enviado de satanás. E, enquanto na visão ele reconhece ter ouvido palavras inefáveis, impossíveis de referir, lembra-se muito bem das palavras do Ressuscitado enquanto Paulo suplicava na provação: "A minha graça te basta, porque o poder se aperfeiçoa na fraqueza" (12,9).

Infelizmente, somente ele conhece as referências históricas do enviado de satanás, identificado com o espinho contra a (e não da) carne, mas a hipótese mais aceita se relaciona a algum dos adversários que o esbofeteou, como ele esbofeteou os coríntios, humilhando-os em sua mais profunda dignidade humana (cf. 11,20).

A peroração (2Cor 12,11-18)

As provas reportadas para sustentar o orgulho de si são suficientes para que Paulo volte a ser moderado para tentar, mais uma vez, restabelecer relações com os coríntios. Por isso, depois de reconhecer-se imoderado (e tudo menos louco), ele os repreende porque o forçaram a tomar o perigoso caminho da periautologia. Com a peroração de 12,11-18, recolhe as principais razões da controversa carta e as resume para que os coríntios abandonem qualquer reserva diante dele.

É intenso o *ethos* que envolve a peroração da carta: Paulo é o pai disposto, como sempre, a se gastar pelos coríntios mesmo que, mais uma vez, eles lhe virem as costas. Ele pede que retribuam com amor, mesmo sabendo que está se consumindo por eles. Uma série de questões retóricas retoma o tema econômico da coleta para os pobres, ligando-a ao sustento de seu ministério. Por ocasião da carta da reconciliação, enviou Tito e os delegados, mas com a carta polêmica ele censura os coríntios porque eles o acusam de explorar a iniciativa em proveito próprio. Compreende-se bem que, como apontamos na introdução da 2Coríntios canônica, entre a carta da reconciliação e a carta polêmica há uma fratura irreparável, embora mais tarde ambas tenham sido unificadas. Na segunda fase a delegação já chegou a Corinto, mas a iniciativa da coleta é novamente comprometida. Paulo decide então partir novamente para Corinto: Mas com que ânimo? E com que esperança recuperar os relacionamentos desgastados?

Recomendações finais e pós-escrito (2Cor 12,19–13,13)

A carta polêmica que anuncia a terceira visita de Paulo a Corinto termina com as recomendações finais de 12,19–13,13 e o curto pós-escrito de 13,11-13. Em seus parágrafos finais são encontrados os temas epistolares de encerramento, comuns a quase todas as cartas paulinas: a relação entre a ausência e a presença de Paulo em Corinto (12,19–13,10), as recomendações para examinarem a si mesmos e avaliarem o próprio modo de pensar (13,5-6.11), a memória ou *Mneiamotiv* na oração (13,7-9), as saudações epistolares e a bênção final (13,12-13). No entanto, na seção há razões adicionais que não são encontradas nas outras cartas paulinas: a lista dos vícios (12,20.21); a autoridade da Escritura evocada com a passagem de Dt 19,15 (em 13,1); e, acima de tudo, a relação com a fraqueza e força de Cristo que, através da morte e ressurreição, conforma a fraqueza e a força de Paulo (13,4).

Na prática, até o fim ele espera não ter a necessidade de instalar um processo em Corinto; um processo que, sob a palavra de duas ou três testemunhas, esclareça quem está certo e quem está errado: seria uma derrota não só para ele, por causa do amor que ele tem para com os coríntios, mas para eles mesmos, que novamente deram crédito aos seus adversários. Por isso, a carta polêmica também apresenta um propósito preventivo e não apenas apologético: que o que foi construído na comunidade não deve ser destruído (12,19). A esse respeito, é como se a carta da reconciliação, a dedicação de Paulo à comunidade, as viagens para organizar a coleta fossem inúteis. Àqueles que na carta da reconciliação reconheceu como firmes na fé (cf. 1,24), volta-se agora para recordar os vícios listados em 1Cor 5,9-11 e em 6,8-10. E Paulo teme ter de incorrer em uma nova forma de humilhação diante de Deus, que denunciaria um retorno ao passado e não um progresso na fé dos destinatários.

A adesão dos coríntios à coleta para os pobres mencionada em Rm 15,25-26 sugere que a carta polêmica e a visita subsequente de Paulo a Corinto tiveram seu efeito, mas quanto esforço foi necessário pela comunidade que lhe causou tanta preocupação.

A mensagem

As duas apologias pelo seu ministério induzem Paulo a se deter na obra de Deus, de Jesus Cristo e do Espírito Santo na sua existência e na vida dos crentes. As fórmulas trinitárias que perpassam a carta (1,21-22; 3,3; 11,4), até o desejo final da graça do Senhor Jesus Cristo, o amor de Deus e a comunhão do Espírito em 13,13, não são sistemáticas mas contingentes, e como tais devem ser aprofundadas. Para se defender, Paulo traz à discussão a graça de Cristo que o sustenta na fraqueza, a fidelidade consoladora de Deus e a liberdade do Espírito.

O Pai de misericórdia e de consolação

Não é por acaso que a carta seja introduzida pela bênção (*euloghía*) dirigida a Deus "o Pai das misericórdias e Deus de toda consolação" (1,3), com a qual ele bendiz o Senhor por sua consoladora proximidade por ocasião do perigo de morte pelo qual passou na Província da Ásia (1,3-11).

Sobre a "teo-logia", propriamente dita, em 2Coríntios, é indicativo que, com exceção de 1,2-3; 6,18; 11,31, a atenção se volte não à paternidade divina, mas à sua transcendência, já que é a Deus, e não aos homens, que se deve prestar contas pelo próprio trabalho. O contexto apologético orienta-se para a sustentação de uma defesa do relacionamento com Deus: em última instância, é diante de Deus que Paulo se defende (12,19). Por isso, com algumas fórmulas mais ou menos explícitas de juramento (1,18; 11,10.31), Deus é trazido à discussão como testemunha de seu modo de agir (1,23). No entanto, Deus é invocado, não como juiz imparcial para resolver disputas entre Paulo, seus adversários e os coríntios, mas para garantir a veracidade das afirmações apologéticas de Paulo (4,2; 6,7; 7,14; 11,10; 12,6; 13,8). Portanto, em 2Coríntios, a proximidade consoladora e misericordiosa de Deus se declina com sua transcendência e sua fidelidade à sua verdade, plenamente revelada com o seu sim em Cristo. Assim, na morte e ressurreição de Cristo, Deus reconciliou consigo mesmo toda a humanidade (5,18-19), a ponto de produzir uma "nova criação" (5,17) ou um novo jeito de ser e de pensar em Cristo.

Sobre o vocabulário de reconciliação em 5,17-20, já se demonstrou que este provém da linguagem diplomática entre pessoas ou povos em um estado de beligerância e não de um estado religioso (BREYTENBACH, 1989). A referência ao embaixador enviado para comunicar a novidade da reconciliação divina pertence ao mesmo contexto. No entanto, é irônico que sejam mais os seres humanos a tentar se reconciliar com Deus, recorrendo a ritos de arrependimento e expiação, prescritos pela Lei mosaica, mas que seja o próprio Deus quem decide reconciliar os homens em Cristo e confiar a Paulo o ministério da reconciliação. É por isso que a reconciliação divina, operada em Cristo, precede qualquer ação humana e pede-se aos coríntios que "se deixem reconciliar com Deus" (5,20).

Na origem do novo caminho da reconciliação divina está o paradoxo da cruz de Cristo: "Aquele que não conheceu pecado, [Deus] o fez pecado por nós; para que, nele, fôssemos feitos justiça de Deus" (5,21). Somente o paradoxo torna aceitável, mais do que compreensível, a ideia de que Deus torne pecado a Jesus Cristo, que não conheceu o pecado (5,21); e que a justificação dos crentes decorra de Ele se tornar um pecado. O pecado geralmente apenas contamina e não permite nenhum caminho de justiça. Pelo contrário, no caso de Cristo, a especificação "por nós", a ser entendida num sentido favorável ou vantajoso e não substitutivo (em nosso lugar), expressa exatamente o oposto. A plena revelação do fiel sim de Deus é realizada em sua máxima ocultação por ocasião da morte do Filho na cruz.

Sobre esse dom absoluto da graça divina na reconciliação, bem observa Martinho Lutero no *Comentário aos salmos* (1513-1515): "Este é o grandioso mistério da graça divina para com os pecadores: por uma admirável troca nossos pecados já não são nossos, mas de Cristo, e a justiça de Cristo não é mais do Cristo, mas nossa".

O amor de Cristo

As três partes principais que compõem a 2Coríntios canônica contêm afirmações lapidares e fulgurantes sobre Jesus Cristo: o amor de Cristo que sustenta e constrange (5,14); a sua riqueza que se tornou pobreza para que os coríntios fossem enriquecidos por sua pobreza (8,9); e sua crucificação pela fraqueza que abre para a vida pelo poder de Deus (13,4). Essas três esmeraldas são incrustadas nas demonstrações paulinas e iluminam a cristologia da carta.

Primeiramente, o amor de Cristo, para ser entendido com valor subjetivo, no sentido em questão, não é o nosso amor por Ele, mas seu amor por nós, é descrito por um dos verbos mais ricos de polissemia no original grego: *synéchein*. O verbo significa "apoiar, empurrar, embrulhar, segurar, abraçar, reclamar, angustiar e constranger": o amor de Cristo por nós é deliberadamente descrito mais do que definido. No entanto, tendo de optar por uma tradução mais sensível ao contexto de 5,14-21 e ao vocabulário paulino, impõe-se o significado "constranger" (como em Fl 1,23), enquanto o amor de Cristo nos constrange a não vivermos mais por nós mesmos, mas por aquele que morreu e ressuscitou por todos (cf. 5,14-15).

A segunda sentença cristológica, no contexto da seção dedicada à coleta para os pobres de Jerusalém (cap. 8-9), é apresentada como paradoxal, pois é inconcebível encontrar uma pessoa que de rica se torne pobre para, em sua pobreza, enriquecer os outros. Em geral, aqueles que se tornam pobres não são capazes de enriquecer ninguém! No entanto, essa troca paradoxal ocorreu na vida de Jesus Cristo, especialmente com a sua morte de cruz. Em poucos passos, toda a existência de Cristo é reunida: da encarnação à morte de cruz, vista como um dom total de si para os outros. Assim, o exemplo inimitável de Cristo gera uma imitação progressiva para que os coríntios participem generosamente da coleta pelos pobres.

Enfim, o evento da crucificação de Cristo é lembrado em 13,4: "De fato, foi crucificado em fraqueza; contudo, vive pelo poder de Deus. Porque nós também somos fracos nele, mas viveremos, com ele, para vós outros pelo poder de Deus". A fraqueza humana é plenamente compartilhada na crucificação de Cristo, mas em vista do poder de Deus que lhe deu vida, a ponto de se tornar o penhor da participação dos crentes em sua ressurreição.

As três proposições estão unidas pela dimensão participativa dos crentes no ser em Cristo: do intercâmbio entre o pecado e a justiça, ao compartilhamento da fraqueza e pobreza humanas e à vida e ressurreição de Cristo. As relações de intercâmbio entre Cristo e os crentes serão tomadas em sucessivas cartas paulinas (cf. Gl 3,13-14; 4,4-6; Rm 8,3-4; 15,8-9).

Nota-se como a cristologia de 2Coríntios não mais se detém nos ditos e eventos da vida pública de Jesus – como, aliás, ocorre em alguns parágrafos de 1Tessalonicenses e 1Coríntios –, mas concentre a atenção nas consequências de querigma da morte e ressurreição de Cristo na existência dos crentes. Sob esse ponto de vista, nossa carta não oferecerá contribuição alguma à "terceira busca" ou a *Third Quest* do Jesus histórico, que se concentra no nível jesuânico de sua vida pública. Somente em 12,9 encontra-se o oráculo – mais do que dito – ("A minha graça te basta, porque o poder se aperfeiçoa na fraqueza"), que aliás nem foi revelado a Paulo pelo Jesus terreno, mas pelo Ressuscitado.

Na verdade, alguns estudiosos propuseram interpretar as referências à "mansidão e benignidade" de Cristo em 10,1 na perspectiva jesuânica e, portanto, referindo-se ao caráter do Jesus terreno[11]. Mas, como observamos em relação ao ministério de Paulo, é melhor pensar na mansidão e na benignidade de Paulo, amadurecidas no relacionamento com o Senhor ressuscitado e não nas qualidades humanas de Jesus, das quais não há qualquer menção em toda a carta. Em última análise, a cristologia de 2Coríntios impõe o critério descrito em 5,16: o conhecimento não meramente humano ou "segundo a carne" de Jesus, mas um conhecimento guiado pela ação do Espírito que possibilita reconhecê-lo e professá-lo como Senhor. Portanto, não se pode deixar de concordar com o que R. Penna registra sobre a cristologia paulina em geral e, mais ainda, para 2Coríntios: "O Jesus terreno está na base de tudo isso, é o ponto de partida indispensável, é o núcleo duro do envolvimento com a história. E Paulo sabe disso. Mas ele respira com outros pulmões, que não são os do historiador, mas os do 'místico'"[12].

As proposições mencionadas se declinam com as ousadas metáforas que aludem ao "aroma de Cristo" (2,15) para definir a expansão missionária dos apóstolos, ao "tesouro (que é Cristo, ou o Evangelho) em vasos de barro" (4,7), à "virgem pura a um só esposo, que é Cristo" (11,2) e à "carta da recomendação de Cristo" (3,3) para identificar a comunidade cristã. Portanto, o relacionamento com Cristo ocupa o espaço dominante da carta, pois nele Deus disse definitivamente sim aos homens e estes respondem com seu amém eclesial (1,20).

O espírito vivificante

A obra de Deus Pai e do Filho se faz presente constantemente pela ação vivificante do Espírito. Várias são as características do Espírito do Deus vivo que Paulo destaca em 2Coríntios, especialmente no início da primeira apologia (3,1-17). Em primeiro lugar, o Espírito é o "penhor" (1,22; 5,5), derramado por Deus em vista do cumprimento final ou escatológico. A expressão "o penhor do Espírito" assume mais as características de um genitivo

---

11. Cf. p. ex. STEGMAN, T. *The Character of Jesus* – The Linchpin to Paul's Argument in 2Corinthians. Roma: PIB, 2005 [Analecta Biblica 158].

12. PENNA, R. *I ritratti originali di Gesù il Cristo* – Inizi e sviluppi della cristologia neotestamentaria. Vol. II. 3. ed. Cinisello Balsamo: San Paolo, 2011, p. 118.

epexegético (o Espírito como penhor) do que subjetivo (o Espírito que dá o penhor, mas que não é identificável) e objetivo. A metáfora enfatiza a relação entre a antecipação e o saldo econômico realizado por aqueles que estabelecem um contrato administrativo. Assim, toda a existência cristã é marcada pela ação não adquirida, mas em contínuo dinamismo, do Espírito.

O contraste entre a letra (*grámma*) e o Espírito em 3,6 é decisivo: enquanto a primeira mata, o segundo vivifica. No entanto, sobre essa antinomia, vale ressaltar que a oposição não diz respeito à Lei mosaica (que não é mencionado em 2Coríntios), mas à *grámma* que mata enquanto a vida é dada apenas pelo Espírito do Deus vivo (3,3). Por isso, o contraste se coloca mais no nível histórico-salvífico do que hermenêutico, ainda que não faltem recaídas nesse sentido: o dado pelo qual o Espírito dá vida torna deletério o caminho alternativo que se limita à letra.

Uma consequência fundamental da ação vivificante do Espírito é a liberdade concedida por seu senhorio: "Ora, o Senhor é o Espírito; e, onde está o Espírito do Senhor, aí há liberdade" (3,17). O Espírito compartilha com Jesus Cristo e com Deus o senhorio sobre a existência dos crentes; e é em virtude desse senhorio que a liberdade é dada, entendida como um dom tangível do Espírito. Assim, a liberdade do Espírito, que distribui os carismas e ministérios aos que deseja (cf. 1Cor 12,11), torna-se liberdade no ministério alimentado pelo Espírito (cf. 2Cor 3,8). Quanto às qualidades do ministério, voltaremos à relação entre a parrésia ou a franqueza e liberdade doadas pelo Espírito.

Infelizmente, não sabemos o conteúdo da teologia trinitária dos adversários de Paulo, em alusão a 11,4: "Se, na verdade, vindo alguém, prega outro Jesus que não temos pregado, ou se aceitais espírito diferente que não tendes recebido, ou Evangelho diferente que não tendes abraçado, a esse, de boa mente, o tolerais". Afora a alusão ao Evangelho que no imediato v. 7 é definido "de Deus", de modo que a proposição de 11,4 é uma proposição trinitária implícita, Paulo não explica mais tarde o conteúdo do Evangelho alternativo difundido por seus adversários. No entanto, mesmo nesse caso, é trazida em questão o agir trinitário e não apenas o de Deus e de Jesus.

As proposições trinitárias de 1,21-22; 3,1-3.17-18; 11,4; 13,13 demonstram que a atenção de Paulo está inteiramente voltada para a dimensão econômica ou histórico-salvífica e não para a dimensão imanente da Trindade.

É por isso que acreditamos que seja insuficiente falar em biteísmo original, transformado em "triteísmo" mediante a inculturação da mensagem cristã no contexto helenista, e que seja igualmente estreito interpretar as proposições citadas apenas no paradigma ternário. O que está em questão é o agir de Deus, de Jesus Cristo e do Espírito, inervado em seu senhorio. Portanto, sem cair em formas sucessivas de subordinação ou graus de superioridade e inferioridade de uma pessoa divina para a outra, as proposições trinitárias não contradizem o monoteísmo de Paulo e das primeiras comunidades cristãs.

Antiga e nova aliança

Como ocorre com 1Coríntios, a Escritura continua, mesmo que em proporções diferentes entre a carta da reconciliação e a polêmica, oferecendo uma contribuição substancial em 2Coríntios. Nos capítulos 1-9 abundam citações diretas, indiretas, alusões e ecos do Antigo Testamento, sobretudo na seção de 3,1-18, em que Paulo estabelece a comparação entre seu ministério e o de Moisés (Ex 34,29-35). O ministério paulino é superior ao de Moisés pela glória permanente de Deus e pela retirada do véu. Do ponto de vista hermenêutico, o paradigma com que o Antigo Testamento é interpretado procede das promessas ou da realização cristológica (cf. 1,20).

Além disso, pela primeira vez nos escritos cristãos antigos, menciona-se a relação entre a "antiga aliança" (3,14) e a "nova aliança" (3,6), sobre a qual são oportunos alguns esclarecimentos. Em primeiro lugar, o termo *diathéke* deveria ser traduzido como "aliança", "pacto" ou "disposição" e não como "testamento", pois na verdade não existia nos anos 50 um Novo Testamento distinto do Antigo. Os evangelhos canônicos não haviam sido compostos e a questão do cânon começou a emergir no final do século I. Ademais, em 3,1-18, as duas alianças não diferem entre si, por uma revogação da primeira em favor da segunda. Pode-se muito bem notar que o verbo *katarghéin* (cancelar, revogar), usado quatro vezes na passagem (v. 7.11.13.14), não está relacionado com a antiga aliança, mas com a glória e com o véu sobre o rosto de Moisés. Pelo contrário, é o véu que diferencia a antiga da nova aliança, uma vez que, como afirmado em 3,15, "quando é lido Moisés, o véu está posto sobre o coração deles".

Portanto, as duas alianças não colidem por causa de sua natureza, muito menos por estatutos diferentes, mas por conta da relação que a única aliança mosaica tem com Cristo. Na prática, sem Cristo a antiga aliança permaneceria velada ou indecifrável, enquanto nele e com Ele revela toda a sua novidade, gerada através da passagem da letra ao Espírito. Contra a ideia de que a Antiga Aliança teria sido revogada, Paulo reconhece a importância da aliança pela relação que em Cristo se delineia entre as promessas e seu cumprimento, mesmo que seja o cumprimento inesperado em Cristo, que precede e origina a relação entre as duas alianças. A contribuição da hermenêutica paulina sobre a Escritura em 2Coríntios é determinante para a interpretação cristã posterior e permite explorar plenamente o Antigo Testamento no Novo, contra as tendências que, na busca de interpretação do Novo, prescindem do Antigo Testamento, como é o caso do maniqueísmo.

Virgem pura para Cristo

Em comparação com 1Coríntios, a eclesiologia de 2Coríntios não é muito desenvolvida; e, da primeira carta, de Paulo retoma a metáfora do templo (cf. 1Cor 3,16; 6,19) para reafirmar que a comunidade cristã é "o templo do Deus vivente" (2Cor 6,16). No entanto, é original a metáfora esponsal de 2Cor 11,2: "Porque zelo por vós com zelo de Deus; visto que vos tenho preparado para vos apresentar como virgem pura a um só esposo, que é Cristo". No pano de fundo da metáfora emergem as duas fases do casamento judaico da época: o *qiddushín* ou contrato nupcial de "santificação" e *Nissu'ín* que estabelecia a coabitação entre o noivo e a noiva. Da mesma forma, a Igreja de Corinto já é santificada pela celebração nupcial, mas aguarda a união definitiva com o noivo, que é Cristo. Enquanto isso, ela é encorajada a preservar a castidade conjugal, sem se deixar encantar pelos adversários de Paulo.

Entre a pertença já ratificada (que não corresponde ao nosso noivado) e a união definitiva com a esposa, que é Cristo, coloca-se a ética eclesial da fidelidade exigida da noiva; e 2Coríntios atesta as dificuldades concretas que toda comunidade cristã encontra para se tornar o que é: esposa de Cristo. Por isso, enquanto na carta da reconciliação Paulo reconhece que os destinatários são estáveis e firmes na fé (1,24), com a carta polêmica reaparecem as dificuldades do passado: a de que os vícios das divisões e imoralidade sexual, defenestrados [com a nova vida], retornem pela porta da frente (12,20-21). Portanto, a comunidade de Corinto precisa de apoio contínuo: é um templo de Deus, mas deve guardar a nova identidade relacional com Cristo.

Um teste decisivo sobre o novo modo de pensar eclesial é constituído pela coleta para os pobres de Jerusalém (8,1–9,15). A comunidade enfrenta a encruzilhada entre a renúncia egoísta e a participação generosa, entre uma forma de sectarismo aborrecido e um altruísmo generoso. Por isso, a coleta não é uma simples coleta de dinheiro, mas assume na ótica de Paulo um valor inestimável: é "bênção" (9,5.6), "graça" (8,6.7.19), "comunhão" (8,4; 9,13), "serviço" (8,4; 9,1.12.13), "liturgia" (9,12), "generosidade" (8,2; 9,13), "amor" (8,8.24), "projeto" (9,4) e "generosa dádiva" (8,20).

Os termos citados são, por sua vez, apoiados por algumas motivações fundamentais: o milagre que ocorreu para Israel, durante a saída do Egito, com o dom do maná (8,13-15); e Deus ama aqueles que dão com alegria e não com mesquinhez ou restrições (9,7). O exemplo inimitável da graça de Cristo, que sendo rico se fez pobre por nós, para que nos enriqueçamos com sua pobreza (8,9), deveria encorajar os coríntios a voltarem à participação generosa na coleta, interrompida há um ano.

Enfim, a igualdade entre as comunidades (8,13) torna-se um valor eclesial se não for vista como uma constrição, mas como um presente de uma Igreja para outra. No entanto, o caminho para a igualdade entre as Igrejas não é ditado por uma obrigação paritária, mas sim pelo intercâmbio original do Evangelho. O resultado positivo da coleta lembrada em Rm 15,26-27, em que também participaram as Igrejas da Macedônia e da Acaia, mostra que a exortação de 2Cor 8–9 alcançou seu propósito: a soma de dinheiro (8,20) reunida entre as comunidades paulinas se revelou uma bênção e uma liturgia eclesial.

Portanto, a coleta não é simplesmente um momento da liturgia cristã, mas é ela própria liturgia em seu sentido mais exato: um ato de adoração a Deus e aos mais pobres. Assim, a mesa da fração da Palavra e do pão não deve ser separada da mesa da caridade, como já tinha ocorrido em Corinto (cf. 1Cor 11,27-32), mas deve justamente ser posta naquela mesa da caridade. Caso contrário, os escândalos eclesiais das divisões entre ricos e pobres se perpetuarão. O árduo caminho de se tornar "Igreja de Deus" todos os dias, ainda que seja pela graça, demonstra a permanente relevância de 2Coríntios, onde a convicta defesa do ministério de Paulo se revela uma apologia da Igreja.

As qualidades do apostolado

Para defender seu apostolado, Paulo relata sua vida em Cristo: desde o encontro em Damasco, mencionado em 4,6, até as mais recentes notícias sobre viagens na Macedônia, Acaia e Trôade (1,15-16; 2,12) e as maneiras pelas quais ele está organizando a coleta para os pobres de Jerusalém (8,1–9,15). Entre os pontos altos no conteúdo de 2Coríntios estão os dois parágrafos de 5,11-21 (dedicado ao ministério da reconciliação) e de 12,1-10 (sobre o arrebatamento ao terceiro céu). Desses dois cumes, seu ministério flui a jusante para servir as comunidades.

A *diakonía* ou o ministério de Paulo é definido de várias maneiras na carta da reconciliação. Primeiro, é "ministério do Espírito" (3,8), na medida em que se origina do "Espírito do Deus vivente" (3,3) e não no sentido que dá o Espírito. Na realidade, não existe primeiro o ministério e depois o Espírito, mas o contrário, porque o Espírito está na origem de todo carisma e ministério, inclusive do apostolado. É também um "ministério de reconciliação" porque é comparável à função dos embaixadores imperiais enviados às províncias romanas para difundir o édito de reconciliação divina em Cristo (5,20). Quanto ao conteúdo, é "ministério da justiça" (3,9) ou justificação gratuita em Cristo; e pela sua manifestação é "ministério da glória" (3,9) ou da presença permanente de Deus.

O apostolado ou ministério de Paulo não é de origem humana, mas divina como sublinha com as assim chamadas fórmulas de confiança, sobre as quais nos debruçamos na análise da primeira apologia (3,4.12; 4,1.7.13; 5,1). Como essas são fórmulas de confiança, os respectivos conteúdos devem ser entendidos não como qualidades humanas, mas como dons gratuitos de Deus para os crentes e para Paulo. É importante ressaltar que, em 2Coríntios, o termo "apóstolo" corresponde a "ministério" e, ao mesmo tempo, assume uma dimensão geral e particular. De fato, enquanto o termo *apóstolos* nas cartas paulinas não corresponde aos Doze (Rm 16,7, onde ele é usado para Júnias e Andrônico), mas assume um significado mais amplo, deve-se notar que "nem todos são apóstolos", como o próprio Paulo especificou em 1Cor 12,28-29. Por um lado, alguns dos apóstolos são enviados entre as diferentes comunidades cristãs, como ocorre com os irmãos das Igrejas da Macedônia enviados aos irmãos da Acaia (2Cor 8,23); por outro, quando acontece a difusão do Evangelho é a origem divina ou pneumatológica que se impõe. E é com esse sentido que o apostolado ou *diakonía* de Paulo é defendido em Corinto, contra seus detratores.

Apesar da natural indignidade ou incapacidade humana (2,16), Paulo recebeu de Deus a dignidade de exercer o apostolado, o tesouro do Evangelho de Cristo no vaso de barro que é seu corpo (4,7) e o "espírito da fé" que o leva a falar francamente (4,13), sem ceder às formas humanas de servilismo. Do encontro/confronto com o Cristo ressuscitado no caminho de Damasco, a luz resplandecente de Deus iluminou seu coração e se irradiou por toda parte para iluminação do conhecimento da glória de Deus, na face de Cristo (4,6). Com metáforas tocantes, o ministério de Paulo é comparado à difusão do perfume de Cristo e à participação de cortejos triunfais reservados às divindades ou triunfos imperiais (2,14-15).

O conteúdo essencial do apostolado não é o próprio eu, mas Jesus Cristo o Senhor (4,5). O acento é colocado no senhorio de Cristo, a quem Paulo serve com total dedicação. Os catálogos de adversidades ou peristáticos, presentes em toda a 2Coríntios (4,8-9; 6,4-5.8-10; 11,23-27; 12,10), demonstram que não se trata de um ministério só de palavra, mas envolve toda a existência de Paulo, seu corpo, até se tornar um verdadeiro *sermo corporis*. A pregação de Cristo com a vida é realizada através do processo paradoxal da necrose ou morte progressiva pela ação invasiva de Jesus em sua existência (4,8-9). Se olharmos mais de perto, o caminho é paradoxal: enquanto para qualquer fim humano o resultado é representado pela morte, no caso de Paulo é a vida de Jesus que se manifesta em seu corpo mortal.

Mesmo na segunda apologia, o confronto com os adversários que não se detém em um belo discurso retórico. Paulo reconhece sua incapacidade para tanto (11,6). Assim, ele aponta para os sinais de apostolado em seu próprio corpo (11,23-27). Somente nesse terreno seu ministério se demonstrou superior ao daqueles que o difamaram em Corinto, porque quando as adversidades enfraquecem o corpo é-se colocado na esfera da potência divina que se manifesta na fraqueza humana (12,9-10).

O segundo aspecto do ministério de Paulo diz respeito às relações com a comunidade de Corinto, à qual ele confessa sentimentos de profunda afeição. Ele não precisa de cartas de recomendação, diante de seus detratores, visto que os mesmos destinatários são a carta escrita por Cristo não com tinta, nem em tábuas de pedra, mas com o Espírito do Deus vivo e no coração de Paulo (3,2-3).

O processo de morte e de vida, destacado pela relação com Cristo, apresenta consequências eclesiais de primeira grandeza: Se Paulo opera a morte, nos destinatários se realiza a vida (4,12). Compreende-se bem que o laço que o une à comunidade não é tanto o de amizade, mesmo reconhecendo a importância do *De amicitia*, como o de um pai por seus filhos, ou do pai que tenta proteger o casamento de sua filha com o único esposo que é Cristo (11,2). Nessa linha Paulo se considera mais como amigo do esposo, comparável ao papel de João Batista em relação a Jesus na perspectiva joanina (cf. Jo 3,26): aliás, é o pai que prepara o dote para sua filha (12,14).

Por isso, em nenhuma outra carta, como em 2Coríntios, Paulo confessa seu amor por sua comunidade: um amor sincero (2,4; 6,6), generoso e livre (12,15a), mas ao mesmo tempo ciumento (11,2-3) que não permite intrusões e espera, em troca, a dedicação total (12,15b).

No que se refere às exigências do ministério de Paulo, a tese geral da carta da reconciliação (1,12-14) evidencia desde o início as qualidades de simplicidade e sinceridade, contra aqueles que o acusam de não ser sincero e de agir por motivos ocultos, instrumentalizando a Palavra de Deus ou o Evangelho (2,16b-17; 4,2; 6,11). A sinceridade no ministério é expressa com franqueza (parrésia) com a qual se refere a todos, atestando a verdade e liberdade em Cristo pelo Espírito (3,12; 6,7; 7,4). No pano de fundo, o termo *parrhésia* é usado tanto em ambientes de amizade, para sublinhar a sinceridade de relacionamentos, quanto em contextos públicos, uma vez que se opõe à adulação ou ao populismo do discurso político. O teste decisivo que demonstra a franqueza de Paulo diz respeito ao sustento econômico a que teria direito de pedir aos destinatários pelas dificuldades que a evangelização e as viagens acarretam. No entanto, mesmo se os outros apóstolos se servem desse direito, conferido pelo Evangelho (1Cor 9,14-15) e os "superapóstolos" não hesitam em explorar a comunidade de Corinto (cf. 2Cor 11,20), Paulo não desiste da gratuidade do ministério: uma ostentação que ninguém pode tirar dele na Acaia (11,10).

Na verdade, Paulo aceitou o apoio econômico dos filipenses (11,9); No entanto, a exceção se deve à fidelidade que estes lhe mostraram, ao passo que é acusado pelos coríntios de mercadejar a Palavra de Deus (2,17). Na Acaia, o desapego do dinheiro é confirmado pela estratégia com a qual pretende organizar a coleta para os pobres de Jerusalém. A fim de ele mesmo não administrar a enorme soma de dinheiro que está se acumulando entre as comunidades, ele decide responsabilizar Tito e os dois "irmãos" escolhidos entre os crentes da Macedônia (8,16-23). Nesse sentido, o exemplo de Paulo é inimitável. Nisso, ele se distingue dos pregadores itinerantes, de outros apóstolos e superapóstolos.

O segundo valor do ministério de Paulo é a dignidade, não obstante os limites e a indignidade humana. Sob esse ponto de vista, a questão colocada no início da primeira apologia é fundamental: "Quem, porém, é suficiente para estas coisas?" (2,16b). No arranjo argumentativo, observamos que a questão é então desenvolvida em duas trajetórias: a suficiência vem do poder do Espírito de Deus (3,4-6); e ninguém está à altura do ministério, mas é-se chamado para levar o tesouro do Evangelho em um vaso de barro (4,7). O tema da dignidade divina na indignidade humana é declinado na segunda apologia com o da força na fraqueza. Do lado humano, Paulo confessa sua fraqueza em comunicar o Evangelho sem grande eloquência. Nesse contexto, ele nem se compara aos adversários (11,5-6). No entanto, não é inferior a ninguém no conhecimento existencial de Cristo. As adversidades contínuas enfrentadas por causa de Cristo mostram que, mesmo sendo um nada (12,11), Paulo é superior a qualquer pessoa no exercício de *diakonía* por Cristo (11,23).

A união paradoxal entre força e fraqueza é ilustrada pelo contraste entre o arrebatamento ao terceiro céu ou no céu (12,1-4) e a humilhação sofrida pelo espinho na carne (12,7). Inúmeras hipóteses foram propostas sobre o "espinho contra a carne": desde uma doença física, como a epilepsia, a uma doença psicológica, até mesmo a cegueira temporária. Talvez seja oportuno esclarecer que a expressão não está no genitivo ("espinho da carne"), mas sim no dativo de desvantagem ("espinho contra a carne"). Assim, não se trata de um aspecto da humanidade de Paulo que lhe causa sofrimento, mas um agente que o atinge de fora. Além disso, a relação imediata com um "anjo de satanás enviado para golpear" ou para humilhá-lo o encaminha para a hipótese antropológica. Nesse caso, tratar-se-ia de uma pessoa que, aproveitando-se de alguma fraqueza humana não identificada, o humilhou.

O terceiro valor do ministério diz respeito ao senso de medida que acompanha o apostolado de Paulo (10,13-15). Nesse contexto, a consciência do limite estabelecido pelo Senhor é imposta, mas que não deve ser excedida. O senso de medida, assim entendido, induz Paulo a não se gloriar pelas fadigas de outras pessoas, como fazem seus adversários (10,12-13), nem a "dominar a fé" dos coríntios, mas a reconhecer-se como um colaborador da sua alegria (1,24).

Enfim, a "mansidão e a benignidade de Cristo" (10,1), que não fazem alusão a duas virtudes do Jesus terreno, mas de Paulo por Cristo, expressam a paciência que ele tem de alimentar para com os inconsistentes e infiéis coríntios (10,5-6). Paulo muitas vezes tem um conceito rígido e inflexível, sobretudo no campo da ética. Os casos do ofensor (2,5-11) e da desobediência de grande parte da comunidade de Corinto (10,1-6), quando as relações já se acalmavam, demonstram a sua mansidão e benignidade em saber esperar tempos de maturação e consolidação na fé (10,15).

As qualidades relatadas acompanham o ministério de Paulo, inteiramente dedicado ao relacionamento com Jesus Cristo e com as suas comunidades: o *sermo corporis* se torna mais eloquente do que qualquer outra forma de evangelização, porque torna tangíveis nas desventuras enfrentadas a força na fraqueza e a dignidade da graça que atua na indignidade humana.

Conclusão

Na introdução, definimos 2Coríntios como as *Confissões* de Paulo. Trata-se, todavia, não de monólogo consigo mesmo, mas sim um confronto em grande escala com a comunidade da Acaia. À primeira vista, as duas apologias que distinguem a carta da reconciliação (cap. 1-9) e a carta polêmica (cap. 10-13) poderiam fazer pensar em uma carta pessoal demais para conservar alguma atualidade. Na verdade, uma vez que Paulo não é primeiro um cristão ou homem e, depois, um apóstolo, mas defende seu apostolado com cada fibra de sua humanidade, a carta transmite uma atualidade desarmante. É por isso que não apenas o apostolado dos Doze, mas de Paulo e de todos os crentes, é repensado a partir das mais profundas motivações: o relacionamento com Cristo (e com sua forte fraqueza na morte e ressurreição), com o Deus fiel que em Cristo disse somente sim a toda pessoa humana e com o Espírito que nos anima e liberta de qualquer medo e inadequação humana.

Mais do que os eventos de sua própria existência em Cristo, os sentimentos de Paulo são derramados nas páginas de 2Coríntios, sem nunca cair em formas de sentimentalismo ou pietismo. São sentimentos de um homem que, com gratuidade e sinceridade, dedicou-se por suas comunidades, mas se viu traído e caluniado em sua mais profunda identidade: ser apóstolo por vocação e não por profissão!

Bibliografia comentada

Comentários exegéticos

Da era patrística e medieval, temos os belos comentários de João Crisóstomo, do Ambrosiáster e de Tomás de Aquino. Entre os comentários exegéticos contemporâneos, destacamos os de V.P. Furnish, M. Thrall e A. Pitta.

AMBROSIASTER. *Commento alla Seconda lettera ai Corinzi*. Roma: Città Nuova, 1989 [Collana di Testi Patristici 79].

BEST, E. *Seconda Corinzi*. Turim: Claudiana, 2009.

FURNISH, V.P. *II Corinthians*. Nova York: Doubleday, 1984 [Anchor Bible 32A].

JOÃO CRISÓSTOMO. *Commento alle lettere di S. Paolo ai corinzi* – Lettera seconda – Omelie I-XXX. Vol. III. Siena: Cantagalli, 1962.

KLAUCK, H.-J. *2. Korintherbrief*. Würzburg: Echter, 1986 [Die Neue Echter Bibel – Neues Testament 8].

LORUSSO, G. *Seconda Lettera ai Corinzi* – Introduzione, versione, commento. Bolonha: EDB, 2007 [Scritti delle origini cristiane 8].

MANZI, F. *Seconda Lettera ai Corinzi* – Nuova versione, introduzione e commento. Milão: Paoline, 2002 [Libri Biblici Nuovo Testamento 9].

PITTA, A. *Seconda Corinzi* – Commento esegetico. Roma: Borla, 2006.

SCHELKLE, K.H. *Seconda lettera ai Corinti*. 3. ed. Roma: Città Nuova, 1990.

THRALL, M. *Seconda Lettera ai Corinzi*. 2 vol. Bréscia: Paideia, 2007-2009 [orig. inglês, 1994-2000].

TOMÁS DE AQUINO. *Commento al Corpus Paulinum/Expositio et lectura super epistolas Pauli* – Vol. 3: Seconda lettera ai Corinzi. Lettera ai Galati. Bolonha: Studio Domenicano, 2006.

Comentários teológico-espirituais

DE VIRGILIO, G. *Seconda Lettera ai Corinzi*. Pádua: Messaggero, 2012.

MURPHY-O'CONNOR, J. *La teologia della Seconda Lettera ai Corinti*. Bréscia: Paideia, 1993.

ORSATTI, M. *Armonia e tensioni nelle comunità* – La Seconda Lettera ai Corinzi. Bolonha: EDB, 1998.

PITTA, A. *Seconda Lettera ai Corinzi* – Commento esegetico spirituale. Roma: Città Nuova, 2010.

Contribuições

As monografias e artigos atuais sobre 2Coríntios se referem, principalmente, à integridade ou fragmentação da carta, sua profundidade retórica e as peculiaridades do ministério de Paulo. O comentário de H.D. Betz tentou demonstrar a existência de duas cartas administrativas em 2Cor 8 e 9: a hipótese suscitou um debate acalorado entre os estudiosos da carta. O estudo de C. Breytenbach ajudou a identificar o contexto diplomático da linguagem de reconciliação usada em 2Cor 5,14-21. J.T. Fitzgerald concentrou-se no pano de fundo helenístico dos catálogos das dificuldades ou peristáticos, que perpassam 2Coríntios, e A. Colacrai aprofundou o binômio "força-fraqueza" particularmente atestado na carta.

BETZ, H.D. *2Corinthians 8 and 9*: A Commentary on two administrative Letters of the Apostle Paul. Philadelphia, 1985.

BREYTENBACH, C. *Versöhnung* – Eine Studie zur paulinischen Soteriologie. Neukirchen/Vluyn: Neukirchener, 1989 [Wissenschaftliche Monographien zum Alten und Neuen Testament 20].

COLACRAI, A. *Forza dei deboli e debolezza dei potenti* – La coppia "debole: forte" nel Corpus Paulinum. Cinisello Balsamo: San Paolo, 2003.

DE VIRGILIO, G. *La teologia della solidarietà in Paolo* – Contesti e forme della prassi caritativa nelle lettere ai Corinzi. Bolonha: EDB, 2008 [Supplementi di Rivista Biblica 51].

FITZGERALD, J.T. *Cracks in an Earthen Vessel* – An Examination of the Catalogues of Hardships in the Corinthian Correspondence. Atlanta: Scholars Press, 1984 [Society of Biblical Literature Dissertation Series 99].

PITTA, A. Il "discorso del pazzo" o periautologia immoderata? Analisi retorico-letteraria di 2Cor 11,1–12,18. *Biblica* 87, 2006, p. 493-510.

5

Carta aos Gálatas
O Evangelho da liberdade

O manifesto de liberdade em Cristo é a Carta aos Gálatas. Entre as assim chamadas "quatro grandes cartas paulinas" (1Coríntios, 2Coríntios, Gálatas e Romanos), Gálatas é a mais curta, mas, ao mesmo tempo, a mais densa e mais devastadora de Paulo contra os cristãos da Galácia e adversários que questionam seu Evangelho de liberdade da Lei mosaica e suas obras. Muitas vezes na história bimilenar de interpretação, a carta se encontrou no centro dos mais acalorados debates entre fé e obras, entre a vida segundo o Espírito e segundo a carne, entre carisma e instituição.

Às vezes Gálatas é considerada indevidamente como o rascunho da Carta aos Romanos, mas as duas cartas refletem situações eclesiais bastante diferentes e, do ponto de vista do conteúdo, alguns parágrafos de Gálatas são originais: pense-se na seção autobiográfica de Gl 1,13–2,14, na demonstração nos dois tipos de filiação abraâmica em Gl 4,21–5,1 e na seção ética de Gl 5,13–6,10; essas são passagens com poucos paralelos em Romanos. Portanto, para compreender a mensagem é essencial para tentar delinear o contexto histórico que levou Paulo a enviar a carta.

Uma evangelização não programada

De acordo com o *excursus* autobiográfico de Gl 4,12-20, Paulo chegou à região da Galácia "por causa de uma enfermidade" (Gl 4,13), sem melhor especificação. Não obstante o tipo de doença, os gálatas o acolheram com entusiasmo, como um anjo enviado por Deus, e aderiram sem reservas ao seu Evangelho. Duas questões importantes estão condensadas nesse fato histórico: Onde se localiza a área da Galácia, evangelizada por Paulo? E quando ele a evangelizou?

Sobre a primeira questão, é oportuno notar que o nome *Galatía* é encontrado quatro vezes no Novo Testamento: 1Cor 16,1; Gl 1,2; 2Tm 4,10; 1Pd 1,1. O termo derivado, *galatiké*, aparece em At 16,6; 18,23, enquanto o gentílico *galatai* é observável apenas em Gl 3,1. As citações acima permitem a suposição de dois locais: a zona meridional da Galácia ou a zona setentrional da Galácia propriamente dita. No primeiro caso, o termo *Galatía* refere-se à província romana constituída por 25 a.C. com a ocupação romana, que inclui a Licaônia, a Pisídia e a Frígia. No segundo caso, refere-se apenas à região da atual Turquia Central, cercada pela Bitínia, Paflagônia, Ponto e Capadócia. Já que em 16,6; 18,23 as regiões da Galácia e da Frígia são mencionadas, a hipótese regional deve prevalecer diante da hipótese provincial ou política. Até mesmo a designação étnica *Galatai* em Gl 3,1 orienta-se decididamente para a segunda hipótese: o nome "Gálatas insensatos" só pode ser aplicado àqueles que o são em sentido real e não apenas administrativa ou politicamente, como, por exemplo, os habitantes da Frígia.

Portanto, as "Igrejas da Galácia" (Gl 1,2) parecem estar localizadas nos centros urbanos de Pessinunte, Ancyra (moderna Ancara) e Tavium. Nesse caso, Paulo evangelizou pela primeira vez a área central da Turquia durante a segunda viagem missionária (49-52 d.C.). Infelizmente, não sabemos o motivo pelo qual, da costa sul da Cilícia, ele decidiu abandonar as principais artérias de comunicação viárias para chegar à região montanhosa do centro da Galácia. Talvez porque na região houvesse um clima mais saudável para sua doença ou por conta do surgimento de algumas termas para cuidados com a pele ou com os olhos, descobertos cerca de trinta anos antes na região?

Por ocasião da terceira viagem (54-58 d.C.), enquanto se encontrava em Corinto ou Éfeso, recebeu a informação preocupante sobre os gálatas: Deixaram-se cativar por alguns adversários anônimos de Paulo (cf. Gl 1,6-9; 3,1-2), que exigem submissão à Lei mosaica e circuncisão para melhorar adesão deles a Cristo. Enquanto isso, até mesmo as Igrejas da Acaia (Corinto, Cencreia) estão passando por situações de conflito com Paulo, sobre a credibilidade de seu ministério – tema do qual tratamos ao abordar sua correspondência com os coríntios. Diante de tamanha provação e impossibilitado de chegar à região da Galácia novamente, em meados dos anos 50 d.C. (55-56) Paulo decide enviar a carta com a intenção de frear a adesão dos gálatas à circuncisão e à Lei mosaica.

As Igrejas da Galácia

Quanto aos destinatários da carta, as importantes descobertas arqueológicas da área nos permitem afirmar que se trata de pessoas amáveis, dedicadas ao culto lunar e origem bárbara. Então, nunca ouviram falar da Lei mosaica, nem de circuncisão e de calendário judaico. De fato, não há evidência da presença judaica em torno da antiga Ancyra; e a primeira pregação de Paulo foi totalmente focada sobre o anúncio de Jesus Cristo crucificado (3,1) e na ação do Espírito (3,3), sem pedir aos gálatas qualquer obrigação da lei.

Com a pregação posterior dos adversários de Paulo, dos quais ignoramos os nomes, origem e identidade, os gálatas acolheram favoravelmente a observância do calendário judaico, junto com a fé no único Deus de Jesus Cristo (4,8-11) e pretendiam prosseguir na sua judaização (cf. o uso pouco frequente do verbo "judaizar" em 2,14) de sua fé cristã, mediante a plena submissão à Lei mosaica. Infelizmente, os adversários que chegaram na Galácia depois da pregação de Paulo acabaram no anonimato por uma espécie de *damnatio memoriae*. Muito provavelmente eram agitadores de origem cristã, mas diferentes daqueles que trabalharam em Corinto, pois, nas duas cartas que analisamos, ainda não apareciam as questões sobre a Lei e suas obras em relação à justificação.

Portanto, para Paulo, o que está em jogo na Galácia é muito importante: Qual é a relação entre Cristo e a Lei? É possível crer no Evangelho sem observar a Lei? A submissão à Lei acrescenta ou remove algo da dignidade do crente em Cristo? A Carta aos Gálatas é a primeira forma de "nova evangelização" para os crentes que, depois de terem recebido com entusiasmo o Evangelho de Paulo, correm o risco de não progredir, mas regredir em sua corrida pela fé em Cristo (5,7).

Disposição e gênero

Na história da interpretação, a Carta aos Gálatas nunca foi questionada quanto à paternidade e integridade redacional; por seu conteúdo polêmico e autobiográfico, sempre foi considerada de Paulo e não apresenta hipóteses alternativas credíveis. Em uma análise mais minuciosa, as partes que a compõem estão tão intimamente interligadas que parecem ditadas de uma só vez, sem momentos de pausa ou reconsideração de algumas declarações desdenhosas, sobretudo para com os adversários. A carta tem a seguinte tessitura:

Introdução epistolar (Gl 1,1-12)

Corpo epistolar (Gl 1,13–6,10)
Primeira demonstração: autobiografia exemplar (1,13–2,21):
da formação ao incidente em Antioquia (1,13–2,14);
a mimese ou representação do discurso (2,15-21).

Segunda demonstração: a filiação abraâmica (3,1–4,7):
apóstrofe (3,1-5);
a tese secundária e a bênção de Abraão (3,6-14);
exemplo testamentário (3,15-18);
interrogações: natureza e propósito da Lei (3,19-22);
a fé, a descendência de Abraão e a herança (3,22-29);
epílogo: a filiação em Cristo e no Espírito (4,1-7).

Terceira demonstração: o *aut-aut* dos filhos de Abraão (4,8–5,12):
apóstrofe (4,8-11);
excursus sobre a primeira evangelização na Galácia (4,12-20);
os filhos da escrava e da liberta (4,21–5,1);
peroração (5,2-12).

Quarta demonstração: a vida segundo o Espírito (5,13–6,10):
apóstrofe (5,13-15);
a vida segundo a carne e a vida segundo o Espírito (5,15-26);
a conduta dos "espirituais" (6,1-10).

Peroração final e *post scriptum* (6,11-18).

Como as outras cartas paulinas, Gálatas é composta de três partes fundamentais: a introdução (1,1-12), o corpo (1,13–6,10), e o pós-escrito (6,11-18). No entanto, a carta não tem um agradecimento ou uma bênção introdutória, presente em todas as outras cartas paulinas. Em lugar dos agradecimentos, há uma apóstrofe de reprovação contra os gálatas e os adversários de Paulo (1,6-10). Mesmo o pós-escrito de 6,11-18 não apenas recolhe as recomendações epistolares finais, mas apresenta-se como uma peroração que resume os conteúdos mais importantes da carta.

Acreditamos que o gênero principal que perpassa a carta não seja forense (embora não faltem indícios de acusação em seus beneficiários e oponentes de Paulo) ou deliberativo (que se limitaria a exortar os gálatas a não aceitarem a circuncisão), mas demonstrativo ou epidítico de acordo com a forma negativa da censura e não com a forma positiva de elogio. As apóstrofes que cadenciam as partes iniciais, de fato, remetem à forma do *psógos* ou da censura. Isso se repete a cada demonstração: desde a introdutória e geral de 1,6-10 até as secundárias de 3,1-4; 4,8-10 e 5,13-15. Contudo, estas enxertam as partes subsequentes para evidenciar o valor absoluto do Evangelho da liberdade cristã, que tem seu conteúdo central na filiação abraâmica e divina.

O arranjo argumentativo

A carta é cadenciada por quatro apóstrofes endereçadas aos destinatários (1,6-10; 3,1-4; 4,8-11; 5,13-15) e por quatro perorações que fecham as respectivas demonstrações (2,15-21; 4,1-7; 5,2-12; 6,11-18). Mais uma vez, enquanto Paulo segue um padrão epistolar habitual, adapta *ad usum delphini* ou de acordo com suas próprias finalidades persuasivas a carta, atenuando a epistolografia e a retórica-literária.

Introdução epistolar (Gl 1,1-12)

O protocolo epistolar inclui uma parte dedicada ao pré-escrito e uma aos agradecimentos epistolares. Em 1,1-5 o pré-escrito inclui a *titulatio* sobre o remetente (Paulo), a *adscriptio* ou destinação (às Igrejas da Galácia) e a *salutatio* (o desejo de graça e paz da parte de Deus Pai e do Senhor Jesus Cristo). No entanto, apenas a destinação da carta é inalterada se comparada às outras cartas paulinas: em 1,1-5 as outras partes são ampliadas. Na titulação de 1,1 Paulo logo precisa a origem e a relação fundamental de seu ministério: é apóstolo não da parte de homens (a), nem por meio de homem (b), mas por Jesus Cristo (b¹) e da parte de Deus que o ressuscitou dos mortos (a¹). A composição quiástica do tipo a-b-b¹-a¹ realça a origem divina do apostolado de Paulo e a mediação cristológica.

Ademais, enquanto em outras cartas ele menciona alguns de seus colaboradores como comitentes, em 1,2 todos os irmãos que estão com Paulo em Corinto (ou em Éfeso) de quem a carta é enviada são mencionados. A extensão máxima dos comitentes se deve ao maior consenso possível com o qual Paulo pretende abordar os destinatários. Na prática, o que está prestes a ser escrito não é compartilhado somente por alguns, mas por todos os comitentes.

Enfim, a *salutatio* inclui um apêndice: graça e paz são auguradas na ação salvífica de Jesus Cristo, o qual se entregou a si mesmo pelos nossos pecados, para nos desarraigar deste mundo perverso, segundo a vontade de nosso Deus e Pai (1,4). Estamos diante de um fragmento pré-paulino, análogo ao encontrado na seção introdutória de 1Ts 1,1-10 e caracterizado pela ação salvífica de Cristo para redimir os homens, mesmo que o conteúdo da salvação seja diferente. Enquanto em 1Ts 1,9-10 Cristo nos libertou da ira vindoura, em Gl 1,4 Ele nos libertou dos pecados. Em termos de conteúdo, o fragmento pré-paulino mais parecido pode ser encontrado em 1Cor 15,3-5 com a referência à morte de Cristo pelos nossos pecados. Uma doxologia final conduz a ação salvadora, realizada por Cristo, à "vontade de nosso Deus e Pai, a quem seja a glória pelos séculos dos séculos. Amém!" (v. 4-5).

Após o exórdio de 1,6-10, que – um caso único nas cartas paulinas – não traz qualquer agradecimento a Deus pelos destinatários, nem a lembrança deles em oração, mas aponta diretamente para uma apóstrofe de censura contra os Galati e os adversários. Os primeiros são repreendidos com severidade porque, em tão pouco tempo, passaram da sua pregação para um evangelho diferente do de Paulo, o que *di per sé* não pode nem mesmo ser chamado de Evangelho (1,5-6). Os últimos, descritos com um genérico "agitadores", são culpados porque pretendem perverter o Evangelho de Cristo. E, no lugar de fazer o protocolar agradecimento, Paulo ameaça um anátema contra aqueles que pregam contra o seu Evangelho (v. 9). O anátema é válido para qualquer um: por mais absurdo que seja, vale para o próprio Paulo ou para um anjo enviado do céu (v. 8). A respeito dos crentes em um estado de apostasia do seu Evangelho, Paulo declara que não tenta agradar aos homens, nem obter seu consentimento, mas continua seu caminho como escravo de Cristo (v. 10). Portanto, a apóstrofe geral de 1,5-10 introduz os dois interlocutores que causaram o envio da carta (Paulo, os gálatas e os agitadores vindos de fora), e os dois termos em torno dos quais ela se desenrola: o *euanghélion* e os *cháris* ou a graça divina que operou na Galácia (v. 6).

A parte introdutória encerra com a tese ou *propositio* principal da carta focada no Evangelho que Paulo se propõe a anunciar aos gálatas: seu Evangelho não é de origem humana, nem foi ensinado por homens, mas lhe foi transmitido por revelação do próprio Jesus Cristo (1,11-12). Então ele decide reevangelizar os gálatas, recomeçando do início, como se o seu esforço tivesse sido frustrado pela nova situação criada por seus adversários.

Primeira demonstração: uma autobiografia ideal (Gl 1,13–2,21)

Ao contrário de insistir na origem divina e no conteúdo cristológico de seu Evangelho, Paulo prefere primeiro contar sua vida. A seção de 1,13–2,21 constitui a mais importante autobiografia do epistolário paulino, pois abrange o espaço mais amplo de sua existência: de sua conduta no judaísmo (1,13) até o famoso incidente de Antioquia (2,11-14). À primeira vista, parece que a autobiografia esteja desancorada da origem divina de seu Evangelho, introduzida na tese de 1,11-12. Mas, de fato, a primeira demonstração tem a importante função de explicar que, enquanto os gálatas pretendem passar de Cristo para o judaísmo com a submissão à Lei, Paulo seguiu o caminho contrário: daqueles que, de uma conduta integérrima ao judaísmo, aderiram sem ressalvas a Cristo, demolindo tudo o que se construiu no passado. É por isso que a sentença final enfatiza que, se a justificação vem da Lei, Cristo teria morrido em vão (2,21) e Paulo teria sido um transgressor da Lei (2,18).

Vários estudiosos interpretam a primeira demonstração como apologética, sem, contudo, encontrar evidências reais. Pode-se notar que em 1,13–2,21 não há menção dos adversários que operam na Galácia, nem da defesa de Paulo e de seu Evangelho. Além disso, a propósito de 2Cor 1,15–7,4, descobrimos que entre a narração apologética de 2Cor 1,15–2,13 e a parte probatória de 2,14–7,4 há uma profunda relação: o que é contado na narrativa é defendido na *probatio*, como requerido pelo uso normal do gênero forense. Já em Gl 1,13–2,14, ao contrário, não há episódio que seja retomado nas demonstrações sucessivas da carta. Apenas em Gl 2,15-21 são introduzidos os principais temas que Paulo há de desenvolver mais tarde, mas a passagem não é mais narrativa e sim um discurso.

Na verdade, a autobiografia tem uma tessitura que visa a demonstrar que no *curriculum vitae* de Paulo nunca houve qualquer retorno ao passado, que ele foi consistente até o presente. Por isso, a trajetória para a qual tende a narração de 1,13–2,14 não é a autodefesa de seu Evangelho, mas sim a exemplaridade de Paulo diante da agitação que está ocorrendo nas Igrejas da Galácia. Retorna assim o gênero do autoelogio ou da periautologia que encontramos em 1Cor 9,1-27 e em 2Cor 11,1–12,10. A situação emergencial na Galácia força Paulo a narrar sua existência para que o Evangelho da graça (Gl 1,15-16) e a verdade do Evangelho (2,5.14) encontrem em sua existência um modelo exemplar aos olhos dos destinatários. Assim, as cinco sequências narrativas são relatadas de acordo com a seguinte ordem cronológica:

a formação e conduta de Paulo no judaísmo e revelação divina (1,13-17);
primeira subida a Jerusalém (1,18-20);
permanência na Síria e na Cilícia (1,21-24);
segunda subida a Jerusalém (2,1-10);
o incidente em Antioquia (2,11-14).

Na introdução à vida de Paulo, à qual mais uma vez nos referimos, comparamos a maioria dos episódios mencionados com as seções biográficas nos Atos dos Apóstolos. Agora vamos tentar apreender a dinâmica da narrativa paulina. A reviravolta é representada pelo evento de Damasco evocado em 1,15-16, onde Paulo utiliza o vocabulário da vocação profética de Jr 1,5-10, relacionando-o à tese principal de Gl 1,11-12. Deus o chamou desde o ventre de sua mãe, revelando-lhe seu Filho para que ele o proclamasse entre os gentios. A vocação de Paulo é motivada apenas pela graça divina: a mesma graça da vocação da qual, infelizmente, os gálatas estão se afastando (1,6).

À primeira vista, a narração de eventos subsequentes parece bastante objetiva e desapegada. No entanto, quando surge a história da assembleia de Jerusalém[13], Paulo insere uma anotação extradiegética ou extrínseca à narrativa que a atualiza. Assim, em 2,5 recorda que durante a assembleia de Jerusalém não cedeu nem por um momento à submissão exigida por alguns intrusos "para que a verdade do Evangelho permanecesse entre vós". A anotação diz respeito novamente ao Evangelho pelo qual ele subiu a Jerusalém (2,2) e que ele não renegou, ao contrário do que fazem os gálatas.

Por essa razão, a narração de 1,13–2,14 assume as características de uma autobiografia exemplar e ideal: exemplar para os gálatas e ideal em seus conteúdos. Revela-se ideal, sobretudo, a relação imediata entre revelação divina e evangelização dos gentios, pois sabemos que foi somente vários anos

---

13. Normalmente conhecida como Concílio de Jerusalém, o autor prefere o termo assembleia para designar esse evento. Cf. supra [N.T.].

após o evento de Damasco que Paulo começou a pregar entre os gentios. Também é ideal o divisor de águas que se estabelece entre a evangelização dos gentios, que foi confiada a ele e a Barnabé, e a evangelização da circuncisão para Tiago, Cefas e João, durante a assembleia de Jerusalém (2,1-10). Os dados históricos tinham de ser mais complexos tanto para a pregação de Paulo entre os judeus da diáspora quanto para a de Pedro entre os gentios. A maneira em que ele descreve o incidente em Antioquia onde se opõe a todos aqueles que se separam dos gentios, na ocasião da comunhão da mesa, para não incorrerem em situações de impureza alimentar. Não é coincidência que silencie sobre o resultado do incidente durante o qual Paulo deve ter sofrido uma pesada derrota. Mas os traços ideais servem como exemplo para os gálatas, de modo que eles não se submetem à Lei mosaica.

O incidente de Antioquia se conclui com a pergunta do próprio Paulo a Cefas, sublinhando a hipocrisia do seu modo de agir. Como é possível primeiro compartilhar a mesa com os gentios e depois se separar deles quando aparecem alguns enviados de Corinto? (2,14).

Sem criar uma quebra na narrativa e tendo como moldura o incidente de Antioquia, Paulo tece um discurso exemplar que, na realidade, é dirigido não tanto a Pedro mas aos gálatas. O discurso de 2,15-21 é uma mimese ou representação que recapitula a narrativa anterior e antecipa os temas da demonstração subsequente. No horizonte retrospectivo estão as referências à graça divina (1,6.15; 2,21), ao Filho de Deus que lhe foi revelado e que agora vive nele (1,16; 2,20) e à dinâmica do edificar e do demolir ou destruir (1,13; 2,18). Por outro lado, em uma função prolética ou antecipatória, são introduzidas as relações entre a Lei, as "obras da Lei" e a fé de/em Jesus Cristo no caminho da justificação.

Portanto, a mimese ou representação do discurso em Antioquia confere sentido a toda narrativa anterior e deve levar os gálatas a não reconstruírem o que Paulo demoliu, correndo o risco de tornar vã a morte de Cristo a ponto de torná-lo um ministro do pecado e não da justificação.

Segunda demonstração: a filiação abraâmica (Gl 3,1–4,7)

Uma nova apóstrofe de censuras contra os gálatas e os adversários de Paulo (3,1-5) separa a primeira da segunda demonstração. Assim, ele introduz a demonstração centrada na filiação abraâmica. Com a seção de 3,1–4,7 Paulo tenta explicar as modalidades pelas quais alguém se torna um filho de Abraão: seja através da Lei e suas obras, seja através do Espírito e fé em Cristo. A filiação abraâmica está relacionada ao divino e, consequentemente, à herança prometida por Deus a Abraão e seus descendentes. Não sabemos se para provar a aquisição da descendência de Abraão, Paulo contrasta a pregação de seus adversários sobre a circuncisão de Abraão e seus descendentes exigida em Gn 17,12-7, já que na carta a pregação dos adversários nunca é mencionada. No entanto, é certo que a história de Abraão e seus descendentes perpassa a segunda e a terceira demonstração de Gl 3,1–4,7 e 4,21–5,1, com exceção do *excursus* autobiográfico 4,12-20. Além do uso da Escritura que abunda na segunda demonstração, pela primeira vez em 3,1–4,7 inclui-se a ação do Espírito, no que diz respeito à áspera repreensão de 3,1-5, e o epílogo de 4,1-7.

O parágrafo introdutório da segunda demonstração (3,1-5) está entre os mais contundentes de Paulo, que questiona os "gálatas insensatos" com uma série de perguntas retóricas para o qual não é necessário esperar respostas. Por ocasião da sua primeira evangelização na Galácia, Jesus Cristo foi retratado como crucificado (v. 1) e eles receberam o Espírito sem as obras da Lei (v. 2). Mas agora, depois de ter começado com o Espírito, os gálatas insensatos desejam terminar com a carne (v. 3). Para Paulo, toda a experiência do Espírito e da escuta qualificada pela fé em Cristo parece ser anulada diante das obras da Lei (v. 4-5).

A apóstrofe dá lugar à demonstração tecida sobre uma série de citações da Escritura em 3,6-14, como se vê na tabela a seguir:

Positivo	Negativo
Gn 15,6 em Gl 3,6: crer/justiça	Dt 27,26 em Gl 3,10: maldito/praticar estas coisas
Gn 12,3 em Gl 3,8: os povos	Lv 18,5 em Gl 3,12: fazer essas coisas/viver
Hab 2,4 em Gl 3,11: justo/fé/viver	Dt 21,23 em Gl 3,13: maldito

A chave para o problema está em Gl 3,6-7, onde, lembrando indiretamente a citação de Gn 15,6, Paulo imediatamente exorta os destinatários a reconhecer que somente aqueles que creem como Abraão podem ser considerados seus filhos. Por isso, os versos acima representam a tese secundária da carta, que corrobora, em um nível de conteúdo, a tese geral de Gl 1,11-12.

O Evangelho que Paulo anuncia aos gálatas, de forma epistolar, encontra na filiação abraâmica o seu conteúdo principal.

Sobre o arranjo argumentativo fundado na Escritura, pode-se notar que na primeira sequência de citações são colocados em relação primeiramente as passagens de Gn 15,6 e Hab 2,4, por meio das conexões entre as palavras "crer/fé" e "justiça/justo". Assim, Paulo usa uma isotopia ou conexão lexical para mostrar que o que é verdadeiro para Abraão se estende a todo justo que viverá pela fé. O modo de proceder corresponde à regra exegética da *gezerah shawah*, com a qual duas ou mais passagens da Escritura estão relacionadas a concatenações linguísticas. Por sua vez, a citação intermediária de Gn 12,3 ("Em ti, serão abençoados todos os povos") anuncia a extensão universal da fé de Abraão.

Em contraste com o percurso da fé para obter a justiça, a segunda sequência de citações estabelece um novo *gezerah shawah* ou conexão lexical entre as palavras "maldito" em Dt 27,26 e Dt 21,23 e "praticar estas coisas" em Dt 27,26 e Lv 18,5. Por conseguinte, estar sob a Lei equivale a estar sob sua maldição e não sob a bênção de Abraão. Alguns comentaristas destacam também a conexão transversal entre Hab 2,4 (da coluna positiva) e Lv 18,5 (da negativo), por meio do verbo "viver" para destacar que também a economia da Lei pode levar à vida se os seus mandamentos são praticados. Na verdade, o comentário intermediário de Paulo, segundo o qual "todos quantos, pois, são das obras da Lei estão debaixo de maldição" (Gl 3,10) e "a Lei não procede de fé" (3,12), exclui qualquer possibilidade de que a prática da Lei leve à vida. No entanto, deve-se notar que essa exclusão é motivada não pelo fato de ser impossível colocar em prática toda a Lei, mas porque a vida deriva da fé e não da Lei, nem de suas obras.

O fator decisivo para esse contraste entre as duas economias é a intervenção de Cristo, que "nos resgatou da maldição da Lei, fazendo-se Ele próprio maldição em nosso lugar" (3,13), de modo que, sem a sua condição de maldito pendurado no madeiro, não teria sido possível a bênção de Abraão para todos os gentios. Dessa forma, Paulo supera o principal obstáculo de crer no Messias crucificado, já que a passagem de Dt 21,23 era aplicada na literatura judaica da época, não só à exposição sobre o madeiro dos cadáveres *post mortem*, mas também à pena capital por crucificação dos condenados. Assim, no *Pergaminho do Templo* ou 11Q 64,7-13 recomenda o legislador da comunidade de Qumran:

> Se houver alguém que traia seu povo e espalhe notícias prejudiciais ao seu povo em favor de uma nação estrangeira, ou faz algo errado com seu povo, vós o pendurareis a uma árvore, para que ele morra. Diante [do testemunho] de duas testemunhas ou diante [do testemunho] de três testemunhas ele será morto: eles o pendurarão em um madeiro. Quando em um homem houver um pecado que o torne réu de morte e ele se refugiar entre as nações e amaldiçoar o seu povo e os filhos de Israel, vós também o pendurareis a uma árvore, para que ele morra. Mas não deixareis seus cadáveres pendurados na árvore, tereis de sepultá-los no mesmo dia, pois aqueles que são pendurados a uma árvore são uma maldição para Deus e para os homens, e não deveis contaminar a terra que vos dou em herança.

À luz da alusão à interpretação judaica da crucificação de Dt 21,23, retorna o paradoxo da cruz, que se revela central em 1Cor 1,18-31 e em 2Cor 5,14-21. Em Gl 3,11-14, o paradoxo é expresso em uma nova demonstração bíblica fundamental para entender como Paulo passou da perseguição contra aqueles que, entre os judeus, acreditam no Messias crucificado à condição de perseguido por causa da cruz de Cristo.

Da argumentação fundada em conexões terminológicas entre as duas sequências de citações, passa-se à argumentação humana do testamento (3,15-18), para estabelecer a relação entre a promessa feita a Abraão e seus descendentes. O exemplo do testamento que ninguém pode alterar, exceto o testador, serve a Paulo para estabelecer que a disposição de Deus prometida a Abraão não pode ser alterada pela lei, que veio quatrocentos e trinta anos após as promessas divinas. É bastante ousado o modo como Paulo comenta a passagem em Gn 12,7 ("E aos teus descendentes"), pois interpreta o substantivo *sperma* (sêmen/descendência) como singular para aplicá-lo a Cristo (3,16). No entanto, a exegese literal da passagem serve para estabelecer uma relação direta entre Abraão e Cristo, passando ao largo de toda a descida intermediária.

Neste ponto, surgem várias perguntas que Paulo responde usando o estilo do diatribe: Se há uma relação direta entre Abraão e Cristo, qual a razão de ser da Lei? (3,19). Em caso negativo, deve-se inferir que a lei é contrária às promessas de Deus? (3,21). Em ambos os casos, a resposta de Paulo é articulada. Em primeiro lugar, a Lei foi estabelecida em vista das transgressões humanas e, além disso, com a contribuição de dois mediadores; de uma parte, Moisés do lado humano; de outra, os anjos do lado divino. O que surge é uma visão negativa da Lei que a distancia de Deus, que é Uno. No entanto, mesmo a Lei mosaica seja apresentada de modo deletério, deve-se salientar que Paulo não nega que ela seja divina: o silêncio sobre isso serve para destacar os aspectos negativos em detrimento dos aspectos positivos da Lei. Quanto à segunda questão, a Lei não é contra as promessas simplesmente porque não está em condições de conferir a vida, que, aliás, é dada pela fé.

A relação entre fé, as promessas e a herança abraâmica exige mais um aprofundamento, porque no meio do caminho há a Lei, mesmo que promulgada quatrocentos e trinta anos depois da fé de Abraão. Na última parte da segunda demonstração (3,23–4,7) a Lei continua a ser apresentada de forma negativa: é como um curador que custodia o menor que lhe foi confiado, sem lhe conceder nenhuma liberdade, ou a possibilidade de usufruir dos benefícios da herança prometida. Talvez seja oportuno esclarecer que a metáfora do curador não assume uma valência positiva no contexto da seção, mas negativa, porque não é diferente de estar sob tutores e administradores (4,1-2), sob o pecado (3,22) e sob os elementos do mundo (4,3). Somente pela fé em Cristo e pelo batismo é possível ser libertado da condição de escravidão à qual compele a Lei (3,27). Portanto, o ser um em Cristo nega qualquer barreira étnico-religiosa (não há judeu ou grego), civil (não há escravo ou livre) e até sexual (homem e mulher).

A exemplificação sobre a tutela dos menores destinados à herança em 4,1-2 permite que Paulo encerre a seção com o parágrafo sobre o envio do Filho de Deus, nascido sob a Lei, para resgatar aqueles que estavam sob a Lei para que eles recebessem a filiação divina (4,4-7). A afirmação é novamente paradoxal, como a de 3,13-14, já que o nascido sob a Lei está destinado a permanecer lá para sempre e não está em posição de libertar ninguém de seu domínio. Mas através do envio do Filho de Deus, nascido de uma mulher, o dom universal da filiação divina foi realizado. É incisivo o comentário de Martinho Lutero sobre o envio do Filho: *"Non enim tempus Filium mitti fecit, sed contra e missio filii fecit tempus plenitudinis"* [Não foi o tempo que causou o envio do Filho, mas, pelo contrário, foi o envio do Filho que causou a plenitude do tempo]. A única referência à mãe de Jesus nas cartas paulinas é de importância decisiva na história da salvação: sem sua maternidade, a filiação divina dos crentes não teria sido possível.

O caminho denso e complexo de Gl 3,1–4,7 termina com a retomada dos tons iniciais: aquele que concedeu o espírito (3,3) o enviou (4,6), de modo que o mesmo grito do Filho, *"Abba*, Pai", pronunciado durante a agonia do Getsêmani (Mc 14,16) exprimisse a nova condição dos crentes. O epifonema ou a sentença conclusiva de Gl 4,7 fecha a segunda demonstração: a filiação divina assegura a herança da promessa que Deus fez a Abraão.

Terceira demonstração: o aut-aut *dos filhos abraâmicos (Gl 4,8–5,13)*

A segunda demonstração foi muito densa porque Paulo continua com a história de Abraão e seus descendentes. Agora ele decide parar e interpelar novamente os gálatas a lembrar o entusiasmo com o qual o acolheram na ocasião de sua primeira e única visita a suas terras. Uma nova série de repreensões introduz a terceira demonstração: apesar de os gálatas terem passado da idolatria ou politeísmo à fé no único Deus, e, portanto, da escravidão à liberdade, começaram a observar o calendário judaico (4,8-11). O que eles vivem não é progresso, mas um nocivo retorno da liberdade a uma nova forma de escravidão.

O parágrafo de 4,12-20 é um precioso *excursus* sobre os eventos que levaram Paulo a evangelizar o norte da Galácia[14]. Infelizmente, são poucos os dados históricos evocados por Paulo porque, como de costume, ele prefere concentrar sua atenção no seu relacionamento paterno com os gálatas. Não sabemos nada sobre sua enfermidade, da qual os gálatas se encarregaram, nem sobre os adversários que intervieram para separá-los de Paulo. No entanto, ele se declara disposto a sofrer as dores da gestação, para que Cristo possa ser formado novamente neles. Paulo teme que tanto esforço tenha sido inútil. Após a pausa na recordação da primeira evangelização, Paulo retorna à história de Abraão, que retoma em 4,21–5,1.

Enquanto até 4,7 Paulo tentou demonstrar como alguém se torna um filho de Abraão ou Deus, com a nova perícope de 4,21–5,1, focada nas Escrituras, coloca os destinatários diante do *aut-aut* entre dois tipos de filiação abraâmica: da escrava ou da liberta. Sumariamente evoca a descendência de Abraão, que teve dois filhos: um da escrava (Agar, citada em 4,24) e outro da mulher livre (Sara, que não é citada). Por outro lado, enquanto Isaac é

---

14. Sobre Gl 4,12-20 já nos concentramos na introdução, a propósito do conteúdo histórico da carta.

mencionado em 4,28, Ismael não é mencionado na perícope. Os dois nascimentos são relembrados em 4,22-23 e estão relacionados à citação mais ampla da Escritura em Gálatas: a de Is 54,1 na qual é anunciada a numerosa prole da estéril comparada à menor da mulher casada. Não sabemos se Paulo utiliza o pano de fundo da liturgia sinagogal do século I d.C., porque são poucos os dados recebidos. No entanto, a relação entre a história de Abraão e seus descendentes em Gn 16,15; 21,2 é comentada pela antiga liturgia sinagogal precisamente com a passagem de Is 54,1: a primeira narrativa representa o texto fundamental ou *séder*, enquanto a segunda o ensino consequencial ou *haftaráh*.

À disposição sinagogal das passagens, Paulo acrescenta a perspectiva hermenêutica de tipo alegórico (4,24), no sentido de que a história da dupla descendência abraâmica é interpretada com significados que transcendem os dados históricos. À primeira vista, a atribuição da filiação de Isaac aos crentes em Cristo e a dos descendentes de Agar aos que não creem são surpreendentes e forçadas: os judeus são filhos de Abraão segundo a mulher livre e não segundo a escrava. Não é por acaso que, a propósito do contraste entre as duas cidades de Jerusalém em 4,25, se verifica uma disparidade entre o código cronológico, aplicado à Jerusalém presente, e o código espacial, aplicado à Jerusalém do alto. Por rigor lógico, dever-se-ia distinguir a Jerusalém do alto e a de cá ou a Jerusalém presente e a futura. O uso simultâneo dos dois códigos não induz a acreditar que a Jerusalém do alto se aplicaria à Igreja que teria substituído a Jerusalém terrena e, portanto, a sinagoga. Trata-se muito mais de um contraste entre aqueles, judeus e gentios, pertencentes no tempo de Paulo à Jerusalém do alto, sem que isso implique uma substituição da Jerusalém terrena. Em poucas palavras: A clara distinção entre o ser filhos da livre e não da escrava não assume uma conotação étnica, mas religiosa: entre o ser filhos segundo a carne ou segundo o espírito, sem qualquer compatibilidade (4,29-30). E já que Cristo libertou os crentes da escravidão, não é mais possível ser ao mesmo tempo filhos da livre e da escrava (4,31–5,1).

A terceira demonstração se encerra com mais um apelo aos gálatas: não se submeterem à circuncisão, do contrário Cristo não serve para nada. O parágrafo de 5,2-12 é uma bela sátira contra os gálatas que querem ser circuncidados e os adversários que os pressionam a serem circuncidados. Para aqueles, o caminho foi bloqueado pelo obstáculo da circuncisão e pela lei;

para estes, é melhor que sejam mutilados ou castrados e não apenas circuncidados. Portanto, o escândalo da cruz de Cristo não pode ser anulado, nem relativizado pela pregação da circuncisão e submissão à Lei.

Quarta demonstração: a vida segundo o Espírito (Gl 5,13–6,10)

A liberdade doada por Cristo é uma vocação não à escravidão, mas ao serviço que difere de qualquer forma de libertinagem e anarquia. Por isso, é necessário delinear razões para a ética cristã que não derivem da Lei, mas da vida segundo o Espírito, que no entanto não está em conflito com a Lei. Esse duplo caminho caracteriza a última demonstração da carta dedicada à ética cristã.

Como de costume, a seção é introduzida por uma nova apóstrofe – finalmente menos violenta do que a anterior – em que Paulo pede que os destinatários não se devorem uns aos outros, mas que estejam a serviço uns dos outros, uma vez que toda a Lei encontra seu cumprimento no mandamento de amor ao próximo (5,13-15). Depois de todas as afirmações negativas sobre a Lei permearam a carta, uma avaliação positiva surge na seção de ética. Mas sobre o valor positivo da Lei, que foi realizado no mandamento de Lv 19,18 e não age contra a vida segundo o Espírito (Gl 5,23) até se tornar a Lei de Cristo (6,2), deve ser especificado que Paulo não pretende recuperar o que ele havia negado anteriormente. O que está em discussão não é a função ética ou haláquica da Lei mosaica para os crentes em Cristo, mas o cumprimento da Lei sem se submeter ao seu regime.

O que guia a quarta demonstração é a tese de Gl 5,16, segundo a qual os receptores são convidados a "andar no Espírito" para não satisfazer os desejos da carne. A proposição é fundamental na tessitura da seção ética, pois, por um lado, apresenta a antítese ou o contraste entre a carne e o Espírito, por outro, antecipa a supremacia do Espírito sobre a carne. Andar segundo o Espírito nasce do ser guiado pelo Espírito (5,18) e exige que se proceda segundo o Espírito (5,25).

Para evidenciar a superioridade da vida segundo o Espírito em relação à vida segundo a carne, dois catálogos de vícios e virtudes são relatados em Gl 5,19-23. A primeira lista está relacionada às obras da carne e inclui dezesseis vícios aos quais são adicionados os três finais do v. 26. A segunda lista é reduzida à metade: nove virtudes agrupadas em torno do único fruto do Espírito. Apesar da disparidade numérica, a harmonia do fruto do Espírito é capaz de derrotar as obras da carne: é como uma falange macedônia capaz de prevalecer contra uma invasão bárbara.

Embora catálogos semelhantes sejam comuns em correntes judaicas da época (cf. a literatura qumrânica e os escritos de Fílon) e na filosofia popular helenística (cf. o estoicismo), não é fortuito o foco sobre os vícios e as virtudes que se inserem no âmbito das relações interpessoais. É por isso que o ágape pelo próximo, no qual toda a Lei chega a cumprimento (v. 14), é ao mesmo tempo o primeiro fruto do Espírito; e a total anarquia dos vícios é oposta pelo fruto do autocontrole, uma das virtudes mais perseguidas pelos estoicos.

A hipótese concreta de um irmão apanhado em alguma transgressão aplica a instância do mandamento do amor ao próximo àqueles definidos como "espirituais". O contexto de 6,1-2 com a instância a carregar os fardos uns dos outros remete ao começo da seção e ao mandamento do amor. Por isso, a difícil expressão "a Lei de Cristo" não se deve referir à Nova Lei promulgada por Cristo, em detrimento da Lei mosaica, mas à mesma Lei que, mesmo sem ser observada por crentes em Cristo, atinge o seu cumprimento no mandamento e é, por sua vez, cumprida além da medida pelo amor mútuo dos crentes. A metáfora agrícola da semeadura e da colheita retoma o contraste entre a carne e o Espírito para sublinhar que o que é semeado é colhido. A série de exortações finais de 6,1-10 recorda as recomendações didáticas do Antigo Testamento adaptadas ao novo contexto eclesial para os que pertencem à mesma família de fé.

Portanto, a seção ética de Gálatas não é apresentada como simples consequência da seção querigmática dedicada à fé, mas sim como expressão da fé operante no amor (5,6) e do único fruto do Espírito. O *aut-aut* entre a filiação abraâmica segundo a carne e segundo o espírito (4,30) se torna alternativa entre vida segundo a carne e vida segundo o espírito, sem comprometimentos.

A peroração e o pós-escrito (Gl 6,11-18)

À originalidade da seção introdutória de 1,6-10 corresponde a parte final da carta; e, como no início, também no final Paulo não se menciona a nenhuma lembrança em oração dos gálatas que estão abandonando seu Evangelho. Somente o augúrio final de paz e misericórdia divina (v. 16) corresponde ao esquema epistolar dos pós-escritos paulinos. Até a normal autenticação epistolar é transformada em um apelo escrito de próprio punho com "letras grandes" (v. 11). Por isso, após as orações colocadas no final de cada seção anterior (cf. 2,15-21; 4,1-7; 5,2-12), em 6,11-18 retoma-se a relação entre Paulo e os gálatas, seu Evangelho e a pregação de seus adversários. É pesada a acusação feita contra os oponentes: eles querem que os gálatas sejam circuncidados para não sofrer perseguição por causa da cruz de Cristo (v. 12). Mas a cruz do Senhor Jesus Cristo é encontrada mais uma vez no centro do Evangelho de Paulo: é a sua única razão de orgulho pela qual o mundo foi crucificado para ele e ele para o mundo (v. 14). Uma frase final resume a carta inteira com o critério do que realmente faz diferença: a circuncisão e a incircuncisão não contam para nada, mas apenas a nova criação vale a pena. Formulações análogas já foram usadas em 3,28, concernentes à negação em Cristo de qualquer distinção étnica, civil e sexual, e em 5,6 onde a fé que opera no amor distancia da circuncisão e da incircuncisão.

Fuga e capaz de criar muitas dificuldades interpretativas é a referência a Israel de Deus em 6,16. É certo que Paulo nunca identifica a Igreja como Israel de Deus, numa perspectiva substitutiva. Tanto em 2Cor 3,14-17 e, como veremos, em Rm 9,1–11,36 Israel ocupa um papel único e insubstituível na concepção paulina da história da salvação. Por isso, inclinamo-nos a apoiar a distinção entre aqueles que pertencem à nova criação, sobre quem Paulo invoca a paz, e o Israel étnico e eleito, para quem ele invoca a misericórdia de Deus.

A mensagem

Antes de Gálatas, Paulo tinha abordado de passagem a relação entre o Evangelho e a Lei mosaica. Em contextos variados tinha sustentado que "a circuncisão, em si, não é nada; a incircuncisão também nada é, mas o que vale é guardar as ordenanças de Deus" (1Cor 7,19). Apenas em 1Cor 15,56, no contexto das questões sobre as modalidades da ressurreição tinha afirmado que "o aguilhão da morte é o pecado, e a força do pecado é a Lei". Todavia, a asserção não é aprofundada na sua correspondência com os Coríntios. Com os gálatas explode, em contexto gentio, a crise sobre as condições de justificação: se por meio da Lei ou com a fé de/em Cristo. Por isso, no delineamento dos conteúdos principais da carta é importante tentar estabelecer o que Paulo queria dizer com os termos *nómos* e as "obras da Lei", de uma parte, e com *pístis* e a "fé de Cristo", de outra.

A Lei e a Lei de Cristo

O substantivo *nómos* aparece por trinta e duas vezes em Gálatas (proporcionalmente, trata-se da carta que apresenta a maior frequência do termo) e refere-se sempre a Torá ou a Lei mosaica, seja como revelação e, portanto, como sinônimo de Escritura, seja como normativa. Alguns pesquisadores tendem a separar os dois sentidos do termo *nómos*, mas com pouco consenso, como por exemplo em 4,21 o substantivo *nómos* é utilizado tanto para significar a Lei como a Escritura (*ton nómon*), como no sentido de um regime de submissão à Lei (*hypò nómon*). Uma alteração similar no significado ocorre em 2,19, onde Paulo aponta que pela Lei ele morreu na Lei. Mais do que de separação, de modo que a Lei como revelação iria continuar a ser totalmente válida, enquanto a Lei como legislação seria revogada, talvez seja apropriado falar das ênfases internas da Lei, considerada de maneira global. De fato, como precisado em 5,14, "toda a Lei se cumpre em um só preceito", o do amor ao próximo exigido em Lv 19,18, e não apenas uma parte dela. Como se explicam então a observância do mandamento do amor, mesmo para os crentes, e a inobservância das leis de pureza alimentar do calendário judaico e a da circuncisão que Paulo pede aos gálatas?

Acreditamos que, sobre esse aspecto, ainda debatido entre os estudiosos, são decisivas duas perspectivas que Paulo descreve em nossa carta: a da participação apocalíptica dos crentes na morte de Cristo que os liberta do regime da Lei, transferindo-os para o Espírito da fé de/em Cristo, e a perspectiva do critério para o que cria a diferença, enfatizado em 3,28; 5,6 e 6,15. Sobretudo, a participação vital na morte e ressurreição de Cristo determina que Paulo e, por exemplar, todos os crentes de origem judaica estão mortos para a Lei, mediante a Lei, a fim de viverem para Deus (2,19-20). Naturalmente, o que vale para os judeus vale, com mais propriedade ainda, para os gentios. A participação na morte e ressurreição de Cristo não é uma simples metáfora, mas assume dimensões reais, de modo a gerar o ser um em Cristo que se distancia de qualquer barreira étnica, civil e até mesmo sexual (3,28). O batismo ou a imersão do ser em Cristo torna sacramental a nova condição dos crentes (3,27-28).

Uma consequência importante é o critério para a diferença, por isso, não o ser um em Cristo se afasta, como *tertium genus*, da identidade judaica e gentia, mas "a fé que atua pelo amor" (5,6) e a "nova criação" (6,15) relativizam tanto a circuncisão quanto a incircuncisão. O impacto sobre os gálatas que, instigados pelos opositores de Paulo, desejam submeter-se à Lei para progredir na sua adesão a Cristo é perturbador, porque o critério que faz a diferença, ou a *diaforalogia*, aplicada à sua situação, exige que não se submetam à Lei depois de ter aderido ao Evangelho; caso contrário, não seria em Jesus Cristo que toda a Lei é cumprida, mas o contrário.

Explica-se nessa visão a expressão enigmática de 6,2, que se refere à "Lei de Cristo" (*ton nómon tu Christú*) que os destinatários cumprem para além do necessário carregando os pesos uns dos outros. O que está em discussão não é uma lei promulgada por Cristo, que Paulo não menciona em todo seu epistolário, nem um significado deslocado (cf. a figura retórica da antanáclase ou da repercussão, para a qual um termo tem significados diferentes no mesmo contexto) do termo *nómos*, mas a própria Lei mosaica, que, quando cumprida no mandamento do amor mútuo, se torna a Lei de Cristo.

Acreditamos que sem duplo critério da participação apocalíptica na morte e ressurreição de Cristo e do que faz a diferença, a visão paulina da Lei pode ser considerada contraditória, não só entre uma carta e outra, mas no interior da mesma carta. De fato, para a maioria dos gálatas, Paulo apresenta uma visão negativa da Lei. Ele a considera promulgada por anjos pelas mãos dos mediadores (3,19), enquanto Deus é único, embora, como observamos na tessitura do parágrafo, ele não menciona a origem divina da Lei.

Embora não defina a Lei como o pecado, aqueles que estão sob seu regime estão "sob o pecado" (3,22), "sob a maldição da Lei" (3,10), e "servilmente sujeitos aos rudimentos do mundo" (4,3). Alguns comentadores acreditam que a metáfora do pedagogo aplicada à Lei em 3,24 é positiva, uma vez que ela ainda leva a Cristo. Na verdade, tende-se a analisar a metáfora fora do seu contexto, onde estar "sob a lei" significa, no lugar de ser preso como os cativos "subordinados ao aio" (3,25) e "sob tutores e curadores" (4,2), sem poder exercer qualquer liberdade.

Apenas com algumas afirmações na seção de Gl 5,13–6,10 é incluído o horizonte positivo da Lei que se cumpre no mandamento do amor (5,13-14) a ponto de se tornar "a Lei de Cristo" (6,2); de maneira que, quando os crentes carregam os fardos uns dos outros, realizam o mandamento do amor. Por outro lado, enquanto de uma parte "a Lei não está contra essas coisas" (5,23), no sentido de que isso não impede a vida segundo o Espírito, que se expressa com as virtudes enumeradas no 5,21-22; de outra parte quando se é guiado pelo Espírito não se está "sob a Lei" (5,18). Infelizmente, muitas traduções de idiomas atuais tornam a expressão de 5,23b com "contra estas coisas não há lei"[15], enquanto o sujeito da proposição é *nómos*, nomeadamente a Lei judaica não é contra a lista de virtudes, nem *a fortiori* contra a ação do Espírito.

Portanto, ao invés de revogação, e Paulo nunca afirma nas cartas autorais que a Lei foi revogada com a vinda da fé em Cristo, seria apropriado falar de relativização e da indiferença da Lei para a justificação que é conseguida somente por meio de Cristo e da fé dele e nele.

As "obras da Lei"

Entre os estudiosos, o significado da expressão "obras da Lei" é debatido: Trata-se do que é exigido pela Torá ou pelas normas que as tradições judaicas sedimentaram ao longo do tempo? Onde se coloca a ênfase, nas obras ou na Lei? Precisamos que o termo ocorre oito vezes no Novo Testamento, e somente em Gálatas (seis vezes: 2,16.16.16; 3,2.5.10) e em Romanos (duas vezes: 3,20.28); não aparece no grego da LXX e não encontra correspondências no hebraico do Texto Massorético.

No entanto, a descoberta dos Manuscritos do Mar Morto provou ser crucial, pois na comunidade de Qumran foi composta uma carta haláquica, conservada na quarta caverna e denominada *4Q Miqsat ma'aseh hat-torah* ("Algumas obras da Lei"). A carta parece endereçada ao sumo sacerdote de Jerusalém entre os séculos II e I a.C. Entre outras coisas, aconselha-se o destinatário da carta: "[26]Nós também te escrevemos [27] algumas das *obras da Torá* (*ma'asé hat-toráh*) que pensamos ser boas para ti e para teu povo, porque vemos [28] em ti a inteligência e o conhecimento da Torá" (4TMT 26-28).

Nos parágrafos anteriores da carta haláquica recomendam-se vinte normas, ou *halakhot*, úteis para o destinatário: da proibição de compra de trigo dos gentios (a primeira) até os casamentos considerados ilegais entre os sacerdotes e o povo (a vigésima). Portanto, entre o *ma'asé hat-toráh* mencionado em Qumran e o *érga nómu* tratado por Paulo há uma correspondência completa e ambos são mencionados sem atribuição pronominal. No entanto, enquanto em Qumran as *Ma'aseh hat-toráh* são consideradas de forma posi-

---

15. Várias traduções para o português incorrem no mesmo problema, inclusive as duas (Vozes e Almeida revista e atualizada) que consultamos na elaboração da tradução do presente volume [N.T.].

tiva e recomendadas para o destinatário da carta, em Gálatas e Romanos *erga nómu* tem sempre um sentido negativo. São várias as ocasiões em que Paulo enfatiza que a justificação não é realizada "pelas obras da Lei", mas apenas "mediante a fé em Jesus Cristo" (Gl 2,16; Rm 3,22.27).

Tendo esclarecido o pano de fundo judaico, na história da interpretação das "obras da Lei" passamos de uma perspectiva geral para uma restritiva. Enquanto para a clássica visão luterana, Paulo frustra qualquer tipo de obra, colocando o acento nas obras e não tanto na Lei, com a chamada *New perspective*, proposta por J.D.G. Dunn, a atenção deveria se voltar às normas que separam os judeus dos gentios. O que estaria em questão são os *identity markers* ou marcas identitárias, como a circuncisão, as leis da pureza alimentar e o calendário judaico que separa os judeus dos gentios. Sobre essa restrição de campo, suscitaram-se várias objeções e, depois de algumas tentativas de desluteranizar Paulo, estamos tentando reluteranizá-lo, evitando os extremos interpretativos de Bultmann, para quem qualquer obra humana deve ser excluída do caminho da justificação, pois levaria ao orgulho humano, e os de J.D.G. Dunn, para quem apenas as marcas identitárias estariam em jogo.

Acreditamos que, em alguns casos, como em Gl 2,16, Paulo realmente faça referência às *marcas identitárias* judaicas da circuncisão e das regras de pureza alimentar, uma vez que esse assunto aparece no contexto imediato do incidente de Antioquia entre Pedro e Paulo, causado pelas normas alimentares entre os crentes de origem judaica e gentia por ocasião de sua comunhão de mesa (2,11-14).

No entanto, já em 3,10 surge um horizonte mais amplo, isto é, se a justificação é realizada com as obras da Lei ou através da fé que encontra o modelo original em Abraão (3,6-7). Um contexto ainda mais geral ocorrerá em Rm 3,20-31, onde as "obras da Lei" dizem respeito não tanto às obras que separam os judeus dos gentios, mas a alternativa entre dois caminhos de justificação. O reducionismo proposto por J.D.G. Dunn não se sustenta, mesmo em face das asserções de Fl 3,5-9 onde emerge não a relação entre a Lei e as marcas identitárias que separam os judeus de outras nações, mas a justiça que deriva da Lei contra a justiça fundada na fé de Cristo.

Portanto, enquanto parece-nos razoável redimensionar o axioma luterano clássico – apesar de alguns esforços de recuperação nesse sentido – sobre a oposição entre qualquer obra e qualquer fé, é igualmente simplista limitar o escopo de obras da Lei às características identitárias e, em seguida, a uma simples função social. Antes, Paulo parece aludir seja às obras da Lei, consideradas alternativas à fé de/em Cristo, no caminho da justificação, seja àquelas que separam os judeus dos gentios.

Sobre o alcance do genitivo "obras da Lei", e com "escuta da fé" [*akoé písteos*] em Gl 3,2.5 orienta decisivamente para um genitivo qualificativo em vez de subjetivo (as obras exigidas pela Lei), possessivo (as obras que se encontram na Lei) ou epexegético (as obras ou seja, a Lei). O que está em questão é a comparação entre a escuta qualificada pela fé e as obras qualificadas pela Torá e não qualquer obra, nem qualquer lei. Por isso, enquanto as obras da Lei são sempre vistas de maneira negativa, em Gálatas, Paulo não hesita em reconhecer os aspectos positivos da Lei. Temos observado que, no entanto, a Lei mosaica atinge o seu cumprimento no mandamento do amor (5,14), não contradiz a vida segundo o Espírito (5,23) e quando os crentes carregam os fardos uns dos outros cumprem desmesuradamente a Lei que se torna de Cristo (6,2).

O ambiente judaico, atestado na carta *haláquica* de Qumran, e o contexto de Gl 2,15–3,14, se iluminam reciprocamente, mesmo que em perspectivas contrárias. Na prática, as obras da Lei são aquelas normativas que não se encontram *stricto sensu* na Torá, mas pertencem às diversas tradições judaicas que qualquer corrente ou movimento propõe a seus sequazes. Em Gl 2,15–3,14 refletem-se duas halacas difundidas no ambiente judaico do século I d.C.: a da pureza alimentar por ocasião da comunhão de mesa entre crentes de origem judaica e gentia e a que trata da crucificação dos ímpios. *Di per sé*, a Lei não proíbe que um judeu compartilhe a mesa com um gentio. Sobre essa questão, uma halaca da tradição judaica, em particular farisaica, estabelece que para evitar contaminações deve-se excluir a comunhão de mesa com os gentios. Enquanto para o partido de Tiago tal indicação deve ser observada inclusive pelos crentes em Cristo, em Antioquia até mesmo Pedro e Barnabé se deixavam convencer por Paulo que essa norma da tradição judaica não teria mais valor algum, porque a justificação em Cristo derruba qualquer limite étnico e religioso.

Ainda mais problemática é a halaca sobre a crucificação – enquanto a passagem de Dt 21,33 alude apenas à exposição dos cadáveres depois da execução capital. Contudo, pudemos relevar que, a propósito de Gl 3,11-14, que em diversos ambientes judaicos, inclusive o de Qumran e o de Fílon de Alexandria, a mesma norma da Lei é aplicada à pena da crucificação. Ora, em Gl 3,13-14, Paulo aborda exatamente essa halaca segundo a qual não é concebível crer num Messias crucificado; e a supera com o paradoxo da cruz de Cristo que, ao invés de gerar a maldição, produz a bênção através da maldição. Compreende-se bem como essa segunda obra da Lei não se refere mais apenas ao que separa um judeu de um gentio, mas envolve a via da justificação: se mediante as obras da Lei ou com a escuta da fé em Cristo e nesse crucificado.

A "fé de Cristo"

Passemos agora ao outro debate contemporâneo sobre a fé de ou em Jesus Cristo: O que está em discussão é a fé ou a fidelidade que Jesus de Nazaré nutriu em Deus, durante a sua vida terrena, a fé naquele que está na origem da justificação ou ambos os significados do genitivo "fé de Cristo"? Em primeiro lugar, cabe ressaltar que em Gálatas, Romanos e Filipenses, Paulo refere-se à "fé de Jesus Cristo" (Gl 2,16; 3,22; Rm 3,22), à "fé de Cristo" (Gl 2,16; Fl 3,9), e à "fé de Jesus" (Rm 3,26, cf. tb. "a fé dele" em Ef 3,12). No entanto, as três atribuições não são diferentes porque se sabe que no epistolário paulino o substantivo *Christós*, usado para Jesus, se refere não à sua messianidade, mas corresponde ao seu segundo nome. É por isso que os nomes de Jesus são usados de maneira invariável por Paulo.

A hipótese subjetiva do caso genitivo é sustentada no âmbito da *terceira pesquisa* sobre a vida terrena de Jesus, que, há duas décadas, tenta recuperar a humanidade e o judaísmo de Jesus, em contraste com as fases da *primeira pesquisa* desequilibrada para a fase pós-pascal de Cristo (até meados do séc. XX) e da *nova pesquisa* que propunha reconstruir as pontes interrompidas entre o Jesus terreno e o Cristo da fé (a partir de meados do séc. XX). Já que do ponto de vista gramatical é possível sustentar o genitivo subjetivo, a fé que Jesus teve fundamentaria nossa justificação. A base judaica do termo *pístis* para significar o *emunáh* ou a fé, confiança, lealdade e confiabilidade de Jesus parece corroborar a hipótese do genitivo subjetivo. Por outro lado, uma vez que em Gl 3,9 e em Rm 4,16 mencionamos a fé de Abraão em Deus, o mesmo paradigma pode ser aplicado ao Jesus terreno. Assim, uma vez que a fidelidade de Deus (*pístis tu Theú*, em Rm 3,3) atingiu sua plena realização no sim de Cristo (cf. 2Cor 1,19-20), pode ser sustentado o escopo subjetivo do genitivo.

No entanto, sobre a fé pessoal de Jesus nas cartas paulinas, acreditamos que ocorram algumas passagens forçadas. Nós estendemos a atenção ao verbo *pistéuein* nas cartas paulinas e podemos ver que ele nunca é usado em referência para Jesus, mas a Paulo, aos crentes e a Abraão. Em Gl 2,16 afirma-se entre outras coisas que "em (*éis*) Cristo começamos a crer", precisamente por ocasião das duas ocorrências da expressão "fé de Cristo Jesus". Também em Rm 3,22, a "fé de Jesus" caracteriza os crentes (*tus pistéuontas*), enquanto não se fala de um Jesus crente. Do Jesus terreno, Paulo exalta a obediência (Rm 5,12-21) e a humildade (Fl 2,8), mas não a fé, cujo modelo original vem de Abraão. A obediência certamente precede a fé que vem do ouvir, mas Paulo lida com a obediência de Jesus sem nunca mencionar sua fé. Assim, enquanto não há dúvida de que Jesus teve confiança e se mostrou fiel a Deus durante toda a sua vida na terra, esse aspecto da vida terrena de Jesus não interessa a Paulo, mas sim a fé em Jesus Cristo, o Senhor, em contraste com a justificação buscada através das obras da Lei. Para aprofundar a fé/fidelidade e a confiabilidade de Jesus, para além dos evangelhos, devemos recorrer à Carta aos Hebreus, onde Jesus é descrito como "sumo sacerdote fiel e misericordioso" (Hb 2,17; 3,1), mas não ao epistolário paulino que, entre outras coisas, carece de uma cristologia sacerdotal.

Infelizmente, sobre o debate entre a fé de Jesus e a fé em Jesus, muitas vezes pesa a pré-compreensão sectária que, na tentativa de excluir qualquer contribuição humana da fé em Cristo, tenta considerar a fé como base para a justificação. No entanto, para Paulo, a fé em Cristo é e sempre será um dom da graça, mesmo quando envolve a resposta humana. Pode ser que, para fazer novas contribuições para os debates entre as obras da Lei e a fé em Cristo, se tenha esquecido o peso decisivo que Paulo atribui à *cháris* ou à graça em Gálatas e em seu epistolário remanescente. Uma maior atenção à *cháris*, entendida como dom absoluto que se expressa na eleição e na benevolência permanente de Deus, deveria evitar que se pense a fé como uma simples resposta humana para colocá-la de volta no fluxo da graça de onde surge, amadurece e chega a pleno cumprimento.

Justiça e filiação abraâmica

Até aqui procuramos esclarecer os dois pontos de partida no conteúdo da Carta aos Gálatas: Cristo e a fé nele ou a Lei mosaica e as suas obras. Enquanto para os adversários os dois caminhos são necessários, para Paulo são incompatíveis, um ou outro sem comprometimento. Os dois caminhos alternativos partem da justificação em Cristo ou mediante a Lei e chegam a êxito com a filiação segundo a carne ou segundo a promessa e a liberdade (4,23.31). Sobretudo a questão da justificação se impõe como alternativa em 2,16 e é desenvolvida em 3,6-14, mediante a argumentação midráshica concentrada na citação indireta de Gn 15,6: "como *Abraão, que creu em Deus, e isso lhe foi imputado para justiça*" (3,6).

Entre as duas passagens de Gl 2,15-16 e 3,6-7 surge a questão sobre a tese principal que ilustra o centro do Evangelho em Gálatas. No primeiro caso, a *propositio* que orienta a demonstração de 2,17–5,1 é representada pela alternativa da justificação: se mediante a Lei ou mediante a fé em Cristo. No segundo caso, inclui-se não apenas a questão da justificação, mas também a da filiação divina, como evidenciado pelos comentários que Paulo acrescenta à citação de Gn 15,6: "Sabei, pois, que os da fé é que são filhos de Abraão" (Gl 3,7). Embora alguns comentaristas continuem defendendo a primeira hipótese, deve-se notar que a 2,15-16 não satisfaz os critérios de uma *propositio* retórica, mas constitui o começo da mimese ou representação do discurso feito por Paulo, na ocasião do incidente de Antioquia (2,11-14), que termina com a afirmação de 2,21 ("Não anulo a graça de Deus; pois, se a justiça é mediante a Lei, segue-se que morreu Cristo em vão"). Ao contrário de uma *tesi* retórica, em 2,15-16 a proposição está longe de ser clara, não se distingue do contexto, continua sem interrupção e não introduz o conteúdo principal das demonstrações subsequentes. De fato, em 2,15-16 falta o elemento constituinte da filiação abraâmica ou divina, sobre o qual se assenta o conteúdo principal das demonstrações seguintes. Por outro lado, no que diz respeito à tessitura do argumento, assinalamos que a violenta apóstrofe de 3,1-4 representa um divisor de águas decisivo entre a demonstração autobiográfica de 1,13–2,21 e aquela fundada na escritura de 3,5–5,1. Portanto, sem negar a importância de 2,15-16 na economia da carta, acreditamos que a tese principal de 1,11-12 seja explicada em um nível formal e de conteúdo pela secundária de 3,6-7. Essa última proposição é clara, distinta do contexto e antecipa tanto a problemática da justificação como a da filiação divina. Então, o que Paulo quer dizer com os temas de justiça e filiação relatados em 3,6-7, e como eles se relacionam um com o outro se a justiça é apresentada como uma condição indispensável para se tornar filhos de Abraão?

Em relação à justiça ou *dikaiosýne*, o fundo veterotestamentário e judaico é importante porque ela é entendida não como "dar a cada um o seu", mas como uma intervenção esperada e realizada por Deus para a salvação humana. Como o tema é particularmente desenvolvido em Romanos, por ora apontamos algumas peculiaridades sobre a "justiça" em Gálatas. A citação indireta de Gn 15,6 em Gl 3,6 relaciona a justiça divina à fé de Abraão e o comentário de Paulo aplica o paradigma de Abraão a todos os crentes, por isso alguém se torna filho de Abraão quando entra na mesma senda de sua fé (3,7).

Uma extensão análoga é encontrada na importante carta *halaquica* de 4QMMT, onde encontramos o uso da expressão "obras da Lei". Assim, a carta é concluída: "[31]E ser-te-á contado em justiça o que fizeste do que é reto e bom diante dele pelo teu bem [32] e pelo bem de Israel" (4QMMT C 31-32). O pano de fundo é iluminador por analogias e dissonâncias em relação a Gálatas. Em termos de analogias em Qumran e em Gálatas, a questão fundamental é a aplicação do modelo abraâmico em vista da justiça ou da justificação divina, motivo pelo qual a questão é bem conhecida no judaísmo da época. No entanto, o mesmo modelo se destaca pela descontinuidade, no sentido de que, enquanto em Qumran, a observância das "obras da Lei" representa a condição obrigatória para a obtenção da justiça divina, em Gálatas isso é alcançado somente pela fé em Cristo.

O ápice da justificação em Cristo é a filiação abraâmica ou divina (3,29; 4,7). Para motivar a aquisição da filiação abraâmica, Paulo precisa, acima de tudo, demonstrar que Cristo é o único filho de Abraão. Por esta razão, em 3,16 ele aplica o termo *spérma* a Cristo de uma maneira única e singular, de modo que o tornar-se filho de Abraão ocorre mediante a fé em Cristo (3,26) e com o batismo (3,27), e não mediante a Lei (3,17). Assim, a única filiação abraâmica em Cristo torna-se uma condição para se tornar filhos de Abraão e de Deus. Mas também esse caminho, como aquele entre a maldição da Lei e a bênção de Abraão, é perpassado pelo paradoxo, porque "Deus enviou o seu Filho nascido de mulher, nascido sob a Lei, para remir os que estavam sob a Lei, para que pudéssemos receber a filiação" (4,4). Em termos lógicos, quem nasce sob a Lei permanece em sua economia e não pode oferecer aos outros qualquer liberação da Lei. Com Cristo, ao contrário, há uma troca paradoxal entre sua filiação original e divina e a subsequente filiação dos crentes.

A respeito do termo *huiothesía*, usado em Gl 4,5 (cf. Rm 8,15.23; 9,4), é importante lembrar tanto o contexto judaico quanto o jurídico greco-romano. O primeiro *background* ilustra a relação entre Deus e seu povo através da profecia messiânica de 2Sm 7,14, reinterpretado em chave eclesiológica em

2Cor 6,18. No entanto, sabe-se que a instituição jurídica de *huiothesía* não pertence à jurisprudência judaica, mas é difundida no greco-romano (desde Sólon no séc. VI a.C. até o jurista Caio no séc. II d.C.). Assim prescreve Caio em suas Instituições 1,97:

> Acabamos de estabelecer as regras pelas quais nossos filhos reais entram em posse. Isso também se aplica àqueles que adotamos. Adoção pode ser realizada de duas maneiras, seja através da autoridade da pessoa (*adrogatio*), ou através da jurisdição de um magistrado, por exemplo, um pretor.

O estabelecimento da filiação é crucial para entender as dimensões da filiação de Cristo e da filiação daqueles que nele creem, porque, por um lado, Cristo é o único Filho de Deus, enviado na plenitude do tempo; por outro, os crentes se tornam filhos de Deus mediante o estar em Cristo e o dom do Espírito (Gl 4,4-7). Assim a expressão *prothesmías tu patrós* de Gl 4,2 corresponde à *patria potestas* com a qual se reconhece ao pai o pleno poder na adoção em vista da participação na herança. Nessa perspectiva, a filiação original de Cristo é plenamente compartilhada pela filiação dos crentes.

A invocação *abba, ho patér* compartilhada entre Jesus Cristo e os crentes sinaliza a nova condição de quem, mediante o Espírito, não é mais escravo, mas filho e herdeiro por graça (Gl 4,7). O fragmento remete ao *lóghion* de Jesus, durante a agonia do Getsêmani: "*Abba*, Pai, tudo te é possível" (Mc 14,36). Com seu volume sobre o *abba*, J. Jeremias teve o mérito de considerar o dito como *ipsissimum verbum Jesu*[16]: Jesus realmente se dirigia a Deus chamando-o de *abba*. Contudo, estudos posteriores mostraram que o reconhecimento da paternidade de Deus já é atestado nas fontes judaicas daquele tempo: pense-se em Qumran, em *As dezoito bênçãos* da origem sinagogal e nos escritos de Fílon de Alexandria. Além disso, a invocação não é dirigida apenas por crianças, mas também por adultos em relação a seus pais, por isso o termo corresponde a "pai" (*patér*) e não a "papai" (*páppas*). Portanto, enquanto fica confirmada a peculiar relação filial expressada pela invocação *abba* entre Jesus e Deus, não se deveria considerá-la como algo tão novidadeiro, pois é conhecida e bem explicada no contexto judaico-palestino em que nasceu.

---

16. JEREMIAS, J. *Abba*: Studien zur neutestamentlichen Theologie und Zeitgeschichte. Göttingen: Vandenhoeck & Ruprecht, 1966.

Com a última demonstração baseada na Escritura (Gl 4,21–5,1), Paulo elabora a questão da filiação de Abraão, detendo-se nos dois filhos de Abraão e suas mães. À primeira vista a demonstração parece um pouco forçada, porque aplica aos crentes a filiação segundo a livre e segundo Isaac (4,28); aos não crentes aplica a filiação segundo a escrava Hagar (4,24) e seu filho. Na verdade, sua interpretação é alegórica/tipológica (cf. o uso de *allegorúmena* em 4,24), uma modalidade que, sem negar os dados históricos sobre os descendentes de Abraão, o reinterpreta a partir dos contrastes atuais entre os filhos segundo a carne e os filhos segundo o Espírito (4,28). Mas Paulo não chega a defender que os filhos segundo a carne sejam os judeus e os cristãos o sejam segundo o Espírito, mas relaciona a pertença à Jerusalém atual (código cronológico) à Jerusalém do alto (código espacial) em 4,25-26. O *gap* entre os dois códigos é importante, porque todos os crentes que aderiram a Cristo (judeus e gentios) fazem parte da Jerusalém do alto e se trata de uma pertença de nível superior e diferente daquele que liga apenas os judeus à Jerusalém atual. Portanto, a demonstração não assume um teor antissemita anacrônico, mas tem a função de colocar os gálatas diante do *aut-aut* da filiação abraâmica: ou segundo a carne ou segundo o Espírito.

A vida segundo o Espírito

Alguns comentadores definiram a Carta aos Gálatas como a apologia do Espírito (H.D. Betz). Embora a afirmação seja um tanto exagerada, já que a carta só trata do espírito a partir de 3,2, ela consegue sintetizar a importância do tema. São diversos os traços do Espírito transmitidos pela carta e que merecem ser individuados. Primeiramente, durante a primeira evangelização de Paulo, as comunidades da Galácia já experimentaram a ação do Espírito (3,3) derramado por Deus (3,5); e começam a germinar os carismas do Espírito que lhes permitem distinguir "os espirituais" daqueles que são imaturos na fé (6,1). Nessa experiência, Paulo teceu a apologia do Espírito para combater a ideia de que o Espírito seja insuficiente na vida cristã.

O caminho que nasce da justificação e desemboca na filiação divina é alimentado pela ação do Espírito, pois a bênção de Abraão, da qual participam os destinatários, consiste na "promessa do espírito" (3,14): um genitivo epexegético (a promessa *isto é* o Espírito) mais do que subjetivo (O Espírito que doa a promessa). De fato, sem o Espírito não seriam possíveis nem a justificação nem a filiação divina. Por isso, o envio do Filho (4,4) se conjuga com o envio do Espírito do Filho (4,6), sem qualquer solução de continuidade. Infelizmente, é bastante frequente acreditar que primeiro alguém é justificado e se torna filho de Deus para só depois receber o espírito. Na realidade, as relações deveriam passar por uma reviravolta, porque é o Espírito do Filho que torna presente a justificação e a filiação divina. Desse ponto de vista, a crise da Galácia se perpetua sempre que se acredite que o Espírito esteja sempre à mão para as diversas emergências eclesiais. O que deveria valer é, na verdade, o contrário, pois de outra forma se cairia na apropriação do espírito (como aconteceu em Corinto; cf. 1Cor 12,1-27) ou, ao contrário, numa parca importância conferida ao Espírito nas comunidades cristãs. O espírito não é simplesmente um modo prolongado ou antropomórfico de pensar Deus, mas se distingue de Deus porque é do Filho; mas também se distingue do Filho porque não é enviado pelo Filho, mas pelo Pai (cf. Gl 4,4-7).

Nessa dinâmica e econômica ação das Três Pessoas a história do dogma chegou bem perto de cair nas diatribes sobre o *Filioque*, preferindo a forma estática do envio do espírito pelo Pai *e* pelo Filho, enquanto para Paulo é sempre Deus quem manda o espírito do Filho que clama *"Abba, Pai"* (Gl 4,6). A fórmula será retomada em Rm 8,15-17, mas com relações inversas: somos nós que clamamos no Espírito: *"Abba*, Pai" (v. 15). Ambas as perspectivas são fundamentais, porque se o espírito não clama em nós, não podemos invocar Deus como pai; e se não se está no espírito não se participa da filiação divina. Por isso, mesmo sem utilizar uma linguagem trinitária própria, o clamor do Espírito em nós é de um sujeito agente e não simplesmente uma prolongação de Deus. Todavia, com a submissão à Lei e à vida segundo a carne corre-se o risco de comprometer a ação desse sujeito agente na vida dos crentes.

A apologia do espírito apresenta elementos de antítese com a carne sobretudo na seção dedicada à ética: "Porque a carne milita contra o Espírito, e o Espírito, contra a carne, porque são opostos entre si; para que não façais o que, porventura, seja do vosso querer" (Gl 5,17). Dois caminhos são colocados diante dos gálatas: o da carne e o do Espírito. O primeiro, definido como "obras da carne", é marcado por divisões pessoais e relacionais (5,19-21), onde reina a total desordem. O segundo, ao contrário, é o do "fruto do Espírito", harmônico e ordenado, iluminado pela lista das virtudes. Não por acaso, o elenco das nove virtudes começa com o ágape e termina com o domínio de si (5,22). O Espírito é como a seiva que alimenta a árvore para que frutifique (5,19; 6,8). Contudo, o *aut-aut* entre a filiação segundo a carne ou segundo o Espírito (4,29) é posto por Paulo para que os gálatas escolham de que lado querem estar: se com a carne ou com o espírito. E, uma vez que começaram a viver segundo o Espírito, Paulo os exorta a prosseguirem nessa direção, se se deixarem seduzir pelos adversários. Um último contraste opõe a carne ao espírito: o primeiro caminho impede de herdar o Reino de Deus (5,21); o segundo é um caminho de esperança para quem, justificado mediante a fé em Cristo e pela ação cotidiana do Espírito, almeja pela justiça esperada (5,5).

Conclusão

Toda vez que se tende a obscurecer o esplendor da graça, a se esquecer que a fé em Cristo é um dom de Deus e a confundir a liberdade com a libertinagem e o serviço com o servilismo, é imperioso voltar à Carta aos Gálatas. Antes dessa carta, nenhum dos judeus, que acreditavam em Cristo, tinha pensado que há um claro divisor de águas entre a fé em Cristo e as obras da Lei: uma ou outra e não uma e outra em vista de acomodação ou uma vida tranquila. Com Gálatas, o Evangelho de Paulo não é apenas uma bela e boa notícia, mas uma notícia ardente que, caso aceita, muda a vida das pessoas, fazendo com que arrisquem qualquer relacionamento humano, somente aderir a ela sem ressalvas. De um lado, estão o Espírito, a graça e a liberdade; do outro, a Lei, suas obras e a escravidão.

A liberdade cristã é absoluta, não porque conquistada através de revoluções sociais, raciais ou culturais, mas por ser uma dádiva de Cristo que nos ama e se entregou por nós. Mas o critério que verifica sua consistência não está no livre-arbítrio para escolher entre o bem e o mal, útil e necessário, mas no serviço à verdade do Evangelho e aos irmãos que compartilham a mesma fé. O grito "para a liberdade foi que Cristo nos libertou" de 5,1 não é abafado diante da liberdade dos outros, mas se encarna no serviço do amor ao próximo (5,13-14). Refazer a difícil jornada do Evangelho quando se é mal-entendido ou traído, como Paulo o foi pelos gálatas, significa empreender a jornada de liberdade de qualquer forma de escravidão que acorrenta o coração humano.

Bibliografia comentada

Comentários patrísticos e medievais

Gálatas é um dos textos mais comentados do Novo Testamento durante os períodos patrístico e medieval. Na Igreja Oriental se impõe o comentário de João Crisóstomo; na Igreja latina, os comentários de Caio Mário Vitorino e do Ambrosiáster. Na Idade Média, Tomás de Aquino comentou a carta com o método alegórico.

AMBROSIASTER. *Commento alla Lettera ai Galati*. Roma: Città Nuova, 1987.

CAIO MARIO VITORINO. *Commentari alle Epistole di Paolo agli Efesini, ai Galati, ai Filippesi*. Turim: Torino 1981.

JOÃO CRISÓSTOMO. *Commento alla Lettera ai Galati*. Roma: Città Nuova, 1996.

TOMÁS DE AQUINO. *Commento al Corpus Paulinum/Expositio et lectura super epistolas Pauli*. Vol. 3: Seconda lettera ai Corinzi. Lettera ai Galati. Bolonha: Edizioni Studio Domenicano, 2006.

Comentários exegéticos

O século XX testemunhou uma fecunda produção de comentários exegéticos a Gálatas. Até a década de 1970, os comentários de F. Mussner e de H. Schlier se caracterizavam pelo método histórico-crítico. Com o seu comentário, H.D. Betz analisou Gálatas com o método retórico. Na mesma linha, mas com correções e aprimoramentos no método, aparecem, em ordem cronológica, os comentários de A. Pitta, A. Vanhoye e M. Buscemi.

BETZ, H.D. *Galatians*. Filadélfia: Fortress, 1979 [Hermeneia].

BUSCEMI, M. *Lettera ai Galati* – Commentario esegetico. Jerusalém: Franciscan Printing, 2004.

CORSANI, B. *Lettera ai Galati*. Gênova: Marietti, 1990 [Commentario storico ed esegetico all'Antico e al Nuovo Testamento – Nuovo Testamento 9].

COUSAR, C. *Galati*. Turim: Claudiana, 2003.

MEYNET, R. *La lettera ai Galati*. Bolonha: EDB, 2012 [Retorica Biblica].

MUSSNER, F. *La lettera ai Galati*. Bréscia: Paideia, 1987 [Commentario Teologico del Nuovo Testamento 9].

PITTA, A. *Lettera ai Galati* – Introduzione, versione e commento. 2. ed. Bolonha: Dehoniane, 2009 [Scritti delle origini cristiane 9].

SCHLIER, H. *La lettera ai Galati*. Bréscia: Paideia, 1966.

VANHOYE, A. *Lettera ai Galati* – Introduzione, nuova versione e commento. Milão: Paoline, 2000 [Libri Biblici – Nuovo Testamento 8].

Comentários teológico-espirituais

Um clássico é o comentário a Gálatas de G. Ebeling. As temáticas teológicas mais desenvolvidas nessa obra se referem à liberdade, à verdade do Evangelho e à filiação abraâmica. Diversas contribuições teológicas contemporâneas seguem a *lectio divina* para comentar a carta.

BIANCHINI, F. *Lettera ai Galati*. Roma: Città Nuova, 2009.

BORGHI, E. *Credere nella libertà dell'amore* – Per leggere la Lettera ai Galati. Turim: Claudiana, 2009.

EBELING, G. *La verità dell'Evangelo* – Commento alla Lettera ai Galati. Gênova: Marietti, 1989.

FAUSTI, S. *La libertà dei figli di Dio* – Commento alla Lettera ai Galati. Milão: Áncora, 2010.

GARGANO, I. *Galati* – La nuova creazione. Bolonha: EDB, 2009.

GIAVINI, G. *Galati*: libertà e legge nella Chiesa. Bréscia: Queriniana, 1999.

ROMANELLO, S. *Lettera ai Galati*. Pádua: Messaggero, 2005 [Dabar-Logos--Parola].

Contribuições

Deve-se ao trabalho de H.D. Betz sobre a composição de Gálatas o mérito de ter publicado pela primeira vez a crítica retórica às cartas paulinas e ao trabalho de J.M.G. Barclay o mérito de ter proposto a análise especular ou a *mirror Reading* das cartas paulinas para tentar delinear a concepção dos adversários de Paulo.

BARCLAY, J.M.G. "Mirror-Reading" a Polemical Letter in Galatians as a Test Case. *Journal for the Study of New Testament* 31, 1987, p. 73-93.

BETZ, H.D. The Literary Composition and Function of Paul's Letter to the Galatians. *New Testament Studies* 21, 1975, p. 353-379.

PITTA, A. *Disposizione e messaggio della Lettera ai Galati* – Analisi retorico-letteraria. Roma: Pontificio Istituto Biblico, 1992 [Analecta Biblica 131].

PUCA, B. *Una periautologia paradossale* – Analisi retorico-letteraria di Gal 1,13–2,21. Roma: PUG, 2011 [Tesi Gregoriana – Serie Teologia 186].

VANHOYE, A. La giustificazione per mezzo della fede secondo la Lettera ai Galati. *La Civiltà cattolica* 162, 2011, p. 457-466.

6

Carta aos Romanos
Jesus Cristo, o Evangelho de Deus

"As grandes horas da história do cristianismo são as da Carta aos Romanos", assim Paul Althaus[17] introduzia, em seu comentário à Carta aos Romanos, aquela que é considerada por muitos como a obra-prima de Paulo. Na realidade, os períodos das principais revoluções na história do cristianismo recorreram a essa carta: nos séculos IV-V com as polêmicas acerca da graça e das obras entre Agostinho de Hipona e Pelágio, no século XVI com as reformas luterana e católica acerca do binômio fé e obras, no século XVII com o jansenismo e a predestinação para a salvação. No início do século XX, K. Barth, com a teologia dialética, colocou em crise a tradicional visão calvinista da dupla predestinação em favor do "afunilamento" para a salvação em Cristo. Para contrastar o antissemitismo, durante a Segunda Guerra Mundial, Jacques Maritain escreveu páginas de intensa paixão sobre o *Mistério de Israel*[18], dedicadas à seção de Rm 9-11, com as quais denunciava a indiferença dos cristãos diante da Shoá.

A história da interpretação de Romanos é bimilenar e passou pelos comentários patrísticos de Orígenes (conservado apenas em fragmentos), de João Crisóstomo e do Ambrosiáster; pelos medievais de Tomás de Aquino; pelo renascentista de Lutero e pelo moderno de Karl Barth. A bibliografia contemporânea sobre a carta ou sobre algumas passagens dela é gigantesca

---

17. ALTHAUS, P. *Der Brief an die Römer*. Göttingen: Vandenhoeck & Ruprecht, 1966.

18. MARITAIN, J. *Il mistero d'Israele*. Bréscia: Queriniana, 1964 [orig. fr.: 1937].

e não tende a diminuir. É bom dizer desde já que essa importância histórica se deve principalmente às questões centrais da teodiceia ou da justiça e Deus e da antropologia, relacionadas à justificação em Jesus Cristo. O percurso de Romanos é permeado pelas perguntas mais profundas e verdadeiras que aquinhoam o coração humano; e essas perguntas não são respondidas com trivialidades, mas com a novidade absoluta do "Evangelho de Deus" que é Jesus Cristo. Mas como nasce uma obra-prima como Romanos? Quais são os dados históricos que a inspiraram?

A difamação do Evangelho paulino

Não obstante a importância enorme que a Carta aos Romanos teve na história da teologia e da interpretação, ela não é a "suma" teológica de Paulo, como defendia Filipe Melâncton. A carta não nasceu num escritório ou de uma reflexão puramente teórica ou metafísica sobre Deus e sobre o homem, mas é ditada, como todas as cartas paulinas, para abordar situações contingentes, mas importantes, nas comunidades de Roma. Provavelmente a carta foi redigida por Paulo durante sua estada em Corinto, na segunda metade dos anos 50 d.C. (56-57), pouco antes de sua partida para Jerusalém para concluir sua terceira e última viagem missionária. Em Rm 15,14-33, Paulo informa os destinatários que pretende subir a Jerusalém com a coleta para os pobres e espera, na sequência, conseguir chegar à capital do Império para ser auxiliado na evangelização da Espanha.

Todavia os próximos planos de viagem são envolvidos por medos fundados: Paulo não sabe como será recebido em Jerusalém e se a coleta para os pobres será bem recebida ou rejeitada. Por trás de seus temores está a visão da Lei que se difundiu com a pregação oral e escrita. Por causa da densidade da Carta aos Gálatas, várias questões ficaram em aberto, entre os quais a possibilidade ou não de revogação da Lei para os judeus e os gentios que aderiram ao Evangelho. Não foi mera coincidência que, antes de ser aprisionado pelas autoridades imperiais em Jerusalém, Paulo tenha sido interrogado por Tiago exatamente sobre a questão da Lei: "Bem vês, irmão, quantas dezenas de milhares há entre os judeus que creram, e todos são zelosos da Lei; e foram informados a teu respeito que ensinas todos os judeus entre os gentios a apostatarem de Moisés, dizendo-lhes que não devem circuncidar os filhos, nem andar segundo os costumes da Lei" (At 21,20-21).

No arranjo argumentativo de Romanos, a questão da Lei é capital; mas, segundo Paulo, foi instrumentalizada e o seu Evangelho foi difamado entre as comunidades cristãs da diáspora. Evidenciam-se assim as conexões entre a difamação de Rm 3,8 ("E por que não dizemos, como alguns, caluniosamente, afirmam que o fazemos: Pratiquemos o mal para que venha o bem?") e a retomada em Rm 14,16: "Não seja, pois, difamado o vosso bem". Em Rm 3,8 verifica-se um dos raros casos em que Paulo reporta as palavras de seus adversários. Com essas palavras eles instrumentalizam o seu Evangelho e difamam entre os cristãos de Roma o bem que ele fez.

Na prática, criaram-se em Roma dois partidos – os fortes e os fracos – que recorrem a Paulo para resolver as controvérsias sobre a observância da Lei e das tradições judaicas. Se a decisão é de assumir o lado dos fortes, que deixaram de observar as leis de pureza alimentar, o risco é que os fracos abandonem definitivamente a comunhão da mesa. Por outro lado, se a decisão favorecer o lado dos fracos, que continuam a observar as leis de pureza durante as assembleias, serão os fortes que entrarão em crise. Qual seria então o estatuto do bem? E como se relaciona com o mal? A questão sobre o bem e o mal, que envolve a Lei (Rm 7,7-25), perpassa todo o percurso de Romanos.

Para responder ao conflito real e não preventivo, nem teórico ou hipotético, Paulo adverte sobre a necessidade de delinear os conteúdos fundamentais do seu Evangelho. Caso contrário, sua difamação poderia encontrar *fundamentum in re*. Em termos de dilema: A Lei mosaica foi revogada ou continua em vigor? E se ainda é válida, quais são as suas consequências sobre as comunidades romanas? Nessas coordenadas históricas insere-se o novo filão de *Romans debate*, iniciado por K.P. Donfield, que busca interpretar a carta no âmbito das comunidades cristãs da diáspora romana. Todavia, a propósito de *Romans debate*, é oportuno considerar que o próprio Paulo prefere não responder imediatamente ao conflito entre os fortes e os fracos, mas apresentar desde os fundamentos o seu Evangelho, elevando assim a questão contingente a um nível superior de aprofundamento. Por outro lado, é característico de sua argumentação partir sempre das razões últimas para abordar questões primárias e secundárias: como já vimos mais vezes na correspondência com os coríntios.

Acreditamos, portanto, que, como se revelou teórico considerar Romanos como reflexão metafísica sobre a justiça de Deus, seria igualmente reducionista enredar os seus conteúdos nas situações contingentes das comunidades romanas. É entre a contingência e o absoluto do Evangelho paulino que se decide a partida de Romanos que, para não se perder no primeiro âmbito, trata do Evangelho; e para não ser teorizada trata da situação conflitiva das comunidades romanas. A essa altura é necessária uma descrição das comunidades cristãs de Roma, destinatárias de Paulo: Quais são as suas conformações? Como se relacionam com o judaísmo da diáspora romana?

As Igrejas domésticas

Desde uma primeira leitura de Rm 1,8-15, compreende-se que Paulo não fundou as comunidades cristãs de Roma, pois até o envio da carta ele não teria tido ocasião de visitá-las. O Apóstolo chegará a Roma somente por ocasião da perigosa viagem da prisão, descrita em At 27–28 (particularmente, 28,11-31). Desse ponto de vista, Romanos é uma exceção às outras cartas de autoria paulina: é a única carta endereçada a uma comunidade que não foi fundada por Paulo.

Todavia, a exceção não é total porque, das saudações de Rm 16,1-27, se deduz que ele conheça muito bem os vários membros das comunidades romanas que o auxiliaram na evangelização da Acaia e da Ásia. Prisca e Áquila (16,3) desempenharam um papel de primeira grandeza durante a primeira pregação de Paulo em Corinto e em Éfeso. Epêneto pertence aos primeiros convertidos da Província da Ásia (16,5). Andrônico e Júnias são parentes e companheiros de prisão de Paulo (16,7). Também colaboraram com ele Urbano e Estáquis (16,9); e é seu parente um certo Herodião (16,11). Além disso, Paulo está bem-informado das fadigas em prol do Evangelho de Apeles (16,10), Trifena, Trifosa e Pérside (16,12). Os nomes das duas pessoas saudadas em 16,3-15 demonstram que, independentemente de sua origem judaica, diversos membros das comunidades cristãs de Roma compartilharam de seus esforços missionários. Assim, embora se dirija a comunidades não fundadas por ele, Paulo conhece bem os diversos destinatários.

Um outro indício sobre os destinatários se refere, por um lado, à omissão do termo *ekklesía* no pré-escrito da carta, onde são saudados "todos os amados de Deus, que estais em Roma, chamados [a serem] santos" (1,7) e, por outro lado, o uso da fórmula *he kat'óikon ekklesía* (a Igreja doméstica) em 16,5, a propósito da comunidade familiar de Prisca e Áquila. Nas saudações finais, são mencionados vários núcleos familiares: de Andrônico e Júnias (16,7), da casa de Aristóbulo (16,10b), da casa de Narciso (16,11), Asíncrito, Flegonte, Hermes, Pátrobas, Hermas e os irmãos que se reúnem com eles (16,14) e os "santos" que se reúnem com Filólogo, Júlia, Nereu e Olimpas (16,15). Portanto, se Paulo não reporta as saudações iniciais à Igreja de Roma é porque antes de 70 a.C. ali haviam surgido diversas Igrejas domésticas, instaladas nos bairros mal-afamados da cidade. Por isso, com o rigor da análise histórica, deveríamos falar mais de diversas comunidades romanas do que de uma Igreja monolítica e centralizada.

É de capital importância a relação que os crentes supracitados mantêm com o judaísmo da diáspora romana que há dois séculos estava bem enraizada no tecido urbano. Já observamos que alguns dos nomes saudados são de parentes de Paulo e, portanto, provêm do judaísmo palestino ou da diáspora do entorno. Não sabemos a quem se deve a difusão do cristianismo em Roma, mas talvez estaríamos enganados em supor que seria algum dos mencionados em 16,1-15. Por meio de trocas comerciais e mercantis, alguns judeus trouxeram a primeira mensagem cristã para Roma entre os anos 40 e 50 da era cristã. A maioria deles são escravos, libertos, comerciantes e artesãos que se juntaram ao cristianismo não independentemente do judaísmo, mas por causa dele, como judeus, tementes a Deus ou simpatizantes de certas leis judaicas, como o sábado ou as regras de pureza alimentar. De fato, Paulo se dirige aos destinatários, reconhecendo que eles "conhecem a Lei (mosaica)" (7,1), quando introduz a legislação de Dt 24,2-4 sobre o direito matrimonial *post mortem* de um dos cônjuges. E se em 11,13 interpela os gentios das comunidades é porque eles são crentes que, através do judaísmo da diáspora, juntaram-se ao movimento cristão das origens.

Delineia-se assim um quadro variado de comunidades cristãs de Roma, muito diferente daquele das comunidades na Galácia, onde encontramos a presença de cristãos provenientes do paganismo que, anteriormente, nunca tinha entrado em contato com o judaísmo. Também em Tessalônica e na Acaia relatamos alguns cristãos de origem judaica, mas eles são minoritários em comparação com a maioria gentia. Em Roma, no entanto, a conformação das comunidades cristãs é diferente, uma vez que elas não diferem das conformações judaicas e, nas suas *domus*, continuam a utilizar a Escritura nas sinagogas romanas.

Portanto, a situação eclesial criada em Roma é um novo desafio que submete a credibilidade do Evangelho paulino a uma dura prova diante da Lei e das tradições judaicas que – talvez seja bom dizê-lo – são geralmente mais enraizadas na diáspora do que em Israel, pelo menos pelo instinto natural de sobrevivência e conservação da identidade étnico-religiosa. A preciosa anotação do Ambrosiáster, advinda do ambiente romano, confirma os dados evidenciados: "Sabemos, portanto, que na época do apóstolo alguns judeus, uma vez que eles estavam sujeitos ao Império Romano, viviam em Roma. E, entre eles, aqueles que creram ensinaram os romanos a preservar a Lei mesmo professando Cristo"[19].

Disposição e gênero

Como as outras cartas autorais, Romanos foi considerada paulina em todos os aspectos: foi ditada por Paulo a Tércio, secretário epistolar (16,22), e apresenta-se unitária. Algumas hipóteses sobre glosas posteriores para as passagens de 6,17 e 7,25 foram abandonadas no século XX. Já o crédito e a colocação textual de Rm 16,25-27 permanecem em debate porque a carta termina com uma doxologia que não encontra paralelos no restante do epistolário paulino e sobre a qual retornaremos. Enquanto isso, apresentamos o quadro essencial da carta:

I. Introdução epistolar (Rm 1,1-17):

    a. o pré-escrito (1,1-7);

    b. agradecimentos-exórdio (1,8-15);

    c. a tese geral (1,16-17).

II. O corpo epistolar (Rm 1,18–15,13)

    1. Seção querigmática (1,18–11,36)

    A. A revelação da ira e da justiça divina (Rm 1,18–4,25):

    (a) a revelação da ira divina (1,18–3,20);

    (b) a manifestação da justiça divina (3,21–4,25).

    B. O paradoxal orgulho cristão (5,1–8,39):

    (a) da justificação para a paz (5,1-11);

    (b) a comparação entre Jesus Cristo e Adão (5,12-21);

    (c) questões diatribais consequentes (6,1–7,25);

    (d) a lei do Espírito (8,1-30);

    (a^1) a peroração do amor de Deus e de Cristo (8,31-39).

---

19. VOGELS, H.J. (org.). *Ambrosiastri qui dicitur commentarius in epistulas Pauli, Ad Romanos*. Csel 81,1.

C. A fidelidade da Palavra de Deus (9,1–11,36):

exórdio: uma grande tristeza (9,1-5);

(a) nem todo Israel é Israel (9,6-29);

(b) Cristo, o fim da Lei (9,30–10,21);

(a¹) Deus não rejeitou o seu povo (11,1-32);

peroração: os caminhos inescrutáveis de Deus (11,33-36).

2. Seção paraclética ou exortativa (Rm 12,1–15,13):

o culto racional (12,1–13,14);

aceitação mútua entre os fortes e os fracos (14,1–15,13).

III. O pós-escrito epistolar (Rm 15,14–16,27):

notícias e próximos projetos de viagem (15,14-33);

saudações mútuas e doxologia final (16,1-27).

A carta se compõe de três partes principais: a introdução de 1,1-17, o corpo de 1,18–15,13 e as conclusões epistolares de 15,14–16,27. A primeira e a terceira partes se relacionam porque tratam dos próximos projetos de viagem de Paulo rumo a Roma e à Espanha, passando por Jerusalém. Articulado e amplamente desenvolvido é o corpo epistolar que se desenrola em 15 capítulos. Mantendo fé na tese geral, Paulo pretende mostrar que não se envergonha do Evangelho, pois nele se revela a justiça de Deus para a salvação de quem crê (1,16-17). Por sua vez, o corpo epistolar consiste em duas partes: a querigmática (1,18–11,36) e a exortativa ou paraclética (12,1–15,13).

Sobre o gênero, em Romanos são utilizados os três tipos principais de retórica antiga: carta forense apologética para defender seu Evangelho; deliberativo em vista da recepção dos fortes e fracos nas comunidades; e epidítico porque está em jogo o valor do seu Evangelho. No entanto, não faltam reservas a essas propostas, pois elas se parecem com mantas muito largas ou muito estreitas para se adaptarem a todo o conteúdo da carta. Pensamos então em uma carta-ensaio, protrética, diplomática e parenética, mas também nesses casos com pouco consenso.

Talvez seja bom observar que os gêneros retórico e literário não devem ser buscados de maneira indutiva, de modo que os tratados de crítica retórico-literária ou a lista de tipos epistolares determinariam o gênero de uma escrita. Existem inúmeros exemplos de escritos antigos e modernos que se opõem a qualquer rótulo de gêneros literários. Ora, em Romanos são vários os sistemas argumentativos que entram em jogo: o estilo da diatribe, caracterizado por perguntas e respostas curtas; o *midrásh* centrado nas relações entre duas ou mais passagens da Escritura; e a parênese ou exortação dirigida aos destinatários. Por isso, preferimos pensar em uma comunicação epistolar do Evangelho paulino, salvaguardando o entrelaçamento entre forma e conteúdo que caracteriza os romanos. Em última análise, Martinho Lutero não estava longe da verdade quando, durante as lições sobre Romanos (1515-1516), dizia: "'Evangelho' não se refere apenas ao que Mateus, Marcos, Lucas e João escreveram [...]. Portanto, este é o próprio Evangelho de Deus..."

O arranjo argumentativo

Antes de entrar na urdidura da carta, vamos apontar a maneira de argumentar de Paulo que é muito diferente da nossa. Enquanto no Ocidente argumentamos de maneira orgânica e sistemática, Paulo prefere demonstrar de maneira setorial ou parcial. É emblemático o caso da eleição e predestinação em Rm 9,6-29 que deu espaço à teoria da dupla predestinação para o bem e o mal, de origem calvinista e jansenista. Na realidade, a seção se concentra no projeto eletivo de Deus, que permanece uma prioridade, enquanto não lida com escolhas humanas e liberdade, que tomam o lugar na seção de 9,30–10,21. Somente no final, Paulo conecta o que ele mostrou de maneira setorial com o anúncio do mistério ou do plano divino (11,25-36). Ignorar seu sistema argumentativo significa interpretar erroneamente qualquer demonstração da carta.

Jesus Cristo, o Evangelho de Deus (Rm 1,1-17)

A seção introdutória se compõe de três partes: o pré-escrito (v. 1-7), os agradecimentos protocolares (v. 8-15) e a tese geral (v. 16-17). Os termos principais que perpassam as três partes são *euanghélion* (v. 2.9.16) e *pístis* ou fé (v. 5.8.12.16.17).

O pré-escrito contém os três elementos fundamentais que detectamos em todas as cartas paulinas: a *titulatio* sobre o emitente (Paulo), a *adscriptio* sobre os destinatários ("A todos os amados de Deus, que estais em Roma", v. 7) e a *salutatio* ("graça a vós outros e paz, da parte de Deus, nosso Pai, e do Senhor Jesus Cristo", v. 7b). Todavia a *titulatio* é desenvolvida por seis versículos (v. 1-6), centrados no Evangelho de Deus, no seu conteúdo e na fé que dele deriva. O Evangelho de Deus, pelo qual Paulo foi separado como apóstolo e servo de Cristo foi preanunciado mediante os profetas nas Sagradas Escrituras (v. 1-2). Dessa forma, não há distonia ou cisão entre Escritura e Evangelho, porque a codificação do Evangelho na Carta aos Romanos é a Escritura de Israel. Uma fórmula de argumento (*perí* + genitivo) indica o conteúdo essencial do Evangelho: o Filho de Deus, descendente de Davi, segundo a carne ou na sua humanidade, é constituído como filho de Deus mediante a ação do Espírito de santidade da ressurreição dos mortos.

Em 1,3b-4a, há uma breve profissão de fé, que conjuga o nível jesuânico da humanidade do Filho de Deus com o nível cristológico pós-pascal. Estamos diante de um novo fragmento pré-paulino colocado, como em 1Ts 1,9-10 e em Gl 1,4, na parte introdutória da carta. Sobre esse fragmento, deter-nos-emos a propósito da mensagem de Romanos.

Como sempre, depois do pré-escrito, vêm os agradecimentos protocolares com os quais Paulo agradece a Deus pelos destinatários (v. 8-15). Ao contrário de outras introduções ou bênçãos, a de 1,8-15 não é muito elevada em estilo e conteúdo, porque o foco está no desejo de Paulo de finalmente encontrar os destinatários. No entanto, mesmo neste exórdio de agradecimento retorna o tema da recordação dos destinatários na oração (v. 9), a *captatio benevolentiae* sobre a fé deles, conhecida em todo o mundo (v. 8), e a presença-ausência (ou *parusía-apusía* epistolar) entre remetente e destinatários (v. 10-13.15) que tenta preencher por carta.

O ponto de chegada da parte introdutória é a tese geral da carta, representada pelo Evangelho do qual Paulo não se envergonha, pelo seu âmbito universal e pela justiça para a salvação de todo aquele que crê. A citação direta de Hab 2,4 é dada em apoio da tese: "O justo viverá por fé" (Rm 1,17). Assim, o Evangelho de Deus anunciado nas Sagradas Escrituras, através dos profetas (Rm 1,2), encontra seu conteúdo principal na passagem de Hab 2,4. No entanto, a tese não é detalhada, no sentido de que não é uma questão de uma *partitio*, mas é geral e transmite várias questões. Por que, ao invés de dizer positivamente que se gloria do Evangelho, Paulo preferiria usar um eufemismo, ou seja, uma figura retórica de negação corresponde positivamente para não se envergonhar do Evangelho? Como o poder, a salvação, a fé e a justiça de Deus se relacionam uns com os outros? E por que, por um lado, a salvação assume um alcance universal, para quem acredita, por outro, especificar a prioridade do judeu em relação ao grego? Essas são as perguntas que Paulo abordará no corpo da carta até Rm 15,13.

A revelação da ira e da justiça divina (Rm 1,18–4,25)

As questões implícitas que destacamos na tese geral de 1,16-17 parecem estar suspensas do começo inesperado do corpo epistolar, no qual Paulo, ao contrário de falar do Evangelho, detém-se na revelação da ira divina (1,18–3,20). Por que não abordar imediatamente a revelação da justiça divina contida no Evangelho? A primeira demonstração de 1,18–4,25 ilustra a principal razão pela qual Paulo prefere partir da revelação da ira divina em 1,18–3,20 para chegar à gratuidade da justiça em Cristo, sustentada em 3,21–4,25. Na prática, é preciso primeiro fechar qualquer alternativa de orgulho para afirmar o único orgulho possível através da fé em Cristo. Por esta razão, não devemos nos alongar na seção de 1,18–3,20 sem a de 3,21–4,25, caso contrário, corremos o risco de entender mal a razão principal pela qual Paulo parte da ira divina para chegar à justiça ou justificação em Cristo.

A revelação da ira divina (Rm 1,18–3,20)

A disposição da primeira parte da seção inclui uma narração (1,18-32), uma parte probatória (2,1–3,18) e uma peroração final (3,19-20). Todos os seres humanos estão sob acusação por suas ações, exemplificadas pela lista de vícios de 1,25-31. No que diz respeito à narração, vale ressaltar que os destinatários da ira divina são todos os seres humanos e não apenas os gentios, que não são nomeados. A sequência da narração de 1,18-32 é dramática: por um lado, há Deus que entrega os seres humanos a toda forma de culpa (cf. o uso do verbo *parédoken* em 1,24.26.28); de outro, há os seres humanos sob acusação. No início da concatenação narrativa há a revelação da ira divina contra todos aqueles que tentam sufocar a verdade na injustiça (1,18). Por isso, as ações seguintes representam as consequências e não as causas do conflito entre Deus e os seres humanos. O epílogo da narração, em que são alvos aqueles que, mesmo conhecendo o juízo divino, aprovam o mal cometido (v. 32), avalia as ações humanas não na perspectiva da moralidade objetiva, mas na perspectiva da arrogância ou do orgulho humano que confundiu o Criador com a criatura (1,25).

Com a parte probatória de Rm 2,1–3,18, surge uma acusação contra qualquer um que tenha sido acusado na narrativa anterior. De fato, como na narrativa, o alvo é qualquer pessoa e não apenas o judeu. A acusação procede com o seguinte arranjo argumentativo:

- a imparcialidade divina (2,1-11);
- os gentios, os judeus e a Lei (2,12-16);
- a paródia do orgulho (2,17-24);
- os judeus, os gentios e a circuncisão (2,25-29);
- a vantagem do judeu (3,1-8);
- a universalidade da culpa (3,9-18).

O primeiro parágrafo de 2,1-11 invoca o princípio da imparcialidade divina, tanto para o judeu primeiro quanto para o grego. O horizonte é escatológico porque se refere ao momento em que todos serão julgados por suas próprias obras. Nesta primeira acusação, as afirmações de Paulo não são diferentes daquelas difundidas na teodiceia judaica da época, por isso ele se limita a reiterar o que pertence ao patrimônio comum. No entanto, o refrão "não há acepção" (2,11) é funcional para o subsequente "não há distinção" (3,22) da justificação para a fé em Cristo. É por isso que o horizonte do julgamento divino, caracterizado pela imparcialidade, não é invocado para impedir ou condicionar a justificação, mas sim para afirmar sua incidência universal para todos os seres humanos.

Com o segundo parágrafo de 2,12-16, entra em cena a relação entre o judeu, o gentio e a Lei. Ainda estamos no horizonte escatológico do juízo final, mas com a novidade das relações com a Lei mosaica, que é mencionada pela primeira vez na carta. Para sustentar a universalidade do julgamento divino, Paulo não limita sua atenção à observância da Lei para os judeus, mas estende-a aos gentios que, embora não tenham a Lei, são lei para si mesmos. A observância implícita da Lei pelos gentios mostra que não é suficiente confiar na Lei para evitar o julgamento final, mas Deus julgará os segredos dos corações, de acordo com o Evangelho de Paulo através de Jesus Cristo (v. 16). Assim, o *status* da imparcialidade divina continua, com ou sem a Lei. Talvez seja bom ressaltar que em 2,12-16 Paulo não lida com a lei natural, distinta da lei sobrenatural, mas sim com o quanto da Lei mosaica pode ser encontrado na vida dos gentios, sem que eles a conheçam.

Finalmente, com o terceiro parágrafo de 2,17-24, é o judeu quem entra na mira, com uma paródia contundente sobre sua relação com a Lei e os mandamentos. A categoria que perpassa o parágrafo é a de alguém que diz o bem, mas faz o mal. À primeira vista, tem-se a impressão de ser confrontado com uma acusação antissemita, uma vez que ela é genérica e não se detém naqueles judeus que dizem e fazem o bem. No entanto, Paulo não pretende acusar os judeus para favorecer os gentios, mas destronar aqueles entre os judeus que acreditam estar seguros, confiando na Lei e gabando-se de possuí-la. Na prática, ele tem em mira o judeu e não o gentio porque a vantagem da Lei corre o risco de ser confundida com a ostentação e, portanto, com a exclusão da justificação universal de Deus em Cristo.

A acusação continua com o traço mais peculiar que distingue o judeu do gentio: a circuncisão (2,25-29). E, como no que se referia ao relacionamento com a Lei, Paulo cutuca a certeza do orgulho que pode derivar da circuncisão em relação à incircuncisão. No horizonte do julgamento final, a circuncisão não protege o judeu dos gentios, mas coloca-o no mesmo nível, confirmando o axioma da imparcialidade divina. Para tornar a *probatio* mais consistente, Paulo apropria-se da queixa profética sobre a circuncisão do coração e não da carne (cf. Jr 31,31-33; Ez 36,26), mas a transforma envolvendo os incircuncisos de modo a colocar, mais uma vez, todos no mesmo nível.

Nesse ponto, as questões que introduzem a quinta parte da acusação são necessárias (3,1-8): Qual é a utilidade da circuncisão e, consequentemente, da Lei? Na introdução da carta, descobrimos que em 3,8 Paulo cita a acusação sofrida por ele da comunidade romana: Fazer o mal, o que na prática é o fracasso equivalente à Lei, e vista do bem, que é identificado com graça Cristo. Para conter a acusação imediatamente fica claro que a vantagem do judeu em comparação com os gentios e a utilidade da circuncisão são de enorme valor. Contudo, não são essas vantagens, às quais ele acrescenta a importante entrega das palavras de Deus, para causar o orgulho dos judeus em relação aos gentios. Tê-lo acusado para argumentar que a injustiça humana favorece a justiça divina significa deturpar e explorar seu Evangelho.

A clara separação entre orgulho negado e vantagem estabelecida precisa ser demonstrada com evidências mais substanciais. Assim, a *probatio* termina com a cadeia de citações, relatada em 3,10-18, que permite a Paulo argumentar que não apenas todos estão sob o pecado, mas que todo o homem – da cabeça aos pés – é culpado, então não há superioridade do judeu comparado ao gentio. A autoridade indiscutível das Escrituras deve pôr fim a qualquer forma de orgulho entre os seres humanos e abrir as portas para a universalidade da justificação pela graça.

A acusação de 2,1–3,18 dá lugar à peroração final de 3,19-20, com a qual Paulo encerra a disputa silenciando qualquer objeção ao seu Evangelho.

Tudo o que a Lei afirma, como Escritura, é válido para aqueles que estão sob a Lei, para que ninguém seja justificado de acordo com as obras da Lei, mas somente pela fé de/em Cristo. Já refletimos sobre o significado da complexa expressão "obras da Lei" ao tratarmos sobre a Carta aos Gálatas. Em Rm 3,20 Paulo repete que nenhum vivente será justificado pelas obras qualificadas pela Lei; pois a Lei leva ao conhecimento do pecado, mas não é capaz de justificar.

Portanto, a antropologia que se destaca na revelação da ira divina não é negativa ou pessimista, no sentido de que, através do reconhecimento do pecado ou da culpa, o homem está em posição de alcançar a justificação para a fé, mas é funcional. Na prática, dever-se-ia ler primeiro 3,21–4,25 para entender que a solução cristológica da fé precede e resolve a condição universal do pecado e não o contrário. Mas, desse modo, as objeções à vantagem e superioridade do judeu em relação aos gentios não teriam sido removidas. É por isso que Paulo parte não da universalidade da justificação para alcançar a universalidade do julgamento final, mas o contrário, para demonstrar a urgência da justificação para todas as categorias éticas acusadas em 1,18–3,21.

A revelação da justiça divina (Rm 3,21–4,25)

Uma vez calada cada boca e removido qualquer motivo de orgulho, Paulo pode provar positivamente que a justiça de Deus se manifestou de forma gratuita, sem a Lei, mesmo sendo atestada pela Lei e pelos Profetas (3,21-22). A nova seção é guiada pela tese secundária de 3,21-22 que, assumindo a proposição geral de 1,16-17, a desdobra no horizonte cristológico. A justiça de Deus foi manifestada através da fé de Jesus Cristo, sem qualquer distinção, para todos aqueles que creem. Mas por qual lei é atestada a justiça de Deus? E a que fé alude: à fé/fidelidade de Jesus Cristo ou à fé nele? Os versículos 21-22 enxertam três fases da demonstração paulina. Nos versículos 23-26 explicam-se os novos horizontes de fé em relação à Lei; portanto, nos versículos 27-31, Paulo enfoca a exclusão do orgulho e, em Rm 4,1-25, comenta a citação de Gn 15,6 sobre a fé de Abraão em vista da justiça divina.

Já que sobre a fé *de* ou *em* Jesus Cristo já tratamos em Gl 2,15-21, limitamos nossa atenção a Rm 3,21-26, onde retornam as expressões "fé de Jesus Cristo" (v. 22) e "fé de Jesus" (v. 26). Pode-se notar que na perícope o foco está no evento de redenção realizado por meio do sangue de Cristo; e Paulo traz de volta um novo fragmento da primeira tradição cristã: "A quem Deus propôs, no seu sangue, como propiciação, mediante a fé, para manifestar a sua justiça, por ter Deus, na sua tolerância, deixado impunes os pecados anteriormente cometidos" (3,25). A esse segundo fragmento pré--paulino (depois daquele de 1,3b-4), retornaremos a propósito da cristologia de Romanos. Aqui é importante notar que Paulo se apropria do fragmento para sustentar que em Cristo não há espaço ou distância entre a justiça e a justificação de Deus. No momento em que Deus expôs seu Filho como um instrumento de expiação, Ele se revela como justo porque justifica quem crê em Jesus Cristo (3,26).

As densas afirmações de 3,21-26 precisam ser explicadas; e, recorrendo ao estilo da diatribe, com seis perguntas curtas, Paulo se detém em 3,27-31 no fundamento do orgulho. Por um lado, o orgulho não é baseado na Lei mosaica e, por outro, esta não foi revogada, mas está confirmada. Como de costume, Paulo é mais capaz de formular perguntas agudas do que respostas claras, por isso são debatidos os significados das expressões "Lei da fé", "obras" e "obras da Lei". No entanto, deve ser perfeitamente compreensível que a justificação divina seja realizada mediante a fé, sem a Lei e suas obras, e que a fé não abole a Lei, mas a confirme. É por isso que a "Lei da fé" não é o mesmo que o princípio ou a norma da fé, mas se refere à mesma Lei mosaica que trata e evidencia o fundamento da fé. Sobre as "obras da Lei" ou simplesmente "obras", retorna o mesmo horizonte que encontramos para Gl 2,16: a questão não são todas as obras humanas contra a fé, mas aquelas obras classificadas pela Lei mosaica e colocadas, erroneamente, como fundamento da justificação. A universalidade do caminho da justificação para a fé e a unicidade de Deus, para judeus e gentios, mostra que qualquer causa de orgulho alheio à fé foi excluída por Deus que justifica a todos mediante a fé em Cristo.

A série de perguntas apresentadas em 3,27-31 com um estilo de diatribe curta transmite uma questão fundamental: Se a Lei não foi revogada, mas é confirmada pela fé, significa que para ser justificado pela fé é necessário passar pela Lei e pela circuncisão? Se olharmos de perto, a evidência da unicidade e universalidade de Deus parece ser válida tanto para a exclusão quanto para a inclusão da Lei. Por isso, em 4,1-10, Paulo procura e encontra no Antigo Testamento duas passagens que, conectadas entre si, podem mostrar que a acreditação de justificação é válida antes e depois da promulgação da Lei. Assim, cria uma isotopia ou uma conexão terminológica entre

Gn 15,6 e Sl 32,1-2, isto é, entre a condição de Abraão, antes da circuncisão, e a de Davi após o pecado. No primeiro e no segundo casos, ocorre a acreditação por justiça baseada na fé e pela falta da acreditação do pecado. O uso do *gezerah shawah* ou da conexão lexical através do uso do verbo *loghízomai* (creditar) reúne a acreditação positiva da justiça pela fé e o negativo não acreditação do pecado. Consequentemente, a circuncisão solicitada por Deus a Abraão não retifica o *status* de justiça para a fé, mas confirma isso como um selo (4,11). O relevante é que, enquanto em Gl 3,8, Paulo apelou para uma citação de Gn 12,3 para apoiar a paternidade universal de Abraão a todas as nações, em Rm 4,17 não hesita em citar a passagem de Gn 17,5 no contexto da circuncisão. No primeiro caso, a circuncisão é excluída, no segundo é incluída, mas em ambos os casos a promessa da paternidade universal de Abraão não é anulada.

O comentário articulado a Gn 15,6 em Rm 4,1-23 fecha com a acreditação da justiça baseada na fé em Cristo, que foi entregue por transgressões humanas e ressuscitou para a justiça dos crentes (4,24-25). Dessa maneira, Paulo retoma o que tentou demonstrar em 3,21-31 e eleva a centralidade de Cristo para a justificação que será desenvolvida na próxima seção.

O paradoxal orgulho cristão (Rm 5,1-8-39)

Excluindo as referências a Cristo em 3,21-26 e ao Espírito em 2,29, na seção anterior, Paulo não conferiu muita atenção a Jesus Cristo e ao Espírito. Contudo, já especificamos que a parte dedicada à revelação da ira divina em 1,18–3,20 é funcional para a manifestação da justificação gratuita em Cristo. Com a nova seção de 5,1–8,39 a cena é amplamente ocupada por Cristo e pelo Espírito, pois a justificação em Cristo é continuamente estimulada pela ação do Espírito. O orgulho do Evangelho, do qual Paulo não se envergonha e que exclui qualquer caminho alternativo de orgulho, é finalmente demonstrado com todas as suas implicações na nova seção que procede da seguinte forma:

- a tese sobre a solidez da justificação (5,1-2) e sua explicação (5,2-11);
- a comparação entre Jesus Cristo e Adão (5,12-21);
- primeira questão: Compatibilidade entre graça e pecado? (6,1-14);
- segunda questão: O domínio da graça ou do pecado? (6,15-23);
- terceira questão: A Lei ou Cristo? (7,1-6);
- quarta questão: A Lei é pecado? (7,7-25);

- a lei do Espírito (8,1-30);
- a peroração sobre amor de Deus e de Cristo (8,31-39).

Até agora, a tese geral de 1,16-17 foi retomada em 3,21-22 para demonstrar a gratuidade da justificação pela fé. Agora é retomada em 5,1-2 para explicar que, justificados pela fé, os crentes estão em paz com Deus, por meio de Jesus Cristo, e podem finalmente se orgulhar em vista da esperança da glória de Deus. O ímpio e a efusão do Espírito sustentam a nova condição dos crentes porque, justificados pela fé, eles foram reconciliados por Deus em Cristo (5,3-11). O arranjo da seção vê a afirmação do binômio entre Cristo e o Espírito, enquanto a Escritura que dominou em 2,1–4,25 perde seu papel prioritário. Não faltam acenos ao Antigo Testamento, em particular, ao pecado de Adão em 5,12-21, mas não mais de maneira direta e difundida, e sim por meio de alusões e comparações com a graça em Cristo. Assim, para exaltar a gratuidade da justificação em Cristo, Paulo evoca o pecado de Adão, relatado em Gn 2–3, mas ele não o narra, nem cita uma única passagem do Livro do Gênesis.

Por isso, o parágrafo de Rm 5,12-21 não é uma narrativa, mas uma comparação entre Adão e Cristo, regida pelo negativo do pecado, da condenação e da morte e pelo positivo da graça, da justiça e da vida em Cristo. Quanto à mensagem, voltaremos à comparação entre Adão e Cristo; Aqui é importante notar que Paulo não está interessado em explicar como o pecado de Adão foi transmitido, mas que a abundância do pecado foi muito superada pela graça superabundante em Cristo. A sentença conclusiva de 5,20-21, sobre a mediação cristológica, retoma os conteúdos anunciados na tese de 5,1-2 e explicados em 5,3-19, para enxertar uma série de questões que cadenciam os sucessivos parágrafos da seção.

Primeira questão: Compatibilidade entre graça e pecado? (6,1-14)

A subseção de 6,1–7,25 é tecida com o estilo da diatribe que permite a Paulo extrair as consequências do que foi exposto em 5,1-21 sobre a graça da justificação em Cristo, para defender a incompatibilidade entre graça e pecado. A primeira questão retoma a conclusão de 5,20-21 sobre as relações entre a graça e o pecado: Já onde abundou o pecado superabundou a graça, é possível permanecer no pecado para que abunde a graça? Depois da rejeição imediata dessa falsa conclusão, mediante o imperativo "Não seja nunca", Paulo desenvolve o parágrafo de 6,1-14 buscando demonstrar que entre graça e pecado há total incompatibilidade.

A cena é dominada pela participação dos crentes na morte de Cristo, operada pelo Batismo (v. 3-6), em vista da participação deles em sua ressurreição. Uma série de verbos compostos pelo prefixo *syn-* (com) coloca o acento na participação na morte, na sepultura e na união vital dos crentes com Cristo. Todavia, tal participação não é adquirida, nem definitiva, mas chegará a pleno cumprimento somente com a participação futura na ressurreição de Cristo. Por isso, associados à morte de Cristo, os crentes devem se considerar mortos para o pecado, mas viventes para Deus em Cristo Jesus (v. 11). A conclusão exortativa convida os destinatários a não mais se deixarem dominar pelo pecado, mas a oferecerem os próprios membros a serviço da justiça de Deus. Naturalmente, no parágrafo de 6,1-14 o pecado não é categorial ou ético, cometido pelo crente individualmente, mas visto como potência dominante incompatível com a potência da graça. E a exclusão da relação com o pecado envolve a Lei mosaica da qual o pecado se serviu para que se transformasse em transgressão passível de condenação (5,13).

Segunda questão: O domínio da graça ou do pecado? (6,15-23)

A segunda questão, abordada novamente com o estilo da diatribe, passa à dimensão ética dos pecados: Podem ser aceitáveis em uma vida dominada pela graça e não pelo pecado? A rejeição imediata conduz Paulo a estabelecer uma clara distinção entre as duas formas de obediência: uma negativa que leva à desobediência e à morte; outra positiva em vista da justiça. O que está em discussão não é o livre-arbítrio que permite escolher entre o bem e o mal, mas a liberdade mais profunda que se decide na escravidão ou no serviço.

Uma argumentação *ad hominem* ou motivada pela condição dos destinatários (v. 19-23) leva Paulo a recordar-lhes a passagem da primeira para a segunda forma de escravidão. Os destinatários passaram da escravidão do pecado e da morte para o serviço da justiça, mediante Jesus Cristo. Por isso, realizou-se neles um caminho "exodal", análogo àquele de Israel durante a escravidão no Egito. Trata-se de um caminho que não admite retorno ao passado.

Terceira questão: A Lei ou Cristo? (7,1-6)

A terceira questão interpela os destinatários a aprofundarem a inconciliável dependência da Lei mosaica e, ao mesmo tempo, a nova relação com

Cristo. Na primeira parte do parágrafo (7,1-3), alude-se à normativa matrimonial estabelecida em Dt 24,2-5 e já evocada em 1Cor 7,39. A mulher é ligada à lei matrimonial enquanto vive o marido; se este morre, ela está livre para contrair novas núpcias, sem ser condenada por adultério. O exemplo é usado por Paulo para sustentar que, de maneira análoga, os crentes devem se considerar mortos para a Lei para pertencerem a Cristo e servi-lo na novidade do Espírito e não na caducidade da letra (v. 4-6).

O parágrafo é fundamental sobre a visão paulina da Lei, pois o exemplo não é aplicado, de maneira consequencial, às relações com a Lei mosaica e com Cristo. De fato, enquanto no exemplo é a morte do marido que determina a liberdade da mulher para passar a um novo laço matrimonial, na aplicação não é a abolição da Lei que causa a nova relação dos crentes com Cristo, mas a morte destes para a Lei que os uniu a Cristo por meio do Espírito. Compreende-se bem que nem mesmo numa situação assim tão oportuna para defender a abolição da Lei Paulo chegue a tal conclusão, correndo o risco de cair em contradição sobre a sua visão da Lei. Assim a alternativa entre a Lei e Cristo não é decidida entre aquela ou este, mas entre o vínculo precedente com a Lei e o vínculo atual com Cristo e com o Espírito.

Quarta questão: A Lei é pecado? (7,7-25)

A este ponto é oportuno abordar diretamente a questão sobre a relação entre a Lei e o pecado. Se com a Lei se tem o conhecimento do pecado e a sua transformação em transgressão passível de condenação, seria a Lei identificável com o pecado? Essa pergunta é abordada e aprofundada em 7,7-25: um dos parágrafos mais elevados e, ao mesmo tempo, mais debatidos da carta. Quem é o eu de quem se fala nesse trecho? Tratar-se-ia do eu de Paulo, antes ou depois da experiência de Damasco? Ou do gentio que aderiu à Lei mosaica? Ou ainda do judeu que não creu no Evangelho? Do cristão justo e pecador? Ou ainda de Adão e/ou de Eva? E o termo *nómos* se refere sempre à Lei mosaica ou em algumas proposições finais assumiria sentidos figurados de "norma" ou "princípio"? São várias as interrogações que o parágrafo não resolve, mas que devem ser enfrentadas. Defendemos que para uma interpretação pertinente dessa passagem seja oportuno não partir da identidade do eu, mas das fontes diretas e indiretas utilizadas na passagem.

No início é reportada uma citação direta de Ex 20,7 sobre o mandamento de "não desejar" (Rm 7,7). De maneira que em Rm 7,11 ganha força um eco de Gn 3,13 em que Eva denunciava ter sido seduzida pela serpente: "Porque o pecado, prevalecendo-se do mandamento, pelo mesmo mandamento, me enganou e me matou". Enfim em 7,15-21 impõe-se a topologia da impotência humana em não cumprir o bem que se deseja, mas o mal que não se quer. Esse tema é difusamente presente no ambiente cultural greco-romano e remonta à *Medeia* de Eurípedes: "Já não estou em estado de olhar mais para vós [os filhos], mas sou dominada pelo mal. E compreendo bem o mal que estou prestes a perpetrar, mas, mais potente do que a minha vontade, é a paixão, que é a causa dos maiores males para os mortais" (1.076-1.080). Entre os paralelos mais importantes de 7,15-21, assim Epicteto reescreve o drama de Medeia: "Por que quando queres algo isso não acontece e quando não o queres ele ocorre? De fato, essa é a maior prova de angústia e desventura. Quero algo e não acontece; e quem seria mais desesperado do que eu?" (*Diatribes* 2,17,17-18).

Assim, em Rm 7,7-25 se passa da situação de Israel no deserto para a situação dos progenitores e da humanidade com uma extensão progressiva de horizontes. Por isso, cremos que a condição de quem antes não vivia sem a Lei para depois se ver dominado pelo pecado mediante a Lei reflita a experiência de Israel no deserto, exemplificada pelo eu em conflito. O itinerário narrativo que amplia os limites até envolver a condição dos progenitores e da humanidade deveria excluir o eu autobiográfico de Paulo, do crente e do gentio que aderiram à Lei, mas referir-se-á humanidade antes e sem Cristo. Não por acaso, a menção a Jesus Cristo ocorre somente na conclusão de 7,25, quando o eu agradece a intervenção externa de Deus por meio de Cristo.

Interpretar o parágrafo no horizonte do crente, *simul iustus et peccator* significa não apenas introduzir uma perspectiva estranha a 7,7-25, mas também o risco de tornar vã toda a seção de 6,1–7,6 onde, em várias ocasiões, Paulo sublinhou a incompatibilidade entre graça e pecado. Naturalmente, o que está em discussão não é simplesmente o ser cristão, mas a assimilação de cada um à morte e ressurreição de Cristo, a única em condição de libertar o eu e a Lei do poder dominante do pecado. A extensão progressiva do eu de Israel antes e depois da entrega da Lei ao eu da humanidade sem a união íntima com Cristo também determina a extensão do significado do termo *nómos* em 7,20-25. A essa altura, esse termo não alude mais somente à Lei mosaica ou de Deus (v. 25b), mas à lei (note-se o minúsculo) ou à "norma" e ao "princípio" humano de quem é escravo de uma outra lei, a da mente e do pecado (v. 23-25). Entra em jogo uma repercussão ou uma antanáclase segundo a qual no mesmo contexto um termo, como *nómos*, assume significados diferentes.

Nessa hermenêutica do trágico (e não da tragédia), a página de 7,7-25 revela toda a genialidade de Paulo, que coloca na mesma condição o judeu e o gentio para demonstrar que somente a união com Cristo pode libertar e, de fato, liberta da tragicidade humana. Por isso, o grito final do eu não é para reconhecer a própria culpa, nem um grito de arrependimento do próprio pecado como no *miserere*, mas o grito de quem pode ser libertado somente de fora da condição trágica. Portanto, se a Lei não é pecado, a lei do pecado caracteriza a condição do Eu sem Cristo e traz à baila a libertação do pecado realizada por Deus em Cristo.

A lei do Espírito (8,1-30)

A repercussão retórica do termo *nómos*, em referência à Lei mosaica e ao princípio ou à norma humana, prossegue em 8,1-2 para introduzir a libertação realizada pela lei do Espírito em relação à lei do pecado e da morte. Assim, o desespero do eu em 7,7-25 dá lugar à libertação do tu e do nós em 8,1-30. Por trás dessa estupenda passagem há as questões mais naturais: Se os crentes são libertados da lei do pecado e da morte, por que experimentam o pecado e a morte? Qual é o significado da dor que atinge os crentes, como todos os seres humanos?

O canto do Espírito se subdivide em duas partes principais. Nos versículos 1-17 a atenção se volta ao envio e à assimilação do filho na carne do pecado para derrotar o pecado na carne e ao envio do Espírito da filiação em Cristo no qual clamamos *"Abba*, Pai". Portanto, nos v. 18-30 surge o horizonte escatológico que permite considerar de maneira diferente a experiência humana diária do sofrimento. Assim, o *exitus* ou saída do trágico humano não é definitivo, mas um caminho porque continua a peleja entre a carne e o Espírito e também os crentes experimentam os sofrimentos e a morte física. Mas isso não é um obstáculo para a participação na glória final. O itinerário exodal de quem é guiado pelo Espírito comporta os gemidos da criação (que inclui todas as criaturas e a humanidade inteira sem Cristo), dos crentes que aguardam pela redenção definitiva de seu corpo e do Espírito, que, encarregando-se das fragilidades humanas, emite seus gemidos inefáveis. Já tratamos do clamor *"Abba*, Pai" por ocasião da análise de Gl 4,6. Em

Rm 8,16, o percurso da invocação muda: Não é mais o Espírito que clama nos crentes, mas o contrário. Clamar no Espírito corresponde a estar "em Cristo" que o Espírito torna presente por meio de uma coabitação recíproca com o espírito dos crentes.

A extensão dos horizontes humanos e pneumatológicos da esperança induz Paulo a concluir o canto do Espírito com um *gradativo* ou ascensão retórica dedicada ao desígnio divino em Cristo: Aqueles que foram conhecidos ou amados por Deus foram predestinados a serem conformes à imagem do Filho de Deus, foram chamados, justificados e glorificados (v. 28-30). Assim Paulo retorna ao parágrafo inicial da seção, onde em 5,1-11 anunciou a nova condição daqueles que, justificados pela fé, permanecem firmes na relação com Cristo. Naturalmente o desígnio divino não assume horizontes alternativos entre predestinados e excluídos, mas declarativos. Por isso, a predestinação divina é universal e inteiramente voltada para o bem e não ao mal, porque assim é o amor de Deus realizado em Cristo.

A peroração (Rm 8,31-39)

A segunda demonstração querigmática se encerra com a peroração final de 8,31-39, onde Paulo retoma os temas dominantes da seção e os apresenta com uma visão do amor de Deus e de Cristo, do qual nada nem ninguém pode separar os crentes. Convencido de que, porque Deus não poupou seu próprio Filho, mas o entregou por todos, o amor de Deus em Cristo é capaz de superar qualquer obstáculo, até mesmo a morte, e ligar a si todos os crentes.

A longa lista de adversidades ou peristática de 8,35-39 eleva ao sublime a peroração dedicada ao amor de Deus e de Cristo. Qualquer obstáculo, mesmo a morte, não rompe o vínculo do amor de Cristo. O que está em questão não é o amor dos crentes por Cristo, marcado pela inconstância e pela limitação humana, mas o de Cristo pelos crentes que transmite e testemunha o amor paradoxal de Deus que não poupou seu próprio Filho. Por trás da proposição de 8,32 reflete-se o tema da *'aqedáh* ou amarração de Isaac, narrado em Gn 22, mas com novos interlocutores. Assim Deus se dirige a Abraão em Gn 22,12-16: "...porquanto não poupaste o teu filho, o teu único filho". Não é por acaso que em toda a Bíblia grega apenas em Gn 22,12.16 e em Rm 8,32 ocorrem a repetição das palavras *ouk féidesthai* + *huión* + pronome pessoal ("não poupar o teu filho"). Mas a evocação de Gn 22,12.16 em Rm 8,32 ocorre por meio do contraste, como Orígenes já intuíra em suas

Homilias sobre o Gn 8: "Por nós, aproximamo-nos as palavras do Apóstolo, onde ele diz de Deus: 'Ele não poupou seu próprio filho, mas o entregou por todos nós'. Vede como Deus compete magnificamente em generosidade com os homens: Abraão ofereceu a Deus um filho mortal sem que este morresse; Deus entregou à morte o Filho imortal pelos homens".

A fidelidade da Palavra de Deus (Rm 9,1–11,36)

A Carta aos Romanos é perpassada por uma tensão constante, sem pausa entre uma e outra parte. Na terceira seção querigmática, Paulo aborda a questão capital da fidelidade da Palavra de Deus. A temática nasce do dado de fato que a maioria dos israelitas não creu no Evangelho centrado na morte e ressurreição de Jesus. Como é possível que eles, mesmo tendo recebido tantos privilégios – da filiação ao Cristo segundo a carne, passando pela glória, as alianças, a legislação, o culto, as promessas e os pais –, não aderiram com entusiasmo ao Evangelho? Como sempre, Paulo parte dos eventos para chegar às causas e interpela Deus com seu desígnio de salvação. Por isso, o ponto focal da seção não é o mistério de Israel, mas a fidelidade da Palavra de Deus que, segundo a tese principal, não diminuiu ou, visto positivamente, permanece verdadeira e fiel, não obstante as aparências.

A seção consiste em três partes (9,6-29; 9,30–10,21 e 11,1-32), precedidas por um exórdio (9,1-5) e seguidas por um epílogo ou uma peroração (11,33-36). Os três caminhos relacionam-se entre si segundo uma disposição circular: da eleição divina em 9,6-29 (a), à palavra de Cristo em 9,30–10,21 (b) e à fidelidade de Deus para com seu povo em 11,1-32 (a¹). A parte do meio é a principal porque permite resolver as tensões entre a primeira e a terceira. O fio da meada é constituído pela tese principal de 9,6a, isto é, por uma lítotes com a qual, negando que a Palavra de Deus falhou, afirma-se que ela permanece fiel e estável[20]. Finalmente, a seção termina com a peroração de 11,33-36 sobre os caminhos imperscrutáveis de Deus.

Um contínuo sofrimento (Rm 9,1-5)

O exórdio da nova subseção é expresso com um intenso *páthos*, pois Paulo confessa sua grande tristeza e constante sofrimento no coração por

---

20. Já na tese geral de Rm 1,16-17, à qual nos referimos, encontramos uma lítotes: "Não me envergonho do Evangelho" corresponde, positivamente, a uma lítotes "eu me orgulho do Evangelho".

seus compatriotas. Por eles, ele estaria disposto até mesmo a ser anátema (ou separado) de Cristo, justamente ele que há pouco afirmou que nada e ninguém pode separar os crentes do amor de Deus em Cristo (8,39), tamanho é o vínculo que o liga ao seu povo. De sua parte, João Crisóstomo comenta sobre o contraste entre 8,39 e 9,3: "Que dizes Paulo? Falas de ser separado de Cristo? Do teu amado? Daquele de quem nenhum reino ou geena te separou, nem coisas vistas, nem coisas pensadas, nem qualquer outra realidade, estás agora lhe pedindo para ser um anátema dele?" (*Ad Romanos* 60,16,1).

O elenco dos privilégios concedidos por Deus aos judeus parte do ser israelitas e chega a Cristo segundo a carne (v. 4-5a). Serão exatamente o primeiro e o último privilégio que catalisarão a atenção das demonstrações seguintes. É emblemático que no topo dos privilégios de Israel seja colocado Jesus, evocando a pertença à descendência de Davi do próprio Filho de Deus (cf. 1,3).

O exórdio termina com uma breve bênção que pode ser compreendida de duas maneiras: aludindo a Cristo que é Deus sobre todas as coisas, bendito nos séculos, amém; ou referir-se a Deus, distinguindo-o de Cristo. Na realidade, já que a bênção de 9,5 retoma, de maneira indireta, a do Sl 40,14 LXX ("Bendito seja o Senhor, Deus de Israel, dos séculos e pelos séculos. Amém, amém") é preferível considerá-la como dirigida a Deus. Por outro lado, nas cartas autógrafas, Paulo nunca atribui a Jesus o termo *theós*, mesmo destacando que Ele é o Filho de Deus.

Nem todo Israel é Israel (Rm 9,6b-29)

Se a primeira parte do v. 6 constitui a tese principal de 9,1–11,36, a segunda parte (em que se especifica que nem todo Israel é Israel) é o que Paulo propõe demonstrar em 9,7-29. À primeira vista, pode-se argumentar que isso distingue o Israel segundo a carne ou étnico, do Israel espiritual que, para alguns, é identificado com a Igreja. Na realidade, a disposição das citações do Antigo Testamento em 9,7-29 aponta para um caminho diferente: a identidade de Israel é determinada pela eleição e não pela pertença étnica. A composição quiástica seguinte de 9,7-29 permite entrar em um dos capítulos mais complexos do epistolário paulino:

(a) Israel e a eleição (v. 7-13);

(b) a justiça e a misericórdia divina (v. 14-18);

(b[1]) a ira e a misericórdia divina (v. 19-23);

(a[1]) o chamado dos judeus e dos gentios (v. 24-29).

É original o modo paulino de argumentar que procede por acentuações parciais e não por análise global: o que ele quer demonstrar em 9,7-29 não é a responsabilidade humana, da qual tratará no capítulo 10, mas que a eleição divina precede qualquer resposta humana positiva ou negativa. E é para sublinhar a relação entre a eleição (*eklogé*) e o chamado (*kaleín*), que menciona do ponto de vista negativo aqueles que não são eleitos. Em nível interpretativo, por outro lado, a teologia calvinista e jansenista tentou fundar a visão da dupla predestinação para o bem e o mal apelando para as afirmações de 9,7-29. Será necessário esperar até Karl Barth, com seu comentário epocal à Carta aos Romanos em 1919, para que Esaú e faraó, mencionados em Rm 9, sejam vistos em função de Jacó e dos israelitas e não de forma autônoma, "Esaú, em sua total problematicidade, vive de Jacó; ele é Esaú somente enquanto não é Jacó... Jacó é o Esaú invisível, Esaú é o Jacó visível"[21].

Em última análise, não há dupla predestinação, mas uma única predestinação divina para o bem, enfatizada pelo lado negativo que não segue um caminho paralelo, nem alternativo. Portanto, a Palavra de Deus não falhou, porque em toda a história da salvação a relação entre promessa divina e eleição foi realizada até o recente chamado de judeus e gentios. Assim, a subseção de 9,6b-29 prepara o terreno para a segunda parte de 9,30–10,21, ou seja, a relação entre Cristo, a Lei e a justiça para a fé nele.

Cristo, o fim da Lei (Rm 9,30–10,21)

A segunda demonstração se abre com o exórdio menor de 9,30–10,4, que se liga com o maior de 9,1-5, em que Paulo exprime a súplica a Deus pela salvação dos israelitas que creram em Cristo e no Evangelho. O exórdio é caracterizado pelo estilo da diatribe que perpassou diversas partes da carta e pelo paradoxo. Completamente paradoxal é o fato que Israel não tenha alcançado a justiça que buscava, enquanto os gentios obtiveram a justiça que não buscaram. Como foi possível que a situação se invertesse dessa maneira? O que entra em discussão é a justiça que deriva da fé em Cristo, vista como pedra de tropeço para o Israel incrédulo. Por isso, no fim do exórdio menor,

---

21. BARTH, K. *L'Epistola ai Romani*. 2. ed. Milão: Feltrinelli, 1993, p. 324.

coloca-se a tese que Paulo pretende demonstrar em 10,5-20: Cristo é o *télos* [fim] da Lei pela justiça de qualquer um que creia (v. 4).

A proposição é decisiva para a seção de 9,1–11-36 e para toda a parte querigmática de 1,16–11,36, enquanto se liga diretamente à tese geral de 1,16-17 (por todo aquele que crê) e a aprofunda do ponto de vista cristológico. Todavia, a tese de 10,4 é problemática por conta do substantivo *télos* que pode ser entendido como "o fim" ou como "a meta" no sentido de que Cristo seria ao mesmo tempo a finalidade e a cessação da Lei. Precisamos que a *crux interpretum* não pode ser solucionada semanticamente porque o termo *télos* significa tanto meta (cf. Rm 6,21.22) quanto cessação (cf. Fl 3,19). Por isso é importante considerar como a Lei mosaica é tratada na seção de 9,1–11,39 e nas partes anteriores da carta. Nesse sentido deve-se excluir a hipótese de que a Lei tenha sido abolida, tanto porque em 3,31 Paulo defendeu claramente que não pretendia abolir, mas confirmar a Lei quanto porque, como já sublinhamos ao tratar de Rm 7,1-6, não é a Lei que morre, mas os crentes que morrem para a Lei.

O contexto imediato de Rm 9,30–10,20 parece favorecer o duplo valor do substantivo *télos*: enquanto em 9,30–10,3 a Lei é vista com função final em relação a Cristo, em 10,5-20 apareceria a função abolitiva. Por outro lado seria difícil sustentar a universalidade da justiça divina para todo aquele que crê (cf. 10,12) se a Lei continuasse a ter valor nesse âmbito.

Na realidade, o que é abolido nos versículos seguintes não é a Lei, mas qualquer caminho de justificação que passe pela Lei. Na prática a negação da justificação pela lei não implica que a Lei seja abolida, mas que não ofereça nenhuma condição para a salvação que, para Paulo, acontece somente mediante a fé em Cristo. Por isso, recorrendo novamente à autoridade da Escritura, em 10,5-20, ele busca demonstrar que os dois caminhos da justiça pela Lei ou pela fé são incompatíveis.

Os três parágrafos seguintes são dedicados à justiça da fé (v. 5-13), à palavra de Cristo (v. 14-17) e à condição indesculpável de Israel em face à rejeição do Evangelho (v. 18-21). No primeiro parágrafo domina o contraste entre a citação de Lv 18,5 ("homem que praticar a justiça decorrente da lei viverá por ela") em Rm 10,5 e a de Dt 30,12-14 em Rm 10,6-8 sobre a proximidade da palavra de fé. Naturalmente, o acento não recai na prática, mas na Palavra de Deus interpretada no horizonte cristológico. O segundo parágrafo de 10,14-17 aprofunda, com uma série de questões retóricas, a dinâmica da profissão de fé em Cristo. Na forma de gradação descendente (ou anticlímax), procede-se da invocação à fé, à escuta, ao anúncio e ao envio dos apóstolos. A citação direta de Is 52,7 em Rm 10,15 ("Quão formosos são os pés dos que anunciam coisas boas!") é usada para apoiar a urgência da evangelização para alcançar a fé que vem da escuta. O terceiro parágrafo de 10,18-21 coloca Israel diante de sua própria responsabilidade: embora tenha escutado, não creu na palavra de Cristo. No entanto, no final, a descrença de Israel é valorizada no horizonte de Deus, que provoca o ciúme de seu povo elegendo um não povo.

Deus não repudiou seu povo (Rm 11,1-32)

Neste ponto, naturalmente surge a questão se Deus rejeitou seu povo. A pergunta de 11,1 é imediatamente rejeitada com o usual "de modo nenhum", a ser demonstrado em 11,2-32. Também nesse novo desenvolvimento concernente à fidelidade ou permanência da Palavra de Deus, o fio condutor é mantido por 11,2a, que responde à questão inicial e constitui a tese secundária da seção: com a autoridade da Escritura, Paulo propõe demonstrar que Deus não rejeitou o seu povo. Quatro principais desenvolvimentos são assim delineados:

- o resto de Israel (v. 2b-10);
- a queda e o ciúme de Israel em relação aos gentios (v. 11-16);
- a exemplificação da oliveira e da oliveira brava (v. 17-24);
- o mistério sobre o endurecimento e a misericórdia divina (v. 25-32).

Como na primeira parte de 9,6b-29, a atenção está voltada para a eleição divina, considerada agora não mais no horizonte original do chamado, mas no horizonte final ou escatológico da salvação de Israel. À primeira vista em 11,1-32 Paulo parece se contradizer a ponto de retratar o que demonstrou em 9,6b-29. Como podemos dizer que nem todo Israel é Israel (9,6b) e, finalmente, que todo o Israel será salvo? (11,26). E como alguém pode sustentar a salvação de todo o Israel (incluindo a parte incrédula) se, de acordo com 10,1-20, essa salvação passa pela fé em Cristo? Por essa razão, alguns estudiosos consideraram que, enquanto Paulo ditava os parágrafos de 9,6-29, ele não havia pensado na solução de 11,1-32 ou que a totalidade do Israel salvo representaria uma nova identidade, diferente do Israel étnico: uma identidade que incluiria o restante dos judeu-cristãos e dos étnico-cristãos que aderiram ao Evangelho.

Em uma análise mais próxima, em toda a seção, Paulo nunca defende a existência de um novo Israel, identificado na prática com a Igreja, que substituiria o Israel originário pré-conhecido por Deus. É por isso que em 11,1-32 o que aparece é a relação entre Israel ou o povo de Deus e os gentios e não entre a Igreja e os gentios que dela ainda não fazem parte. E é nessa perspectiva que o endurecimento, a desobediência e o ciúme de Israel assumem uma função salvífica paradoxal para os gentios. De fato, é um endurecimento não definitivo, mas periódico e funcional, no sentido de que, sem o ciúme e a incredulidade de grande parte de Israel, os gentios não teriam recebido a oportunidade de crer no Evangelho ou serem enxertados, como os ramos da oliveira brava, na raiz sagrada da oliveira.

Sobre a linguagem metafórica da oliveira e da oliveira brava, à primeira vista, parece que em 11,17-24 Paulo incorre em um erro grosseiro sobre leis agrárias do enxerto, já que o bom ramo de oliveira deve ser enxertado no tronco da oliveira brava para recuperá-la. De fato, ele inverte de propósito o curso natural do enxerto para mostrar que somente pela graça os gentios ou os ramos de oliveira brava foram enxertados na raiz da oliveira. E será somente pela graça que Deus poderá enxertar os ramos que no presente foram podados.

A última passagem da intensa demonstração de 9,1–11,32 diz respeito ao mistério em curso do endurecimento de uma parte de Israel, até que a plenitude dos gentios tenha entrado. O código de mistério, visto como propósito divino, é mais uma vez a Escritura e, em particular, a passagem de Is 59,20-21 (como está escrito: "De Sião virá o libertador, que irá remover a impiedade de Jacó. E essa [será] minha aliança com eles"). Contudo, Paulo não explica como todo Israel será salvo, apesar da atual descrença do Evangelho. Limita-se apenas para declarar o resultado positivo da salvação final de todo o Israel, incluindo da parte incrédula. Por isso, seria enganoso afirmar que, uma vez que o único caminho da salvação passa pela fé em Cristo, para ser salvo Israel terá de crer no Evangelho. Igualmente reducionista seria aplicar a mesma condição do Israel incrédulo aos gentios que não creem em Cristo. Antes, Paulo não se detém nessa extensão de horizontes, mas permanece na fidelidade da Palavra de Deus que passa pela incredulidade de Israel. É por isso que ele não propõe formas alternativas de salvação de Cristo, mas indica o único caminho que inclui tanto a fé do resto de Israel quanto a incredulidade da maioria de Israel. A permanência irrevogável dos dons divinos, listados em 9,4-5 e ampliados em 11,29 com a adição do chamado, garante o resultado positivo da saga de Israel.

A peroração (Rm 11,33-36)

Uma doxologia sobre a profundidade e a riqueza da sabedoria de Deus encerra a seção de 9,1–11,36 e abre para as decisões inescrutáveis e os caminhos impenetráveis de Deus (11,33-36). Por meio de algumas evocações da Escritura (desta vez em forma indireta, para sinalizar uma apropriação mais pessoal), Paulo se coloca na esteira das grandes questões proféticas (Is 40,13) e sapienciais (Jó 41,3) para argumentar que o desígnio ou o mistério divino não está sujeito a nenhum conhecimento humano, nem depende de alguma forma de retribuição, mas é e permanece inquestionável.

Infelizmente, temos de reconhecer que a bimilenar história da Igreja, que testemunhou interpretações substitutivas sobre a identidade e a salvação de Israel, raramente entrou em sintonia com a profundidade teológica que Paulo alcança na seção de Rm 9,1–11,36. Se essa interpretação mais profunda tivesse ocorrido, a história não teria presenciado tantas cruzadas ideológicas e militares, e talvez a causa da *Shoá* não seria assunto somente de judeus e minorias étnicas e religiosas, mas teria provocado cada cristão. Os documentos pontifícios sobre a Aliança nunca revogada de Israel de João Paulo II em 1980 em Mainz, sobre *Memória e reconciliação: a Igreja e as culpas do passado* da Comissão Teológica Internacional no ano de 2000 e sobre o *Povo hebraico e as Sagradas Escrituras na Bíblia cristã* da Pontifícia Comissão Bíblica, deveriam excluir, definitivamente, qualquer forma de antijudaísmo na Igreja e reconhecer que a raiz santa de Israel persiste como tal para todo cristão.

O culto racional

A seção querigmática dá lugar à seção exortativa ou paraclética de Rm 12,1–15,13, caracterizada por uma série de recomendações aos destinatários sobre as relações internas e externas de suas comunidades de origem. Até agora, pudemos observar que as seções exortativas concludentes das cartas paulinas estão ligadas de maneiras diferentes às querigmáticas ou doutrinais. No caso de 12,1–15,13 o tema da misericórdia divina, mencionado em 11,30, retorna em 12,1, embora com termos diferentes: no primeiro caso, é a misericórdia gratuita de Deus; no segundo é sua compaixão para com os homens que os chama a oferecer seus corpos. Portanto, trata-se de uma ética consequencial que salvaguarda o excesso de gratuidade da justificação em Cristo.

A seção exortativa de 12,1–15,13 consiste de duas partes principais: as recomendações gerais aos destinatários em 12,1–13,14 e a específica sobre a aceitação mútua entre os fortes e os fracos em 14,1–15,13. A seção ética é guiada pela tese de 12,1-2, com a qual os destinatários são exortados a oferecer seus corpos como um sacrifício santo e agradável a Deus. O que está em questão é um culto racional (e não espiritual) que, começando do próprio sistema mental, envolve o modo de pensar e agir na própria comunidade e com aqueles de fora. A primeira parte da seção consiste em quatro parágrafos dispostos em forma paralela, com uma conclusão sobre a espera pelo último dia:

(a) as relações eclesiais (12,3-8);

(b) o ágape como o ideal do bem e do belo (12,9-21);

(a¹) as relações com autoridades civis (13,1-7);

(b¹) o ágape, cumprimento da Lei (13,8-10);

(c) a espera pelo dia (13,11-14).

Os vetores que perpassam as exortações paulinas são o ágape visto como o cumprimento de toda a Lei mosaica, o ser em Cristo para formar um só corpo, a ponto de se revestirem dele, e o horizonte escatológico para o qual tende a ética da antecipação. Os mesmos vetores foram encontrados na seção de 1Cor 12,1–14,40, mas em diferentes contextos, pois em Rm 12,3–13,14 desaparece a polêmica sobre glossolalia, dando lugar ao cotidiano das relações eclesiais, alimentado por carismas e ministérios. Além disso, os três vetores relatados em Rm 12–13 representam a plataforma na qual Paulo pretende preparar o terreno para resolver as tensões entre os fortes e os fracos, abordadas na segunda parte da seção.

Assim entendida, a ética não é uma simples coletânea de exortações morais, emprestada do ambiente judaico-helenístico, mas reflete o ambiente das comunidades paulinas ao qual se destina. De fato, é apenas aos cristãos de Roma que Paulo pede que se submetam às autoridades civis, pagando os tributos diretos e indiretos (13,1-7). Não por acaso, em 58 d.C., Nero havia pedido ao senado que abolisse os impostos indiretos (cf. Tácito. *Anais* 13,50,1-2; Suetônio, *Nero* 6,10). Por outro lado, talvez ainda estivesse viva a lembrança do Edito de Cláudio para a expulsão dos judeus de Roma, ocorrido em 49 d.C., com repercussão também para os cristãos de origem judaica[22]. Ademais, se o amor mútuo é apresentado como cumprimento de todos os mandamentos da Lei em 13,8-10 é porque, de um lado, a questão da Lei desempenhou um papel decisivo na sessão doutrinal da carta; de outro, o autor tornará a se deter no ágape em 14,15 para resolver as tensões entre os fortes e fracos, causadas pelas regras de pureza alimentar oriundas do judaísmo. Enfim, a exortação a se revestirem de Cristo em 13,11-14, com o próprio comportamento ético, antecipa o tema da exemplaridade de Cristo em 15,1-13 e emoldura a ética no paradigma da mimese ou da imitação de Cristo.

Os fortes, os fracos e as normas alimentares (Rm 14,1–15,13)

As exortações gerais dão lugar à exortação particular dedicada à aceitação recíproca entre fortes e fracos nas comunidades romanas. Pode-se observar que a subseção de 14,1–15,13 destoa do gênero das recomendações epistolares conclusivas, que são bastante curtas e díspares, como ocorreu em 12,3–13,14. Já a última parte do corpo epistolar é unitária e ordenada de acordo com o seguinte esquema:

(1) a tese sobre o acolhimento dos fracos na fé (14,1);
(2) a *probatio* (14,1–15,6):
    (a) o serviço dos fracos e fortes para o Senhor (14,2-12);
    (b) o escândalo do irmão (14,13-23);
    (a^1) modelo de Cristo para os fortes (15,1-6);
(3) a peroração sobre o acolhimento recíproco (15,7-13).

A tese de 14,1 esclarece rapidamente o que está em jogo: o acolhimento dos fracos na fé, sem cair em discussões nocivas que podem criar divisões entre os destinatários. Na sequência, compreende-se que também os fracos desprezam os fortes por causa da própria liberalidade (v. 3). Assim, a *probatio* é desenvolvida de maneira circular: apresentar o caso à luz da relação de cada crente com Cristo (a = 14,2-12); o fundamento para resolver o conflito entre os fortes e os fracos (b = 14,13-23); e o exemplo de Cristo que acolheu os fortes e os fracos (a^1 = 15,1-6). Mas quais são os dados históricos da seção? Trata-se de um percurso preventivo ou hipotético sem qualquer

---

22. Sobre o Edito de Cláudio contra os judeus de Roma e a sua datação, cf. a Introdução geral, supra.

repercussão histórica? E, se esse conflito é real e não teórico, quem são os fortes e quem são os fracos?

Ressaltamos que o caso é diferente daquele tratado na seção de 1Cor 8–9, sobre os fracos que não comem carne imolada a ídolos, onde, entretanto, nenhuma menção é feita a algum forte. Na seção de Rm 14,1–15,6 aparecem as questões de pureza alimentar segundo as quais os fracos deveriam se abster de comer alimentos impuros, enquanto os fortes defendem que nada é impuro como tal. Além disso, o conflito não surge de uma lista teórica de alimentos puros e impuros, mas de sua prática por ocasião da comunhão da mesa entre os mesmos crentes em Cristo. E é nesse contexto que os fracos provavelmente abandonarão as assembleias cristãs. Assim, embora em tempos imperiais houvesse correntes filosóficas ascéticas, tais como neopitagóricos e ebionitas, o caso diz respeito às regras haláquicas de pureza alimentar no contexto judaico da comunhão de mesa. O uso simultâneo dos termos *koinós* (impuro) e *katharós* (puro) em 14,20.14 confirma que a questão se coloca em relação à tradição judaica da Lei mosaica e não por questões ascéticas ou filosóficas pagãs.

No entanto, não é fortuito que em toda a parte probatória Paulo não mencione explicitamente a Lei mosaica, nem identifique os cristãos de origem judaica com os fracos e aqueles de origem gentia com os fortes. O problema não diz respeito à Lei como tal, mas às tradições orais que se referem a ela. É por isso que as categorias dos fortes e dos fracos não são étnicas, mas éticas ou comportamentais e eméticas, ou são fundadas na maneira de os membros do mesmo grupo religioso ou social se definirem entre si, por suas respectivas convicções de fé. Em termos de princípio, Paulo compartilha a convicção dos fortes, mas, para não arriscar perder os fracos, ele pede aos fortes que não comam alimentos impuros.

O critério para a diferença, que Paulo coloca no centro da parte probatória, é decisivo para tentar resolver a questão: o Reino de Deus não se deixa enredar por questões alimentares, mas é identificado com justiça, paz e alegria no Espírito (14,17). Assim, juntamente com o ágape, o ser em Cristo e o horizonte escatológico, que evidenciamos em 12,1–13,14, é traçada a origem pneumatológica da ética paulina. A ética consiste em ser guiado diariamente pelo Espírito (cf. Rm 8,14). Consequentemente, não são os fracos que têm de se tornar fortes, mas estes se tornem fracos, seguindo o exemplo de Cristo que não procurou agradar a si mesmo (15,1-6).

Para dar maior autoridade à peroração de 15,7-13 Paulo apela à Escritura e dita um parágrafo que resume não apenas a seção imediata de 14,1–15,6, mas todo o percurso da Carta aos Romanos. Uma cadeia de citações do Antigo Testamento lhe permite demonstrar que Cristo se tornou um servo da circuncisão ou dos judeus e, consequentemente, os gentios podem dar glória a Deus por sua misericórdia. Por isso, seria redutivo considerar a problemática de 14,1–15,6 como restrita à seção exortativa da carta. Pelo contrário, uma vez que o conflito é real e diz respeito a uma das tradições orais da Lei mosaica por ocasião da comunhão da mesa, ele tem repercussões decisivas sobre toda a questão da Lei em Romanos.

Por que então Paulo lida com tal temática de capital importância apenas no final da carta e não no começo? Acreditamos que a estratégia escolhida seja, acima de tudo, devida aos mal-entendidos engendrados pela sua visão da Lei: Uma vez que ela não tem significado salvífico, pode-se considerar que foi revogada. A difamação de Rm 3,8 sobre o fazer o mal – ou seja, sobre a inobservância da Lei – em vista do bem da graça em Cristo levou Paulo a reapresentar as razões últimas do seu Evangelho e a distinguir a Lei das "obras da Lei" ou de tradições orais posteriores. Portanto, somente após o caminho articulado da carta, Paulo pode resolver o conflito sem se deixar levar pelos fortes ou pelos fracos. Somente por causa do conflito entre os fortes e os fracos podemos entender uma visão menos negativa, mas também mais complexa, da Lei em Romanos em comparação com Gálatas.

O pós-escrito epistolar (Rm 15,14–16,27)

O caminho tortuoso da carta dá lugar ao mais longo pós-escrito das cartas paulinas que, em grande parte, retoma as notícias apresentadas na seção introdutória de 1,1-17 e as especifica. Primeiro de tudo, Paulo reitera os planos de viajar de Corinto a Jerusalém e, mais tarde, para a Espanha, passando por Roma (15,14-33). Entre as notícias relatadas destacam-se as referentes à próxima viagem a Jerusalém, onde ele espera chegar com uma coleta em dinheiro para os pobres da Igreja-mãe. Sobre a iniciativa são mencionadas as Igrejas da Acaia (Corinto e Cencreia) e da Macedônia (Filipos e Tessalônica) que se uniram com generosidade. No entanto, Paulo nutre o fundado receio de que, uma vez que tenha chegado a Jerusalém, seja forçado a enfrentar novas adversidades relativas à sua missão aos gentios. É por isso que ele pede que os destinatários o apoiem com a oração.

Sobre as extensas e detalhadas saudações de 16,1-16, já nos concentramos na introdução à carta, a propósito das Igrejas domésticas de Roma. A partir da recomendação a Febe, diaconisa de Cencreia, em 16,1-2, e das saudações dos colaboradores em 16,21-23, podemos deduzir que a carta foi enviada de Corinto, antes da partida de Paulo para Jerusalém, retornando da terceira e última viagem missionária.

São originais, se comparadas aos outros pós-escritos paulinos, as admoestações em 16,25-27 contra os adversários que causam divisões e escândalos em detrimento do ensino recebido pelos destinatários e, em 16,25-27, a doxologia que encerra a carta. Por conta da linguagem incomum, o primeiro parágrafo foi considerado uma glosa posterior. Na verdade os termos *dichostasía* (divisão, v. 17), *chrestologhía* (palavra de benevolência), *ákakos* (simples), *euloghía* com o significado original de "bajulação" (v. 18) e *syntríbo* (esmagar, v. 20) são raros ou únicos no vocabulário paulino. No entanto, as expressões "eu vos exorto irmãos" (v. 17), "o Deus da paz" (v. 20, cf. 15,33) e o augúrio final da graça do Senhor (v. 20, cf. 1Ts 5,28; Gl 4,18) são tipicamente paulinos. O contraste entre o bem e o mal perpassou a carta e o tema da obediência evoca o da "obediência da fé", introduzido em 1,5. Por outro lado, a presença de um parágrafo sobre os oponentes de Paulo não deve nos surpreender muito, já que o mesmo fenômeno ocorre no pós-escrito de Gl 6,11-18. Então pode-se pensar numa perícope paulina de natureza preventiva, semelhante à de Fl 3,18-19, que visa a alertar os destinatários acerca dos adversários que cuidam da própria barriga e não do Evangelho.

Mais complexa é a doxologia final de 16,25-27, insegura do ponto de vista pelo conteúdo e pela posição. Enquanto alguns manuscritos colocam a doxologia depois de 14,23 (cf. os códices L, 0209[vid], 181, 326, 330, 614, 1175), outros a situam depois de 15,33 (cf. o importante P[46]) ou no final de 16,23 (como em: P[61vid], B, C, D, 81, 1739); e não faltam os códices que a repetem no final de 14,23 e de 16,23 (os códices A, P, 5, 33, 104) ou que, em sentido inverso, terminam sem qualquer doxologia (F[gr], G, 629).

A hipótese menos provável liga a doxologia a 14,23, interrompendo assim a exortação dirigida aos fortes e aos fracos que continua com 15,1-13. Também a possibilidade de inserir a doxologia após 15,33 não é muito sustentável, porque nos depararíamos com duas doxologias sobrepostas. Contudo, se excluirmos a doxologia final, a carta se encerraria de repente com 16,23, sem os augúrios finais comuns nas outras cartas paulinas. Portanto, embora original, a colocação da doxologia após 16,23 parece mais pertinente, uma vez que substitui os augúrios finais das outras cartas. Por outro lado, no curso da carta, não faltam doxologias e hinos análogos dirigidos a Deus, como em 8,31-39 e em 11,33-36. No entanto, a doxologia final está ligada à seção introdutória da carta, através de referências ao "Evangelho" e às "Escrituras proféticas". O particípio *dynámenos* (que tem poder) lembra a *dýnamis* ou o poder divino de 1,4.16 e 15,13; e o verbo *sterízo* (fortalecer) liga a conclusão ao começo da carta (cf. 1,11; 16,25). A linguagem da revelação (*apokalypsis* e *apokalýpto*) ou do "manifestar" (*faneróo*) de 16,25-26 retoma as afirmações de 1,17.18 e 3,21. E sobre a "obediência da fé" (16,26) falou-se em 1,5. Finalmente, a sequência "mistério, sabedoria e conhecimento" retoma o modelo doxológico encontrado em 11,25.33-36. Portanto, o conteúdo da doxologia final não é desvinculado do restante da carta.

Portanto, embora a perícope de 16,25-27 possa ter sido acrescentada mais tarde por Paulo ou seu discípulo, cuja identidade ignoramos, ela resume muito bem o caminho articulado da carta que encontra seu conteúdo central no Evangelho ou na pregação de Cristo. O mistério ou o desígnio divino, mantido em silêncio pelos séculos eternos, foi plenamente revelado em Cristo mediante as Escrituras proféticas e conclama todos os povos à obediência da fé.

A mensagem

Na parte introdutória da carta, Paulo mencionou várias vezes seu Evangelho: é o "Evangelho de Deus" (genitivo subjetivo) que tem como conteúdo essencial o Filho de Deus (1,3-4). Para esse Evangelho, Paulo foi "separado" (1,1) ou reservado dedicar toda a sua vida a isso. A identificação entre o seu Evangelho e o Filho de Deus é tamanha que confere dimensão cultual à vida de Paulo (1,9). E, não conseguindo chegar às comunidades romanas para evangelizá-las (1,15), escolhe comunicar por carta o conteúdo mais importante de seu Evangelho.

No entanto, a propósito do arranjo argumentativo, observamos que na tese geral de 1,16-17 o Evangelho é mencionado com uma lítotes: "não me envergonho do Evangelho" corresponde a "orgulho-me do Evangelho". Assim, destaca-se a razão para o orgulho, um dos principais fios condutores da carta (cf. o uso do verbo *kauchaomai* em 2,17-23; 5,2.3.11; e dos substantivos *káuchema* em 4,2 e *káuchesis* em 3,27). O principal evento a que o tema do orgulho se refere se encontra na tese secundária que introduz a seção de 5,1–8,39: "Justificados, pois, mediante a fé, temos paz com Deus por meio de Nosso Senhor Jesus Cristo; por intermédio de quem obtivemos igualmente acesso, pela fé, a esta graça na qual estamos firmes; e gloriamo-nos na esperança da glória de Deus" (5,1-2).

Entre a tese principal de 1,16-17 e a secundária de 5,1-2, que chega até 8,39, se desenrola o ponto de partida do Evangelho de que Paulo não se envergonha, mas se orgulha, pois pretende demonstrar que esse orgulho é excluído para qualquer um – judeu e gentio (cf. 1,18–3,20) – e, portanto, o único orgulho possível é o paradoxal, focado na *sola gratia* e na *sola fide* em Cristo.

Embora a razão para gloriar-se ou não se envergonhar do Evangelho termine com 8,39, o tema do Evangelho continua na seção de Rm 9,1–11,36, dedicada à permanência e à fidelidade da Palavra de Deus, de acordo com as principais teses de 9,6: "E não pensemos que a Palavra de Deus haja falhado". Embora a maioria dos israelitas tenha rejeitado o Evangelho (10,16), a Palavra de Deus, que em 10,8 é identificada com "a palavra da fé" (em Jesus Cristo), permanece inabalável e se realiza através da adesão daqueles que criam que Jesus morreu e ressuscitou (10,5-13). Por isso, ao aderir ao Evangelho, é fundamental o caminho que parte do envio "daqueles que proclamam as coisas boas", segundo a citação direta de Is 52,7 em Rm 10,15, e alcança a invocação dos destinatários, transitando pelo anúncio do querigma cristão, pela escuta e pela profissão de fé. Em última análise, se a fé deriva da escuta e esta se refere à palavra de Cristo (10,17), a Palavra de Deus encontra seu centro gravitacional em Cristo. Paulo tem consciência da urgência da evangelização para a qual separado e, tendo completado a pregação do "Evangelho de Cristo" (o Evangelho que *é* Cristo, genitivo epexegético) de Jerusalém a Ilíria (15,19), antecipa sua visita a Roma para depois tentar evangelizar os confins do mundo conhecido no século I d.C., representados pela Espanha (15,28).

O caminho tortuoso do Evangelho em forma epistolar, que é Romanos, termina com a doxologia final, dirigida a Deus que tem o poder de fortalecer os destinatários de acordo com o Evangelho de Paulo, isto é, com a pregação de Jesus Cristo (16,25). À inclusão entre "por intermédio dos seus profetas nas Sagradas Escrituras" (1,2) e as "Escrituras proféticas" (16,26) corresponde a inclusão entre o "Evangelho de Deus" (1,1) e o "meu Evangelho" (16,25).

A justiça de Deus

A tese principal de Romanos assevera que no Evangelho se revela "a justiça de Deus" (1,17): uma expressão que provocou incontáveis interpretações. Como compreender o substantivo *dikaiosýne* e de que maneira se relaciona com Deus e os seres humanos? Alude à justiça retributiva de Deus e/ou àquela que, segundo o que descobrimos em Gálatas, se identifica com a justificação e, portanto, com a salvação, que está na origem da filiação divina?

Em primeiro lugar, ressaltamos que o genitivo tem valor subjetivo no sentido de que é a ação reveladora da justiça divina que está em questão. A *propositio* secundária de 3,21-22a esclarece o alcance da expressão: "Mas agora, sem lei, se manifestou a justiça de Deus testemunhada pela Lei e pelos profetas; justiça de Deus mediante a fé em Jesus Cristo, para todos [e sobre todos] os que creem". O caminho mediano entre Rm 1,16-17 e 3,21-22a é projetado para levar o leitor (ou ouvinte) à fé de Cristo, mediante a qual a justiça de Deus se revelou ou se manifestou. Como em Gálatas (a que remetemos para mais detalhes), a "fé de Jesus Cristo" não é aquela que Ele expressou durante a sua vida pública, mas a fé nele e, em particular, em sua morte e ressurreição. As seguintes proposições mostram que a justiça de Deus é identificada com a justificação gratuita pela fé, mediante a redenção, em Cristo (cf. 3,24). Talvez seja importante ressaltar que, nesse contexto, a fé não é concebida por Paulo como ação humana, mas como dom absoluto da graça divina. Assim, a justiça enquanto justificação não é uma virtude divina, mas é ação que justifica gratuitamente a qualquer um, porque todos pecaram e não são capazes de encontrar o caminho da justiça divina, nem pela lei, nem tampouco com as "obras da Lei" (3,28).

Sob o ponto de vista da ambientação, já que a "justiça de Deus" é identificada com sua ação justificadora, é esclarecedor o que se afirma na literatura qumrânica: um *background* que já enfatizamos ao tratar da justiça em Gálatas. Assim diz a *Regra da Comunidade*:

> Quanto a mim, se eu tropeçar, as misericórdias de Deus serão a minha salvação para sempre; se eu cair em pecado, a justiça de Deus (*beṣidqát el*), que permanece eternamente, será meu julga-

mento; se minha aflição começar, Ele libertará minha alma da sepultura e firmará meus passos no caminho; Ele me tocará com suas misericórdias e, por sua graça, introduzirá meu julgamento; Ele me julgará na justiça da sua verdade e, na abundância da sua bondade, expiará todos os meus pecados para sempre; na sua justiça, Ele me purificará da impureza do ser humano e do pecado dos filhos do homem, para que eu louve a Deus por sua justiça e o Altíssimo por sua majestade" (1QS 11,11-15).

O paralelo deve nos levar a abandonar a visão legalista do judaísmo, que dominou grande parte das pesquisas do século XX, em favor de uma visão mais universalista e que valoriza a graça, oportunamente destacada por E.P. Sanders[23]. Embora não exista um *nomismo* unitário do pacto, tampouco um "judaísmo comum", como Sanders sustenta, sua concepção do universalismo judaico no século I d.C. pode ser compartilhada. Além disso, enquanto no contexto greco-romano a justiça é vista como adesão à lei civil ou social, a fim de reconhecer o justo e o culpado, para o judeu a atenção muda para a dimensão relacional da justiça que envolve tanto os seres humanos (Gn 31,26-54; Jo 8,1-3; 2Sm 3,6-11) quanto Deus e seu povo (cf. Sl 51,14; 65,5; Is 46,13; 62,1-2). É por isso que no Antigo Testamento e na literatura judaica do século I a.C. ao século I d.C. a Aliança é o contexto principal no qual se espera a justiça de Deus, pois está relacionada à salvação, à misericórdia e à graça, como de fato ocorre em Rm 1,16-17 e 3,21-22. Com Cristo, a justiça esperada e invocada no judaísmo assume características apocalípticas ou reveladoras, porque foi realizada mediante a sua morte e ressurreição (cf. Rm 5,1-2.21). O evento apocalíptico da justiça em Cristo, por sua vez, torna-se continuamente presente na vida humana pela ação do Espírito (cf. 8,10).

O tema da justiça retorna em 9,30–10,4, quando emergem a questão da fidelidade da Palavra de Deus e a busca por justiça para Israel. É importante notar que, uma vez que a justiça divina foi de fato realizada em Cristo, os gentios que não buscaram a justiça a encontraram pela fé em Cristo, enquanto os judeus que a procuraram não a encontraram, pois tropeçaram diante da manifestação da justiça paradoxal de Deus em Cristo. Sobre a dinâmica do buscar e encontrar, o papel decisivo não é desempenhado pelo gentio

---

23. SANDERS, E.P. *Paolo e il giudaismo palestinese* – Studio comparativo su modelli di religione. Bréscia: Paideia, 1986 [Biblioteca teologica 21] [orig. inglês, 1977].

nem pelo judeu, mas por Cristo que é o fim (não a cessação) da Lei "para justiça de todo aquele que crê" (10,4). Portanto, o bem conhecido dilema luterano se a justiça é identificada com uma qualidade divina (*justitia qua Deus est justus*) ou com sua ação justificante (*justizia qua Deus justos facit nos*) é resolvido com uma perspectiva sincrônica: Deus é justo no tempo em que justifica.

Entre o universalismo e o particularismo

A principal tese de Rm 1,16-17 contém uma tensão de grande envergadura: a salvação transmitida pelo Evangelho a todo aquele que crê, tanto para o judeu e quanto para grego (universalismo), se declina com um "antes" o judeu do que o grego (particularismo). Como podem coexistir a condição de igualdade em relação à salvação e a prioridade de uma parte da humanidade sobre a outra? Notamos que a acentuação não recai sobre o particularismo do judeu, mas sobre o universalismo da salvação para a fé. Por outro lado, a citação direta de Hab 2,4 confirma que os justos e não apenas os judeus viverão pela fé.

No entanto, ao lidar com as polaridades entre o universalismo para todos e o particularismo da prioridade dos judeus, Paulo não trata da salvação de maneira abstrata, mas através do código da história da salvação. É um dado da história da salvação que "aos judeus [tenham sido] confiados os oráculos de Deus" (3,2) e a circuncisão seja definida "como selo da justiça da fé que [Abraão] teve quando ainda incircunciso" (4,11). A lista de privilégios de 9,4-5 não é apenas estética, mas mostra que "os dons e a vocação de Deus são irrevogáveis" (11,29) e não podem ser rejeitados, mesmo diante da descrença da maioria de Israel ao Evangelho. É por isso que "Deus não rejeitou o seu povo, a quem de antemão conheceu" (11,2). O fato histórico de que, mesmo que poucos, não faltaram judeus que creram em Cristo, incluindo o próprio Paulo, mostra que o "resto" garante a eleição de todo o Israel.

À primeira vista, o fato de que "nem todo Israel é Israel" (9,6b) parece excluir o dom principal da eleição para a qual Paulo articula a demonstração de 9,7-29, sugerindo que o antigo Israel seja excluído da eleição. Mas, apesar da distinção entre o Israel étnico e o Israel eleito, Paulo nunca afirma que o Israel étnico não esteja relacionado com o Israel eleito. De fato, precisamente o resultado da futura salvação para todo o Israel, que não se refere apenas aos judeus que creram no Evangelho, mostra que a primazia da eleição não contradiz a salvação final de todo o Israel étnico.

Alguns estudiosos procuraram aplicar a salvação da maioria de Israel, que não creu em Cristo, à salvação dos povos que não conheceram o Evangelho, mas esse raciocínio não funciona seja pela unicidade da salvação em Cristo, defendida em 10,1-21, seja pelo papel privilegiado que Israel desempenha na história da salvação, que não é reprodutível não somente para os gentios, mas também pelos etnocristãos que foram enxertados na santa raiz de Israel. Não há dúvida de que Paulo ignora as modalidades como o Israel étnico será salvo, mas certamente ele não assevera que o será crendo no Evangelho. Por isso, a demonstração de Rm 9,1–11,36 se encerra com o mistério, *i. e.*, com o desígnio divino que se realiza na história da salvação, diante do qual persistem as perguntas sobre os caminhos imperscrutáveis de Deus (11,33). O endurecimento de uma parte de Israel ocorre até que não entra a plenitude dos gentios (11,25) e não porque Israel tenha sido rejeitado. Assim, um endurecimento real, mas periódico e funcional para a salvação dos gentios, induz Paulo a interpretar de maneira positiva o futuro salvífico de todo o Israel.

A tensão introduzida entre o "tanto... quanto" e o "antes" do judeu chega ao seu epílogo e termina em termos positivos com o exemplo de Cristo que "foi constituído ministro da circuncisão, em prol da verdade [e/ou fidelidade] de Deus, para confirmar as promessas feitas aos nossos pais; e para que os gentios glorifiquem a Deus por causa da sua misericórdia" (15,8-9a). A cadeia de citações bíblicas em 15,9b-12 é citada porque a mesma Escritura responde com autoridade à declinação entre o particularismo e o universalismo da salvação. Em última análise, para Paulo não é concebível universalismo sem particularismo e o enorme valor do particularismo da circuncisão não consiste em separar os judeus dos gentios, mas em torná-lo funcional em comparação com a alegria dos gentios com o seu povo. A esperança de todas as nações não nasce mediante a abolição de Israel, mas pela certeza de que do broto de Jessé surgirá alguém que vai governar as nações (15,12), e de "Sião sairá o libertador, que afastará a impiedade de Jacó" (11,26).

Paulo tem o crédito de ter defendido em Romanos o universalismo e o particularismo, a única justificação em Cristo e a salvação final do Israel descrente, o primado da eleição para quem quer que seja e a predileção pelo seu povo que continua a mesma. Sobre essas tensões que, à primeira vista, parecem irreconciliáveis, desenvolvem-se a teodiceia, a antropologia, a cristologia e a pneumatologia de Romanos.

Entre a ira divina e o juízo final

Depois de esclarecer o alcance da "justiça de Deus" e a universalidade da salvação para todos os que creem, vamos refletir sobre teodiceia ou a justiça de Deus que, embora se identifique com a justificação gratuita, inclui os horizontes da ira de Deus e do juízo final. Não obstante o fato de que a revelação da ira divina em 1,18–3,20 é funcional e secundária se comparada à da justificação em 3,21–4,29, resta decifrar o sentido da ira divina. Seria simplesmente um antropomorfismo sem qualquer incidência na vida real ou um aspecto da teodiceia paulina que, embora secundário, tem sua relevância? A narrativa de 1,18-32 ilustra diferentes aspectos dessa ira divina.

Acima de tudo, a revelação da ira divina não é um fenômeno que diz respeito apenas ao futuro, mas envolve o passado e o presente da história humana. Não é coincidência que na narrativa de 1,18-32 a maioria dos verbos esteja no passado, com repercussões sobre o presente: por um lado, Deus entregou os seres humanos a diferentes formas de idolatria; por outro, os homens cometeram inúmeras transgressões. Consequentemente, a ira divina não se destina apenas ao futuro, mas no presente "se revela do céu contra toda impiedade e perversão dos homens que detêm a verdade pela injustiça" (1,18). Na origem da nefasta revelação da ira está a perversão humana que confunde o Criador com a criatura, caindo na idolatria (1,23).

O segundo denominador da narrativa diz respeito aos destinatários da ira: embora alguns comentaristas tentem limitá-la aos gentios, a propósito do arranjo argumentativo descobrimos que todos (*pántes*) os seres humanos estão sob acusação. Embora Paulo se aproprie de um tema difundido no judaísmo contra os vícios atribuídos aos gentios, em 1,18-31 nunca se fala de judeus, ou gentios, mas de seres humanos, sem distinções étnicas. A acusação é contra homens que não podem se valer de nenhum atenuante (cf. 1,18-20; 2,1). Nesse quadro, a ira divina denuncia que Deus não está do lado do homem, mas que deste se distancia totalmente: diríamos que ao revelar sua ira produz a máxima distância entre si e os seres humanos.

Uma terceira trajetória da ira é representada pelo contraste com a *hybris*, isto é, com a arrogância humana. Não é fortuito que apenas a lista de vícios

1,26-31 se acene aos arrogantes ou aos *hybristás*, relacionados com os "inimigos de Deus" (v. 30), e na conclusão Paulo denuncia que não só os homens cometem os vícios listados, mas aprovam aqueles que os fazem (v. 31). A ira divina tem a função fundamental de recolocar o homem em sua condição natural, lembrando-o do sentido do limite que o caracteriza, caso contrário ele cai nas formas mais aberrantes de perversão. O tema da ira divina, em contraste com a *hýbris* humana, é difundida no judaísmo e na literatura greco-romana; e Paulo o retoma em 9,20-23 com a metáfora do oleiro e dos vasos. Não é permitido ao homem transpor os limites de sua condição humana, porque é um simples vaso de barro nas mãos do oleiro, que é livre para construir vasos de ira e vasos de misericórdia. Para refrear os impulsos de *hýbris* humana, é difundido no ambiente greco-romano o provérbio *ne quid nimis*, ou "nada demais".

Que o tema da ira não se reduza a uma simples metáfora humana aplicada a Deus fica claro pela sua retomada não apenas em 1,18-32, mas também no contexto escatológico ou futuro. Assim Paulo interpela o seu interlocutor fictício ao início das provas utilizadas em 2,1–3,20: "Mas, segundo a tua dureza e coração impenitente, acumulas contra ti mesmo ira para o dia da ira e da revelação do justo juízo de Deus, que retribuirá a cada um segundo o seu procedimento" (2,5-6). A categoria do "dia da ira" é tipicamente judaico-apocalíptica (Sl 109,5; Jó 20,28; Ez 22,24; Am 5,18; Is 2,12; Jr 46,10; Ez 7,7; Sf 1,7; Ml 3,2) e remete ao juízo final em que Deus retribuirá a cada um segundo as suas obras. Enquanto antecipação do juízo final, a ira divina não pode ser reduzida a uma simples metáfora, mas remete ao horizonte escatológico quando o "dia do Senhor" (referente a Deus) se torna também "o dia do Senhor nosso Jesus Cristo" (1Cor 1,8; 5,5; 2Cor 1,14; Fl 1,16; 2,16). Esse quarto horizonte hermenêutico da ira divina representa não apenas aqueles que não creram no Evangelho, mas os próprios crentes, e se relaciona com o horizonte do juízo.

Destaca-se assim a relação de tensão entre a justificação pela fé, que constitui a novidade absoluta do Evangelho em Romanos, e o juízo final pelas obras. Não há dúvida de que, para Paulo, ser justificado no presente pelo sangue de Cristo constitui o penhor de que alguém será salvo através dele pela futura ira (cf. 5,9). No entanto, isso não implica que os crentes estejam isentos do juízo final. À primeira vista, parece haver um *aut-aut* entre a justificação pela fé e o julgamento das obras: ou uma ou outra! E se a ênfase está na justificação pela fé, o juízo já está resolvido; enquanto se a ênfase recai no juízo pelas obras está sublinhado, corremos o risco de destronar a justificação e considerá-la como um simples parêntese na história da salvação. Na realidade, os dois horizontes não são contraditórios e podem ser compreendidos na tensão apocalíptica entre a justificação pela fé e o julgamento escatológico pelas obras, onde o foco é e permanece no primeiro lado e não no segundo que, ademais, não precisa do Evangelho para ser apoiado, por já ser difundido no apocalíptico judaico. É compreensível então por que o tema da ira não seja apenas um pré-requisito para a justificação, mas também seja retomada no contexto ético de 12,19, onde Paulo pede que os destinatários não se vinguem por si mesmos, mas que reservem a Deus essa prerrogativa.

Portanto, mesmo se funcional, secundário e vindo da teodiceia judaica, o tema da ira divina desempenha um papel positivo no que diz respeito à justificação pela fé: exalta a gratuidade desse processo, libertando-o de qualquer forma de presunção humana e reconhecendo-lhe a universalidade, não limitada apenas aos gentios.

O pecado de todos e de Adão

Retomemos a tese geral de 1,16-17, onde "qualquer um", judeu ou grego, é o destinatário da salvação pela fé. A proposição esclarece imediatamente que Paulo não pretende lidar com o homem em geral, mas na perspectiva de suas relações com a fé, a justificação e a salvação. Por isso, trata-se de uma antropologia funcional, iluminada pelo poder divino do Evangelho. Sem essa chave para o problema, corremos o risco de cair em uma visão pessimista do homem, sobretudo se, omitindo as reivindicações de 1,16-17, nos detivermos somente na revelação da ira divina descrita em 1,18–3,20.

É complexa a relação entre o pecado de Adão, o pecado de todos e o dom da graça em Cristo, em que Paulo se detém em Rm 5,12-21 ao ser questionado acerca do dogma do pecado original ou de origem. O tema é difundido na literatura judaica da época e apresenta duas tensões antropológicas de grande envergadura, que não podem ser reduzidas simplesmente a questões sobre a origem da espécie humana, nem sobre as formas pelas quais o pecado de Adão foi transmitido. Por um lado, o pecado de Adão é evocado para sublinhar o destino ou o fato que une todos os mortais; por outro, é usado no intuito de destacar que toda pessoa humana é responsável por suas escolhas, incluindo o pecado.

A primeira tendência é precisada dessa forma pelo apócrifo *IV Livro de Esdras*: "Teria sido melhor que a terra não tivesse produzido Adão, ou que, uma vez produzido, tivesse lhe ensinado a não pecar. Que proveito têm os que agora vivem na tristeza e que, quando mortos, deverão esperar por uma punição? Que fizeste, Adão?! Se de fato pecaste, a queda não era só sua, mas também de [todos] nós que descendemos de ti" (4Esdras 7,117-118). A passagem do apócrifo, escrita por volta do final do século I d.C., enfatiza bem a origem causal do pecado de Adão que se estende sobre todos os seus descendentes. Na mesma linha se inserem o *Apocalipse de Moisés*, 32 ("Todo pecado que envolveu a criação aconteceu por minha causa"), a *Vida de Adão e Eva*, 44 ("Tu atraíste uma grande calamidade e pecados sobre toda a nossa descendência"). E a Sirácida: "Por meio de uma mulher teve início o pecado e por causa dela todos nós morremos" (Sir 25,24).

Uma visão totalmente diferente é o autor de 2Baruc, que coloca cada um para enfrentar as suas responsabilidades: "Porque, se Adão pecou diante de mim, e veio a morte de tudo aquilo que em seu tempo não [era], mesmo aqueles que foram gerados por ele, cada um predispôs para sua alma o futuro; no entanto, cada um deles preparou para sua vida o tormento futuro e, ainda, que cada um escolheu para si as futuras glórias. Verdadeiramente aqueles que acreditam receberão a recompensa [...]. Portanto, Adão não é a causa, senão para si só. Todos nós, cada um [de nós] nos tornamos Adão para si mesmo" (2Baruc 54,15-19).

Infelizmente, sobre o pecado de Adão e o pecado de cada ser humano tem-se sustentado, de um lado, que pertence apenas ao dogma católico e, de outro, procedeu-se do pecado de Adão ao de seus descendentes. Na realidade, o pecado de Adão transmite a importante tensão antropológica entre o destino e a responsabilidade. Sobre quem cai a acentuação? Sobre Adão e, portanto, sobre o destino ou sobre todo ser vivo e sobre a responsabilidade individual? Pode-se notar que, enquanto normalmente começamos de Adão para chegar a seus descendentes, em Romanos se parte da culpa dos homens para alcançar a culpa de Adão. Quando no arranjo argumentativo de Rm 1,18–5,21 Paulo começa a falar do pecado de Adão, ele já afirmou que "todos pecaram", por isso não precisa de se referir ao progenitor para lhe atribuir a pecaminosidade da condição humana. Antes, a singularidade de Adão está na origem da condição geral de pecado para evidenciar a singularidade de Cristo em relação à universalidade da graça. Além disso, o modelo argumentativo de Rm 5,12-21, com base no argumento *a fortiori* ou *qal wahómer* (do menor ao maior), não só torna funcional o pecado de Adão para a propagação do pecado de todos, mas também o coloca em comparação com a graça superabundante de Cristo. É por isso que Adão é *týpos* ou modelo daquele que viria (5,14), no sentido de que sua singularidade está relacionada à de Cristo, enfatizando a superioridade ou superabundância de graça. Em outras palavras, se não fosse pelo positivo dom da graça em Cristo para todos, talvez Paulo nem sequer mencionasse Adão.

A hermenêutica do pecado de Adão em 5,12-21 é fundamental para a hermenêutica do dogma que virá na sequência, pois esse tema não poderia ser tratado de maneira monádica ou isoladamente, mas no âmbito da cristologia e da soteriologia. Portanto, não interessa a Paulo a tendência que atribui somente a Adão a difusão do pecado, como IV Esdras, nem a que compreende cada homem como responsável pelo próprio pecado, como II Baruc; sua posição visa a sustentar que o dom da graça em Cristo é de longe superior a qualquer uma dessas visões antropológicas. Dessa forma, dever-se-ia falar de uma antropologia cristológica, que não é vista em função do pecado de Adão, mas o contrário: no sentido de que a salvação operada em Cristo não é tanto funcional para a restauração do homem originário, de antes do pecado – do qual, aliás, Paulo não fala em suas cartas – quanto gera uma nova humanidade em Cristo. As questões introduzidas pelas perguntas com o estilo da diatribe em Rm 6,1.15; 7,1 orientam exatamente para a novidade do estar em Cristo e não sob a Lei, nem sob o pecado. Por isso, o batismo do qual se fala em 6,3-4 não serve somente para libertar o homem do pecado original, mas para realizar uma participação vital entre os crentes e a morte de Cristo a fim de participar igualmente de sua ressurreição.

Neste ponto, surge a pergunta sobre a vida nova em Cristo e a condição de pecado que, contudo, continua a incidir também na vida dos crentes. A antropologia paulina atinge um momento dramático com a perícope de Rm 7,7-25. Esse famoso parágrafo induziu a tradição luterana a considerar crente como *simul iustus et peccator* [ao mesmo tempo justo e pecador]. Dessa visão emergiu uma antropologia negativa, pois – não obstante a graça em Cristo, o dom do Espírito e a reconciliação (cf. 5,1-11) – o crente estaria na condição de não cumprir o bem que vê e reconhece, mas o mal que quer evitar. Na realidade, como procuramos demonstrar a propósito do arranjo argumentativo, o parágrafo de 7,7-25 não se refere diretamente ao crente, mas à condição humana de quem, judeu e gentio, vive antes e sem a graça de Cristo. Ademais, o texto não trata do pecado cometido pelos indivíduos, mas do Pecado (com inicial maiúscula) como esfera dominante sobre aqueles que não estão em Cristo. Naturalmente, não é suficiente defender que o cristão está livre do pecado simplesmente pela sua identidade. O que está em discussão é muito mais a assimilação ou a intimidade com Cristo que, tão somente, liberta da mossa do Pecado e permite que o crente seja excluído da condição trágica que envolve a Lei e o eu sem Cristo.

A assimilação de Cristo à carne do pecado

Até aqui nos detivemos em dois interlocutores introduzidos na tese geral de Rm 1,16-17 e chamados à baila em 1,18–11,36: Deus e os seres humanos. Agora é necessário aprofundar os papéis de Cristo e do Espírito na economia da carta porque, como já explicamos, Jesus Cristo se identifica com o Evangelho de Paulo.

À primeira vista, Jesus Cristo é pouco mencionado em alguns parágrafos da carta: a observação vale para Rm 1,18–3,20 (exceto em 2,16); 7,7-25 (com exceção de 7,24); 9,6-29 e 11,1-36. Todavia, seria errado sustentar que a cristologia desempenhe um papel secundário se comparada à justiça de Deus. O que evidenciamos, na verdade, é que a revelação da ira divina (1,18–3,20) é funcional para a revelação da sua justiça em Cristo (3,21–4,25). O horizonte trágico do eu e da Lei em 7,7-25 é superado pelo horizonte da libertação operada por Cristo e pelo Espírito em 8,1-30. Também na terceira seção querigmática, a parte dedicada ao primado da eleição divina (9,6b-30) prepara para a relação entre a Lei e Cristo (9,30–10,21), enquanto a parte sobre a salvação de todo o Israel (11,1-36) explora as consequências dessa relação. Por que, então, o centro da carta é ocupado pela cristologia que relaciona teodiceia e antropologia?

A principal razão encontra-se no primeiro fragmento pré-paulino de Rm 1,3-4 inserido no pré-escrito de 1,1-7. O vocabulário é insólito para Paulo; em 1,3b-4a são utilizados o verbo "constituído" (*horisthéntos* no v. 4), sendo a única ocorrência nas cartas paulinas, e os substantivos "santidade" (*haghiosýne* no v. 4) e "elevação"[24] (*anástasis* no v. 4). Geralmente, para

---

24. Note-se que esta palavra aparece em várias traduções como ressurreição [N.T.].

acentuar a ressurreição de Cristo, Paulo utiliza o verbo *eghéirein* (41 vezes nas suas cartas) no lugar de *anástasis* (cf. Rm 6,5; 1Cor 15,12.13.21.42; Fl 3,10). Ademais, o Rei Davi é mencionado nas cartas paulinas como autor dos salmos (cf. Rm 4,6; 11,9), enquanto aqui é visto como fundador real da descendência de Jesus. No grego bíblico não ocorre a expressão "Espírito de santidade" (v. 5), que substitui o frequente "Espírito Santo". Entre as poucas ocorrências, o apócrifo *Testamento de Levi* 18,11 assevera que "o Espírito de santidade estará sobre ele". Também é original o paralelismo entre "segundo a carne" e "segundo o Espírito", que nas cartas paulinas é colocado de maneira antitética entre negativo e positivo, enquanto aqui é construído de maneira ascensional; por isso, o termo *sarx* assume uma conotação positiva para indicar a "carne" que o Filho de Deus assumiu. E, enquanto Paulo prefere a expressão "elevação *dentre* os mortos" (cf. Rm 4,24.25; 6,4.9; 7,4; 8,11; 10,9), em 1,4a aparece a fórmula "ressurreição *dos* mortos". A ruptura estranha no fragmento de 1,3a.4b fica mais linear sem os termos que aparecem como um aposto: "com respeito a seu Filho [...] Jesus Cristo, nosso Senhor".

Sobre o ambiente vital do fragmento pré-paulino, por causa das categorias semíticas utilizadas ("descendência de Davi", "Espírito de santidade", "constituído") pode-se pensar numa fórmula arcaica da cristologia palestina, formada a partir dos salmos messiânicos de entronização (cf. Sl 2,7; 110,1) e do oráculo de 2Sm 7,14. O paralelo dos *Salmos de Salomão* 17,37-38, dedicado ao messias davídico, parece confirmar a origem judaico-cristã do fragmento: "E não se enfraquecerá em seus dias, por causa de seu Deus, porque Deus o tornou forte mediante um espírito santo e mestre com sapiente prudência, com força e justiça".

Sobre o uso do verbo "constituído" é oportuno precisar que não se refere à natureza, mas à condição do Filho de Deus. De fato, no fragmento não se afirma que Jesus se tornou "Filho de Deus", mas que foi *constituído* como tal mediante a ação do Espírito de santidade. Portanto, estamos diante a um estágio arcaico da cristologia que, enraizado no monoteísmo judaico, não aborda as relações entre as pessoas da Trindade imanente.

Com a apropriação paulina, esse fragmento é útil para antecipar as temáticas da pertença de Jesus à descendência de Davi, da ressurreição e do Espírito que desenvolverá a seguir. De fato, Cristo representa o último dos privilégios de Israel, a que Ele pertence "segundo a carne" (9,5), e a sua "ressurreição dos mortos" antecipa a participação dos crentes na sua ressurreição (6,1-14; 8,1-30). O próprio Deus "que ressuscitou a Cristo Jesus dentre os mortos vivificará também o nosso corpo mortal, por meio do seu Espírito, que em nós habita" (8,11).

A dupla relação entre a carne da descendência davídica e o espírito é desenvolvida em toda a carta até o acolhimento exemplar em Cristo, que se fez servo da circuncisão pela verdade/fidelidade de Deus a ponto de realizar as promessas dos pais e de os gentios glorificarem a Deus (15,8-9). Por isso, a especificação "segundo a carne" sublinha não somente que o Filho de Deus se fez filho do homem, mas que a humanidade que Ele assumiu é a humanidade de Israel, à qual pertenceu em todo o arco de sua existência humana.

Entre Jesus Cristo e a humanidade instaura-se uma relação de assimilação recíproca. Primeiramente, o Filho de Deus assimilou-se completamente à "carne do pecado" (8,3), mesmo não tendo conhecido pecado (cf. 2Cor 5,21). E somente dessa maneira Deus venceu o pecado na carne. Por isso a justificação universal foi realizada por Deus por meio da fé em Cristo. O fato de Deus o ter predisposto como "instrumento de expiação" (Rm 3,25) constitui uma reviravolta radical no percurso da expiação, já que este não parte mais dos homens, que pecaram, em direção a Deus, mas toma o sentido contrário. Também em Rm 3,25 veicula-se um fragmento pré-paulino. Isso pode ser percebido pela ocorrência de termos inusuais no vocabulário do Apóstolo: o substantivo "remissão parcial" ou "tolerância" (*páresis*) e o verbo "cometer anteriormente" (*proghínomai*) para indicar os pecados passados aparecem somente neste versículo em todo o Novo Testamento. O verbo *protíthemi* com a dupla acepção de "predispor" (valor temporal) ou "de colocar diante" (valor espacial), é utilizado novamente em contexto teológico somente em Ef 1,9. O substantivo *hilastérion* (expiatório ou instrumento de expiação) ocorrerá novamente apenas em Hb 9,5 e o termo *éndeixis* (demonstração) que aparece duas vezes em Rm 3,25-26 nunca ocorre em contexto cristológico ou salvífico. Contudo, para além desse vocabulário estranho a Paulo, a repetição do substantivo *éndeixis* nos versículos 25 e 26 dá a entender que realmente se trate da apropriação de um fragmento pré-paulino, aliás não muito bem-sucedida: "pela demonstração da sua justiça depois da remissão parcial" (v. 25) se repete no versículo 26 com poucas variações: "na paciência de Deus pela demonstração da sua justiça".

Por conta do insólito vocabulário, em Rm 3,25 o verbo *protíthemi* pode assumir valor cronológico e/ou espacial: já que se refere a "instrumento de expiação" ou a "expiatório", é preferível a segunda acepção, no sentido de que "Deus colocou diante [ou propôs]" ou apresentou Cristo como instrumento de expiação. Uma expressão análoga encontra-se em Gl 3,1, onde Cristo foi "exposto crucificado" pela pregação de Paulo.

É debatido o significado de *hilastérion* que pode se referir tanto a expiatório quanto, em termos mais genéricos, ao instrumento de expiação. No primeiro caso, o fragmento alude ao propiciatório da aliança ou *kapporeth* utilizado para a remissão dos pecados do povo, mediante o derramamento do sangue de animais (cf. Ex 25,17-22; 38,7-8; Lv 16,2-15; Nm 7,89). E com essa acepção o termo é utilizado em Hb 9,5 para relacionar o sangue de Cristo ao sangue dos animais sacrificados pelo restabelecimento da aliança definitiva entre Deus e os seres humanos. Contudo, trata-se do único paralelo do Novo Testamento e a maior objeção diz respeito não tanto à compreensão dos destinatários que, como evidenciamos ao tratar das comunidades romanas, provém do judaísmo da diáspora romana, quanto a relação entre Cristo compreendido como expiatório e o sangue. De fato, enquanto no rito de expiação é fundamental o derramamento do sangue pela remissão dos pecados, em Rm 3,25 o que se destaca não é o sangue (como, aliás, ocorre em Hb 9,1-6), mas o próprio Cristo em sua função salvífica. Por isso, somos bastante propensos a defender a interpretação genérica de *hilastérion* em 3,25: o que está em discussão não é apenas o expiatório, mas o evento e o momento ou o dia (5,3-8) da expiação aplicado a Jesus Cristo que Deus expôs para a remissão definitiva e total dos pecados. Assim, em sintonia com 1João, Jesus é apresentado como "vítima de expiação" (*hylasmós* em 1Jo 2,2; 4,10) para redimir os pecados de todo o mundo humano.

Acerca do ambiente vital do segundo fragmento pré-paulino, a hipótese judaico-cristã é a mais sustentável, embora possa ter surgido tanto no judaísmo palestino quanto no judaísmo da diáspora (Antioquia da Síria ou Corinto). Assim escreve o paralelo de 4Mac 17,22: "E, por meio do sangue daqueles justos e de sua morte expiatória, a divina providência salvou Israel antes aflito". Todavia, no que se refere ao pano de fundo judaico, é importante esclarecer que a expiação operada em Cristo não tem valor vicário, mas de proveito, no sentido de que, para Paulo, Cristo não oferece o seu sangue *no lugar* do nosso, mas *por nós* (cf. Rm 8,31-39). O valor sacrifical da sua morte está presente, mas numa perspectiva invertida, pois procede de Deus e de Cristo em direção a nós e não partindo de nós em direção a Deus por meio de Cristo. Somente assim se torna aceitável a paradoxal reconciliação divina em Cristo, da qual tratamos em 2Cor 5,14-21 e em Rm 5,3-11.

Portanto, o recurso ao fragmento pré-paulino demonstra que desde o início do movimento cristão sustentava-se o valor sacrifical e salvífico da morte de Cristo, com o qual Deus realiza de modo definitivo a reconciliação com os seres humanos. Aqui está toda a novidade do Evangelho na Carta aos Romanos: que no momento decisivo, isto é, quando se esperava pela condenação por causa dos pecados, "Deus prova o seu próprio amor para conosco pelo fato de ter Cristo morrido por nós, sendo nós ainda pecadores" (5,8).

O itinerário da justiça divina que passa através da justificação gratuita chega ao seu destino na reconciliação definitiva operada não dos homens em relação a Deus, mas do próprio Deus mediante a morte de seu Filho para os homens (5,10). Entre as cartas paulinas, encontramos a mesma linguagem da reconciliação em 2Cor 5,18-21 a propósito do "ministério da reconciliação" ao qual nos referimos. Em Rm 5,1-11 os horizontes da reconciliação se ampliam, porque se acena ao papel no Espírito, enquanto Paulo não se detém nas implicações éticas para os que são exortados a se deixarem reconciliar com Deus. A absoluta novidade da reconciliação divina em Cristo, mediante o Espírito, se torna garantia que a ira divina não se precipitará sobre os crentes porque, com a morte de Cristo, tiveram acesso à graça da reconciliação.

Sobre a assimilação plena de Cristo à condição humana, insere-se a participação dos crentes na sua morte em vista da participação de sua glória. Nesse caminho inverso Paulo utiliza uma série de termos compostos do prefixo *syn* "ser sepultados com" (*syntápto*, 6,4), "ser unido com" (*sýmpytos*, 6,5), "ser crucificado com" (*synstauróo*, 6,6), "conviver" (*syzáo*, 6,8), "co-herdar" (*synkleronómos*, 8,17), "sofrer com" (*sympáscho*, 8,17), "ser glorificado com" (*syndoxázo*, 8,17) e "ser conforme" (*sýmmorphos*, 8,29). Os verbos e adjetivos mencionados são em grande parte cunhados por Paulo para destacar que processo de participação na morte e ressurreição de Cristo começa no batismo e culmina na participação da sua glória futura. No entanto, deve-se notar que a ênfase está na participação passada e presente na morte de Cristo, enquanto a partilha de sua glória na ressurreição é transferida para o futuro (6,5). A linguagem participativa começa com a eleição divina, pois Deus predestinou os crentes a serem conformes à imagem de seu Filho (8,29), realiza-se com o batismo (6,4-5) e continua com a participação diária nos sofrimentos de Cristo (8,17). É por isso que os sofrimentos presentes, que não poupam os crentes, não impedem a glória futura que deve ser revelada neles (8,18).

A comparticipação na morte e nos sofrimentos de Cristo torna-se o fundamento da ética paulina que se identifica com o "revestir-se do Senhor Jesus Cristo" (13,14). A metáfora ousada não aponta para um simples revestimento exterior, comparável a quem no teatro imita uma figura do passado, mas sim expressa a condição interior daqueles que estão totalmente assimilados a Cristo, a ponto de assumir sua maneira de pensar e agir.

Infelizmente, a ética paulina tem sido muitas vezes desvinculada do relacionamento íntimo com Cristo e foi concebida como uma consequência opcional da fé, enquanto é sobre o relacionamento com Ele que subsiste ou decai. A esse respeito o caso do forte e do fraco em Rm 14,1–15,13 se revela decisivo. A disputa entre aqueles que continuam a observar as regras da pureza alimentar (os "fracos") durante a comunhão da mesa e aqueles que não as observam (os "fortes") encontra no modo de agir de Cristo o exemplo a ser seguido porque Ele "não se agradou a si mesmo" (15,3). Assim, o exemplo de Cristo torna-se a razão fundadora da aceitação mútua: "Portanto, acolhei-vos uns aos outros, como também Cristo nos acolheu para a glória de Deus" (15,7). Não há dúvida de que, como E. Käsemann afirma, "Cristo é arquétipo e não modelo"; mas precisamente por isso gera uma imitação ou mimese interminável que se assimila nas diferenças. Reduzir a imitação de Cristo à vontade do crente acabou empobrecendo a ética, enquanto o processo é inverso, no sentido de que é a mimese de Cristo que funda a ética cristã.

A lei do espírito

O quanto Deus realizou em Cristo de uma vez por todas torna-se atual e presente através da ação do Espírito. O Espírito não desempenha o papel central exercido por Deus Pai e por Jesus Cristo. Se não considerarmos a referência ao "Espírito de santidade" em 1,4, na primeira seção querigmática de Rm 1,18–4,25 a referência ao Espírito é passageira. Somente em 2,29 Paulo traz o Espírito à discussão para definir o estatuto do judeu, opondo-o à letra. Também na terceira seção de 9,1–11,36 somente no começo Paulo apela ao Espírito Santo (9,1) para testemunhar o seu próprio sofrimento sobre a incredulidade de Israel no Evangelho. Evidentemente, em Romanos, Paulo não é forçado a abordar as dificuldades da vida segundo o Espírito de que tratou em 1Coríntios e em Gálatas. No entanto, é raro encontrar um parágrafo tão intenso sobre a ação do Espírito quanto o de Rm 8,1-27.

Depois de ter introduzido o papel do Espírito em 5,5, porque a efusão do amor de Deus é realizada com o envio do Espírito, finalmente, em Rm 8,1-27, Paulo tece o "canto do Espírito". O Espírito não é apenas o dom que contrasta com a letra (cf. 2,29; 7,6), mas age como uma Pessoa na vida dos crentes. Sua lei, entendida como princípio propulsor, libertou o *eu* do crente "da lei do pecado e da morte" (8,2). O Espírito daquele que ressuscitou Jesus dos mortos habita em nós para que nosso corpo mortal também seja vivificado (8,11). O mesmo Espírito guia os crentes porque a sua filiação divina é o seu dom (8,13-16). E o Espírito vem em auxílio de nossa fraqueza porque não sabemos o que pedir em oração; e Ele clama em nós com gemidos inefáveis (cf. 8,26).

A linguagem participativa expressa com os termos compostos do prefixo *syn-*, sinalizadas acima em referência ao relacionamento com Cristo, continua sendo utilizada em relação ao Espírito, embora em menor grau. O Espírito "testifica com" (*symmartyréi*) com o nosso espírito que somos filhos de Deus (8,16) e "compartilha" (*synantilambánetai*) de nossa fraqueza (8,26).

Como em Gl 4,6, Paulo relata a *ipsissimum verbum Iesu* durante a agonia do Getsêmani (cf. Mc 14,36). Sobre a origem e extensão dessa invocação, remetemos à introdução de Gálatas. No caso de Rm 8,15, pode-se observar que não é mais o Espírito que clama nos crentes, mas são estes que clamam no Espírito "*Abba*, Pai". O fragmento jesuânico é o mesmo, mas muda o relacionamento com o Espírito. A inversão se deve ao novo contexto de Rm 8,14-17, que combina pneumatologia e eclesiologia, de modo que "estar no Espírito" significa, de fato, estar "em Cristo". Assim, a filiação dos crentes é gerada pela ação do Espírito, que os guia (8,14). Por isso, enquanto em Gl 4,6 foi pouco explicada a sequência entre o espírito e a filiação dos crentes, em Rm 8,15 ela é mais clara: o Espírito precede e acompanha a filiação divina e não se coloca em um nível posterior. A harmonia entre as duas proposições paulinas destaca que a presença do Espírito em nós (Gl 4,6) e o nosso estar nele (Rm 8,15) é caracterizada por uma pericorese ou um movimento circular. Finalmente, o conteúdo fundamental do Reino de Deus é definido pelo Espírito: ele não se limita a questões de comida e bebida, mas é identificado com justiça, paz e alegria no Espírito Santo (Rm 14,17).

Portanto, as antíteses entre a letra e o Espírito (Rm 2,29; 7,6), a lei do Espírito e a do pecado (8,2), a vida segundo o Espírito e a vida segundo a carne (8,4-5), o pensamento do Espírito e o da carne (8,6), o estar no Espírito e na carne (8,9) e o espírito de escravidão em contraste com o Espírito de liberdade (8,15) não estão em equilíbrio, mas pendem em favor da poderosa ação do Espírito. O amor de Deus em Cristo (8,39) continua a operar através do amor do Espírito (cf. 15,30) ou do Espírito como amor, derramado nos corações dos crentes.

Conclusão

O Evangelho do Filho de Deus, nascido da descendência de Davi e constituído em poder como tal pela ressurreição dos mortos, é o fio de Ariadne que perpassa a Carta aos Romanos para mostrar que é potência de Deus para a salvação daquele que crê. Essa única verdade atravessa as verdades duplas da relação entre Deus e o homem, sem nunca descarrilar em nenhum dos lados. Entre a ira divina e o juízo pelas obras, entre a bondade da Lei divina e o eu humano dominado pelo pecado e pela morte, entre o primado absoluto da eleição divina e a responsabilidade humana, entre o bem da Lei e o mal da transgressão, o Evangelho da justificação em Cristo se constitui como a única fonte de orgulho a que Paulo permanece ancorado ao longo de toda a carta.

Mais do que abrir as portas do paraíso, como defende Lutero, a Carta aos Romanos entra no labirinto da vida humana e da justiça divina, que só podem cruzar aqueles que estão ancorados no elo da fé em Cristo. Devemos retornar a Romanos sempre que as grandes questões sobre Deus e a condição humana, sobre o bem e o mal aparecerem, sem ter nada como pressuposto, porque o Evangelho, quando verdadeiro, é de perene novidade. Embora com certa ênfase, Martinho Lutero bem escreveu em seu prefácio à Bíblia de 1522: "Esta epístola é a verdadeira passagem principal do Novo Testamento, o mais puro Evangelho, e é necessário que o cristão não apenas a saiba de cor, palavra por palavra, mas que a leia diariamente, como o pão cotidiano da alma".

Bibliografia comentada

Desde os primeiros séculos, a Carta aos Romanos atravessa a história do cristianismo. Ao período patrístico pertencem os comentários de Orígenes, João Crisóstomo, Cirilo de Alexandria, Teodoreto de Ciro, Ambrosiáster e

Pelágio. Agostinho de Hipona pensou várias vezes em comentar Romanos, mas só deixou notas sobre alguns tópicos. Remonta ao período medieval o profundo comentário de Tomás de Aquino; e do período da Renascença vêm a paráfrase de Erasmo e o comentário de Martinho Lutero.

AGOSTINHO. *Commento di alcune questioni tratte dalla Lettera ai Romani* – Commento incompiuto della Lettera ai Romani. Milão: Paoline, 1993.

AMBROSIÁSTER. *Commento alla Lettera ai Romani*. Roma: Città Nuova, 1984.

CIRILO DE ALEXANDRIA. *Commento alla Lettera ai Romani*. Roma: Città Nuova, 1991.

ERASMO DE ROTERDÃ. *Parafrasi della Lettera ai Romani*. Roma/Aquila: Japadre, 1990.

LUTERO, M. *La lettera ai Romani* (1515-1516). Cinisello Balsamo: San Paolo, 1996.

_____. *Lezioni sulla Lettera ai Romani*. Vol. I-II. Gênova: Marietti, 1991-1992.

PELÁGIO. *Commento all'epistola ai Romani* – Commento alle epistole ai Corinzi. Roma: Città Nuova, 2012.

TEODORETO DE CIRO. *Commentario alla Lettera ai Romani*. Roma: Borla, 1998.

TOMÁS DE AQUINO. *Commento al Corpus Paulinum/Expositio et lectura super epistolas Pauli apostoli*. Vol. 1: Lettera ai Romani. Bolonha: San Domenico, 2005.

ORÍGENES. *Commento alla Lettera ai Romani*. Casale Monferrato: Marietti, 1985-1986.

Comentários exegéticos contemporâneos

O século XX foi marcado por uma ampla produção de comentários a Romanos, a começar pelo concentrado na teologia dialética de Karl Barth. Seguem o método histórico-crítico os comentários de C.E.B. Cranfield, J.A. Fitzmyer, H. Schlier e P. Stuhlmacher. Seguindo o método histórico-crítico e o retórico-literário compuseram-se os comentários de A. Pitta, S. Légasse, R. Jewett e R. Penna.

ALTHAUS, P. *La lettera ai Romani*. Bréscia: Paideia, 1971.

BARTH, K. *L'epistola ai Romani*. 3. ed. Milão: Feltrinelli, 1993.

BRUCE, F.F. *La Lettera di Paolo ai Romani* – Introduzione e commentario. Roma: GBU, 1997.

CRANFIELD, C.E.B. *La lettera di Paolo ai Romani*. 2 vol. Turim: Claudiana, 1998-2000.

FITZMYER, J.A. *Lettera ai Romani* – Commentario critico-teologico. Casale Monferrato: Piemme, 1999.

JEWETT, R. *Romans (Hermeneia)*. Mineápolis: Fortress, 2007.

LÉGASSE, S. *L'epistola di Paolo ai Romani*. Bréscia: Queriniana, 2004.

PENNA, R. *Lettera ai Romani* – Introduzione, versione e commento. Bolonha: EDB, 2010 [Scritti delle origini cristiane 6].

PITTA, A. *Lettera ai Romani* – Nuova versione, introduzione e commento. 3. ed. Milão: Paoline, 2009 [Libri Biblici Nuovo Testamento 6].

SCHLIER, H. *La lettera ai Romani*. Bréscia: Paideia, 1982 [Commentario Teologico del Nuovo Testamento 6].

STUHLMACHER, P. *La Lettera ai Romani*. Bréscia: Paideia, 2002.

ZELLER, D. *La lettera ai Romani*. Bréscia: Morcelliana, 1998.

Comentários teológico-espirituais

Após as reações causadas por seu original comentário, Karl Barth compôs um breve comentário em que discute os princípios inspiradores da teologia dialética. Os outros comentários são de caráter teológico-espiritual e inspirados pela *lectio divina*.

BARTH, K. *Breve commentario all'Epistola ai Romani*. Bréscia: Queriniana, 2005.

CANTALAMESSA, R. *La vita in Cristo* – Il messaggio spirituale della Lettera ai Romani. Milão: Ancora, 2003.

MOSETTO, F. *Lettere di San Paolo* – 2. Lettera ai Filippesi-Lettera ai Galati--Lettera ai Romani. Leumann: Elledici, 2011.

MUSSNER, F. *Morte e resurrezione* – Prediche per la Quaresima su testi della Lettera ai Romani. Bréscia: Paideia, 2011.

ORSATTI, M. *Il capolavoro di Paolo* – Lettura pastorale della Lettera ai Romani. Bolonha: EDB, 2002.

PITTA, A. *Lettera ai Romani* – Introduzione e commento. Pádua: Messaggero, 2003 [Dabar-Logos-Parola].

Contribuições

São incontáveis as monografias e os artigos sobre Romanos. Entre os que provocaram os mais acalorados debates e fizeram progredir a pesquisa, destacamos o clássico estudo de S. Lyonnet sobre a história da salvação na Carta aos Romanos, as contribuições de J.-N. Aletti, dedicados ao arranjo retórico da carta, e de K.P. Donfried sobre as relações entre o contexto histórico e os conteúdos de Romanos.

AGAMBEN, G. *Il tempo che resta* – Un commento alla Lettera ai Romani. Turim: Bollati Boringhieri, 2000.

ALETTI, J.-N. *Israël et la Loi dans la lettre aux Romains*. Paris: Cerf, 1998 [Lectio Divina 173].

_____. Romains 2 – Sa cohérence et sa function. *Biblica* 77, 1996, p. 153-177.

BASTA, P. *Abramo in Romani 4* – L'analogia dell'agire divino nella ricerca esegetica di Paolo. Roma: Pontificio Istituto Biblico, 2007 [Analecta Biblica 168].

BRODEUR, S. *The Holy Spirit's Agency in the Resurrection of the Dead* – An Exegetical-Theological Study of 1Corinthians 15,44b-49 and Romans 8,9-13. Roma: PUG, 1996 [Tesi Gregoriana. Serie Teologia 14].

CARBONE, S.P. *La misericordia universale di Dio in Rom 11,30-32*. Bolonha: EDB, 1991 [Supplementi Rivista Biblica 23].

CIPRIANI, S. (org.). *La lettera ai Romani ieri e oggi*. Bolonha: EDB, 1995.

DONFRIED, K.P. (org.). *The Romans Debate*. 2. ed. Edimburgo, 1991.

ESLER, P.F. *Conflitto e identità nella lettera ai Romani* – Il conflitto sociale dell'epistola di Paolo. Bréscia: Paideia, 2008.

LYONNET, S. *La storia della salvezza nella lettera ai Romani*. Nápoles: D'Auria, 1966.

MARCATO, M. *Qual è la volontà di Dio? (Rm 12,2b)* – Il discernimento cristiano nella Lettera ai Romani. Bolonha: EDB, 2012 [Supplementi Rivista Biblica 53].

PITTA, A. I forti e i deboli nelle comunità di Roma (Rm 14,1–15,13). *Rivista Biblica Italiana* 50, 2002, p. 401-420.

PULCINELLI, G. *Il concetto paolino di espiazione a partire da Rm 3,25*. Cinisello Balsamo: San Paolo, 2006 [Studi della Bibbia e il suo ambiente 11].

ROMANELLO, S. *Una legge buona ma impotente* – Analisi retorico-letteraria di Rm 7,7-25 nel suo contesto. Bolonha: EDB, 1999 [Supplementi Rivista Biblica 35].

SCHMITHALS, W. *Introduzione alla lettera ai Romani*. Turim: Lindau, 2008.

SCIPPA, V. (org.). *La Lettera ai Romani* – Esegesi e teologia. Nápoles: Pontificia Facoltà Teologica dell'Italia Meridionale, Sez. S. Tommaso, 2003.

TORTI, G. *La lettera ai Romani*. Bréscia: Paideia, 1977 [Studi biblici 41].

7

Carta a Filêmon
Gerar para o Evangelho no cativeiro

A Carta a Filêmon é a mais curta e pessoal do epistolário paulino. Em vinte e cinco versículos, ditados do cárcere ou prisão domiciliar, Paulo escreve para pleitear a causa de Onésimo, um escravo de Filêmon. Apesar de sua brevidade, a carta apresenta muitas questões não respondidas. Por que Onésimo deixou a casa de Filêmon? Como escravo fugitivo ou porque enviado pelo mesmo Filêmon? Paulo o encaminha para seu mestre para que ele seja bem-acolhido na volta para casa ou para ser libertado da escravidão? Ainda mais densas são as perguntas sobre a localização da Igreja doméstica de Filêmon: Se estaria em Colossos, como parecem demonstrar as convergências sobre os nomes dos destinatários com os de Colossenses, por que nesta última falta justamente o nome de Filêmon? E em que sentido o mestre de Onésimo é devedor de Paulo, se ele parece nunca ter estado em Colossos? Uma enorme bibliografia foi produzida sobre essas questões, mas não levou a resultados convincentes e talvez nunca seremos capazes de chegar a soluções definitivas. Infelizmente, a carta mais curta de Paulo se parece com uma mensagem em uma garrafa lançada ao mar, de tão desancorada tanto do seu contexto inicial como do contexto do destinatário. Contudo, ela transmite conteúdo revolucionário sobre a relação entre escravos e senhores, chamados a participar na comunhão de fé em Cristo.

Paulo idoso e prisioneiro

Entre os poucos dados coletados sobre o contexto histórico da carta temos a condição de reclusão em que se encontra o Apóstolo: "Paulo, prisioneiro de Cristo Jesus" (v. 1), gerou "Onésimo entre algemas" (v. 10) e espera que isso sirva para a causa das "algemas do Evangelho" (v. 13). Além disso, ele se declara "ancião" (v. 9) quando ele dita a carta. O termo *presbýtes* também pode ser entendido como "embaixador", pois deriva do mesmo verbo *presbéuo*, usado em 2Cor 5,20. No entanto, é preferível traduzi-lo como "ancião", que é o significado mais comum desse substantivo no Novo Testamento (cf. Tt 2,2; Lc 1,18) e corresponde mais ao contexto de necessidade em que Paulo se encontra. Talvez seja oportuno esclarecer que, no mundo antigo, o estado de ancianidade se situava entre 50 e 60 anos, para passar ao estado seguinte da velhice no período seguinte.

De acordo com a *subscriptio* colocada depois do v. 25 por alguns secretários, a carta foi escrita durante o cativeiro romano de Paulo[25], mas vários estudiosos sustentam que tenha sido durante seu cativeiro em Éfeso. No segundo caso, a carta teria sido enviada em meados dos anos 50 d.C. da capital da Ásia; no primeiro caso, seria necessário chegar ao início dos anos 60 d.C., quando começa o cativeiro em Roma. Mais do que partir das indicações pessoais de Paulo e Onésimo, acreditamos que, para definir essa prisão, seja necessário insistir nos nomes relatados em Fm 23-24.

A lista inclui cinco colaboradores de Paulo: Epafras, Marcos, Aristarco, Demas e Lucas. Epafras é um membro da comunidade de Colossos (4,12) e não deve ser confundido com Epafrodito vindo de Filipos. O nome *Márkos* encontra-se oito vezes no Novo Testamento e também é mencionado nas saudações de Cl 4,10, onde é apresentado como um primo de Barnabé. Se estamos falando do próprio João Marcos, citado em At 12,25 e 15,37, pode-se pensar em um cristão de origem judaica. Sua separação de Paulo, narrada em At 15,37-38, torna sua colaboração durante o cativeiro em Éfeso menos sustentável, enquanto é mais provável que ele tenha chegado a Roma posteriormente. Os dados seriam confirmados por 2Tm 4,11 em que Paulo pede a Timóteo que leve Marcos consigo. Por outro lado, o Evangelho que é atribuído a ele pela tradição cristã reflete o ambiente romano em que foi composto. Aristarco, novamente citado em Cl 4,10, talvez seja o mesmo colaborador mencionado em At 19,29; 20,4 e 27,2: um cristão de Tessalônica, que acompanha Paulo durante sua terceira viagem de volta a Jerusalém (At 20,4) e no caminho do cativeiro para Roma (At 27,2).

---

25. Cf. os códices p, 048[vid], L, 1.739 e 1.881.

Assim, até mesmo seu aprisionamento favorece a colocação da prisão de Paulo em Roma. Sobre o quarto nome, Demas, sabemos muito pouco: é citado em 2Tm 4,10, onde se diz que ele deixou Paulo para seguir o século presente. Finalmente, é mencionado Lucas, cujo nome ocorre também em Cl 4,14, como médico; e em 2Tm 4,11 é o único a permanecer com Paulo. As "seções nós", caracterizadas pelo uso da primeira pessoa do plural em At 27,10–28,31, parecem confirmar a presença do autor dos Atos durante a viagem do cativeiro de Paulo.

Portanto, a menção a Marcos, que não participou da terceira viagem missionária, de Aristarco e Lucas, favorece que se assuma a tese de que a carta tenha sido enviada por Paulo no período de cativeiro em Roma. Talvez nos encontremos no início da prisão romana (60 d.C.) quando, sob prisão domiciliar, Paulo recebe entre outros a visita de Onésimo e o gera para a fé.

Filêmon e a sua Igreja doméstica

Além de Filêmon, são mencionados entre os destinatários da carta a irmã Áfia e Arquipo, o companheiro de Paulo (v. 2). Desconhecemos o tipo de relacionamento entre essas pessoas: se Áfia é esposa ou irmã de Filêmon e se Arquipo é seu filho, um parente ou um simples irmão na fé. Infelizmente Filêmon e Áfia são mencionados apenas aqui em todo o Novo Testamento, enquanto Arquipo também é mencionado em Cl 4,17: caso se trate da mesma pessoa, isso confirmaria a origem colossense da comunidade doméstica de Filêmon.

No pré-escrito (v. 1-3), Paulo estende suas saudações à Igreja doméstica de Filêmon, que inclui outros membros e, naturalmente, Onésimo, citado no v. 9. O mesmo colaborador será mencionado em Cl 4,9, onde é chamado de "fiel e amado irmão" e provém da comunidade de Colossos. Onésimo reaparece na Carta de Inácio aos Efésios: "Em nome de Deus, recebi vossa comunidade na pessoa de Onésimo, de indescritível amor, vosso bispo na carne" (Ef 1,3). No entanto, não sabemos se se trata do mesmo escravo de Fm 10; nesse caso, posteriormente Onésimo teria assumido um papel importante na comunidade de Éfeso (entre o final do séc. I e o início do séc. II). Portanto, em Colossos há uma comunidade que se reúne na casa de Filêmon, que é devedor de Paulo pela evangelização recebida. A incógnita permanece sobre quando e onde Filêmon conheceu Paulo: Em Éfeso ou em alguma outra comunidade paulina?

Disposição e gênero

Apesar das dificuldades citadas para definir o contexto, na história da interpretação, a Carta a Filêmon sempre foi considerada paulina em termos de estilo, conteúdo e pelo seguinte esquema epistolar.

Parte introdutória (Fm 1-9):
    pré-escrito (v. 1-3);
    Agradecimentos de exórdio (v. 4-9).

Corpo epistolar (Fm 10-20):
    tese da carta (v. 10);
    probatio [provação] (v. 11-19);
    peroração (v. 20).

Parte final (Fm 21-25):
    recomendações epistolares (v. 21-22);
    saudações e augúrios finais (v. 23-25).

A carta pode ser escolhida como modelo para o esquema epistolar e retórico paulino. Sobre o gênero, apresenta as características de uma recomendação ou *systatikós* enviada a Filêmon, defendendo a causa de Onésimo, para que este seja acolhido novamente na casa de seu senhor. O gênero epistolar de recomendação, difundido na época imperial, além de ser citado pelo Pseudo-Demétrio (séc. II a.C.-II d.C.) nos *Tipos epistolares*, é evocado pelo próprio Paulo em 2Cor 3,1.

O arranjo argumentativo

Os vinte e cinco versículos que compõem a carta estão desequilibrados na parte introdutória (v. 1-9), enquanto são reduzidos ao mínimo no corpo epistolar (v. 10-20) e na parte conclusiva (v. 21-25). Tentamos capturar os principais tópicos que compõem o enredo.

Prisioneiro de Cristo (Fm 1-9)

A seção introdutória de Fm 1-9 inclui o habitual pré-escrito epistolar (v. 1-3) e o agradecimento protocolar (v. 4-9). O pré-escrito é introduzido por *titulatio* do remetente (Paulo, prisioneiro de Cristo Jesus) e o do comitente (o irmão Timóteo), continua com a *adscriptio* ou a destinação da carta (Filêmon, Áfia, Arquipo e sua Igreja doméstica) e termina com a *salutatio*, com a qual desejam graça e paz divina. Infelizmente, ignoramos os tipos de relacionamentos que unem Filêmon, Áfia e Arquipo; só podemos estabelecer que uma Igreja doméstica se reúne na casa de Filêmon. Entre os atributos escolhidos no pré-escrito destacam-se o termo "prisioneiro" em relação a Paulo e "amado" em relação a Filêmon (v. 1). Assim, é imediatamente introduzida a condição de detenção em que Paulo se encontra e o vínculo emocional que o liga a Filêmon. A atribuição do adjetivo "prisioneiro" antecipa um dos principais temas da carta e forma uma inclusão com v. 9, onde Paulo se representa como prisioneiro de Cristo Jesus.

O agradecimento protocolar de Fm 4-9 inclui os elementos epistolares e retóricos que nos permitem considerá-lo como o início da carta. Pela fórmula do agradecimento, o tema da lembrança ou *Mneiamotiv* e seu relativo conteúdo (v. 4-5), pode-se dizer que se está diante da epistolografia clássica e paulina.

No modelo retórico do exórdio, observa-se a *captatio benevolentiae*, epiquerema e a *insinuatio*. Primeiramente, Filêmon é elogiado por sua fé em Cristo e pelo amor por todos os santos (v. 5). Depois, com o epiquerema (uma forma de precaução), Paulo ressalta que, embora tenha a franqueza para comandar o que for necessário, prefere agir por amor (v. 8-9). Finalmente, a *insinuatio* permite que ele introduza o tema do encorajamento que as vísceras dos santos receberam do amor de Filêmon, em vista do alívio para suas próprias entranhas (v. 20). Assim fica claro o âmbito em que Paulo se dirige a Filêmon: o ágape e não a autoridade decorrente de ele ser um ancião e prisioneiro de Cristo.

Onésimo, gerado entre algemas (Fm 10-20)

O corpo epistolar é reduzido ao essencial e vê emergir o tríplice eixo relacional entre Paulo, Onésimo e Filêmon. O parágrafo consiste em três partes: a tese principal (v. 10), a parte probatória (v. 11-19) e a peroração final (v. 20). O tema da demonstração é oferecido no v. 10, em que Paulo finalmente explica sua motivação principal para escrever a Filêmon: Onésimo foi gerado por ele entre algemas. A metáfora é importante porque alude à geração para a fé, que Paulo já utilizou em suas cartas (cf. 1Ts 2,7; 1Cor 4,14-15; Gl 4,19).

A parte probatória consiste em quatro fases colocadas em progressão de importância:

- a utilidade de Onésimo para Paulo e Filêmon (v. 11-12);
- o serviço de Onésimo pela causa do Evangelho (v. 13-14);
- a nova condição de Onésimo (v. 15-16);
- a autogarantia de Paulo por Onésimo (v. 17-19).

O *crescendo* das provas se destaca pelo envolvimento progressivo dos três principais interlocutores da carta. Em primeiro lugar, a inutilidade de Onésimo, devido à sua condição de escravo, é transformada em utilidade. Para dar efeito à primeira prova, Paulo joga com a assonância dos termos *áchreston* (inútil) e *éuchreston* (útil) que recordam o nome de *Christós*. A inutilidade de Onésimo se torna útil por causa de seu estar em Cristo.

A segunda prova explora a utilidade de Onésimo: pode ser útil para a causa do Evangelho para Paulo acorrentado. Mas, para não ser acusado de abuso de autoridade, Paulo pede permissão a Filêmon (v. 13-14).

A terceira prova é a mais elevada de um ponto de vista teológico: Onésimo se tornou irmão e amado por Paulo a Filêmon, tanto do ponto de vista humano quanto no Senhor (v. 15-16.). A profundidade teológica da prova se destaca pelo uso do verbo *echorísthe* que é um passivo divino: sem ser nomeado, o próprio Deus separou por um breve tempo o escravo do senhor para que possa recebê-lo para sempre na partilha do estar no Senhor ou na fé.

Finalmente, Paulo está prestes a assinar a garantia de alguma dívida que Onésimo possa ter contraído com Filêmon (v. 17-19). No entanto, enquanto Onésimo está em dívida com Filêmon, este está em dívida com Paulo e não se trata de qualquer dívida, mas de si mesmo. A evidência é convincente, não só porque coloca no mesmo nível o endividamento material de Onésimo a Filêmon com um espiritual de Filêmon a Paulo, já que a segunda dívida é maior do que a primeira. A importante prova mostra que Filêmon e Onésimo foram evangelizados por Paulo e que, provavelmente, Onésimo é um dos muitos escravos fugitivos da era imperial.

A peroração final é breve, mas incisiva: Paulo pede a Filêmon que reanime suas entranhas[26] (v. 20). A referência às vísceras (*splánchna*) fecha com considerável espessura retórica um dos raros silogismos em suas cartas. O esquema de silogismo é assim construído:

"(a) as entranhas dos santos têm sido reanimadas (b) por teu intermédio, irmão" (v. 7b);

---

26. As traduções para o português utilizam "coração" no lugar de "entranhas".

"(b) Eu to envio de volta em pessoa, (c) ele que *é* as minhas entranhas" (v. 12).

"(a) Reanima-me (c) as vísceras em Cristo" (v. 20).

Se Filêmon reanima as entranhas dos santos e Onésimo é identificado com as vísceras de Paulo, cabe a Filêmon também reanimar suas entranhas, demonstrando que o estar em Cristo não se limita a alguns, mas estende-se a todos os crentes. Assim, o silogismo está centrado na nova identidade de Onésimo, identificado com as vísceras ou com a parte mais íntima de Paulo.

Portanto, para defender seu caso, Paulo não recorre a qualquer prova externa: não apela para as Escrituras, nem a alguns ditos de Jesus, muito menos à ética filosófica sobre a relação entre escravos e senhores, mas a carta se concentra na relação com Cristo, que transforma em profundidade as relações entre irmãos e irmãs na fé. Mais uma vez, é o Evangelho que gera a fé e se torna a razão última para Filêmon receber seu escravo de volta a casa.

Convicto da obediência de Filêmon (Fm 21-25)

A carta termina com as recomendações finais (v. 21-22) e o pós-escrito (v. 23-25). Paulo é persuadido, em nome da obediência ditada pelo amor e não por sua autoridade apostólica, que Filêmon aceitará seu pedido; ou ainda fará mais do que lhe é pedido. De fato, o pedido se refere apenas ao acolhimento de Onésimo, mas Paulo bem sabe que Filêmon também pode conceder a manumissão ao seu escravo, tornando-o livre. Sobre isso, no entanto, não há menção na carta: o tema é deixado à liberalidade do mestre. As recomendações epistolares dizem respeito ao pedido de acomodação para Paulo e à oração que ele pede da Igreja doméstica de Filêmon, para que seja liberado da prisão ou prisão domiciliar.

Sobre as saudações finais, já nos detivemos ao tratar do período do cárcere de Paulo; aqui especificamos que Epafras, Marcos, Aristarco, Demas e Lucas saúdam diretamente Filêmon, dada a sua importância em sua Igreja doméstica. Já o augúrio da graça de Senhor Jesus Cristo (v. 25) estende novamente os horizontes eclesiais da carta que caracterizou o pré-escrito (v. 1-3).

A mensagem

Apesar de sua contingência, a carta transmite um grande impacto na relação entre senhores e escravos. No entanto, para não cair em visões anacrônicas, vale ressaltar que nos tempos antigos a instituição da escravidão pertencia à espinha dorsal do Império. Durante a expansão do Império Romano, populações inteiras foram reduzidas à escravidão e implantadas nas cidades itálicas para serem usadas no trabalho manual.

Relações entre senhores e escravos

Um escravo era considerado um objeto à disposição de seu senhor, que poderia usá-lo como quisesse, sem sofrer quaisquer consequências criminais. A manumissão ou libertação não era um direito do escravo, mas dependia da liberalidade do senhor. E essa manumissão não suplantava a pertença à classe original. Os escravos não tinham permissão para seguir carreira civil nem política, embora fossem usados em obras públicas. Por causa da clara separação entre libertos e escravos, não era certo que, uma vez livre das dependências do empregador, o escravo tivesse uma vida mais confortável. Na maioria dos casos, a situação piorava porque [os redimidos] tinham de viver entre as camadas mais pobres da sociedade. É por isso que muitos escravos, tornados libertos, continuavam a servir seus senhores mesmo depois da manumissão ou caíam em formas de bandidagem.

Dependendo do *status* social do senhor, a classe dos escravos era diversificada: desde escravos rurais ou pessoas envolvidas no campo e nas tarefas mais pesadas (como nas minas), até escravos domésticos e públicos. Por isso, o nível cultural dos escravos era variável: a maioria era analfabeta, mas havia escravos eruditos, como o filósofo Epicteto, especialmente quando desempenhavam funções pedagógicas para os filhos dos seus senhores. Por causa dos abusos ou devido a necessidades naturais de liberdade, multiplicavam-se os casos de escravos *fugitivos* que migravam de uma província para outra, tentando sobreviver com o roubo.

Uma vez capturado pelas autoridades imperiais, o escravo tinha de ser entregue ao seu senhor, que poderia decidir a seu bel-prazer qual seria a sentença a infligir: da degradação dos serviços à pena capital. A pena de morte reservada para os escravos era a crucificação, especialmente quando, entre as acusações, constava a agitação social, como no caso de Spartacus, por ocasião da Terceira Guerra Servil (73-71 a.C., depois das rebeliões de 135 e 104 a.C.), quando o levante foi suplantado com a crucificação de escravos desde Cápua até Roma.

Com os desenvolvimentos do movimento cristão nas cidades imperiais, muitos escravos, libertos e artesãos começaram a frequentar as Igrejas domésticas de seus senhores, assumindo naturalmente a religião do *pater familias*. No entanto, por se tratar de um movimento clandestino e não reconhecido pelas autoridades imperiais, não era automático que o senhor pudesse impor sua própria religião, ou que o escravo aderisse à nova forma de religião. A afirmação de Gl 3,28 ("não há judeu nem grego; nem escravo nem liberto; nem homem nem mulher") alude ao ser um para a fé em Cristo, que, por um lado, nega as distinções entre escravos e livres, por outro, não pretende abolir a estrutura civil imperial. Portanto, as assembleias cristãs eram frequentadas por homens e mulheres, escravos e livres que compartilhavam a paternidade de Deus em Cristo que se viam como irmãos e irmãs na fé, sem que a instituição da escravidão fosse abolida.

Nesse contexto, Paulo, em prisão domiciliar, escreveu a Filêmon e mandou-lhe de volta Onésimo. Se, como pode ser inferido pela alusão ao débito de Onésimo a Filêmon, sendo o primeiro um escravo fugitivo e não é enviado pelo seu senhor, o caso é problemático, uma vez que Paulo é obrigado a enviar o escravo ao mestre, caso contrário logo seria novamente acusado de violar as leis civis acerca dos fugitivos.

No Senhor

A estratégia persuasiva implementada por Paulo é diferente daquela com a qual Plínio o Moço tentará convencer seu amigo Sabiniano sobre um escravo fugitivo *"Remitte aliquid adulescentiae ipsius, remitte lacrimis, remitte indulgentiae tuae"* (*Epístolas* 9,21,3)[27].

Para defender sua causa, Paulo não recorre a nenhuma lei civil ou religiosa, nem pede a manumissão do escravo, mas apenas que Filêmon acolha Onésimo em casa. O ponto gravitacional no qual ele constrói seu apelo é constituído pela expressão "no Senhor" que alude a Jesus Cristo (v. 3). "Em Cristo" (v. 8), Paulo pode falar francamente a Filêmon, e no mesmo Senhor lhe pede que considere Onésimo não como um escravo, mas como um irmão amado tanto humana quanto cristãmente (v. 17). Estar no Senhor transforma as relações humanas a partir de dentro e nega, no nível da fé, as relações entre senhores e escravos. Filêmon é um crente que já demonstrou sua fé e seu amor pelo Senhor Jesus e por todos os santos (v. 5). Por outro lado,

---

27. "Concede algo à sua adolescência, concede às lágrimas, concede pela tua indulgência".

Onésimo é gerado por Paulo na prisão (v. 10); e em virtude da geração, a fé passa do ser inútil ao ser útil para Paulo e Filêmon (v. 11).

O horizonte da fé compartilhada que une Paulo, Filêmon e Onésimo é transformado em uma necessidade ditada pelo ágape e não pelo dever. Em virtude da fé comum em Cristo, Paulo poderia exercer maior pressão sobre Filêmon; mas, nesse caso, ele seria acusado de abuso contra o senhor que tem a prerrogativa de aceitar ou não o escravo. Por outro lado, o movimento cristão primitivo não foi capaz de garantir a manumissão dos escravos. O que está questão não é a libertação de Onésimo, mas sua nova condição em Cristo. Nesse primeiro âmbito, a exortação de 1Cor 7,21-22 retorna: " Foste chamado, sendo escravo? Não te preocupes com isso; mas, se ainda podes tornar-te livre, aproveita a oportunidade. Porque o que foi chamado no Senhor, sendo escravo, é liberto do Senhor; semelhantemente, o que foi chamado, sendo livre, é escravo de Cristo". O estar em Cristo pela fé relativiza, sem abolir, tanto a condição do liberto como a do escravo, porque confere uma igualdade baseada na fé que precisa se tornar ativa no amor, sob pena de se permanecer simplesmente teórica.

Irmãos na fé

A Carta a Filêmon é uma mina colocada bem no meio do sistema civil que impede aos escravos de serem considerados irmãos e irmãs na fé. A fraternidade une todos os interlocutores da carta. É por isso que a comunhão de fé no único Senhor é encarnada em amor mútuo (v. 6). Em nome dessa partilha, Filêmon é convidado a acolher Onésimo em casa. A comparação com as fontes literárias e as inscrições da época mostra que o substantivo *adelfós* raramente aparece em relação às associações de culto, enquanto perpassa amplamente pelo epistolário paulino.

Ampliamos os horizontes da análise sobre as consequências revolucionárias que a carta desencadeia no sistema imperial, insistindo nos códices domésticos da tradição paulina. Indicativo é que no chamado códice doméstico ou *Haustafel* de Cl 3,22-25 a atenção é dirigida principalmente aos escravos: obedecer em tudo a seus senhores, com simplicidade de coração e no temor do Senhor. O serviço para o Senhor implica o serviço ao próprio senhor. Por outro lado, pede-se aos senhores que façam o que é certo e ajam com equidade para com os escravos, porque para todos existe um Senhor no céu (Cl 4,1).

A igualdade da fé no único Senhor, Jesus Cristo, é retomada no códice de Ef 6,5-9, onde o foco é colocado sobre os escravos novamente exortados a obedecer a seus mestres como a Cristo (v. 5). E, já que diante de Deus não há acepção de pessoas, os senhores são encorajados a não usar formas de ameaças aos escravos (v. 9). Evidentemente, o fato de as primeiras comunidades cristãs serem compostas principalmente de escravos expunha os senhores ao risco de serem abusados em nome da partilha da fé, que os torna irmãos em Cristo. Portanto, em 1Tm 6,12 e em Tt 2,9-10 os escravos crentes são exortados a estimar seus senhores com honra, sem desprezá-los, porque são seus irmãos. Alguma exploração da mensagem paulina poderia induzir os escravos a contradizer seus senhores em público e a tomar posse dos bens que deveriam administrar. Nesses abusos, as tradições paulinas tentam conter formas de reivindicações prejudiciais para aqueles que se aderiram à fé.

Compreende-se bem que a Carta a Filêmon, sem pedir a manumissão de Onésimo, desencadeia uma revisão fundamental das relações entre senhores e escravos, a tal ponto que não são mais os senhores crentes, mas escravos a buscar vantagem na partilha de fé e na fraternidade com os senhores.

Conclusão

Entre contingências e inovações, a Carta a Filêmon mostra como Paulo tentou colocar em situações concretas as consequências da fé em Cristo, que torna irmãos e irmãs, além do sistema civil em voga sobre os escravos domésticos e os fugitivos. Contingente é que Filêmon tenha um escravo sobre quem detém direitos de gestão integral e que qualquer pessoa, incluindo Paulo, tem o dever de entregá-lo ao senhor. Inovador é que o único Senhor Jesus Cristo, professado em assembleia, obriga o senhor a não ficar indiferente ao pedido de Paulo de considerar seu escravo como irmão. Contingente é que um escravo fugitivo não mereça mais a confiança de seu senhor; inovador é que, pela adesão à fé, o mesmo escravo se torna útil para o senhor, tanto do ponto de vista humano quanto do cristão. Contingente é que um escravo seja propriedade do seu senhor; inovador é que ele seja visto como o *alter ego* de Paulo, que desde a prisão domiciliar defende a causa daqueles que gerou para a fé através do Evangelho.

A luta do Evangelho, pela qual Paulo está na cadeia, não é decidida nas contingências que mudam com as revoluções civis e sociais, mas nas inovações que um escravo não pode ser tratado como um objeto[28], mas como um irmão na fé em Cristo . A carta mais contingente de Paulo é ainda mais inovadora do que as justas revoluções posteriores em favor da dignidade humana: ela obriga os crentes não se colocarem do lado dos senhores, mas dos escravos, professando que o único Senhor de sua existência é Jesus Cristo.

Bibliografia comentada

Comentários exegéticos

Para esclarecer o conteúdo da Carta a Filêmon, os comentaristas contemporâneos tentam aprofundar a instituição civil da escravidão na era imperial – muito diferente da contemporânea. A esse respeito, os extensos comentários de M. Barth e H. Blanke, de J.A. Fitzmyer e de E. Lohse podem ser consultados. Os comentários de R. Fabris e R. Penna são mais breves, mas igualmente densos.

BARTH, M. & BLANKE, H. *The Letter to Philemon*. Grand Rapids/Cambridge Eerdmans, 2000.

COMBLIN, J. *Lettera ai Colossesi e Lettera a Filemone*. Roma: Borla, 1987.

FABRIS, R. *Lettera ai Filippesi / Lettera a Filemone*. Bolonha: EDB, 2000 [Scritti delle origini cristiane 11].

FITZMYER, J.A. *The Letter to Philemon*. Nova York: Doubleday, 2000 [Anchor Bible 34C].

LOHSE, E. *Le lettere ai Colossesi e a Filemone* – Testo greco, traduzione e commento. Bréscia: Paideia, 1979.

PENNA, R. *Lettera ai Filippesi* – Lettera a Filemone. Roma: Città Nuova, 2002.

TAROCCHI, S. *Paolo* – Lettere della prigionia: Efesini, Filippesi, Colossesi, Filemone. Pádua: Messaggero, 2004 [Dabar-Logos-Parola].

WENGST, K. *Lettera a Filemone* – Traduzione, introduzione e commento. Bréscia: Paideia, 2008 [Studi biblici 157].

---

28. No orig. *bene mobile* [N.T.].

Contribuições

Os ensaios e artigos contemporâneos sobre Filêmon enfocam as coordenadas sociais da escravidão na era imperial, do ponto de vista jurídico, econômico e religioso (cf. M. Sordi). Um animado debate foi suscitado pela contribuição de P. Lampe, que, contra a ideia geral de Onésimo como escravo fugitivo, propõe a do conflito entre amigos que Paulo é convidado a resolver. Com o método retórico, a carta é analisada a partir de tessitura argumentativa que transmite; e é frequentemente trazida à discussão pelo conteúdo da fraternidade na fé.

ELLIOTT, S.S. Thanks, but no thanks: Tact, persuasion, and the negotiation of Power in Paul's Letter to Philemon. *New Testament Studies* 57, 2011, p. 51-64.

GIULIANO, L. "Per un momento" o "per sempre"? La funzione retorica del chiasmo in Fm 15. *Rivista Biblica Italiana*, 58, 2010, p. 355-369.

MURPHY-O'CONNOR, J. The Greeters in Col 4: 10-14 and Phlm 23-24. *Revue Biblique*, 114, 2007, p. 416-426.

LAMPE, P. Keine "Sklavenflucht" des Onesimus. *Zeitschrift für die Neutestamentliche Wissenschaft*, 76, 1985, p. 135-137.

PITTA, A. "Come si persuade un uomo? Rilevanza retorico-letteraria della lettera a Filemone". In: *Il Paradosso della croce* – Saggi di teologia paolina. Casale Monferrato: Piemme, 1998, p. 279-301.

SORDI, M. *Paolo a Filemone o della schiavitù*. Milão: Jaca Book, 1987.

8

Carta aos Filipenses
O progresso do Evangelho nas adversidades

A Carta aos Filipenses é o testamento de Paulo. Assim como por ocasião da Carta a Filêmon, ele está em prisão domiciliar ou no cárcere e tem a oportunidade de percorrer novamente a sua existência: desde o nascimento até o encontro de Damasco e seus sofrimentos por causa de Cristo. Talvez sua corrida esteja próxima da meta e os questionamentos se tornam mais essenciais. Como encarar a possível sentença à morte? O que deixar como herança para aqueles que são definidos sua alegria e sua coroa? E como encorajá-los diante das adversidades que encontram no ambiente civil? São essas as perguntas que ressoam em sua prolongada prisão e que Paulo enfrenta com a convicção de ter gastado tudo por Cristo e pelo Evangelho. Mais uma vez, o Evangelho é o bem mais precioso que deixa em seu testamento para a comunidade de Filipos: mas trata-se de um Evangelho que requer um constante discernimento pessoal e comunitário no modo de avaliar o que mais conta nas escolhas decisivas. Do início ao final, a carta é perpassada pela alegria, compreendida não como sentimento, mas como condição que nem mesmo a condenação à morte pode perturbar.

Paulo em prolongada prisão

Como sempre, na carta não são identificados o lugar e a data da prisão de Paulo. Nela se fala somente de um "pretório" (Fl 1,13) e daqueles que da "casa de César" enviam saudações aos destinatários (4,22). Mas os indícios são genéricos, pois o termo *praitórium* (latinismo de *praetorium*) indicava qualquer instalação do governo em Roma e nas cidades mais importantes do Império. E "aqueles da casa de César" compreendem não somente os familiares de Nero, mas também os escravos e libertos, dedicados a garantir o funcionamento político dos interesses imperiais. Por isso, desenvolveram-se três hipóteses acerca da cidade em que Paulo estaria preso: Éfeso (entre 53 e 56 d.C.), Cesareia Marítima (entre 58 e 61 d.C.) e Roma (entre 61 e 62 d.C.).

A prisão em Éfeso é sustentada devido à curta distância entre Filipos e Éfeso. A troca de notícias entre o remetente e os destinatários favorece Éfeso como a cidade do aprisionamento de Paulo. Na verdade, nas cartas autobiográficas e nos Atos dos Apóstolos nunca há menção a um aprisionamento efésio. As referências às feras com as quais ele lutou em Éfeso (1Cor 15,31-32), e a sentença de morte sofrida na Ásia (2Cor 1,8-9) não devem ser invocadas para sustentar essa tese, da prisão de Éfeso, porque, quando são mencionadas, pertencem ao período anterior das duas cartas aos coríntios (53-54 d.C.). No entanto, da carta emerge uma situação de prolongada prisão de Paulo, durante a qual ele teve a oportunidade de dedicar-se à pregação do Evangelho e encontrar consensos entre os guardas pretorianos (Fl 1,12-13). No longo contexto da prisão, a necessidade de reter Timóteo e enviar Epafrodito a Filipos (2,19-30) é explicada. E pela mesma razão, Paulo aceita o *pro labore* enviado de Filipos, dada a impossibilidade de se sustentar com seu próprio trabalho (4,10-20). Assim, não só não há informações sobre o aprisionamento de Paulo em Éfeso, mas, tratando-se de uma prisão prolongada, tal hipótese é pouco sustentável.

Alternativamente, pensava-se na prisão de Cesareia Marítima, que remove as objeções suscitadas acerca da prisão anterior. A partir dos Atos, somos informados de que Paulo foi preso no pretório de Herodes, usado como local de detenção pela guarnição romana (At 23,35). Em Cesareia, Paulo permaneceu por dois anos (At 24,27), em estado de custódia cautelar, o que lhe permitiu certa liberdade condicional (At 24,23). A hipótese é pouco seguida porque se baseia apenas na narração de Atos e carece de evidência nas cartas paulinas. Por outro lado, a distância entre Filipos e Cesareia não é menor do que a de Roma, que deu margem à hipótese anterior.

Sobra a hipótese romana, apoiada pela era patrística e por alguns amanuenses que transmitiram a carta. Assim, acrescenta o *superscriptio* de

Fl 4,23: "Aos filipenses foi escrita de Roma" (códices B[1],6); ou "Aos filipenses foi escrita de Roma através de Epafrodito" (códices 075, 1.739, 1.881). Nesse caso, a carta teria sido escrita entre 60 e 62 d.C., durante a prisão domiciliar citada em At 28,28-31. As anotações de Fl 1,12-14 sobre a pregação de Paulo no lugar da detenção (domiciliar ou pública) confirmam a conclusão dos Atos.

Sobre a datação e o lugar da prisão de Paulo, é decisiva a comparação com as outras cartas autorais. Se a carta tivesse sido composta em meados dos anos 50 em Éfeso, surpreenderia o silêncio sobre a coleta para os pobres de Jerusalém, que envolveu as comunidades da Macedônia (cf. 2Cor 8,1-5; 9,1-2, Rm 15,26-27). O argumento não parece convincente, pois é extraído do silêncio; mas que, nesse caso, é eloquente, quando comparado às cartas escritas durante as viagens missionárias. Provavelmente a coleta já tinha sido levada ao destino e não há razão para mencioná-la em Filipenses. Visto que, como veremos, Filipos foi evangelizada por Paulo durante sua segunda viagem missionária (entre os anos 49 e 50 d.C.), é difícil sustentar que os contrastes dos destinatários com seu ambiente civil (cf. Fl 1,27-30; 2,15; 3,19-20) tenham ocorrido depois de alguns anos porque refletem a situação de uma comunidade já enraizada no contexto urbano. Na mesma linha, há uma anotação sobre a ajuda econômica enviada várias vezes pelos filipenses a Paulo (cf. 4,16). Finalmente, o complexo tema da justificação pela fé, mal mencionado em 3,6.9, supõe um tratamento mais extenso, como é o caso em Gálatas e Romanos. Por essas razões, acreditamos que a carta foi composta e enviada de Roma, durante a prisão domiciliar ou pública, no início dos anos 60, sob Nero. A objeção na distância de 1.500km entre Roma e Filipos não é insuperável, uma vez que as viagens entre uma e outra cidade do Império eram mais frequentes do que se poderia pensar.

O contexto romanizado dos destinatários

No século I d.C. Filipos foi chamada *Colonia Iulia Augusta Philippensis*, título conferido por Otaviano. Aninhada na planície do Rio Gangites, rodeado pelas montanhas Símbolo e Pangeo ao sudoeste e a nordeste pelo Monte Orbelos.

Filipos está localizada na Via Egnácia, a 16km do Porto de Neápolis (hoje Cavala). A cidade é encimada pela acrópole e é atravessada pela Via

Egnácia, que forma o cardo máximo. O nome *Filíppois* (cf. 1Ts 2,2; Fl 1,1; At 16,12; 20,6) remonta a Filipe, pai de Alexandre Magno, que por volta de 356 a.C. a fortificou e lá construiu um teatro. Em 146 a.C. a Província da Macedônia foi dividida em quatro distritos e Anfípolis foi escolhida como capital devido à maior proximidade com a costa. No século I d.C. a cidade contava cerca de 10.000 habitantes e cobria 45 de 70 hectares das planícies circundantes, onde se alocavam cerca de 5.000 colonos autóctones, os trácios e os gregos, que tinham sido despojados de sua habitação urbana em favor dos colonizadores romanos.

A substancial romanização permitiu a Filipos o privilégio do *ius italicum*, com o qual os cidadãos livres foram autorizados a manter trocas comerciais independentes (*in iure cessio*) e não serem sobrecarregados com impostos fundiários imperiais. Por ser uma das cidades mais romanizadas do Ocidente, era governada por um sistema militar oligárquico. O sistema político-forense incluía dois juízes (*duumviri jure dicundo*), uma companhia de decuriões, a Guarda Pretoriana e os sacerdotes escolhidos para garantir o culto imperial. O dado é confirmado pelos Atos, que, a propósito de Filipos, mencionam *strategoi hoi* (At 16,20.22.35.38), que correspondem aos *duumviri*, e aos *rhabdúchoi* (At 16,35.38), que precediam com tochas os magistrados na procissão oficial.

Entre os mais atestados pelas inscrições encontradas, destacam-se os cultos de Diana/Artêmis, da Fortuna e de Vitória, de Silvano, de Dionísio, da Magna Mater e de Cibele. No campo, foi encontrado um *Asclépion*, o santuário dedicado a Asclépio, o deus da saúde: remonta ao século IV a.C. e continua em voga no período imperial. O ritual de *Rosalia*, durante o qual as tumbas eram adornadas com as rosas, se desenvera nas aldeias vizinhas. Naturalmente, o culto imperial foi favorecido pelas autoridades civis, com os santuários dedicados ao *Divus Augustus* e a Lívia, *Diva Augusta*, encontrados em torno do fórum da cidade.

Sobre a presença de judeus e seu culto, não há nenhuma fonte literária ou inscrições sobre uma comunidade da diáspora judaica em Filipos. De acordo com a narrativa da chamada "seção nós", em At 16,13, especifica-se que "no sábado, saímos da cidade para junto do rio, onde nos pareceu haver um lugar de oração". Entre as mulheres reunidas há Lídia, uma comerciante roxa e originalmente de Tiatira (At 16,14). No entanto Lucas apresenta Lídia como "temente a Deus" ou atraída pelo judaísmo, então podemos deduzir que na época de Paulo ali não havia comunidades judaicas da diáspora. Dentre as 1.359 inscrições provenientes da cidade e seus arredores não consta nenhuma inscrição hebraica do século I, enquanto remonta ao século III d.C. uma inscrição sepulcral que alude a uma sinagoga. Além disso, quase todas as inscrições estão em latim, embora o povo continuasse falando o grego.

Infelizmente, sobre a primeira comunidade cristã da Europa, fundada por Paulo no final dos anos 40 e início dos 50, não temos muitos dados disponíveis. Em Atos, ele lembra que "tendo, pois, navegado de Trôade, seguimos em direção à Samotrácia; no dia seguinte, a Neápolis, e dali a Filipos, cidade da Macedônia, primeira do distrito e colônia" (At 16,11-12). Poucos são os nomes conhecidos dos primeiros cristãos de Filipos: em Fl 4,2-3.18 são mencionados Epafrodito, Evódia, Síntique e Clemente. A estes podemos acrescentar Lídia, que nunca é mencionada nas cartas paulinas. Incógnitos permanecem o nome do "conjunto" (*sýzygos*) de Paulo, citado em 4,3, ou os superintendentes *episkopoi* e *diakonoi* ou ministros de 1,1b, os *apóstoloi* ou delegados das Igrejas da Macedônia escolhidos para gerir a coleta na Acaia (2Cor 8,23) e o carcereiro que se converteu com sua família (At 16,32-33). O não muito elevado *status* dos cristãos de Filipos é relatado em 2Cor 8,1-5, mencionando sua extrema pobreza econômica. No entanto, apesar da condição de pobreza, os filipenses provaram ser generosos tanto com a sua participação na coleta quanto com a ajuda econômica enviada para Paulo desde a sua primeira adesão ao seu Evangelho (Fl 1,5; 4,16).

Na carta, Paulo menciona seus adversários (3,2-3) e os dos destinatários (1,27-30; 2,15; 3,18-19). No primeiro âmbito a polêmica está entre as mais mordentes, porque os adversários são chamados até mesmo de "cães" e "maus trabalhadores", nomes que o Apóstolo não usa nem mesmo em Gálatas. Infelizmente, como de costume, Paulo não relata seus nomes, mas os entrega à história com uma espécie de *damnatio memoriae*. Provavelmente seja um vitupério preventivo, com o qual ele tenta alertar contra a circuncisão, definida como "mutilação" (3,3). A hipótese é confirmada pela ausência de uma comunidade judaica em Filipos. Já o segundo âmbito das polêmicas é direcionado para o ambiente civil-religioso de Filipos, onde os adversários tentam contrariar a propagação do Evangelho (3,18). Não é difícil supor que, no ambiente romanizado da cidade, os cultos não reconhecidos pelas autoridades imperiais se opunham por estarem em contraste com associações voluntárias legítimas. Na realidade, apenas em Filipenses, Paulo usa um vocabulário político-religioso, usando termos *politéuesthai* (comportar-se como cidadãos, 1,27) e *políteuma* (cidadania ou estatuto em 3,20), enquanto, pela primeira vez no Novo Testamento, o termo *sotér* ou "Salvador" é escolhido como um atributo para Jesus Cristo (3,20). No entanto, Paulo não está a elaborar um manifesto anti-imperial: a menção daqueles "da casa de César" em 4,19 deveria evitar anacronismos deste tipo em meados do século I d.C., pela simples razão de que o movimento cristão ainda não apresenta as características de uma religião alternativa àquelas reconhecidas ou, em todo caso, toleradas pelos imperadores como o judaísmo. Entre o contexto da prisão pelo remetente e a adversidade civil-religiosa dos destinatários, a carta é enviada para encorajar os filipenses a continuar com Paulo na corrida e na luta pelo Evangelho.

Disposição e gênero

Durante boa parte do século XX, a Carta aos Filipenses foi submetida a diversas hipóteses de fragmentação: assinalamos as passagens que propiciaram que fosse considerada o resultado de três ou quatro cartas redigidas em tempos diferentes e agrupadas pelos copistas dos séculos II e III. Para os aprofundamentos exegéticos, remetemos ao nosso comentário.

Uma primeira ruptura parece ocorrer na passagem de 3,1a ("Quanto ao mais, irmãos meus, alegrai-vos no Senhor") a 3,1b-2 ("A mim, não me desgosta e é segurança para vós outros que eu escreva as mesmas coisas. Acautelai-vos dos cães! Acautelai-vos dos maus obreiros! Acautelai-vos da mutilação!"). Como é possível conciliar a exortação a se alegrarem no Senhor com o vitupério assaz violento contra os seus adversários? O divisor de águas entre as duas proposições levou alguns a distinguirem a carta A (Fl 1,1–3,1a) da carta B (3,1b–4,9).

Uma segunda ruptura poderia ser identificada a partir de 4,9 ("O que também aprendestes, e recebestes, e ouvistes, e vistes em mim, isso praticai; e o Deus da paz será convosco") e 4,10 ("Alegrei-me, sobremaneira, no Senhor porque, agora, uma vez mais, renovastes a meu favor o vosso cuidado; o qual também já tínheis antes, mas vos faltava oportunidade"). Quando a carta já se encaminha para a conclusão natural, entra de cunha a perícope de 4,10-20 dedicada aos auxílios econômicos enviados dos filipenses pela mão de Epafrodito. Surge assim a hipótese de uma terceira carta (carta C).

Apesar das tentativas de provar que se trataria de duas ou três cartas que teriam sido costuradas, as motivações que levam à natureza íntegra de Filipenses são diferentes. Em primeiro lugar, a carta é perpassada por um sistema de termos relacionados entre si: o "Evangelho" (1,5.7.12.16.27; 2,22; 4,3.15), a "alegria" (1,4.25; 2,2.29; 4,1) e o alegrar (1,18.18; 2,17.18.28; 3,1; 4,4.10), a "comunhão" (1,5; 2,1; 3,10; cf. tb. o verbo "participar" em 4,15) e o verbo "avaliar" (*froneín* em 1,7; 2,2.5; 3,15.15.19; 4,2.10.10). Original em Filipenses é o uso de palavras compostas pelo prefixo "con" (*syn*): "co-imitar" (3,17), "con-forme" (3,21), "con-formar" (3,10), "co-competir" (1,27; 4,3), "co-unânime" (2,2), "cooperador" (2,25; 4,3), "com-primir" (1,23), "co-mílite" (2,25), "conjunto" (4,3); "coparticipação" (4,14), "copartícipe" (1,7) e "co-alegrar" (2,17.18).

A frequência dos termos citados mostra que há uma recuperação substancial entre o exórdio de 1,3-11 e o parágrafo final de 4,10-20, devido aos acenos ao apoio econômico de Paulo. O chamado hino cristológico de 2,5-11 é retomado para ser personalizado por Paulo em 3,7-21. Das 1.624 palavras que compõem a carta, há a maior porcentagem das relações entre o eu e o nós de Paulo (49%) e o vós dos destinatários (51%). O critério do que faz a diferença, introduzido em 1,10, é desenvolvido com o tema da única realidade que conta em 1,18.27; 2,2; 3,13. O requisito fundamental da mimese ou imitação de Cristo (2,5), de Paulo (1,30; 3,17; 4,9) e de seus colaboradores (3,17) perpassa a carta. Finalmente, os eventos que envolvem Paulo e os destinatários não expressam nenhuma distância cronológica entre um parágrafo e outro, como ocorreu com 2Coríntios.

Portanto, embora quase certamente Paulo tenha enviado mais de uma carta aos filipenses, acreditamos que não existam razões convincentes para considerarmos a carta como uma compilação. Na prática, não é suficiente passar de um teor a outro da carta ou da posição de questões econômicas para sustentar a hipótese de duas ou três cartas unificadas depois. Entre as diferentes hipóteses de compilação e integridade perfeita, apoiadas por aqueles que compõem a carta de acordo com composições quiásticas ou emprestadas de discursos retóricos antigos, propomos a seguinte disposição:

> **Introdução epistolar** (Fl 1,1-11):
> pré-escrito (1,1-2);
> agradecimento (1,3-11).
>
> **O corpo epistolar** (Fl 1,12–4,1):
> o progresso do Evangelho (1,12-30);
> exortações e mimese de Cristo (2,1–3,1a);
> elogio de si mesmo e mimese de Paulo (3,1b–4,1).
>
> **Conclusão epistolar** (Fl 4,2-23):
> exortações epistolares (4,2-9);
> as ajudas econômicas e a autossuficiência (4,10-20);
> o pós-escrito (4,21-23).

Sobre o gênero da carta foram feitas várias suposições: de amizade ou familiar, de agradecimento pela ajuda econômica enviada a Paulo, deliberativa, demonstrativa, psicagógica ou orientada para guiar os espíritos, exortativa e conforto para a provação enfrentada pelos destinatários. As propostas relatadas têm o mérito de destacar um ou mais aspectos da carta, mas, em nossa opinião, não compreendem a natureza geral.

Poucos estudiosos apontam que Filipenses seja perpassada pela mimese ou exemplaridade humana. Relatamos as três maneiras pelas quais a mimese humana em Filipenses é destacada: com vocabulário explícito e implícito e para relações intertextuais entre uma perícope e outra. No vocabulário explícito da mimese entram os termos "co-imitadores" (*symmímetai* em 3,17), "modelo" (*týpon* em 3,17) e "assimilação" (*homóioma* em 2,7). Por meio da paráfrase, a exemplaridade humana retorna em 1,29-30 ("Porque vos foi concedida a graça de padecerdes por Cristo e não somente de crerdes nele, pois tendes o mesmo combate que vistes em mim e, ainda agora, ouvis que é o meu") em 2,5 ("Tende em vós o mesmo sentimento que houve também em Cristo Jesus") e em 4,9 ("O que também aprendestes, e recebestes, e ouvistes, e vistes em mim, isso praticai"). Finalmente por relações intertextuais, a exortação não se importar "cada um em vista do que é propriamente seu" (2,4) encontra o exemplo visto em Timóteo: "Porque a ninguém tenho de igual sentimento que, sinceramente, cuide dos vossos interesses; pois todos eles buscam o que é seu próprio, não o que é de Cristo Jesus" (2,20-21).

E a expressão "até a morte" (*mechri thanátu*) de Cristo em 2,8 é levada em louvor de Epafrodito: "por causa da obra de Cristo, chegou ele às portas da morte (*mechri thanátu*)" (2,30).

Portanto, em cada seção da carta é assinalada a importância da mimese humana: esse dado a distingue do restante do epistolário paulino, onde sua incidência é menor (cf. 1Ts 1,6; 2,14; 1Cor 4,16; 9,1-27; 11,1; 2Cor 8,1-9; Rm 15,1-7) e não é tão insistente como em Filipenses. Infelizmente somos obrigados a utilizar o termo "mimese" porque os sinônimos "cópia", "exemplo", "imitação" e "modelo" diminuem o alcance do termo em questão. Na realidade, a mimese humana não corresponde a uma reprodução passiva do original, mas reproduz com originalidade a relação com aqueles que são escolhidos como modelos. A mimese também não é ditada pela autoridade do protótipo, mas sim pela assimilação que coloca em relação duas ou mais pessoas. O contexto de cativeiro enfrentado por Paulo e os filipenses permite que surja, naturalmente, a mimese de Cristo e daqueles que seguem o exemplo, mesmo sem poder e nem mesmo dever reproduzi-lo de maneira pedante. Poder-se-á objetar que na epistolografia antiga não é catalogado o tipo da mimese, mas é suficiente se deter nas *Cartas a Lucílio* de Sêneca para remover essa objeção: "Escolhe alguém de que, em vida, palavras lhe tenham agradado e particularmente o olhar transpareça o ânimo; indique-o sempre a você mesmo ou como seu guardião ou como seu. Quero dizer que temos necessidade de um homem por cujos ensinamentos possamos regular nosso comportamento" (*Cartas a Lucílio*, 11,10; cf. tb. 6,5-6; 7,6-9). Com a disposição e o gênero já tratados, podemos passar para a tessitura da carta, lembrando que seu centro gerador se encontra no elogio de Jesus Cristo de 2,6-11 e que o que está em discussão é como permitir que o Evangelho se difunda, apesar da prisão de Paulo e do sofrimento dos destinatários.

O arranjo argumentativo

Como todas as cartas paulinas, Filipenses se compõe de três partes principais: a introdução (1,1-11), o corpo (1,12–4,1) e a conclusão (4,2-23). O corpo epistolar, por sua vez, é dedicado ao progresso do Evangelho (1,12-30), às exortações fundadas na mimese de Cristo (2,1–3,1a) e ao autoelogio com a mimese de Paulo (3,1b-4,1).

Em busca do que faz a diferença (Fl 1,1-11)

A seção protocolar do pré-escrito e dos agradecimentos introduz a carta. Em 1,1-2 são reportadas: a *titulatio*, em que se apresentam os remetentes (Paulo e Timóteo, servos de Cristo Jesus); a *adscriptio*, dirigida aos santos em Cristo Jesus que estão em Filipos; e a *salutatio*, com o augúrio da graça e da paz de Deus e de Jesus Cristo.

Incomum, em comparação com os outros pré-escritos paulinos, é a menção na *abscriptio* dos *epískopoi* e *diákonoi* (v. 1b), sobre a qual suscitaram-se várias hipóteses. Primeiro, pensou-se numa glosa posterior, emprestada das cartas pastorais, onde, pela primeira vez no Novo Testamento se delineia um códice eclesial sobre os bispos, diáconos e presbíteros (1Tm 3,1-13; 5,12.17-19). No entanto, os epíscopos e diáconos de Fl 1,1b são apenas acenados; e Paulo nunca fala em suas cartas do ministério dos *presbíteros* ou anciãos. Por causa da conjunção *kai* entre os dois termos, outros pesquisadores propuseram uma interpretação atributiva do segundo substantivo em relação ao primeiro, nesse caso tratar-se-ia apenas de um grupo de destinatários: os epíscopos que são, ao mesmo tempo, diáconos. Essa hipótese poderia ter algum crédito se nas cartas autorais se fizesse alguma menção aos epíscopos, mas o caso de Fl 1,1b é único. Por isso preferimos distinguir os *epískopoi* dos *diákonoi* e pensar em duas formas de ministério ainda não tão definidas. Com o primeiro termo se alude aos vigilantes, responsáveis na custódia das pessoas e bens da comunidade; com o segundo termo, aos ministros dedicados ao serviço da pregação e das mesas durante as assembleias cristãs. É certo que o ministério dos apóstolos nas cartas paulinas é mais próximo ao dos *diákonoi* do que dos *epískopoi*, motivo pelo qual seria impróprio estabelecer nas cartas paulinas uma identificação entre os *epískopoi* de Fl 1,1b e os bispos posteriores.

O agradecimento geral de 1,3-11 também funciona como exórdio no qual os temas do protocolo epistolar e do proêmio retórico se entrecruzam. Num primeiro momento, tem-se a fórmula de ação de graças dirigida a Deus (v. 3a), o tema da lembrança na oração de Paulo pelos destinatários (v. 4) e a doxologia conclusiva do v. 11. Num segundo momento, aparece o horizonte escatológico (v. 6.10), a relação entre Paulo e os destinatários (v. 7-8), a *captatio benevolentiæ* (v. 5-6) e a utilização da *insinuatio* com a qual se acena, de maneira velada, à comparticipação do destinatário em favor do Evangelho e seu apoio econômico (v. 5.11). Para compreender as alusões à ajuda econômica enviada a Paulo por meio de Epafrodito, é suficiente antecipar a leitura de 4,10-20, onde Paulo agradece aos filipenses por sua participação em suas necessidades. Como é típico de um exórdio teórico, em 1,3-11 são introduzidos os principais termos que serão retomados no corpo epistolar: o *euanghélion* (v. 5.7), a *cháris* (graça, v. 7), a *koinonía* (co-participação, v. 5.7), a *chará* (alegria, v. 4), o *agápe* (v. 9) e verbo *fronéin* (avaliar, v. 7). Finalmente, o critério para discernir o que faz a diferença (*ta diaféronta*) encerra a seção (v. 10) e antecipa o principal tema para Paulo e os destinatários, associados pela situação de cativeiro e sofrimento pelo Evangelho.

Assim, a carta é introduzida no horizonte de uma comunhão positiva entre Paulo e os destinatários a partir da partilha do Evangelho e da coparticipação do fruto da justiça: um eufemismo para a ajuda econômica que lhe foi enviada de Filipos. A expressão " os frutos da vossa justiça" (2Cor 9,10) foi usada no contexto da coleta econômica para os pobres em Jerusalém.

O anúncio de Cristo e o progresso do Evangelho (Fl 1,12-30)

O teor pessoal da carta é destacado pela primeira seção 1,12-30, em que Paulo anuncia " as coisas que me aconteceram" (v. 12) e espera receber notícias "no tocante a vós outros" (v. 27). Assim, ele informa os destinatários sobre sua situação de prisão (v. 12-18). No entanto, as informações pessoais são mantidas a um mínimo: não diz nada sobre o período, a cidade, nem sobre os rivais que se opõem à sua pregação e tampouco sobre os responsáveis pelas acusações feitas contra ele. Como é frequente, os dados históricos habituais são deixados em segundo plano para ressaltar a mensagem de Cristo e a propagação do Evangelho. A disposição da seção é tripartida, de tipo circular:

(a) as notícias sobre o aprisionamento de Paulo (v. 12-18b);

(b) Cristo, o viver de Paulo (v. 18c-26);

(a¹) as notícias sobre destinatários e mimese (v. 27-30).

A parte intermediária sobre o relacionamento com Cristo é mais importante, pois relaciona a primeira e a terceira partes. A relação com Cristo (v. 18c-26) relativiza tanto as situações de provação e sofrimento enfrentadas por Paulo (v. 12-18b) quanto aquelas dos destinatários, forçados a sofrer por Cristo em seu contexto civil (v. 27-30). As conexões entre os três parágrafos são implementadas por algumas palavras-gancho ou *mot-crochet* de ligação. Assim, o verbo *cháirein* (regozijar) liga o primeiro ao segundo parágrafo (v. 18b.c) e o tema da presença-ausência ou da *parousía-apusía* epistolar vincula o segundo ao terceiro parágrafo (v. 26.27).

Na primeira perícope, Paulo informa os destinatários sobre a sua detenção por Cristo ou por causa do Evangelho. Infelizmente, como já observavamos, as notícias pessoais são reduzidas ao mínimo, por isso o que ocorre em 1,12-18 não é uma *narratio* propriamente dita, mas sim uma referência ao contexto prisional de Paulo. Apesar de sua prisão, muitos irmãos são encorajados a falar do Evangelho e suas correntes por Cristo tornaram-se conhecidas em todo o pretório. Assim, o Evangelho se espalha independentemente das intenções benevolentes ou maliciosas em relação a Paulo. No vértice da perícope, propõe-se o primeiro critério para o que faz a diferença: o que conta é o anúncio de Cristo, sem ser influenciado pelas intenções dos outros pregadores (v. 18).

O segundo parágrafo de 1,18c-26 concentra-se na relação entre Paulo e Cristo, sua vida, a tal ponto que morrer é um ganho. Uma espécie de solilóquio, que no entanto visa a aumentar a fé nos destinatários, caracteriza uma das mais elevadas passagens das cartas paulinas. Emoldurada pelo tema da alegria de Paulo e dos destinatários (v. 18c.25), a perícope se desenvolve em três momentos, introduzidos pela mesma quantidade de fórmulas de conhecimento. No entanto, Paulo sabe que, caso morra ou viva, Cristo será engrandecido em seu corpo (v. 19-21); mas ele não sabe o que escolher entre o desejo de desatar as velas e estar com Cristo e permanecer na carne para o benefício dos destinatários (v. 22-24); e sabe que permanecerá vivo para poder encontrar novamente sua amada comunidade (v. 25-26).

No contexto de alegria pela difusão do Evangelho, Paulo apropria-se de duas situações que esclarecem parcialmente suas afirmações. Em 1,19 ele evoca a linguagem de Jó para afirmar que "isto [...] me redundará em salvação" (Jó 13,16 LXX). Entre a condição de Jó e a de Paulo há uma analogia significativa: ambos estão sob acusação por uma causa justa e estão convencidos de que a salvação só pode vir do Senhor. Contudo, enquanto com sua apologia Jó questiona o próprio Deus, Paulo se vê sustentado pelo Senhor Jesus Cristo, então em 1,19 falta o contexto polêmico de Jó 13,16. Por isso, trata-se de uma referência indireta a Jó 13,16 que não é introduzida por nenhuma fórmula paulina para as citações diretas do Antigo Testamento.

Em Fl 1,21 aparece um dos paradoxos mais agudos e admiráveis de Paulo: Cristo é o seu viver e a morte é um ganho. Como é possível dizer que Jesus Cristo, morto e ressuscitado, tenha se tornado o viver de Paulo que, de fato, continua a viver uma existência comum a todos os seres humanos e que o morrer seja visto até mesmo como um ganho? A afirmação é ainda mais paradoxal do que aquela de Gl 2,20 ("já não sou eu quem vive, mas Cristo vive em mim..."), porque ali Paulo explica que alude ao âmbito da fé no Filho de Deus, enquanto em Filipenses aparece também o tema da morte. Já a proposição de Fl 1,21 é incisiva; nela Paulo utiliza o verbo "viver" com valor de sujeito no infinitivo, para exprimir uma condição permanente, que podemos explicitar com "sempre, para mim, o viver é Cristo". É gritante o contraste com "o morrer" para o qual utiliza o aoristo *apothanéin*: se o viver Cristo é para sempre, o morrer é um átimo que marca a passagem do viver Cristo ao permanecer para sempre com Ele.

O uso do substantivo *kérdos* suscitou um acalorado debate entre os comentadores: Em que sentido o morrer é um ganho para Paulo? Os paralelos emprestados da literatura greco-romana levaram alguns a defender a perspectiva da "nobre morte" ou do suicídio em 1,21. Assim, na *Antígona* de Sófocles, assevera a protagonista: "Quem vive no meio de tantas calamidades como eu não há de considerar a morte como benefício [*kérdos*]?" (*Antígona*, 463-464). O tema da morte como ganho é comum no ambiente greco-romano e retomado por Eurípedes (*Medeia,* 145): "Qual seria meio ganho em continuar vivendo? Ah! Com a morte possa eu colocar um fim nesta odiosa existência"[29]. Por isso, é possível pensar no uso do *mori lucrum* em Fl 1,21. Todavia, o contexto de 1,12-30 e o tema do morrer como ganho são bem diferentes da perspectiva do suicídio. Não é por acaso que o tema seja expresso não por causa dos sofrimentos decorrentes do encarceramento, mas por conta da relação com o viver Cristo e a alegria proporcionada pela difusão do Evangelho. A retomada do substantivo *kérdos* (ganho) e do verbo correspondente *kerdáino* (ganhar) em 3,7-8 demonstra o quanto seria estranha para Paulo a visão do suicídio em relação ao desejo de ganhar Cristo. Por outro lado, em 1,25-26, ele defende que espera continuar vivendo pela alegria e pelo crescimento na fé dos destinatários. Portanto, interpretar

---

29. cf. tb. PLATÃO. *Apologia de Sócrates* 32,40C-D. • FLÁVIO JOSEFO. *Antiguidades judaicas* 15,158. • SÊNECA. *Cartas a Lucílio* 115,14.

a proposição de 1,21 na ótica da nobre morte ou da eutanásia significa entender mal e instrumentalizar o tema cristológico que a gerou: somente na dimensão em que Cristo é o viver de Paulo, a morte deixa de ser vista como inimigo (cf. 1Cor 15,26), mas até mesmo como ganho.

O intenso parágrafo de 1,18c-26 representa a última perícope da seção onde, informado sobre a situação dos filipenses, Paulo os exorta a se comportarem como cidadãos dignos do Evangelho de Cristo (v. 27-30). Infelizmente, mesmo nesse caso, fala apenas do sofrimento que os destinatários são forçados a enfrentar em seu contexto civil e religioso, enquanto o foco está na solidez de sua fé. Pela primeira vez, a razão para a mimese é introduzida na carta: os destinatários estão apoiando sua própria luta, da qual já foram informados (v. 30). Por enquanto, Paulo não precisa incitá-los a imitá-lo, mas sua imitação já está sendo realizada sem ser pedida. A condição comum de sofrimento e de cativeiro gerou, em diferentes contextos, uma mimese natural que assimila as diferenças. Por essa razão, não é a ética que gera a imitação humana, mas a conformação a Cristo compartilhada por Paulo e os filipenses: a seção seguinte aprofundará a centralidade da imitação de Cristo para a vida dos crentes.

A mimese de e em Cristo (Fl 2,1–3,1a)

Em condições de cativeiro, os pontos de referência não devem ser perdidos para enfrentar adversidades; e o único ponto de referência para Paulo é Jesus Cristo, do qual emergem os valores mais autênticos: o ágape, a unidade entre os irmãos, a alegria, a obediência da fé e a humildade. A segunda seção de Fl 2,1–3,1a muda o foco das notícias epistolares entre Paulo e os destinatários da seção anterior para o fundamento cristológico da vida cristã e apresenta a seguinte disposição:

a) exortações (2,1-4);
b) exemplaridade de Cristo (2,5-11);
a¹) exortações (2,12-18);
c) exemplaridade de Timóteo (2,19-24);
d) exemplaridade de Epafrodito (2,25–3,1a).

Os três primeiros parágrafos da seção são dispostos em forma circular entre as exortações de 2,1-4 (a), a exemplaridade de Cristo Jesus em 2,5-11 (b), e as exortações consequenciais de 2,12-18 (a¹). As duas passagens restantes são dedicadas ao elogio de Timóteo (2,19-24) e de Epafrodito (2,25–3,1a). O núcleo conteudístico da seção é formado pela exemplaridade de Cristo Jesus, que se conecta à perícope anterior pelo tema da humildade e com a seguinte pelo tema da obediência. À primeira vista, parece que os elogios a Timóteo e a Epafrodito sejam um *excursus* separado. Mas, na verdade, a sua presença é explicada pela exemplaridade que demonstraram por ocasião do radical altruísmo relatado em 2,4 e tornada visível no itinerário percorrido por Cristo Jesus. Assim, como *longum iter est per praecepta, breve et efficax per exempla* [a vida que se desenrola segundo os preceitos é longa; breve e eficaz, aquela que o faz segundo os exemplos] como Sêneca afirma nas *Cartas* 6,5, a incomparável exemplaridade de Cristo Jesus e o exemplo imediato de Timóteo e Epafrodito fundamentam as exortações éticas de Paulo.

O primeiro parágrafo de 2,1-4 atua como exórdio da seção e é composto em um estilo particularmente solene. Abaixo está um *cumulus* (figura retórica de Sorites) de valores ou virtudes. Procede-se do encorajamento, ao conforto do amor, à comunhão do Espírito, às entranhas de misericórdia, para avaliar da mesma forma, à unanimidade e humildade. No cúmulo contrário, mencionam-se os vícios da rivalidade, da vanglória e do cuidado dos próprios interesses. A desproporção a favor da lista de virtudes do que vícios, mostra como a vida da comunidade dos filipenses vive de maneira serena e não se registrem as contendas relatadas em 1Coríntios e Gálatas, em cujas listas predominam os vícios sobre as virtudes (1Cor 6,9-10; Gl 5,19-26).

No centro da lista de virtudes e valores está o verbo que descreve a única coisa que importa: *fronéin*; o mesmo verbo conecta, como palavra-gancho, o exórdio de 2,1-4 ao exemplo de Cristo Jesus (v. 5). Ao invés de se referir ao sentir e aos sentimentos, o verbo expressa a maneira de avaliar para poder discernir a única coisa que importa. Em torno do horizonte do avaliar com discernimento, do vocabulário relacionado com o substantivo *phrónesis*, é indicativo o que Cícero escreve em *De officiis* 1,43: "...Os gregos chamam *phronesis* o que eu descreveria como o conhecimento do que você deve buscar ou evitar".

Assim, Paulo introduz um dos mais elevados parágrafos de suas cartas, dedicado ao elogio de Cristo Jesus: um texto que cruza a história da teologia por sua densidade. O elogio de Cristo Jesus (v. 6-11) consiste em duas partes: nos v. 6-8 o itinerário descendente de Cristo Jesus é descrito até a morte na cruz; nos v. 9-11 entram a exaltação e o recebimento do nome *kýrios* da parte de Deus. A conclusão doxológica (para a glória de Deus Pai, v. 11b) distingue o louvor de Cristo do próximo contexto.

A crítica literária do século XX demonstrou que o elogio não é de origem paulina, mas remonta à tradição eclesial anterior. Na verdade, a linguagem erudita, a abordagem das três fases da cristologia (a preexistência, v. 6; a *kénosis* ou humilhação até a assimilação de toda a realidade humana, incluindo a morte, v. 7-8; e a exaltação feita por Deus, v. 9-11) e o silêncio sobre o horizonte salvífico mostram que o parágrafo não pertence a nenhum sistema cristológico paulino. Na prática, a passagem não se detém no que Cristo Jesus fez por nós, mas em seu itinerário histórico e no que Deus realizou por ele. E embora continuemos a defini-lo, por convenção, como um hino, seria mais apropriado pensar em um *elogium* de prosa elevada que alcança seu ápice no nome "Senhor Jesus Cristo" (v. 11).

Discute-se sobre qual seria o ambiente vital que gerou o louvor de Cristo: este pode ter surgido tanto na judaico-palestina quanto na diáspora judaica (Roma, de onde a carta foi redigida e enviada). Mais precisamente, pensou-se em um elogio nascido de um contexto eucarístico, batismal, catequético e martirológico. Por causa do verbo *exomologhéin* que exprime a profissão de fé no nome *kýrios* no v. 11, o contexto martirológico ou do testemunho da fé é o mais aceito entre os comentadores.

No entanto, o louvor de Cristo não é algo descontextualizado. Acreditamos que toda a carta tenha sido escrita em torno desse núcleo central. Para confirmar esse dado, basta evidenciar o uso do termo *kýrios* em Filipenses para perceber que no texto anterior (1,1–2,5) se prepara o elogio de Cristo, e o texto seguinte (2,12–4,20) apresenta as consequências disso para a vida de Paulo e sua comunidade (cf. o uso de *kýrios* em 1,2.14; 2,19.24.29; 3,1.8.20; 4,1.2.4.5.10.23).

O contexto imediato de 2,1-18 confere ao elogio de Cristo um horizonte exortativo que lhe é estranho, mas que assume na reformulação paulina. É na humilhação de Cristo até a morte (v. 8) que se fundamenta o valor da humildade eclesial de os cristãos considerarem os outros superiores a si mesmos (v. 3); e a obediência dos destinatários (v. 12) enraíza-se na obediência de Cristo (v. 8). A maior retomada do elogio se verifica em 3,7-21, onde o autoelogio de Paulo segue o paradigma de 2,6-11. O *cursus pudorum* ou da desonra assumido por Cristo Jesus, até a morte de cruz, conforma o mesmo caminho assumido por Paulo que, mesmo podendo escolher um *cursus honorum* digno do aplauso civil e religioso, considerou como lixo todos os privilégios adquiridos em sua carreira.

Do elogio de Cristo Jesus brota o novo parágrafo exortativo de 2,12-18 que, com o tema da obediência, se liga a 2,5-11, e com o tema da alegria compartilhada entre Paulo e os destinatários retoma o fio de 2,1-4. Uma série de verbos no imperativo liga os dois novos elencos de virtudes e vícios. De um lado, há a obediência, o tremor e a benevolência (v. 12-13); de outro, as murmurações e as controvérsias (v. 14). Como em 2,1-4, as virtudes predominam sobre os vícios, mas em 2,12-18 muda o horizonte em que os dois breves catálogos são formulados: o escatológico do "dia de Cristo" (v. 16) que remete ao apocalíptico "dia do Senhor" (referido a Deus). Nessa ocasião, Paulo está convencido de que pode se gloriar da perseverança dos filipenses na fé. A perspectiva escatológica o induz a evocar em 2,15a a passagem de Dt 32,5 (LXX), onde se acena a uma "geração corrompida e depravada", e em 2,15b-16 a passagem de Dn 12,3 a propósito daqueles que, como as estrelas do céu, mantêm firme a palavra da vida.

A perícope termina com a metáfora da libação, expressa pelo verbo *spéndomai* (v. 17). Retorna assim a referência à morte, introduzida em 1,18c-26; e, como na passagem anterior, Paulo não a sofre passiva, mas ativamente, sem nem mesmo pensar no suicídio. O rito da libação, feito com sangue ou com o derramamento de óleo e água e difundido no ambiente greco-romano, é aplicado por Paulo à sua própria vida entregue por Cristo e ao sacrifício da fé dos filipenses. No entanto, como em 1,18c-26, não é o sofrimento que causa a libação de Paulo, mas a alegria vivida e compartilhada pelos destinatários.

Com Sêneca, descobrimos que, embora seja longo o caminho ético dos preceitos ou da ética, o caminho descrito com os exemplos é curto. Por isso, em 2,19-3, primeiro Paulo aproveita a oportunidade das notícias epistolares para tecer os elogios de Timóteo (v. 19-24) e de Epafrodito (v. 25-30). O primeiro colaborador, citado já no pré-escrito da carta (1,1), é apresentado como fiel servidor do Evangelho. O elogio de Timóteo é tecido por causa de seu altruísmo para com Cristo e os filipenses. Portanto, a exortação a não procurar os próprios interesses, mas os dos outros em 2Tm 4 encontra um modelo vivo e conhecido dos filipenses, pois ele participou com Paulo de sua evangelização (At 16,1-15).

No entanto, por ora Paulo decide não se privar de Timóteo para receber notícias sobre os destinatários; em vez disso, ele escolhe enviar de volta Epafrodito, seu outro colaborador. Em 4,18, seremos informados de que Epafrodito vem da mesma comunidade de filipenses e foi enviado pela Macedônia para lhe dar apoio financeiro (2,25). Enquanto isso, Epafrodito adoece gravemente e os filipenses estão ansiosos sobre sua saúde. Então Paulo decide mandá-lo de volta para casa e pede aos filipenses que o recebam com alegria. Infelizmente, como de costume, Paulo silencia sobre as circunstâncias que levaram Epafrodito à beira da morte, enquanto se derrete a elogiá-lo, a ponto de apresentá-lo como um modelo ainda mais próximo. Um desses foi escolhido para destacar como o altruísmo radical de Cristo Jesus, que se despiu até a sua morte, não foi isolado, mas foi repetido, com todas as diferenças, na história de Epafrodito, que beirava a morte pela obra de Cristo (v. 30). O tema da alegria, que perpassou a segunda seção, retorna nas últimas linhas (3,1a) para dar lugar à última seção do corpo epistolar.

O elogio e a imitação de si (Fl 3,1b–4,1)

Uma *prodiortosis* ou precaução retórica introduz a seção 3,1b–4,1: não é pesado para Paulo escrever o que hão de ler, mas é reconfortante para eles e a consolidação de sua fé (3,1b; 4,1). O uso da precaução é necessário quando se quer falar sobre si mesmo para convencer os destinatários a permanecerem como aliados e não tomarem partido dos adversários. Na verdade, encontramos alguns indícios de autoelogio em 1,27-30, onde se introduziu o primeiro tema da mimese ou imitação de Paulo. Agora ele decide falar sobre si mesmo mais amplamente, de modo que os destinatários continuem a imitá-lo, apesar da ação contrastante de seus oponentes.

Introduzida pela precaução sobre a consolidação da fé dos destinatários (3,1b), a seção de 3,1b–4,1 se compõe de três partes:

a) o vitupério contra os adversários (v. 2-4a);

b) o autoelogio (v. 4b-16);

a[1]) a imitação e anti-imitação (v. 17-21).

A disposição da seção é circular, como demonstra o uso de pronomes: na primeira e na terceira seções predomina a primeira pessoa do plural; enquanto na segunda, predomina a primeira pessoa do singular em referência a Paulo. A passagem de 3,2-4a a 3,4b-16 é marcada pelo tema da confiança na carne que funciona como uma expressão-gancho. O terceiro parágrafo distingue-se pelo solene "irmãos, sede imitadores meus" do v. 17 e está ancorado ao segundo com a metáfora agonístico-desportiva de 3,12-16 e 4,1.

Quanto ao gênero, trata-se de uma periautologia ou um autoelogio com o intuito de levar os filipenses à imitação: encontramos o mesmo gênero em 1Cor 9; 2Cor 11,1–12,10 e Gl 1,13–2,21. No entanto, em Fl 3,1b-16 Paulo não recorre ao autoelogio para defender a si mesmo ou seu Evangelho, como em 2Cor 11,1–12,10, mas para induzir os filipenses a continuarem a imitá-lo em seu relacionamento com Cristo. Por isso, em 3,17-21 o autoelogio culmina no mimetismo positivo de Paulo e de seus colaboradores e na mimese negativa dos seus adversários. Avancemos, portanto, no original *curriculum vitae* de Paulo.

A seção de 3,1b–4,1 começa com o mais violento vitupério de Paulo contra seus oponentes. Em 3,24a não hesita em utilizar os termos: "cães", "maus obreiros" e "mutilação". Esses três termos aludem a pessoas circuncidadas, mas que, como obreiras, são dedicadas à pregação e são consideradas impuras, como cães no judaísmo. Muito provavelmente, trata-se dos crentes de origem judaica que se opõem à pregação de Paulo pedindo circuncisão, para não incorrer em formas religiosas de impureza. O tom veemente de vituperação pode ser explicado, mesmo que não justificado, pelas adversidades que Paulo teve de suportar até o encarceramento. Contra as qualificações dos adversários, Paulo considera os crentes em Cristo como a verdadeira circuncisão, originada pelo Espírito e não pela carne, para introduzir um orgulho de si mesmo que envolve também os destinatários. Portanto, cremos que o vitupério de 3,2-4 é preventivo, de modo que os filipenses se distanciem de seus adversários.

O autoelogio propriamente dito começa com v. 4b, termina com o v. 16 e abrange toda a existência de Paulo: da circuncisão ao oitavo dia do nascimento até o presente de sua corrida rumo à meta que ele espera obter participando da ressurreição de Cristo. Em sintonia com outras seções autobiográficas em que nos concentramos, o parágrafo de 3,4b-16 confirma que Paulo é judeu, da tribo de Benjamim, foi irrepreensível no que diz respeito à justiça pela Lei, perseguiu a Igreja (de Deus). No entanto, por causa de Cristo, sua vida sofreu uma mudança inesperada e decisiva: ele considerou tudo o que era como lixo diante da sublimidade do conhecimento de Cristo, seu Senhor. A esses dados, que são encontrados em 2Cor 11,22; Gl 1,13-16 e Rm 11,1, a passagem de Fl 3,4-16 acrescenta a origem farisaica de Paulo: um dos movimentos mais importantes e influentes na Palestina no século I d.C. e a que nos referimos na introdução geral às suas cartas.

O *curriculum vitae* de Paulo é paradoxal: o que ele adquiriu em crédito, antes de ser conquistado por Cristo, é considerado perda e lixo, mas se torna conquista o conhecimento de Cristo, seu Senhor. O paradoxo das escolhas feitas por Cristo Jesus, em 2,6-11 – que não se apegou ciosamente à condição divina, mas foi humilhado até a morte de cruz – se reflete na vida de Paulo: a Ele se conforma e continua a se conformar com a morte, em vista da participação em sua ressurreição.

No entanto, para se autoelogiar sem provocar reações contrárias, é necessário reconhecer os próprios limites; caso contrário, corre-se o risco de ser visto como um fanfarrão ou um *miles gloriosus*. Assim, como antídoto ou para amenizar o autoelogio, Paulo reconhece ainda não ter alcançado a meta; é como um atleta no estádio em busca do prêmio da vocação superior de Deus em Cristo Jesus. A linguagem metafórica da corrida é eficaz e plástica porque apresenta Paulo sem qualquer forma de arrependimento ou vontade de retornar ao passado, já que se tende totalmente para a meta final. Imperfeito na meta a alcançar e ainda não adquirida, Paulo vê como perfeitos aqueles que, com e como ele, não voltam atrás na corrida, mas continuam até o final, apesar das adversidades que encontram.

O eu de Paulo envolve também o nós compartilhado pelos crentes; assim, no último parágrafo de 3,17–4,1 o autoelogio chega à mimese ou imitação de Paulo e por parte daqueles que se comportam da mesma maneira. Nos versículos 18-19 aparece uma nova forma de vitupério contra os adversários, que, contudo, parecem diferentes daqueles de 3,2-4. Dessa vez, trata-se dos inimigos da cruz de Cristo, que têm o seu ventre como ídolo e pensam nas coisas mundanas. A retomada de alguns termos encontrados em 1,27-30 e 2,15 para descrever os adversários dos filipenses, em seu contexto civil, orienta para inimigos opostos ao movimento cristão. Assim, Paulo estabelece uma fusão de horizontes entre os seus adversários, cristãos e provenientes do judaísmo, e os inimigos que se opõem à comunidade cristã em Filipos.

O exemplo negativo dos adversários e inimigos se opõe ao positivo que une Paulo, os seus colaboradores e os filipenses. O divisor de águas entre as duas tendências é representado pelo horizonte escatológico ou pelo olhar em direção à meta: o céu de onde os crentes esperam o Senhor Jesus Cristo como salvador (v. 20). Nos versículos 20-21, Paulo parece reescrever o elogio de Cristo, personalizando para si e para os filipenses a parte final de 2,9-11. Com o seu senhorio, Cristo Jesus tem o poder de submeter a si todas as coisas (as dos céus, as da terra e debaixo da terra) e transfigurar o corpo miserável dos crentes. Talvez deva-se notar que o corpo de crentes já começou a ser conformado ao do Cristo glorioso: uma conformação que continua no presente participando de sua morte, na comunhão em seus sofrimentos (cf. 3,10), e atingirá o seu epílogo com a transfiguração final. Por isso, a cidadania dos crentes não é apenas futura, mas já é operativa no presente, pois pertence aos céus (v. 20). Ao reescrever a segunda parte do elogio de Cristo, Paulo acrescenta o predicado "salvador" (*sotér*) a Jesus Cristo, seu Senhor. Na tradição paulina de Ef 5,23; 2Tm 1,10; Tt 1,4 e 3,6 o mesmo predicado se tornará um verdadeiro título cristológico. O significado cristológico do termo é importante, uma vez que não faz parte dos atributos messiânicos de Jesus, mas apenas de Deus. A atribuição do termo a Jesus Cristo é devida ao contexto dos cultos imperiais generalizados no século I que atribuíam ao imperador a salvação dos cidadãos. Assim, o ambiente romanizado de Filipos deve ter influenciado na concessão do título *sotér* não ao imperador, mas a Jesus Cristo.

A seção dedicada ao autoelogio com finalidade exemplar se encerra com o tema da alegria e da coroa, que, no contexto da metáfora agonístico-desportiva, assume uma relevância pessoal. Como os tessalonicenses (1Ts 2,19), os filipenses são a coroa da qual Paulo pode se gloriar no final de sua corrida (Fl 4,1). Ele não está interessado na coroa de louro ou de aipo, reservada aos vencedores de corridas atléticas, mas na coroa composta de pessoas que permanecem firmes na fé com ele, e persistem rumo à meta (v. 16).

Exortações finais e pós-escrito (Fl 4,2-20)

De acordo com o esquema epistolar, a terceira parte da carta inclui as recomendações finais (4,2-9) e o pós-escrito (4,20-23). No entanto, entre os dois parágrafos, Paulo insere a passagem dedicada à ajuda econômica que os filipenses lhe enviaram pela mão de Epafrodito (v. 10-20). Uma série de recomendações curtas em 4,2-9 prepara o problema relativo à ajuda econômica 4,10-20 para concluir com o pós-escrito de 4,21-23. Além disso, não é por acaso que as questões econômicas são tratadas por Paulo mais ao final de suas cartas e não no início ou no meio. Observamos que a iniciativa da coleta para os pobres de Jerusalém é abordada no epílogo epistolar, como em 1Cor 16,1-2; 2Cor 8,1–9,15 (pela carta da reconciliação) e em Rm 15,26-28. Será importante tentar identificar as ligações entre as recomendações gerais e a passagem sobre o apoio econômico, por um lado, e entre Fl 4,10-19 e o exórdio geral de 1,3-11 por outro.

Entre as recomendações gerais destacam-se Evódia e Síntique, de modo que elas têm o mesmo modo de pensar de Cristo (v. 2). Infelizmente, as razões para a tensão entre as duas mulheres da comunidade não são explicadas, mas pede-se que ambas sejam socorridas porque competiram juntamente com Paulo pelo Evangelho (v. 3). As recomendações mostram a importância das mulheres nas comunidades paulinas, não só para a administração das Igrejas domésticas, mas também para a evangelização. Entre os vetores que perpassam as recomendações finais e a carta, destacamos o modo de pensar em Cristo (v. 2), a exortação à alegria (v. 4), o horizonte escatológico sobre a proximidade do Senhor (v. 5) e o considerar um conjunto de valores (v. 9) que tornam os destinatários amigáveis a todos os homens (v. 5).

É original o último convite de Paulo à imitação (v. 9), que lembra o de 1,30: os filipenses o imitaram e, em situações de cativeiro, são instados a continuarem a imitá-lo. Nesse contexto, a imitação de Paulo se refere às necessidades econômicas e espirituais que preocupam os filipenses (v. 6); e é esse tema que vincula as recomendações gerais à passagem dedicada à ajuda econômica enviada a Paulo. Na prática, como eles devem lidar com as difíceis situações de indigência econômica em que se encontram? Qual seria o exemplo a seguir? Já que Deus sabe do que eles precisam para sobreviver, pode a oração tranquilizar suas almas?

Essas perguntas são respondidas no parágrafo sobre a ajuda econômica de 4,10-19 em que Paulo agradece aos destinatários, sem necessidade de dizê-lo. Ele recorda que os filipenses já o apoiaram por ocasião de sua partida para Tessalônica, no início da segunda viagem missionária (v. 15), e repetidas vezes demonstraram ser generosos com ele (v. 16). Agora ele regozija porque, mais uma vez, eles o apoiaram na prisão por Epafrodito (v. 18). Portanto, se ele não explicita seu agradecimento é porque já o fez no início de 1,3-11, onde agradeceu a Deus por tudo que recordava deles (v. 3) e pela comparticipação dos filipenses na evangelização desde o primeiro momento até o presente (v. 5). Mas, para não causar mal-entendidos, Paulo coloca como antípoda da carta o agradecimento e as referências à última ajuda econômica, de modo a incentivá-los a imitá-lo não por interesse, mas com espontaneidade.

Nesse contexto, impõe-se o exemplo de Paulo que aprendeu a ser autossuficiente (v. 11). O tema da autarquia ou autossuficiência é difundido entre os filósofos itinerantes do século I, e é assumido por Paulo para ser repensado de maneira original. Na verdade, ele não começou o seu caminho de autossuficiência empenhando-se todos os dias para alcançar o ideal filosófico da indiferença ou da *ataraxia*, mas sim para fortalecer a sua relação com o Ressuscitado: Paulo tudo pode naquele que o fortalece (v. 13). E dessa força relacional o Apóstolo aprendeu a enfrentar as situações positivas da saciedade e da abundância e as negativas da fome e da pobreza. A força que os cínicos e os estoicos extraem de si mesmos, Paulo procura e encontra somente em Cristo! Com a exemplaridade de Paulo na prosperidade e na pobreza, os filipenses são exortados a imitá-lo sem se deixarem abater pelo desânimo. E sendo seu apoio econômico um sacrifício aceitável a Deus, de perfumada fragrância e agradável a Ele, Deus não deixará de preencher suas necessidades, mediante a sua riqueza em Cristo Jesus. Portanto, o parágrafo de 4,10-19 é tudo, menos desancorado de seu contexto: mediante o último convite à imitação, Paulo confia seu exemplo aos destinatários: graças à força e à riqueza de Cristo, fez-se capaz de tudo.

A carta se encerra com a frase-chave de 4,20-23, que inclui a doxologia dirigida ao Deus e Pai, as saudações recíprocas e o augúrio da graça derramada pelo Senhor Jesus Cristo. Sobre o significado das saudações enviadas daqueles da casa de César, nos referimos à parte introdutória dos filipenses. Assim, ele confia aos filipenses, a comunidade que mais amou e que mais lhe correspondeu, o seu Evangelho, que nas perseguições e provações da vida encontra a razão última para sua propagação.

A mensagem

O elogio de Cristo Jesus é uma esmeralda que irradia sobre toda a carta; é o conteúdo propulsor do Evangelho de Paulo. A partir dessa fonte que surgem, como riachos, as temáticas do avaliar com discernimento (*phronéin*), da alegria e "con-alegrar", da comunhão interpessoal entre os crentes e da unidade eclesial. Com o *fil rouge* na única realidade que conta (cf. 1,18.27; 2,2; 3,13), tentamos delinear o conteúdo principal da carta.

Anunciar Jesus Cristo

A Carta aos Filipenses prova – caso fosse necessário – que o Evangelho não é uma história bonitinha nem um apanhado de valores éticos que, por mais importantes que sejam, não ocupa o lugar central da sua mensagem: Jesus Cristo, o Senhor, é o Evangelho de Paulo. É por isso que não há proposição da carta em que não se fale sobre o relacionamento com Cristo. E, porque o nome dado por Deus a Cristo Jesus é "Senhor" (2,11), o termo *kýrios* não é mais usado em referência a Deus – como nas outras cartas paulinas, onde se sobrepõe o senhorio de Deus –, mas somente em referência a Cristo. Em Filipenses, a filiação divina de Cristo (1,2; 2,11) e sua condição messiânica são consideradas adquiridas, para a vantagem sobre o seu senhorio: uma dimensão que, professada na Igreja primitiva, continua a operar no presente da vida cristã e tende à espera final do Senhor Jesus Cristo (3,20).

Em sintonia com o senhorio, pela primeira vez no epistolário paulino e no Novo Testamento, Jesus Cristo é reconhecido como "salvador" (*sotér*): trata-se de um atributo estranho ao messianismo e ao profetismo judaico, mas difundido no ambiente político-religioso das cidades romanizadas como Filipos. Os títulos "senhor" e "salvador" são usados para culto imperial e para as divindades da saúde, como Asclépio. Paulo os transfere, sem controvérsias, a Jesus Cristo.

Na cristologia de Filipenses o elogio parte da pré-existência, sem se deter na distinção entre as naturezas divina e humana de Jesus, penetrando no mistério de sua maneira de pensar: de "forma" (*morphé*) como condição divina e de ser igual para Deus (2,6), Ele assumiu a condição de escravo e a total assimilação com a condição humana (2,6b-7). Por isso, "embora sendo" (valor consciente) e/ou "precisamente porque sendo" (valor causal, 2,6) de divina condição, Jesus escolheu livremente o caminho da humildade e obediência incondicional a Deus e aos seres humanos. O *cursus* da vida de Jesus não é um *honorum* feito de uma carreira gloriosa, mas é *pudorum* ou ignomínia e desonra, porque atinge o nível mais baixo da morte na cruz (2,8c). Talvez devamos a Paulo o acréscimo da "morte da cruz" que especifica o tipo de morte sofrida por Cristo Jesus: um acréscimo que torna escandalosa a sua morte, porque é a pena capital infligida aos escravos.

A referência à obediência de Cristo em 2,8 ocorre a propósito da questão da "fé de Cristo" em 3,9, que alguns estudiosos interpretam com valor subjetivo de fé ou fidelidade de Jesus em e para Deus. Como não há obediência sem fé/confiança, até mesmo a obediência de Jesus seria baseada em sua fé em Deus. Na realidade, pode-se observar que precisamente em 2,6-8 a obediência de Cristo é sublinhada sem definir o destinatário porque este é obediente a Deus, à Lei mosaica e aos seres humanos. Portanto, sem ignorar a fé que Jesus nutriu em sua vida terrena para com o Pai, cremos que nem mesmo em Filipenses Paulo se debruce sobre essa dimensão humana, mudando o foco para a fé em Cristo (valor objetivo do genitivo), como condição ser justificado: "Porque vos foi concedida a graça [...] de crerdes *nele*" (1,29).

Da obediência e humildade de Cristo nasce a resposta de Deus, que o exaltou acima de qualquer condição, dando-lhe o nome de "Senhor". No elogio de 2,6-11 não se menciona à ressurreição de Jesus, mas é pressuposta e absorvida em seu senhorio, que representa consequência definitiva da vitória sobre a morte. Em virtude do senhorio de Cristo, Paulo foi "conquistado por Cristo" (3,12) e, a partir desse momento, uma participação dos sofrimentos de Cristo que se completa na futura participação de sua ressurreição (*anástasis* e *exanástasis*, em 3,10.11). Assim, passa-se da cruz de Cristo (3,18) para a sua ressurreição e seu senhorio, que lhe deu o poder de submeter a si todas as coisas (3,21, que retoma 2,9-11). Paulo experimentou o poder do senhorio de Cristo e toda a sua vida é orientada para o conhecimento de Cristo e o poder de sua ressurreição (3,10), levando-o a considerar tudo mais como lixo (3,8). É claro como o *cursus pudorum* de Cristo se torna o de Paulo, que abandonou o caminho fácil do *cursus honorum* para compartilhar o caminho da vergonha: considerar Cristo o seu viver e não apenas a sua vida e o seu único ganho. Por isso, tudo pode naquele que o fortalece nas adversidades da prisão e da provação (4,13).

O impacto avassalador da morte e ressurreição de Cristo não vale somente para Paulo, mas se estende a todos os crentes: cujo mísero corpo, conformado ao corpo glorioso de Cristo, já vive uma forma real; só precisa ser transfigurado pelo encontro final com Ele. Como observamos na introdução às cartas paulinas, a crença na ressurreição já pertencia ao seu passado como fariseu, mas por estar "em Cristo" não é mais vista como entrar em um lugar, mas como uma união definitiva com Cristo. A transformação contínua de nosso corpo de humilhação (3,21), em vista da transfiguração final, é a prova mais tangível dessa nova visão da ressurreição. E essa convicção de fé gera "a ardente expectativa" e a esperança (1,20) de não se desapontar diante dos sofrimentos sofridos por Cristo. A esperança cristã não deixa margem para dúvidas ou incertezas acerca do amanhã, mas é certa porque inervada na vida de Cristo em nós. Portanto anunciar Cristo (1,14) significa expor a palavra da vida (2,16), como uma tocha acesa, sem ser intimidados por aqueles que procuram obstruir a corrida dos crentes rumo à meta de sua coroa e do prêmio final.

Para a glória de Deus Pai

O espaço dominante conferido ao Senhor Jesus Cristo abre os horizontes da paternidade de Deus: introduzida no exórdio (1,3), essa paternidade divina é reafirmada no epílogo (4,20). Também em Filipenses o monoteísmo judaico nunca é cancelado, porque enquanto o senhorio é conferido a Jesus Cristo, *theós* é o seu e nosso Pai. Em toda a carta, conflitam duas visões sobre Deus: uma que o reduz ao ventre (3,19), sujeitando-o a uma forma de hedonismo; outra que leva à paternidade revelada na cruz do Filho (2,11). À primeira vista, parece que esta última seja uma visão mais elevada, enquanto a primeira cairia em uma forma primordial de religiosidade. Na verdade, as duas opções colidem diante da cruz de Cristo, que produz inimigos e crentes (3,18), sem alternativas, especialmente no contexto romanizado dos destinatários, onde o castigo da crucificação está entre as mais indignas das condenações. No entanto, os filipenses são exortados a seguir o itinerário minoritário da paternidade do Deus de Jesus Cristo, sem se deixarem intimidar pelas adversidades político-religiosas que enfrentam.

A paternidade de Deus não é tomada como garantida, mas passa pelo estreito e humilhante caminho de quem se encontrava originalmente na mesma condição que Deus (2,6). É por isso que até a morte de Cristo Jesus o silêncio do Pai se destaca. Somente com e na morte de Cristo na cruz a intervenção de Deus é explosiva, porque o exalta acima de qualquer condição humana. Ao altruísmo radical do Filho, responde aquele de Deus, o Pai, que lhe dá sua onipotência e seu senhorio. No entanto, a rota é dramática porque passa pela *kenosis* ou pela mais humilhante degradação. Como foi possível que a graça divina fosse derramada em abundância sobre quem sofreu o suplício dos escravos? E por que a justiça divina não deriva da Lei, mas brota da fé em Cristo Jesus? (3,9). O paradoxo da cruz é, ao mesmo tempo, o paradoxo do Pai que não se deixa enredar por nenhum direito adquirido, nem mesmo aquele adquirido pela fidelidade à sua Lei.

Um paradoxo similar ocorre na vida dos filipenses, uma vida consumida pelo Evangelho de Cristo: ameaçados na sua segurança física, política e econômica, Deus lhes deu a graça não só de acreditar, mas de sofrer por Cristo (1,29). É por isso que o Deus de Nosso Senhor Jesus Cristo satisfará todas as suas necessidades, não os abandonando a si mesmos (4,19). Em Cristo, a filiação divina dos filipenses se expressa mantendo a Palavra da vida em meio a uma geração pervertida e corrupta (2,15). E a graça original da fé tende ao chamado final, quando eles receberão o prêmio por sua perseverança no Evangelho (3,14).

Original é a atenção sobre chamada final ou *klésis* em 3,14, já que em geral nos concentramos na eleição original de Deus em Cristo para a vida ou para a vocação batismal e ministerial. Em Filipenses, o horizonte do chamado torna-se escatológico, porque dirige o olhar para o aproximar-se da morte; e anuncia a vitória sobre o sofrimento e a morte para aqueles que, com e como Paulo, correm para a meta. Ser chamados não apenas para a vida humana e para a fé em Cristo, mas também para cruzar o limiar da morte é uma das características mais originais de Filipenses, que interpela o modo como os crentes correm em direção à meta. Enquanto isso, "a paz de Deus" (4,7) guardará os corações dos filipenses, porque o "Deus da paz" (4,9) está do lado deles.

O Espírito como um dom

O tempo de testemunho do Evangelho é próprio do Espírito, que concretiza a solidez da unidade eclesial (1,27), a comunhão entre os crentes (1,19) e uma nova forma de adoração (3,3), não fundada na circuncisão ou na Lei mosaica. Embora não seja sistemática, a visão trinitária de Paulo em Filipenses é vivida a partir da efusão do Espírito de Jesus Cristo por parte de Deus. Para expressar as dinâmicas trinitárias históricas e não imanentes, Paulo usa um substantivo retirado da vida cotidiana da época: a *epichoreghía* designa o investimento, por conta própria, para uma iniciativa pública, como a construção de uma estrada ou um subsídio para competições de atletismo. Da mesma forma em 1,19 Deus confere o Espírito de Cristo com a mesma dinâmica relacional expressa em Gl 4,6: "Enviou Deus ao nosso coração o Espírito de seu Filho, que clama: *Aba*, Pai!"

A doação do Espírito não diz respeito apenas à esfera íntima dos crentes, mas unifica a solidez de sua fé em situações adversas. Por causa do mesmo contexto, a exortação a permanecer firmes em um só *pneuma* (1,27) não alude ao espírito humano, mas sim ao divino, uma vez que apenas a efusão do Espírito torna possível a unidade eclesial. O horizonte pneumatológico de 1,27 é confirmado pela expressão "comunhão do Espírito" (2,1), *i. e.*, pelo Espírito que realiza a comunhão entre os crentes.

Finalmente, a adoração no Espírito de Deus se diferencia da adoração carnal ou baseada na circuncisão (3,3). O que está em jogo não é simplesmente uma forma de adoração alternativa ao culto judaico, mas sim a origem pneumatológica do culto cristão, que é expressa pela perseverança da fé em Cristo e pela unidade entre os crentes. Por essa forma proativa, Paulo adverte aos filipenses sobre seus oponentes que, como na Galácia, tentarão convencê-los a confiar na circuncisão e na Lei. Desse modo, ficaria comprometida a ação libertadora do Espírito e, portanto, a justificação pela graça fundada na fé.

Igreja e cidadania civil

Na introdução da carta, observamos que em Filipos há uma comunidade cristã composta de gentios que se juntaram ao Evangelho de Paulo e estão passando por situações de tensão em seu contexto civil. Os que compõem a *ekklesía* de Filipos (4,15) são "santos" por eleição (1,1; 4,21) escolhidos pela graça para acreditar em Cristo e sofrer por Ele. Por isso, compartilham de uma fraternidade (cf. o uso *adelfói* em 1,12; 3,1.13.17; 4,1.8) que os consolida nas tribulações. Naturalmente, o termo alude aos homens e mulheres da Igreja.

Entre os irmãos e irmãs de Filipos nascem os carismas e ministérios que sustentam a vida eclesial. Na carta são citados os *epíscopos* e os *diáconos* (1,1b), os colaboradores (2,25; 4,3), os *apóstolos* e o *leiturgós* (2,25). Esses não são os únicos ministérios, mas sua menção precisa ser aprofundada. Pela primeira vez no Novo Testamento são mencionados e relacionados os epíscopos e os diáconos, que serão desenvolvidos, juntamente com os presbíteros, nas Cartas Pastorais. O primeiro ministério ainda não se refere aos bispos das comunidades cristãs do final do século I, mas aos supervisores das pessoas e dos bens da comunidade. E nem mesmo os *diákonoi* correspondem aos diáconos de At 6,1-6, mas aos ministros dedicados ao serviço da Palavra e às necessidades dos santos. O contexto romanizado da comunidade deve ter favorecido o surgimento desses ministérios, embora note-se que não foram mencionados nas inscrições encontradas na cidade e arredores. Já o ministério dos *apóstolos* com o qual é definido Epafrodito é bem diferente: trata-se de uma função itinerante confiada a alguns crentes para desempenhar uma missão em uma e outra comunidade, por isso o termo não é estritamente ligado à evangelização, como ocorre com os Doze e com Paulo, apóstolo enviado por Deus para evangelizar os gentios. Em uma linha similar, os colaboradores estão engajados no esforço de evangelização e caridade para enfrentar as necessidades da comunidade. À primeira vista, o termo *leiturgós* pode sugerir um ministério de adoração, porque o termo refere-se ao serviço de Deus, mas Epafrodito é "liturgo" enviado a realizar um "serviço" para Paulo, entregando o sustento econômico da comunidade (4,18). É por isso que assume uma dimensão laical e não cultural.

Portanto, mesmo que na cidade tenham sido encontradas várias inscrições que se referem aos *flâmines* ou aos sacerdotes de associações cultuais voluntárias e do culto imperial, em Filipenses não são mencionados ministérios cultuais propriamente ditos. Pelo contrário, todos os irmãos e irmãs que oferecem "o sacrifício de sua fé" (2,17), adoram a Deus com a ação do Espírito (3,3) e seu apoio econômico a Paulo é "aroma suave, como sacrifício aceitável e aprazível a Deus" (4,18). Como o movimento cristão original ainda não faz parte das associações de culto reconhecidas pelas autoridades civis, são inevitáveis as situações de conflito com o ambiente em que ele surge. E nessas condições adversas, os destinatários são instados a conjugar a sua cidadania celestial (3,20) com aquela que deve levá-los a se comportarem de uma maneira digna do Evangelho (1,27). As duas formas de cidadania não são separadas, como sugere nossa compreensão das relações entre Estado e Igreja, mas estão relacionadas entre si num contexto, onde apenas as associações de culto reconhecidas pelas autoridades políticas têm direito à cidadania. E, uma vez que a nova forma de cidadania, indicada por Paulo, não é simplesmente escatológica, mas já está presente – mesmo que colocada de forma metafórica nos céus–, as tensões com o ambiente romanizado da cidade são inevitáveis. Uma cidadania reservada às classes superiores (senadores e equestres) se relaciona a uma abertura a todos os crentes, inclusive escravos e libertos. E enquanto o registro municipal da cidade relata os nomes mais merecedores de seus cidadãos, o Senhor escreveu os nomes de todos os crentes no livro da vida (4,3). É por isso que os destinatários devem brilhar no céu como as estrelas, em meio a uma geração pervertida e corrupta (2,15). No entanto, no decorrer da carta, Paulo não propõe, em momento algum, a subversão e a anarquia, mas convida a assumir os valores mais positivos que pertencem a qualquer viver social (4,7-8), distinguindo o acessório do que é essencial e o que é contingente daquilo que é perene.

A alegria compartilhada e o morrer como ganho

É paradoxal como, em Filipenses, são declinados os temas da morte e da alegria, dado que as duas perspectivas deveriam ser consideradas antitéticas. Inicialmente, o tema da morte é tratado com o substantivo *thánatos* (1,20; 2,8.8.27.30; 4,10) e os verbos *apothnésko* (1,21), *analýo* (desatar as velas ou as amarras, em 1,23) e *spéndomai* (ser derramado em libação, em 2,17). Tal concentração de referências deve-se à situação que Paulo vive: uma prisão mais dura, pelo menos no que se refere ao seu tempo prolongado. Ademais, se, como dissemos na introdução, a carta foi enviada de Roma, o olhar de Paulo é profético porque seu cárcere culmina na sua execução capital.

Assim, o morrer como um ganho assume um novo horizonte com relação à morte como inimiga (cf. 1Cor 15,26): Como pode a inimiga se tornar um ganho? O paradoxo é explicado por alguns estudiosos com o tema da "nobre morte" ou do suicídio, ao qual Paulo teria pensado em uma situação de aprisionamento tão prolongada. Na realidade, o morrer como ganho depende do viver que é Cristo e da alegria que provoca o relacionamento íntimo e permanente com Ele. Quando Cristo se torna vivo, a morte passa de um inimigo a ganho, e o momento dessa mudança é visto como o chamado superior de Deus em Cristo (Fl 3,14).

O tema da morte é inseparável do tema da alegria, que se torna a nota dominante na partitura de Filipenses. Mas, mesmo nessa combinação paradoxal, é bom lembrar o que Sêneca recomenda a seu irmão Gálio, em *De vita beata* 1,1: "Todos querem viver felizes, mas quando se trata de ver claramente o que torna a vida feliz, são envolvidos escuridão". Uma alegria ocasional desaparece diante das primeiras adversidades; uma artificial não pode ser compartilhada; e uma confundida com o hedonismo é incapaz de olhar para o céu. A alegria apontada por Paulo aos Filipenses é uma condição e não um sentimento: alegria se fortalece nos sofrimentos (1,18) e contagia aqueles que precisam ser confortados (1,25). Por isso, a alegria autêntica não é individual, mas comunitária (cf. o uso de "con-alegrar" verbo em 2,17-18), a ponto de se identificar com o outro: os destinatários são a alegria de Paulo (4,1). Assim entendida, a alegria é a primeira e última palavra de Filipenses (1,4; 4,10): da alegria que na oração preenche a distância entre Paulo e sua comunidade à alegria de permanente, marcada pela exortação a "alegrar-se sempre no Senhor" (4,4) e pela certeza de não ser esquecido por aqueles que se amam (4,10).

O teste decisivo é o sofrimento e a indigência que produz alegria para um altruísmo enraizado no exemplo de Cristo Jesus (2,6). Diante da tragédia de Euclião na *Aulularia* de Plauto, de Harpagão no *Avarento* de Molière e de Mazzarò no romance *La roba* de Giuseppe Verga, está aquele que não considerou *harpagmón* (raiz verbal é o mesmo que Harpagão) ou posse ciumenta do que lhe pertencia pela condição original. Por isso a alegria cantada em Filipenses desconcerta: é experimentada na indigência econômica e no limiar da morte, mas é a única condição que dá testemunho da fé na ressurreição e na participação que aguarda os crentes, cruzando como Cristo o estreito beco da morte.

Conclusão

Em Filipenses, a propagação do Evangelho passa pelo discernimento do que é essencial e do que é acessório. O essencial é que Cristo seja anunciado com ousadia e liberdade (1,18), sem se deixar condicionar por aqueles que anunciam por interesses pessoais ou sem abnegação sincera (1,15-17), nem se deixar assustar pela forma como possam contrariar a propagação do Evangelho (1,12.27-28). Para que a difusão do Evangelho seja realizada é essencial preservar a unidade eclesial (1,27), caso contrário, não se pode ter credibilidade diante dos adversários.

É essencial a única maneira de avaliar com discernimento (*phronéin*) que orienta para a humildade e obediência, abandonando qualquer forma de interesse pessoal e superioridade em relação aos outros (2,4). O exemplo inimitável de Cristo Jesus conforma o exemplo dos crentes e os capacita a assumir seu caminho de avaliação (2,5). É essencial direcionar a existência para o chamado mais elevado do encontro com o Salvador Jesus Cristo, conformando-se ao exemplo de Paulo em sua morte para compartilhar sua ressurreição (3,13). A ética cristã, incluindo a social, é delineada entre duas polaridades: entre o ser conquistado por Cristo e a conquista do prêmio final do encontro com Ele. Enfim, é essencial que tudo podemos naquele que nos fortalece (4,13), em qualquer situação, positiva ou negativa: na indigência e no bem-estar material. O Evangelho é a única realidade que importa, o resto é acessório. A exortação final, *alegrai-vos no Senhor* de 4,4 deu o título a *Gaudete in Domino*, uma das exortações apostólicas mais sofridas do Papa Paulo VI: "Alegria exaltante da existência e da vida; alegria do amor casto e santificado; alegria pacificadora da natureza e do silêncio; alegria às vezes austera do trabalho cuidadoso; alegria e satisfação do dever cumprido; alegria transparente da pureza, do serviço, da participação; alegria exigente do sacrifício".

Bibliografia comentada

A longa história da interpretação de Filipenses começa na época patrística com os comentários de Mário Vitorino, João Crisóstomo, Teodoreto de Cirro, Teodoro de Mopsuéstia, o Ambrosiáster, Jerônimo e Cassiodoro. Do período medieval, têm-se os comentários de Tomás, Pedro Lombardo e Rabano Mauro. Durante o Renascimento, foram escritos os comentários de Erasmo de Roterdã e João Calvino. Infelizmente, poucos desses comentários foram traduzidos.

São contemporâneos os comentários de base histórico-crítica de J. Gnilka e de J. Reumann, o comentário linguístico de R. Fabris e os retórico-literários de J.-N. Aletti e de A. Pitta.

ALETTI, J. -N. *Saint Paul: Épître aux Philippiens* – Introduction, traduction et commentaire. Paris: Gabalda, 2005 [Études Bibliques – Nouvelle Série 55].

BOCKMUEHL, M. *The Epistle to the Philippians*. Londres: Hendrickson, 1998 [Black's New Testament Commentary].

CAIO MARIO VITTORINO. *Commentari alle Epistole di Paolo agli Efesini, ai Galati, ai Filippesi*. Turim, 1981.

FABRIS, R. *Lettera ai Filippesi / Lettera a Filemone* – Introduzione, versione, commento. Bolonha: EDB, 2000 [Scritti delle origini cristiane 11].

FEE, G.D. *Paul's Letter to the Philippians*. Grand Rapids: Eerdmans, 1995 [The New International Commentary on the New Testament].

GNILKA, J. *La lettera ai Filippesi*. Bréscia: Paideia, 1972 [Commentario Teologico del Nuovo Testamento X/3].

MARTIN, R.P. *L'epistola di Paolo ai Filippesi*. Roma: GBU, 1992.

O'BRIEN, P.T. *The Epistle to the Philippians* – A Commentary on the Greek Text. Grand Rapids: Eerdmans, 1991.

PITTA, A. *Lettera ai Filippesi* – Nuova versione, introduzione e commento. Milão: Paoline, 2010 [Libri Biblici – Nuovo Testamento 11].

REUMANN, J. *Philippians*. New Haven/Londres: Yale University Press, 2008 [Anchor Bible 33B].

TOMÁS DE AQUINO. *Commento al Corpus Paulinum/Expositio et lectura super epistolas Pauli apostoli*. Bolonha: Edizioni Studio Domenicano, 2007.

Comentários teológico-espirituais

O filão dos comentários teológico-espirituais a Filipenses é bastante amplo: de grande envergadura são os comentários de H. Schlier, R. Penna e F. Bianchini. No âmbito da *lectio divina*, inserem-se os comentários de S. Tarocchi e A.M. Cànopi.

BARSOTTI, D. *Meditazione sulla Lettera ai Filippesi*. Bréscia: Queriniana, 1990.

BIANCHINI, F. *Lettera ai Filippesi* – Introduzione, traduzione e commento. Cinisello Balsamo: San Paolo, 2010.

CÀNOPI, A.M. *Siate lieti nel Signore* – Lectio divina sulla Lettera ai Filippesi. Milão: Paoline, 2008.

MOSETTO, F. *Lettere di San Paolo*. Vol. 2: Lettera ai Filippesi; Lettera ai Galati; Lettera ai Romani. Leumann: Elledici, 2011.

PENNA, R. *Lettera ai Filippesi/Lettera a Filemone*. Roma: Città Nuova, 2002.

SCHLIER, H. *La Lettera ai Filippesi*. Milão: Jaca Book, 1993.

TAROCCHI, S. *Paolo: Lettere della prigionia* – Efesini, Filippesi, Colossesi, Filemone. Pádua: Messaggero, 2004 [Dabar-Logos-Parola].

Contribuições

Os principais âmbitos da pesquisa sobre Filipenses são o contexto histórico-arqueológico da cidade (cf. Pilopher com as importantes contribuições sobre as inscrições encontradas na área de Filipos), o famoso elogio de Fl 2,5-11 (cf. Martin; Heriban), e a envergadura retórico-literária da carta (cf. o volume organizado por Costa) ou de algumas de suas seções (cf. Bittasi; Bianchini; Pitta).

BIANCHINI, F. *L'elogio di sé in Cristo* – L'utilizzo della periautologia nel contesto di Fil 3,1–4,1. Roma: PIB, 2006 [Analecta Biblica 164].

BITTASI, S. *Gli esempi necessari per discernere* – Il significato argomentativo della struttura della lettera di Paolo ai Filippesi. Roma: PIB, 2003 [Analecta Biblica 153].

COSTA, G. (org.). *Lettera ai Filippesi* – Il cuore libero di Paolo in catene. Leumann: Elledici, 2009.

HERIBAN, J. *Retto fronein e kenosis* – Studio esegetico su Fil 2,1-5.6-11. Roma: LAS, 1983 [Biblioteca di Scienze Religiose 51].

MARTIN, R.P. *Carmen Christi* – Philippians ii. 5-11 in Recent Interpretation and in the Setting of Early Christian Worship. Cambridge: Cambridge University Press, Cambridge 1967 [Society for New Testament Studies. Monograph Series 4].

PENNA, R. "Dalla forma di Dio alla forma di schiavo: due categorie cultuali sullo sfondo di Fil 2,6-7". In: GRASSO, S. & MANICARDI, E. (orgs.). *"Generati da una parola di verità" (Gc 1,18)*. Bolonha: EDB, 2006, p. 279-287 [Supplementi alla Rivista Biblica 47].

PILHOFER, P. *Die frühen Christen und ihre Welt* – Greifswalder Aufsätze 1996-2001. Tübingen: Mohr Siebeck, 2002 [Wissenschaftliche Untersuchungen zum Neuen Testament 145].

_____. *Philippi. II* – Katalog der Inschriften von Philippi. Tübingen: Mohr Siebeck, 2000 [Wissenschaftliche Untersuchungen zum Neuen Testament 119].

_____. *Philippi. I* – Die erste christliche Gemeinde Europa. Tübingen: Mohr Siebeck, 1995 [Wissenschaftliche Untersuchungen zum Neuen Testament 87].

PITTA, A. Mimesi delle differenze nella Lettera ai Filippesi. *Rivista Biblica Italiana*, 57 (2009), p. 347-370.

Índice geral

Sumário, 7

Apresentação da coleção original italiana – Manuais de introdução à Escritura, 7

Prefácio, 11

1 Paulo, as cartas e os destinatários, 13

  Introdução, 13

  Do cânon à formação histórica das epístolas, 14

  O *curriculum vitae* de Paulo, 16

    A cronologia imperial, 16

    A cronologia paulina, 18

  A formação farisaica, 20

  O evento de Damasco, 22

  Jesus e os primeiros fragmentos cristológicos, 25

  A missão rumo ao Ocidente, 27

  As Igrejas paulinas, 29

  A coleta para os pobres de Jerusalém, 31

  Contingências das cartas e adversários, 33

  Cartas ou epístolas, escritos ou discursos?, 36

  A epistolografia paulina e antiga, 36

  Epistolário e retórica paulina, 38

  O inventário das provas, 42

As provas internas, 42

As provas externas, 44

Qual é o centro da teologia paulina?, 45

O querigma e a ética, 47

A história da salvação, 49

A estética do paradoxo, 52

Conclusão, 56

Bibliografia fundamentada, 57

Dicionários e obras de referência, 57

Biografias, 58

As comunidades paulinas, 59

As cartas, 60

Paulo e a retórica, 61

A teologia de Paulo, 61

2 1Tessalonicenses – O Evangelho e o encontro final com Cristo, 64

A evangelização em Tessalônica, 64

O contexto urbano dos destinatários, 66

Disposição e gênero, 68

O arranjo argumentativo, 70

A expectativa do Filho que virá (1Ts 1,1-10), 71

Gratidão pela acolhida da Palavra de Deus (1Ts 2,1-20), 72

Gratidão pelas notícias sobre os tessalonicenses (1Ts 3,1-13), 74

A exortação geral (1Ts 4,1–5,11), 75

O conforto para aqueles que dormem (1Ts 4,13-18), 76

O dia do Senhor (1Ts 5,1-11), 78

Últimas recomendações e *post scriptum* (1Ts 5,12-28), 79

A mensagem, 79

Eleição e Reino de Deus, 80

A mimese de Cristo, de Paulo e entre as Igrejas, 81

Uma perseverante esperança, 82

Conclusão, 84

Bibliografia comentada, 84

Comentários exegéticos e teológicos, 84

Contribuições, 85

3 1Coríntios – O Evangelho nas várias situações eclesiais, 86

Entre a primeira evangelização e 1Coríntios, 86

O ambiente civil de Corinto, 87

As Igrejas domésticas, 90

Disposição e gênero, 92

O arranjo argumentativo, 93

O chamado e os dons da comunidade (1Cor 1,1-9), 94

As facções e a palavra da cruz (1Cor 1,10–4,21), 95

Imoralidade sexual e recurso aos tribunais civis (1Cor 5,1–6,20), 98

Casamento e virgindade (1Cor 7,1-40), 99

As carnes sacrificadas aos ídolos (1Cor 8,1–11,1), 100

A assembleia e a Ceia do Senhor (1Cor 11,2-34), 103

Carismas e ministérios (1Cor 12,1–14,40), 105

As modalidades da ressurreição (1Cor 15,1-58), 108

Recomendações conclusivas e *pós-escrito* (1Cor 16,1-23), 110

A mensagem, 110

O Cristo crucificado, 111

O crucificado ressurreto, 113

A centralidade do corpo, 114

Nas fontes da ética, 117

A primazia do ágape, 118

Justificados em Cristo, 119

De carnais a espirituais, 119

A ética da antecipação, 120

Conclusão, 121

Bibliografia comentada, 122

O ambiente da cidade e da comunidade, 122

Comentários exegéticos, 122

Comentários teológico-espirituais, 123

Contribuições, 123

4 2Coríntios – A serviço do Evangelho da reconciliação, 125

Uma ou mais cartas?, 126

Da carta das lágrimas às duas cartas seguintes, 126

Disposição e gênero das duas cartas, 128

O arranjo argumentativo da carta da reconciliação (2Cor 1,1–9,15), 130

Introdução epistolar (2Cor 1,1-14), 130

A narração apologética (2Cor 1,15–2,13), 131

A *probatio* apologética (2Cor 2,14–7,4), 132

Retomada da narração (2Cor 7,5-16), 135

Utilidade e qualidade da coleta (2Cor 8,1–9,15), 135

O arranjo argumentativo da carta polêmica (2Cor 10,1–13,13), 137

O exórdio: Paulo pronto para a batalha (2Cor 10,1-6), 138

A refutação (2Cor 10,7-18), 139

O discurso imoderado (2Cor 11,1–12,18), 139

A peroração (2Cor 12,11-18), 142

Recomendações finais e pós-escrito (2Cor 12,19–13,13), 143

A mensagem, 144

O Pai de misericórdia e de consolação, 144

O amor de Cristo, 145

O espírito vivificante, 147

Antiga e nova aliança, 149

Virgem pura para Cristo, 150

As qualidades do apostolado, 151

Conclusão, 156

Bibliografia comentada, 157

Comentários exegéticos, 157

Comentários teológico-espirituais, 157

Contribuições, 158

5 Carta aos Gálatas – O Evangelho da liberdade, 159

Uma evangelização não programada, 159

As Igrejas da Galácia, 161

Disposição e gênero, 161

O arranjo argumentativo, 163

Introdução epistolar (Gl 1,1-12), 163

Primeira demonstração: uma autobiografia ideal (Gl 1,13–2,21), 165

Segunda demonstração: a filiação abraâmica (Gl 3,1–4,7), 167

Terceira demonstração: o *aut-aut* dos filhos abraâmicos
(Gl 4,8–5,13), 172

Quarta demonstração: a vida segundo o Espírito (Gl 5,13–6,10), 174

A peroração e o pós-escrito (Gl 6,11-18), 175

A mensagem, 176

A Lei e a Lei de Cristo, 177

As "obras da Lei", 179

A "fé de Cristo", 182

Justiça e filiação abraâmica, 183

A vida segundo o Espírito, 187

Conclusão, 189

Bibliografia comentada, 190

Comentários patrísticos e medievais, 190

Comentários exegéticos, 190

Comentários teológico-espirituais, 191

Contribuições, 191

6 Carta aos Romanos – Jesus Cristo, o Evangelho de Deus, 193

A difamação do Evangelho paulino, 194

As Igrejas domésticas, 196

Disposição e gênero, 198

O arranjo argumentativo, 200

Jesus Cristo, o Evangelho de Deus (Rm 1,1-17), 200

A revelação da ira e da justiça divina (Rm 1,18–4,25), 202

A revelação da ira divina (Rm 1,18–3,20), 202

A revelação da justiça divina (Rm 3,21–4,25), 205

O paradoxal orgulho cristão (Rm 5,1–8-39), 207

Primeira questão: Compatibilidade entre graça e pecado? (6,1-14), 208

Segunda questão: O domínio da graça ou do pecado? (6,15-23), 209

Terceira questão: A Lei ou Cristo? (7,1-6), 209

Quarta questão: A Lei é pecado? (7,7-25), 210

A lei do Espírito (8,1-30), 212

A peroração (Rm 8,31-39), 213

A fidelidade da Palavra de Deus (Rm 9,1–11,36), 214

Um contínuo sofrimento (Rm 9,1-5), 214

Nem todo Israel é Israel (Rm 9,6b-29), 215

Cristo, o fim da Lei (Rm 9,30–10,21), 216

Deus não repudiou seu povo (Rm 11,1-32), 218

A peroração (Rm 11,33-36), 220

O culto racional, 220

Os fortes, os fracos e as normas alimentares (Rm 14,1–15,13), 222

O pós-escrito epistolar (Rm 15,14–16,27), 224

A mensagem, 226

A justiça de Deus, 228

Entre o universalismo e o particularismo, 230

Entre a ira divina e o juízo final, 232

O pecado de todos e de Adão, 234

A assimilação de Cristo à carne do pecado, 237

A lei do espírito, 242

Conclusão, 244

Bibliografia comentada, 244

Comentários exegéticos contemporâneos, 245

Comentários teológico-espirituais, 246

Contribuições, 247

7 Carta a Filêmon – Gerar para o Evangelho no cativeiro, 249

Paulo idoso e prisioneiro, 249

Filêmon e a sua Igreja doméstica, 251

Disposição e gênero, 252

O arranjo argumentativo, 252

Prisioneiro de Cristo (Fm 1-9), 252

Onésimo, gerado entre algemas (Fm 10-20), 253

Convicto da obediência de Filêmon (Fm 21-25), 255

A mensagem, 255

Relações entre senhores e escravos, 256

No Senhor, 257

Irmãos na fé, 258

Conclusão, 259

Bibliografia comentada, 260

Comentários exegéticos, 260

Contribuições, 261

8 Carta aos Filipenses – O progresso do Evangelho nas adversidades, 262

Paulo em prolongada prisão, 262

O contexto romanizado dos destinatários, 264

Disposição e gênero, 267

O arranjo argumentativo, 270

Em busca do que faz a diferença (Fl 1,1-11), 271

O anúncio de Cristo e o progresso do Evangelho (Fl 1,12-30), 272

A mimese de e em Cristo (Fl 2,1–3,1a), 275

O elogio e a imitação de si (Fl 3,1b–4,1), 279

Exortações finais e pós-escrito (Fl 4,2-20), 282

A mensagem, 284

Anunciar Jesus Cristo, 285

Para a glória de Deus Pai, 287

O Espírito como um dom, 288

Igreja e cidadania civil, 289

A alegria compartilhada e o morrer como ganho, 291

Conclusão, 292

Bibliografia comentada, 293

Comentários teológico-espirituais, 294

Contribuições, 294

Coleção Introdução aos Estudos Bíblicos

- *Livros Proféticos*
Patrizio Rota Scalabrini

- *Introdução geral às Escrituras*
Michelangelo Priotto

- *Cartas paulinas*
Antonio Pitta

- *Livros Históricos*
Flavio Dalla Vecchia

- *Livros Sapienciais e Poéticos*
Tiziano Lorezin

- *Cartas deuteropaulinas e cartas católicas*
Aldo Martin, Carlo Broccardo e Maurizio Girolami

- *Pentateuco*
Germano Galvagno e Federico Giuntoli

LEIA TAMBÉM:

Coleção
Iniciação à Teologia

A coleção *Iniciação à Teologia*, em sua nova reformulação, conta com volumes que tratam das Escrituras, da Teologia Sistemática, Teologia Histórica e Teologia Prática. Os volumes que estavam presentes na primeira edição serão reeditados; alguns com reformulações trazidas por seus autores e novos títulos serão publicados à medida que forem finalizados.

O objetivo é oferecer manuais às disciplinas teológicas, escritos por autores nacionais. Essa parceria da Editora Vozes com os teólogos brasileiros é expressão dos novos tempos da Teologia, que busca trazer o espírito primaveril para o ambiente de produção teológica, e consequentemente oferecer um material de qualidade para que estudantes de Teologia, bem como teólogos e teólogas, busquem aporte para seu trabalho cotidiano.

Jesus, Paulo e os Evangelhos

James D.G. Dunn

Esta obra, escrita por um pesquisador amplamente respeitado, oferece uma visão panorâmica harmônica e esclarecedora sobre as origens do movimento inicial de Jesus e do início da comunidade cristã.

Além disso, aborda uma variedade de questões básicas do estudo do Novo Testamento, como as seguintes: *Onde, por que* e *como* os Evangelhos foram escritos e *o que* deveríamos esperar deles; A confiabilidade e a historicidade dos relatos dos evangelhos a respeito da vida e do ministério de Jesus; A significativa e perene importância do Apóstolo Paulo e de sua mensagem; Pontos de continuidade e descontinuidade entre o ensinamento de Jesus e o de Paulo – e como interligar os dois.

James D.G. Dunn é professor de teologia aposentado, detentor da Cátedra Lightfoot na Universidade de Durham na Inglaterra. Dentre seus muitos livros merecem destaque: *Jesus Remembered* [Jesus recordado] e *Beginning from Jerusalem* [Começando em Jerusalém] (volumes 1 e 2 de *Christianity in the Making* [Cristianismo em construção]) e os comentários a Romanos, Gálatas, Colossenses e Filêmon.

Dicionário de Teologia Fundamental

Esse *Dicionário* tem por base o binômio revelação-fé. Em torno deste eixo giram os 223 verbetes que o compõem. A estrutura do *Dicionário* foi pensada de modo a propor, a quem o desejar, um estudo sistemático de todos os temas da Teologia Fundamental: os princípios básicos e suas implicações.

Em sua concepção inicial, essa obra procurou definir, antes de tudo, as grandes linhas do *Dicionário* e, em seguida, determinar os verbetes a serem tratados, levando em conta uma série de critérios.

Mesmo tendo sido composto há algumas décadas, permanece muitíssimo atual, justamente pela forma abrangente utilizada em sua organização. Sendo um dicionário, não contém tratados teológicos sistemáticos, mas cada temática é apresentada com uma grande abrangência. Além disso, ao final de cada verbete há indicações bibliográficas para aprofundamento.

CULTURAL

Administração
Antropologia
Biografias
Comunicação
Dinâmicas e Jogos
Ecologia e Meio Ambiente
Educação e Pedagogia
Filosofia
História
Letras e Literatura
Obras de referência
Política
Psicologia
Saúde e Nutrição
Serviço Social e Trabalho
Sociologia

CATEQUÉTICO PASTORAL

Catequese
Geral
Crisma
Primeira Eucaristia

Pastoral
Geral
Sacramental
Familiar
Social
Ensino Religioso Escolar

TEOLÓGICO ESPIRITUAL

Biografias
Devocionários
Espiritualidade e Mística
Espiritualidade Mariana
Franciscanismo
Autoconhecimento
Liturgia
Obras de referência
Sagrada Escritura e Livros Apócrifos

Teologia
Bíblica
Histórica
Prática
Sistemática

REVISTAS

Concilium
Estudos Bíblicos
Grande Sinal
REB (Revista Eclesiástica Brasileira)

VOZES NOBILIS

Uma linha editorial especial, com importantes autores, alto valor agregado e qualidade superior.

VOZES DE BOLSO

Obras clássicas de Ciências Humanas em formato de bolso.

PRODUTOS SAZONAIS

Folhinha do Sagrado Coração de Jesus
Calendário de mesa do Sagrado Coração de Jesus
Agenda do Sagrado Coração de Jesus
Almanaque Santo Antônio
Agendinha
Diário Vozes
Meditações para o dia a dia
Encontro diário com Deus
Guia Litúrgico

CADASTRE-SE
www.vozes.com.br

EDITORA VOZES LTDA.
Rua Frei Luís, 100 – Centro – Cep 25689-900 – Petrópolis, RJ
Tel.: (24) 2233-9000 – Fax: (24) 2231-4676 – E-mail: vendas@vozes.com.br

UNIDADES NO BRASIL: Belo Horizonte, MG – Brasília, DF – Campinas, SP – Cuiabá, MT
Curitiba, PR – Fortaleza, CE – Goiânia, GO – Juiz de Fora, MG
Manaus, AM – Petrópolis, RJ – Porto Alegre, RS – Recife, PE – Rio de Janeiro, RJ
Salvador, BA – São Paulo, SP